孟子文獻集成

孟子文獻集成編纂委員會 編纂

山東人民出版社

圖書在版編目（CIP）數據

孟子文獻集成. 第一八四卷 / 《孟子文獻集成》編纂委員會編. --濟南：山東人民出版社, 2020.1
ISBN 978-7-209-12463-8

Ⅰ. ①孟… Ⅱ. ①孟… Ⅲ. ①儒家 ②《孟子》－研究資料－匯編 Ⅳ. ①B222.55

中國版本圖書館CIP數據核字(2019)第241557號

項目統籌: 胡長青
責任編輯: 李　濤
裝幀設計: 武　斌
項目完成: 文化藝術編輯室

孟子文獻集成（第一八四卷）
《孟子文獻集成》編纂委員會 編

主管單位　山東出版傳媒股份有限公司
出版發行　山東人民出版社
社　　址　濟南市英雄山路165號
郵　　編　250002
電　　話　總編室（0531）82098914
　　　　　市場部（0531）82098027
網　　址　http://www.sd-book.com.cn
印　　裝　山東新華印務有限責任公司
經　　銷　新華書店

規　　格　16開（210mm×285mm）
印　　張　57.5
字　　數　460千字
版　　次　2020年1月第1版
印　　次　2020年1月第1次
印　　數　1-200
ISBN 978-7-209-12463-8
定　　價　900.00圓

《孟子文獻集成》編纂委員會

學術顧問 杜維明 張豈之 李學勤 牟鍾鑒

學術委員會

主　　任 陳　來

副 主 任 郭齊勇 李存山

委　　員 王　傑 王中江 王志民 王其俊 王鈞林 王漢東 孔德立 杜澤遜 李存山
李景林 吴　婧 袁汝旭 徐洪興 高兆波 郭齊勇 陳　來 孫明霞 梁　樞
梁　濤 董洪利 曾振宇 楊海文 楊朝明 趙　勇 鄭傑文 劉瑾輝 顔世安
顔炳罡 龔鵬程

（按姓氏筆畫排序）

編纂委員會

主　　編 王志民

副 主 編 杜澤遜 梁　濤 胡長青 李梅訓

委　　員 王　路 王恒柱 李西寧 李振聚 李國慶 黄顯功 張　勇 張志清 趙永和
趙紅彦 劉　晨

（按姓氏筆畫排序）

編　務　劉晨　楊雲雲　孫姣　李濤　劉嬌嬌　張艷艷
趙菲　呂士遠

組織實施
中國孟子研究院
山東人民出版社

序

《孟子文獻集成》是在孟子故里鄒城市委市政府鼎力支持下，由中國孟子研究院、山東人民出版社協同合作，共同致力完成的一項大型儒家文獻的搜集、整理、出版學術工程。

一

孟子是中國歷史上偉大的思想家、政治家、教育家，是僅次於孔子的儒家學派重要代表人物。戰國時期，戰爭頻仍，『角戰英雄，六經泥蟠，百家飆駭』（《文心雕龍·時序》），孔學既黜，儒道中衰。孟子遵夫子之道，批邪説，正人心，發揚光大孔子學説，復興儒學，成爲孔子之後最重要的儒家傳人和先秦原始儒學理論體系的主要奠基人。韓愈論儒家道統由堯、舜、禹、湯、文、武、周公代代相傳，言及『文、武、周公傳之孔子，孔子傳之孟軻。軻之死，不得其傳焉』（《原道》），又説『自孔子没，群弟子莫不有書，獨孟軻氏之傳得其宗』（《送王塤秀才序》）。可見，後世尊孟子爲『亞聖』，稱儒學爲『孔孟之道』，實爲孟子歷史地位使然！

《孟子》一書，是孟子及其弟子編著的全面反映孟子思想的儒家經典著作。漢文帝時，即曾設立《孟子》學博士，全國推闡。六朝時期，玄學、佛學興盛，儒學式微，《孟子》亦受冷落，但唐宋以後，隨着孟子地位的大幅提昇，《孟子》一書越來越受到統治者和學者文人的廣泛重視。唐代大儒韓愈倡論中國文化道統，其《原道》之説，影響甚大，已掀『孟子熱』；北宋時期，《孟子》與《論語》俱列入『十三經』之數；南宋朱熹作《四書章句集注》，將《孟子》列『四書』之中。南宋統治者更將其正式列入官方之學，設爲科舉考試科目，欽定爲必讀經典，學孟子、讀《孟子》，蔚然而成社會風氣。此後，孟子地位進一步提昇：元文宗封孟子爲『亞聖公』，尊其爲『百世之師』；明清兩朝更大推『四書』，地位儼然超越『五經』。《孟子》與《論語》並行，上自帝王，下至百姓，家有之，户誦之，『所研究者惟「四書」，所辨訂者亦惟「四書」』（《四庫全書總目·四書大全提要》語）。孟子思想，深入人心；《孟子》之學，遍佈各地；《孟子》

文獻，汗牛充棟。

根據我們的初步調查，歷代《孟子》文獻有兩千種之多。這些文獻，依孟子學史的發展，大致形成了以下幾点較鮮明的時代特徵：宋元文獻多義理闡發，以朱熹《孟子章句集注》爲代表；明代以王夫之《讀四書大全説》爲代表，多從心性之學挖掘孟子豐富的思想内涵；清代孟子學最盛，不僅産生了以乾嘉學者戴震《孟子字義疏證》、崔述《孟子事實録》爲代表的大量考據、辨僞著作，還出現了集前人研究成果之大成的焦循《孟子正義》。大致可以説，以東漢趙岐《孟子章句》爲發端，歷代學者多所闡釋研究。尤其宋元以來，孟學實爲千年『顯學』。《孟子》文獻内容所涉注釋訓詁、義理闡發、思想挖掘、考證辨僞等所有方面，其對孟子及《孟子》文本的研究廣度、深度可謂前無古人，後難爲繼。尤爲重要的是，歷代學者秉持儒家人生理念，一生所繫，立德立言，以『爲往聖繼絶學』爲生命追求之本，往往傾一生之力終注一經。孟子文獻不僅真實地展示了孟學及儒學發展的歷史，也留下了代代學者治學的心路，實在是應該认真进行挖掘整理的傳統文化瑰寶。

然而，毋庸諱言，孟子文獻的收集整理向未受到應有的重視。這固然與二十世紀以來，儒學命運多舛有關：批孔之時，孟子亦受其累；近數十年來，『孔子熱』不斷升温，孟子受冷落的現象却未有大的改觀，歷代孟子文獻迄未收集整理即是一例。據我們不完全統計，包括臺灣在内的中國圖書館，現存宋元至清代的刻本與鈔本計有一千二百餘種之多。由於各種原因，百分之九十餘未曾整理出版，而百分之七十以上仍處於人所罕见的塵封狀態。歷史的責任，現實的需要，未來的期盼，都在呼唤能有一套《孟子文献集成》的編纂出版。

二

二〇一三年四月底，孟子研究院在孟子故里山東省鄒城市正式成立。時值一年一度的『孟母文化節』，同時進行的還有由鄒城市、《光明日報》國學版、山東師範大學山東省齊魯文化研究院共同策劃主辦的『孟子公開課』開講儀式。來自國内各著名高校的部分主講學者和與會專家對孟子研究院成立後的學術規劃提出了許多建設性意見，多位專家提出了編纂《孟子文獻集成》的建議。

同年十月二十九日至三十日，孟子研究院學術委員會第二次會議在主任陳來先生主持下於鄒城召開。會議就《集成》的立項和編纂事宜進行了認真深入地討論，參閱審查了初選孟子文獻書目，形成了以下四點共識：一是孟子文獻的搜集、整理向稱薄弱，絶大多數迄未面世，影響了孟學研究的深度和廣度。編纂《集成》，填補空白，意義重大。二是要在廣泛搜集、精心選編的基礎上，力求將《集成》做成收羅全、質量高、權威性强的精品學術工程。三是应制定具体工作規劃，選編文献时代可由遠及近；文獻收集範圍，宜先國内後國外，分段完成，穩步推進，確保質量。四是在孟子研究院學術委員會基礎上，应增加部分孟子研究專家，充實到《集成》學術委員會；選聘孟學研究、版本目録、館藏出版等方面專家，組建高層次、有效率的編纂部和工作班子，扎實有效開展工作。

在經過編纂部四次召開籌備會議和系列籌備工作基礎上，二〇一四年五月，在濟南召開了特邀專家選目審查論證會。來自北京大學、中國人民大學、山東大學等全國各地的十餘位孟子和孟學史專家就編纂部提供的《集成》選編總目（國内）進行了認真研析、讨论審查。這次會議的召開更堅定了大家对編纂《集成》的信心和認識，許多專家從長期孟學研究的切身感受中充分肯定編纂《集成》的重大意義，一致認爲：這是一項立足當前又澤被後世的重大學術工程；目前国内編成的經典文獻集成中唯獨没有孟子文獻集成，这不僅是文化建設的一种缺憾，也从多个方面影響了孟子研究的深入和拓展，从这个意義上説，該項目的实施确是一項填補空白、意義深遠的學術工程。專家們特别指出，這項重大學術工程，由山東，特别是孟子故里鄒城市支持，由孟子研究院、山東省齊魯文化研究院牽頭承擔，正是歷史責任與當前文化建設的最佳選擇。相信《集成》的出版，對於提昇孟學研究、促進孟子研究院發展、推动山東文化强省建設，贡献巨大，意義深遠。會議還就選目原則形成以下共識：一是《集成》應當是一套研究孟子文獻的集大成之作，所收以獨立成書的研究《孟子》專書爲主，兼顧其他，儘量收全。對孟子文獻的含義可以放得寬一些，對書名没有『孟子』的，例如以『四書』『諸子』爲書名的，也要注意在考察辨析基礎上做好，要高標準、高質量。二是《集成》應兼顧古籍的重要性與稀見性，做到常見書精選善本，重要文獻不遺漏。三是海外孟子文獻應作爲一個工作目標，與海外學者合作，广匯博收，規劃編纂。四是時代大致截止到清末，現代部分可作爲『附編』或單獨列編收集出版，部分難以收入文獻應附列存目。這次專家會議的意見，得到二〇一四年六月五日召開的孟子研究院第二次學術委員會的重視和確認。

在籌備、啓動《集成》的整個過程中，得到鄒城市主要領導及社會各界鼎力支持。山東人民出版社主動、積極地參與了各項工作。二〇一四年八月二十八日，在山東省第五届文博會上，省有關領導和衆多媒體記者見證了孟子研究院與山東人民出版社共同簽訂《〈孟子文獻集成〉編纂出版協議書》的过程。

經過編纂委員會及有關方面的共同努力和各相關圖書館的大力支持，宋元時期傳世文獻已基本全部收録，共四十八種，分裝十四册，已於二〇一六年初首批出版發行。其中，收録宋元刻本十四種，海外善本四種，第一次影印的即有十六種，屬於披沙揀金的珍本，將爲孟子文獻及思想研究提供寶貴資料。

第二輯精選明代孟子文獻八十一種，分裝爲三十二册影印，已經於二〇一七年三月出版。

第三輯爲明代文獻的第二批，共收入著作四十五種，分裝爲二十册影印，其中五種來自日本，三種來自美國；其他部分也多爲稀見的珍本和善本，已經於二〇一八年三月出版。

第四輯，共收録著作六十二種。其中，明代著作四十八種，分裝爲二十四册；清代著作十四種，分裝爲十册。共出版三十四册。底本皆爲精選珍本善本，其中，明代刻本四十種，清代刻本二十二種。又有二十三種來自日本，多爲國内未見，彌足珍貴。

本次出版爲《孟子文獻集成》第五輯，清代文獻之第二部分，也是《集成》編纂以來，收録文獻最多的一輯。共收入著作三百六十八種，分裝爲一百册；至此，自康熙朝至清末絶大部分與《孟子》相關文獻已基本囊括。其中：來自日本的珍稀文獻八種；稿抄本二十六種；孤本二十二種，國内未出版者達三分之二以上。

編纂出版《孟子文獻集成》，既有利於深入挖掘孟子思想精髓，洞見《孟子》世代傳承的歷史場景，又有利於珍貴文獻的保護、傳承和共享、共用，是惠及當代、澤被後世的文化善舉。值此共出版二百册之際，我們對國内外各有關圖書館和學界同仁的鼎力支持與真誠合作表達崇高的敬意和誠摯的感謝！

讓我們黽勉同心，共同努力，以期這一重大學術工程的圓滿完成。

王志民

二〇一五年四月十二日第一稿

二〇一八年三月八日修改第二稿

二〇一八年十二月十二日修改第三稿

二〇一九年十月六日修改第四稿

凡例

一、《孟子文獻集成》匯聚歷代關於《孟子》之著述，要其旨歸，不外經學之考證、義理之推闡、文章之批點，故舉凡注釋、析義、批點等書皆酌加收録，大致以著者時代先後爲次，俾經學之大，義理之善與夫文章之美，庶幾由此而知。

二、《孟子文獻集成》選用底本多未經整理，或孤傳海外，或秘庋深閣，學者既不能徧歷中外而窺其概貌，又不能盡探二酉而知其大略，不能無憾焉。今集爲一編，則學者循覽而知《孟子》一經之本末，歷代著述之昇沉。

三、各書或得自日本、美國，或攝自國家圖書館、天津圖書館、上海圖書館、浙江圖書館、山東大學圖書館等。底本皆經選擇，其存世孤秘，列爲首選，而後出佳槧，流佈稀少，亦資採摭。

四、諸書著録書名、卷數、著者時代、姓名、撰著方式及版本，覽者便焉。

五、著者真僞，學者所重，凡有歧異，均於著者前加『題』字，略示區別。

六、諸家解《孟》之作，或爲獨立成書者，或爲總集内別裁而出者，或以『四書』著述總題者，今所匯集，以能獨立析出者爲斷。其單篇零什，概所不收。

七、 裁出之書，凡原有題名者，概依原題，而於版本項注其從來；凡無獨立題名者，則仍用大題，而括注『孟子』二字；其不能析離者，則全書收録。

八、 是編博訪廣蒐，固難周徧，續有所得，拟輯《補編》，庶免遺珠之憾。伏望博雅君子，匡其不逮，補其未備，是所幸焉。

目録

批選四書新義（孟子）三卷

清 張謇 選

孟子質疑十四卷

清 狄子奇撰

清光緒九年刻《學壽堂叢書》本

孟子質疑

孟子質疑卷一

溧陽狄子奇述

梁惠王上

孟子見梁惠王

集注史記惠王三十五年卑禮厚幣以招賢者孟子至梁子奇按三遷志孟子生於周烈王四年闕里志作生於安王十七年是時止三十七歲安得稱叟且與後文西喪南辱諸事皆不合竹書紀年惠王三十六年通鑑綱目作三十七年以相王故改元稱一年又十七年杜預左傳後序作十六年而薨孟子至梁實在惠王後元十六年荀勗杜預並主此說日知錄從之明年惠王卒襄王立一見即去此與孟子本書及國策大事記等書無不脗合詳見余孟子編年朱子集注不主竹書本非事實綱目既用竹書仍書孟子至梁於惠王三十五年凡在梁十七年非是陳氏逢衡曰即篇首書法觀之便知孟子至梁在惠王稱王之後

顧鴻雁麋鹿

集注鴻雁之大者麋鹿之大者本毛傳及左傳杜注子奇按博物志鴻與雁有三同三異鴻寡侶雁多羣鴻色白雁色蒼而鴻高薄雲表雁不過高山陸璣疏鴻羽毛純白似鶴而大長頸肉美如雁又有小鴻如鳧色亦白王懋竑曰此說見正字通

而於詩疏無考疑出陸佃埤雅藝文類聚分雁鴻為兩部徐氏源曰小鴻不是雁則大雁亦非鴻矣月令疏麋澤獸屬陰冬至陽生而角解鹿山獸屬陽夏至陰生而角解爾雅分為兩種而以鹿之絕有力者名麖則亦非小者矣

經始靈臺

易乾鑿度文王二十九年伐崇作靈臺詩含神務作邑于豐作靈臺六韜文王既出羑里周公作靈臺五經異義天子有靈臺時臺囿臺諸侯有時臺囿臺亦見公羊傳注子奇按左傳衛侯為靈臺于籍圃水經注越起靈臺於山上皆是僭制若文之靈臺固由百姓稱之而仍其號耳說苑修文篇積恩為愛積愛為仁積仁為靈靈臺之所以為靈者積仁也　括地志靈臺高二丈周回一百二十步見史記正義是唐太宗時遺址尚存

不日成之

此何就百姓心上說言將不終日而成之四書辨疑云不日如唐太宗謂眞珠可汗不日瓜剖之李德裕謂上黨不日有變之類故文王戒以勿亟而庶民則如子來也鄭箋趙注俱謂不立期限看得畧呆俗解竟謂已成則下文接不上矣

王在靈囿

三輔黃圖靈囿在長安縣西四十二里靈沼在縣西三

十里靈臺在縣西北四十里子奇按鄭箋謂臺之下有囿囿之中有沼同處在郊其說爲長一統志從之

麀鹿濯濯二句

濯濯肥澤貌毛傳以爲娛遊似於上句伏字不甚洽白鳥有二一指鷺言見詩傳與此言鶴者不同夏小正丹鳥羞白鳥又與此異鶴鶴詩作翯翯古作皠皠何晏景福殿賦引同說文鳥之白者曰皠毛傳以爲肥澤亦與上句相混

而民歡樂之

孫奭音義歡樂本亦作勸樂臧氏琳曰見左傳昭九年注疏子奇按漢書王莽傳注師古曰始立此臺兆庶自

勸就其功作亦足爲勸樂之證

時日害喪二句

尚書大傳韓詩外傳新序俱載桀語而說小異集注蓋用新序亦本尚書鄭注趙注以此爲湯諭民之言則予爲湯自予汝謂民似誤其以日爲子卯害爲大亦非

河內凶則移其民於河東

漢書地理志自高陵以東北距安邑並魏地此以東西言也史記正義自華州北至同州並魏西地此以南北言也閻若璩曰魏地自河西至河南幾二千里但縱長而橫不足絕長補短則千里也子奇按大梁之地以兩

河爲界在河北者曰河內今濟源等縣是也在河東者曰河東今安邑等縣是也河內亦稱河北河東亦稱河內言河東河內則魏地已過半矣是時河西七百里之地悉喪於秦河外又止有開封中牟陽武衍酸棗卷等處故畧之

填然鼓之

孫疏填塞也又滿也言鼓聲塞滿於戰陳之間也集注兵以鼓進以金退子奇按左傳吾聞鼓而已不聞金矣此集注所本然周禮亦有以鼓退者許東陽云大抵鐲進鐃退鐸兼進退至後世乃專以金退　字鑑說文鐘鼓之鼓从支孟子填然鼓之之鼓从攴攴音撲

數罟不入洿池

古者網罟必用四寸之目魚不滿尺市不得粥人不得食見毛傳三蒼云停水曰洿說文云洿濁水不流也服虔云畜小水謂之潢水不流謂之洿韋昭云大曰潢小曰洿衆經音義作小曰池廣雅洿深也濁也

斧斤以時入山林

斬木之時有二周禮柞氏夏日至刊陽木而火之冬日至剝陰木而水之先鄭以春夏生者爲陽木秋冬生者爲陰木後鄭以生山南者爲陽木生山北者爲陰木若欲其化則春秋變其水火是欲其死者也周書大聚解禹之禁春三月山林不登斧斤月令季夏命

虞人入山行木毋有斬伐季秋草木黃落乃伐薪爲炭是欲其生者也此當從後說若仲冬斬陽木仲夏斬陰木服耜斬季材則以木之適用言意又小別

五畝之宅

趙注廬井邑居各二畝半以爲宅冬入保城二畝半故爲五畝集注因之子奇按此說起於公羊穀梁韓詩外傳漢書食貨志樂緯宋均注信南山云中田有廬則其說不爲無據然孔穎達甫田疏云言井九百畝其中爲公田則中央百畝共爲公田不得家取十畝也言八家皆私百畝則百畝皆屬公矣何得復以二十畝爲廬舍言同養公田是八家共理公事何得家分十畝自治之以上並商制說見第三篇此皆諸儒之謬王制疏又與此反疑出兩手鄭於匠人注云野九夫而稅一此箋云井稅一夫其田百畝是鄭意無家別公田十畝及二畝半爲廬舍之事也王與之周禮訂義季彭山讀禮疑圖趙甌北陔餘叢考並主此說蓋所謂廬者不過於田中構一小茅舍暫爲憩息之所用不著二畝半所謂邑者卽今之村落五畝之宅皆在其中並非春則出野冬則入保韋昭云國中城郭之域惟士工商居之而農不與焉陸德明毛詩音義云別受都邑五畝之地居之卽孟子云五畝之宅也則五畝之皆在邑中明矣　尉繚子天子宅千畝諸侯百畝大夫

以下里舍九畝以此差之當是士七畝庶人五畝古五畝當今二畝二十步

可以無飢矣

飢監本毛本作饑非是廣韻饑居依切穀不熟也在八微飢居夷切餓也在六脂音義俱別

謹庠序之教 三句

王氏應麟曰書大傳云歲事旣畢餘子皆入學十五入小學十八入大學距冬至四十五日始出學傳農事上老平明坐于右塾庶老坐于左塾餘子畢出然後歸夕亦如之餘子皆入父之齒隨行兄之齒鴈行朋友不相踰輕任并重任分頒白不提挈出入皆如之此之謂造士亦見漢書食貨志孝悌之義當以是觀之　說文頒一曰鬢也正韻額兩旁曰頒本此

而不知檢

檢漢書食貨志作斂陳傳良曰此卽樂歲粒米狼戾之意陳善羅大經說同錢辛楣主之子奇按此說似與下文罪歲不合

塗有餓莩

莩漢志作芆廣韻莩一音圮又音孚皆取草木枯落之義

歲也

集注歲謂歲之豐凶也子奇按此歲字當專屬凶說

為其象人而用之也

周禮冢人注俑一名象人則象人卽俑也（埋蒼木人送葬設關能俑跳故名俑路史注引韓愈曰俑當作踴義同）然孟子此處只以象人二字解釋所以無後之故不作俑名檀弓鄭注偶偶人也有面目機發似乎生人此足與孟子相證

晉國天下莫強焉

邵氏晉涵曰三家分晉魏得晉之故都故自稱晉國子奇按此說葢本元和郡縣志趙策云魏滅晉國注晉國謂安邑是也秦策注又以為大梁葢仍其故號要惟魏獨稱之耳　魏自桓子分晉文侯武侯繼之國勢日強商鞅言非秦并魏卽魏并秦蘇秦言魏君擁土千里帶甲二十六萬恃其強而攻邯鄲從十二諸侯朝天子以西謀秦楚世家言三晉葢大魏惠王尤強則在惠王初年其強猶昔也今乃專就先世言之葢有諱意（說本摭餘說）

東敗於齊

曹氏之升曰此當與盡心下篇參看魏世家惠王十七年圍趙十八年齊救趙敗魏于桂陵所謂以土地之故糜爛其民而戰之大敗也三十年復伐趙所謂復之也齊復救趙敗魏于馬陵殺將軍龐涓虜太子申所謂驅其所愛子弟以殉之也子奇按惠王二十年已與趙盟漳水上二十八年趙又攻魏首垣其致釁由此惟世家作伐趙孫吳列傳作伐韓說已互異魏策云自將攻齊大勝并莒又似因齊救韓趙（不得其實姑並言之）而別遣太子申將兵以伐之者故孫臏還師敗之於馬陵考馬陵在今濮州東北正是由魏入齊之路若是伐趙伐韓之師似不得至此錄之以俟解人

西喪地於秦七百里

惠王後元三年秦取雕陰四年以陰晉和於秦六年予秦河西地七年秦取汾陰皮氏焦八年盡入上郡十五縣於秦秦降蒲陽十二年秦取陝十四年秦取曲沃平周（參用竹書紀年史記通鑑）皆在七百里之中李氏復（著潏水集）謂魏所喪地不止七百里固與經不合閻百詩不信竹書謂七百里專指河西之地在惠王三十一年（葢本綱目然綱目於惠王後元五年又書魏獻少梁河西地于秦亦非不信竹書也）亦非曹之升云河西地自華州北至同州並無七百里惟合上郡十五縣則自丹鄜延綏等州北至固陽向所築長城以界秦者都委棄之而秦乃可以東向矣

南辱於楚

先是惠王後元七年楚威王卒魏乘喪伐楚取陘山故

十三年竹書在十二年楚昭陽伐魏取八邑集注作七邑提要云索隱史記古本作七邑朱子蓋據古本今按索隱云古本作八邑今亦作八城未聞其審此南辱也金仁山以惠王十三年楚伐魏抉白馬之口以水長垣之外及十八年楚使景舍救趙取魏睢濊之間爲南辱包少丞主後說以經文前後次序考之俱不合或以史記惠王十九年諸侯圍魏襄陵爲南辱亦非集注既不用竹書則此乃襄王時事仍引以爲證亦似失檢

可使制梃

洪頤煊曰制古通作折論語折獄魯作制獄折斷也斷梃言其易

子奇按此即斬木爲兵意

孟子見梁襄王

按通鑑綱目梁惠王卒於周愼靚王二年蓋本竹書紀年次年襄王立在位二十三年至赧王十九年卒凡史記國策所言襄王皆惠王事所言哀王世本無哀王皆襄王事竹書係襄王時魏人所作故稱襄王爲今王至二十年而止杜預以爲哀王非是世本襄王名嗣史記趙魏世家蘇秦列傳索隱並同與孟子注異　讀書敏求記此見字與孟子見梁惠王之見俱當音現

七八月之間旱

閻若璩云晉用夏正孟子獨言周正者天命未改孟子又未爲梁臣也子奇按晉用夏正亦其私記則然未必竟不奉本朝正朔左僖五年傳云其九月十月之交乎是夏正下云冬十二月丙子朔即是周正此晉並用兩正之確証若此章七八月之間即作夏正言亦儘可通蓋苗之望雨秋尤急於夏也

齊宣王問曰

史記通鑑並云宣王在位十九年惟史記始己卯終丁酉通鑑始己丑蓋本竹書終丁未較後十年大事記則始己卯終丁未合史記通鑑而一之凡二十九年以伐燕事考之大約國策史記威王之年多沒於宣王焦循孟子正義以威宣爲一王雙謚非是宣王之年多沒於閔王當以大事記爲近正凡書中敘宣王事皆依大事記　孟子兩至齊其初至齊當在周顯王四十年間此蓋初至齊時語詳見孟子編年

將以釁鍾

孫疏古者器成而釁以血所以厭變怪禦妖釁釁鍾謂之釁者猶治亂謂之亂也子奇按此說本鄭司農周禮注雜記凡廟器成釁以豭豚周禮羊人凡釁積共其羊牲是釁鍾無用牛之禮故可以羊易之

誠有百姓者三句

上然字是以不忍自認此三句連讀言我誠撫有百姓則齊雖褊小猶可有爲又何愛乎一牛此是撇去愛字而不解百姓之言出於何故即下異字意故孟子亟爲

解之誠有百姓者猶云誠有此民八者耳集注解作實
有如百姓所譏者似未合語意
我非愛其財
五字當活看言我本非重其財而當時卻易以羊故疑
於愛俗本解作我若非愛其財胡爲易之以羊便是十
成死句
爲長者折枝
趙注折枝案摩折手節解罷枝也劉熙注同見後漢書注毛奇齡
云此卑賤奉事尊長之節內則鄭注抑搔即按摩屈抑
枝體與此同義子奇按此是正解陸氏筠云折猶磬折

也屈抑腰肢見長者之禮亦可備一說集注本陸善經
以爲折草木之枝似於爲長者三字少關會他若韓詩
外傳載扁鵲治號世子周官疾醫疏引劉向語作趙太子文亦小異尸蹷之
病使子明炙陽子游案摩子儀反神子越扶形漢志有
黃帝岐伯案摩十卷乃導引之術劉峻絕交論折枝舐
痔韓思道北齊論韓高之徒皆折枝舐痔朝野僉載薛
稷等舐痔折枝則以爲婞媚之具皆與此義別
刑于寡妻
毛傳寡妻適妻也鄭箋寡妻寡有之妻言賢也趙注寡
少也詩疏適妻惟一故言寡言文王正已適妻則八妾從子奇按
三說皆可通集注以爲寡德之妻似誤思齊爲周公頌
文王之詩正宜表揚休美不必以謙爲詞
以御于家邦
御毛作迓迎也詩傳從之鄭作馭治也集注從之當以
此爲長趙注云享也言享天下國家之福非是
莅中國
中國謂帝王所都劉熙云帝王所都爲中故曰中國
鄒人與楚人戰
鄒有二一姚姓舜後見漢書地理志在今鄒平縣一曹
姓即春秋之邾穆公改號曰鄒今鄒縣是也

方千里者九
九謂九州王制凡四海之內九州州方千里是也時解
指七雄及宋中山說似未合
是罔民也
罔字從网字生來网本捕魚行網之名秦始皇後乃借
用爲辠字
則盍反其本矣
古今韻會洪武正韻字義總畧引此盍俱作蓋翟氏灝
曰蓋與盍未應通用以語氣玩之上云蓋亦猶帶疑詞
此云則盍乃是決辭各有意義不可漫爲移易顧子明

云蓋字从盍是二字不通子奇按上文蓋亦韓本足利
本並作盍則在本章巳有明證漢書蓋寬饒元帝紀作
盍寬饒

孟子質疑卷一終

孟子質疑卷二

溧陽狄子奇述

梁惠王下

王語暴以好樂

捫蝨新語此章樂字俱音洛惟鼓樂之樂如字讀子奇
按此說極有見常解通章俱言音樂忽插入田獵一段
似嫌不倫惟作悅樂解則鼓樂田獵兩層都賅得到而
文義亦自可通詩好樂無荒是其證也說見四書釋地

今之樂　二句

閻若璩云左傳古而無死則古之樂也此可證讀樂音

洛之說

獨樂樂　十一句

四書考異晏子雜上篇樂者上下同之故天子與天下
諸侯與境內大夫以下各與其僚無有獨樂今上樂其
樂下傷其費是獨樂也又見說苑貴德篇後漢書臧宮傳有德
之君以所樂樂人無德之君以所樂樂身此皆讀樂音
洛之證

管籥之音

說文管如篪六孔十二月之音物開地牙故謂之管周
禮小師注管如遂而小并兩而吹之籥有二吹籥短於

箾而三孔(説文及少儀鄭注同)䈁篇長於箾而六孔(見箾兮傳)或七孔(見廣雅)此當是吹籥(説詳郝懿行爾雅義疏)鄭云單出為聲雜比為音

舉疾首蹙頞而相告曰

集注疾首頭痛也頞頟也閻若璩曰史記蔡澤傳魋顏蹙齃鼻齃即頞謂鼻蹙眉也(鮑彪國策注亦主是説吳師道反據集注正之非是)吳志諸葛恪傳折頞廣額則頞與額為二明矣子奇按釋名頞鄂也有垠鄂也頞鞍也偃折如鞍也説文頞鼻莖也此二字義別之證疏云民皆蹙鼻頞而愁悶亦不以頞為額即疾首亦苐毒恨之辭不得竟作頭痛解

今王與百姓同樂

此節為通章結穴而樂字亦作悦樂解則謂前五節樂字皆當音洛似無疑義

文王之囿(二句)

困學紀聞以此囿即靈囿何焯云靈囿在辟雍之旁不過一射圃若此則七十里之內大約皆岡嶺林麓四時講武其中故名曰囿非規其地以養禽獸恣游觀也閻若璩云文王之囿在今鄠縣東三十里地理志所云文王作酆有鄠杜竹林南山檀柘號稱陸海為九州膏腴者文王弛以與民恣其芻獵但有物以藩界之因名之曰囿此實作邑于豐時事非治岐時事也或曰古百里當今六十二里則七十里亦僅四十三里(子奇按詩傳天子囿百里諸侯四十里公羊注天子囿百里公侯十里伯七里子男五里穀梁疏天子方十里伯方七里(疑脱公侯句)子男方五里孟子疏則云天子之囿方百里大國四十里次國三十里小國二十里此等似難覈實竊疑文王當日原未必有此孟子特借以納諫耳曰於傳有之(靈臺疏引此作書傳有之)固自謂不足信矣　後漢書楊賜傳樂松曰昔文王之囿百里人以為小齊宣五里人以為大與此不同傳聞之異也

芻蕘者往焉

詩傳芻蕘薪采者疏云芻者飼馬牛之草蕘者供燃火之草左傳釋文飼牲曰芻草薪曰蕘

臣始至於境(四句)

禮入竟而問禁集注作入國蓋誤鄭云遠郊公五十里侯四十里伯三十里子二十里男十里近郊半之(見魯頌孔疏)郊各有關集注作國外百里為郊(此天子制尚書大傳百里之國二十里之郊七十里之國九里之郊五十里之國三里之郊則夏殷制也)郊外有關亦誤又昭二十年疏云聘禮及竟謁關人鄭云古者竟上為關周禮司關注關界上之門然則禮之正法惟竟界上有關

耳自竟至國更無關也齊於竟內復置關以隔外內所
謂偪介之關暴征其私本非禮也而厲禁亦甚矣

是故湯事葛

路史葛有二在甯陵者黃帝之後姬姓在河內修武者
嬴姓以湯居亳此南亳與葛爲陵考之當在甯陵縣北十五里
然舊說皆以此爲嬴姓國

文王事昆夷

史漢匈奴傳並言周西伯伐畎夷師古注畎夷即畎戎
一作犬戎又名昆夷字或作混又作緄聲相近也自隴以西
有之子奇按昆夷詩作串夷亦作貫夷又有作患夷者

皆同聲假借　孫疏文王伐昆夷此云事者葢文王初
事之卒不免故伐之也春海先生云詩混夷駾矣疏引
帝王世紀云文王受命四年周正丙子混夷伐周一日
三至周之東門文王閉門修德而不與戰又亦不隕厥
問箋云亦不廢其聘問鄰國之禮疏申之云亦不隊其
聘問之禮欲親人善鄰也皆文王事昆夷之証

故太王事獯鬻

吳越春秋古公積德行義爲狄人所慕薰鬻戎姤而伐
之漢書匈奴傳夏后氏之苗裔曰淳維有山戎獫狁葷
粥居于北邊子奇按此與昆夷當是兩種或據緜之八
章皇矣之二章疑獯鬻即昆夷不知此二章鄭箋本屬
之文王非太王事也

以大事小者四句

集注天者理而已矣子奇按下節引詩所以證畏天也
如云畏理之威恐不可通仇滄柱謂此節言理下節言天非是蘇子由云
小大貴賤其命無不出於天故曰樂天畏天

于時保之

此是通證上文兩保字兼保國保天下言其單承畏天
者以詩詞如此也俗解謂引詩專證畏天非是

以遏徂莒

趙注以遏止往伐莒者周柄中曰韓非子難二篇文王克
莒莒之爲國有明徵矣春秋紀子帛莒子盟于密密與
莒近故往侵之說本孫疏趙氏佑曰春秋之密在東杜注密莒邑城
陽淳于縣東北有密鄉今爲安邱縣詩之密在西元和志涇州靈臺縣理即古密國地縣西有陰
密故城今爲靈臺縣文王所伐諸國皆西伯所統與紀莒盟密之
莒無涉孫氏齊曰莒旅協韻若如詩詞則重旅字顯係
誤文子奇按莒旅同聲異義孟子既改旅爲莒自當依
趙注作國名解惟云以遏止往伐莒者則遏是遏密人
莒當爲周之與國毛傳以爲周地僞疏以爲密地又與韓非子不合曾
詩以阮徂共三國名皆密黨鄭箋主之張融皇甫謐並同疑莒

亦密與國言遏徂與莒二國也

齊宣王見孟子於雪宮

元和郡縣志雪宮故址在臨淄縣東北六里趙注中有苑囿臺池之飾禽獸之饒晏子春秋齊侯見晏子于雪宮子奇按今晏子春秋無此文蓋晏子曾館於此舉近事則言易入故下文及之

賢者亦有此樂乎

此賢者亦指賢君與梁惠王章一例看下言不與民同樂可見俗解指賢人說非是

吾欲觀於轉附朝儛

趙注轉附朝儛皆山名又云朝水名孫疏引顧野王云濰水名出南陽恐誤濰爲儛通考二山傍西北近齊國都海在其南故云遵海而南趙德南云附當作紨屬萊州太平寰宇記轉附在萊州掖縣子奇按此說較是左思齊都賦轉紨朝舞奇觀所說樂史云在掖縣必有所據陳士元以朝儛與朝歌相類金履祥以海上之山潮至如舞故名朝舞毛奇齡以爲管子猶軸轉斛之誤尹知章注言我之遊必有所濟猶軸之轉載斛石也孫淵如主之閻若璩以爲成山召石山之類朱翔鳳闢之而主僞疏尤誤俱非

放乎琅邪

琅邪山名在今諸城縣東南一百五十里山下有城即其地也閻若璩云自臨淄至海一千三百里自海至琅邪又一千一百餘里凡二千四五百里子奇按元和志自青州東北至萊州今掖縣自萊州正南微西至密州今諸城縣皆三百四十五里核其程途亦僅七百里耳閻就海之東盡頭處言故有此數然轉附在掖縣不可誣也

天子適諸侯曰巡狩

唐虞五年一巡狩夏殷六年一巡狩周十二年一巡狩皆一歲而徧崔靈恩三禮義宗謂一年止巡一岳周十二年一巡狩凡四十八年而一周非是

無非事者

非事二字連讀見左傳莊二十七年謂非天子諸侯所當爲之事如觀魚觀社等類皆是也不得但作無事看

吾王不豫

集注豫樂也子奇按管子內言戒篇春出原農事之不本者謂之遊秋出補人之不足者謂之夕周中孚曰夕當作豫聲轉而誤晏子春秋問下篇春省耕而補不足者謂之遊秋省實而助不給者謂之豫皆與上文合故劉熙注云春遊曰遊秋遊曰豫趙注亦云遊亦豫也豫亦遊也明二字義同文選東京賦既春遊以發生啟諸

螫于濇戸度秋豫以收成覩豐年之多稌注云秋行曰豫左傳宣子譽之服虔注云譽遊也引此爲証王應麟曰譽同豫則遊屬春豫屬秋皆指巡行（句本僞疏）歷有徵驗不得如集注所云審矣

今也不然節

俞氏思謙曰此十句皆用韻文亦古奧蓋皆夏諺之詞其所謂今當是羿代夏政淫遊佚畋之日其民追述前王譏切時事爲諸侯度爲諸侯憂兩兩相形皆謂王者以流連荒亡四字難解故從而釋之其非同時人語益明子奇按晏子春秋作今君之遊不然則非夏諺語即謂晏子自言故與夏諺作對文亦無不可若如俞說則指后羿不若指五觀（啓子太康弟）其淫泆康樂野於飲食明見書序自夏民言之尤爲痛切耳

師行而糧食

錢氏大昕曰周官廩人注行道曰糧謂糒也止居曰食謂米也鄭鍔曰遠者治其糧近者治其食子奇按糧與食自當有別但此處食字謂食之於民管子師行而糧食其民謂之亡是也

睊睊胥讒（二句）

集注讒謗也慝怨惡也言民不勝其勞而起謗怨也子奇按下句方說民則上句應指在位者言（趙注甚明）其以慝爲怨惡（去聲）亦無此訓詁趙注民由是化之而作其慝惡（入聲）也極明析（孫疏亦然）

方命虐民

方猶放也放棄不用先王之命書方命圮族馬鄭解同集注諸侯謂附庸之國縣邑之長（句誤）全祖望云此即指列國諸侯言子奇按如俞氏說則當指夏時諸侯言

惟君所行也

言流連之樂荒亡之行先王無之惟君所行乃如是耳（說本四書辨疑）如此解方見畜君之意

蓋徵招角招是也

左傳昔穆王欲肆其心周行天下蔡公謀父作祈招之詩以止之事與此同而其詩亦名招（賈逵讀招爲昭明也馬融讀祈爲圻王圻也杜預以爲圻父名招俱未是）晏子之樂或本乎此故曰畜君何尤

畜君何尤

注疏訓畜爲悅廣雅疏證從之子奇按似此便不見尤字意惟如集注以畜爲止則忠言逆耳看似有罪而其實無他故自謂何尤而孟子亦以爲好君也焦氏循曰孟子之畜君即毛詩之玉女玉音畜

人皆謂我毀明堂

毛奇齡曰魯爲大宗得祭文王故特立周廟爲出王廟又以文當配帝故特立明堂爲宗祀之所在鎬京者並祀文武在泰山者專祀文王孝經所云嚴父配天周公其人者正謂此也惟爲祀文王之處故下文特言文王之治岐若云因巡狩而設則西南諸岳何不聞有明堂耶子奇按大戴禮本以明堂爲文王廟然封禪書云泰山東北趾古時有明堂處文中子注泰山下有黃帝合宮即古明堂似泰山明堂古已有之未必爲文王而設惠定宇據呂覽驕恣篇齊宣爲大室謂大室即明堂似誤　孫疏以爲周公朝諸侯之處非是何異孫十一經問對謂當時諸侯俱有明堂亦非

王者之堂也

王方慶曰先儒舊說天子行事一年十八度入明堂大享不問卜一也每月告朔十二也四時迎氣四也巡守之年一也故曰王者之堂

昔者文王之治岐也

漢書地理志右扶風美陽縣岐山在西北中水鄉周太王所邑即岐也惟文王嘗徙鮮原又徙豐徙程詳見第四篇皆在岐後此蓋舉其初政言之　尚書大傳載荀子對宣王問亦以文王治岐言

耕者九一五句

此與周禮多不合周制十一之法通乎天下無所謂九一也公劉在夏時用貢法故十一文王在殷時用助法故九一門關有稅山林川澤有官則關市有征澤梁有禁矣男子入於罪隸女子入於舂槀則極惡大罪亦有連及妻帑者矣惟世祿之法周禮亦然然其中亦有差等周公封魯召公封燕別建國而采邑猶世畢公封魏康叔封衛外世國而采邑不世凡祭芮榮外無國而其邑則世毛叔郕叔則世邑而不必世官皆量其功德而差次之仍叔之子武氏之子皆世祿之家也至春秋乃變爲世官陳啟源以世卿爲先王舊典似未合然季文子之父無佚世本季友生齊仲齊仲生無佚穀梁疏引作季友生仲無佚佚生行父臧文仲之父伯瓶俱未爲卿則世祿之法猶有存者

說本欽定禮記義疏　此惟九一較十一爲稍重餘皆比周禮輕一等正與王制古者藉而不稅數句畧同彼注謂古者爲殷時蓋紂廢其法而文獨修之也

老而無妻曰鰥二句

釋名鰥昆也昆明也其字从魚魚目恒不閉言愁悒不寐目恒鰥鰥然也白虎通鰥之言鰥鰥無所親也大戴禮丈夫六十無妻曰鰥婦人五十無夫曰寡

哿矣富人二句

汪氏中曰哿與哀相對爲文王篇哿嘉也二字俱以加爲聲而義相近傳訓爲可亦快意愜心之謂正義曰有

財貨以供之失傳箋之義矣　周禮注無兄弟曰煢無
子孫曰獨

昔者公劉好貨

集注公劉后稷之曾孫也子奇按曾孫是子孫通稱非
必孫之子爲曾孫也說見中庸

于橐于囊

毛詩稽古編囊橐有四說毛傳小曰橐大曰囊[玉篇同]干
寶晉紀論注大曰橐小曰囊與毛傳反釋文引說文云
無底曰囊有底曰橐[又見孫奭示兒編今說文云囊橐也橐囊也與此異]漢書刑法志陸賈王吉趙充國傳師古注云無底曰橐[見倉頡篇唐韻及說文繫傳同]有底
曰囊董逌及朱子從之又與釋文異大約皆可互訓子
奇按文選注即引毛傳並未違反[但倒其句耳]陳說似誤[劉氏]履恂謂囊橐俱有大小然傳無明文惟今本說文正可備一說耳

爰方啓行

集注爰於也王引之曰爰猶聿也爰聿一聲之轉本作
欥或作曰又作越作遹皆通　毛鄭俱言公劉居邰遭
夏亂避難遷豳呂祖謙曰詩意整暇不見迫逐事毛奇
齡曰蓋從不窋竄于戎狄來子奇按傳云公劉遷豳諸
侯從之者十有八國則當時周之聲勢亦已盛矣

行者有裹糧也

按勘記宋本孔本俱作裹囊鹽鐵論[取下章]公劉好貨居
者有積行者有囊正與此合

來朝走馬

走馬蓋即今之騎馬左傳左師展將以公乘馬而歸此
其證也或以六經無騎字疑周以前不騎馬恐未必然

率西水滸

舊說俱以此水爲漆沮雍錄云渭水實在梁山之南循
渭西上可以達岐戴氏震曰豳値岐北而稍東梁山正
當豳之南率西水滸者旣踰梁山自東向西[孔疏作東行非是]
循水涯而上皆馬行不舟楫水滸渭水北涯也王念孫
曰率自也西邠之西也水滸漆水之滸也太王自邠西
漆水之涯南行踰梁山又西行至于岐山之下子奇按
王言其南境戴言其西境中隔梁山自邠來則爲漆水
自梁山來則爲渭水合之始備鄭志謂豳在岐西北四
百里蓋誤

左右皆曰可殺[節]

此節亦是用人之事言不但去之當慎即殺之亦當慎
慎於不用正所以慎於用也集注泛言用刑似未合

爲巨室

劉向新序刺奢篇呂氏春秋驕恣篇俱有宣王爲大室

事然孟子只是寓言不可據實也

雖萬鎰

趙注二十兩爲鎰集注因之子奇按鎰禮作溢溢之言滿也滿乎十六兩爲一斤之外也故爲二十兩國語注禮注賈公彥疏陸德明音義國策及呂覽高誘注漢書食貨志孟康注張晏傳注引服虔說並同惟陳臻問曰章趙注又作二十四兩文選詠懷詩注引毛西河國語賈逵注亦然蓋誤作十六兩尤誤孫子算經稱起於黍十黍爲一絫十絫爲一銖二十四銖爲一兩十六兩爲一斤三十斤爲一鈞四鈞爲一石石百二十斤以每斤十六兩通之一石爲一千九百二十兩一斗爲一百九十二兩一升爲一十九兩二錢乘二十四銖得四百六十銖零八絫於四百八十銖減去四百六十銖零八絫餘一十九銖零二絫是一升二十四分升之一爲四百八十銖即是二十兩禮注二十兩爲溢於粟米之法一溢爲米一升二十四分升之一是也雜記孔疏律厤志合龠爲合則二十四銖合重一兩十合爲一升升重十兩二十兩則米二升與此不同者古稱有二法說左傳者云百二十斤爲石則一斗十二斤爲兩則一百九十二兩則一升爲十九兩有奇今一兩爲二十四銖則二十兩爲四百八十銖計一十九兩有奇爲一升則總有四百六十銖八參以乘四百八十銖惟有十九銖二參在是爲米一升二十四分升之一甄鸞五經算術云置一斛米重一百二十斤以十六乘之爲積一千九百二

十兩以溢法二十兩除之得九十六溢爲法以米一斛爲百升爲實實如法得一升不盡四升與法俱再半之名曰二十四分升之一此不用銖法而用石法其術一也則溢之爲二十兩審矣

則何以異於教玉人彫琢玉哉

教者自授以法也即舍汝從我意趙注教人治玉不得其道則玉不得美好是也集注解作愛國不如愛玉似誤　上言用賢而不從其道猶用木而不盡其材此言治國而不能專任賢人猶治玉而不能專任工人俱是喻詞

齊人伐燕勝之

日下舊聞陸德明本樂記封黃帝之後于薊水經注以薊爲堯後以燕爲黃帝後證以漢書薊故燕國召公所封其說頗是以文昭十六國並無燕名也子奇按穀梁以燕爲周之分子燕世家召公奭與周同姓風俗通同白虎通召公文王子王充云召公周公之兄譙周云周之支族皇甫謐云文王庶子雖俱無確證然大約是周之宗族無言黃帝後者且薊乃燕所并非薊即燕也　黃氏日抄引蔣曉云齊伐燕有二此之伐燕者宣王也其卒在孟子前故書謚後之伐燕者閔王也其卒在孟子後故止稱王子奇按齊前伐燕乃易王元年事在周顯王三十七年孟子尚未至齊僅

得十城旋卽歸之與此章全不合其後伐燕在燕策明以爲宣王齊策屬之閔王後人分次之誤乃與孟子合則兩書伐燕實一事耳安得不信本經反據史記以改之哉朱子序說謂孟子與荀子不合今按荀子並未以伐燕爲齊閔王事此赧王元年事也是時秦魏伐韓楚趙皆救韓故齊得乘燕亂伐之事見國策

五旬而舉之

五旬大事記作三旬國策三十日而舉燕是也當是傳寫之訛

諸侯將謀救燕

按國策是時樂毅勸趙武靈王以河東易燕地於齊楚

魏憎之使淖滑惠施之趙請伐齊而存燕所謂諸侯救燕也舊以趙世家召公子職於韓立以爲燕王使樂池送之一事爲證似未合此事不果行且止趙一國不可云諸侯也

若大旱之望雲霓也

趙注霓虹也雨則虹見故大旱思見之孫疏雄謂之虹雌謂之霓子奇按初學記天部引月令章句色鮮盛者爲雄雄曰虹闇者爲雌雌曰霓爾雅釋文霓說文曰屈虹青赤也一曰白色陰氣也引孟子云云埤雅二十赤白色謂之虹青白色謂之霓霓與虹雖微有別然皆能致雨詩朝隮于西崇朝其雨是也說見箋疏與朱傳異趙注謂雨則虹見從旣雨後言之本未合望字意集注改爲虹見則止於是有望其雨又恐其不雨之說義益迂曲矣淩濛初潙節偶錄引爾雅疾雷謂之當作爲霆霓云霓有二虹霓蝃蝀也能截雨霆霓乃霹靂而掣電者大旱望霓謂霆霓也子奇按初學記引爾雅無霓字白氏六帖二北堂書鈔一百五十二藝文類聚二文選注一太平御覽十三事類賦三並同恐今本爾雅誤衍未足爲據

置君而後去之

是時子噲已死燕人無君齊師猶在故孟子爲王畫此

策王不聽燕遂叛是一時之事詳見後篇

鄒與魯鬨

音義劉熙注鬨構也構兵以鬬也張胡弄切從門下者義與巷同此从門丁豆切與門不同子奇按音義致爲明析言此从鬥作鬨之字乃是鬬義與从門作鬨之字解作巷者不同也說文鬥部鬨鬬也从鬥共聲引此云云正音義所本自廣韻一送四絳並收鬨字獨不載鬨其義遂混宋高宗御書石經孟子因書作鬨臧氏拜經日記反據誤本以補開成石刻之闕謬矣

是上慢而殘下也

上謂有司（注疏並同）集注兼君言似於反之句說不去賈誼新書盛稱穆公之治新序亦有以粃養鳥之事在當時尚稱賢君也

滕文公問曰

左傳滕爲文之昭有明徵也獨漢書地理志以爲周懿王子錯叔繡所封水經注以爲懿王子錯叔繡文公所封殊不可解師古注云系本亦云錯叔繡文王子志云懿王未詳其義子奇按懿王當是文王之誤按書者或注錯字於其旁（王伯申以爲錯字繡名）後人誤入正文又誤文王爲文公而列於叔繡之下觀左傳隱七年疏引地理志

仍作文王子可見　定公文公諸書皆無考趙注引古紀世本謂滕至戰國有考公（考文古本作孝公）麋（今本作麋）元公宏（一作洪）世次相直疑後世避諱改考爲定元爲文也

閒於齊楚

是時楚東地至彭城齊自濟鄆以南至薛滕西南迫楚東北迫齊

齊人將築薛

史記閔王三年封田嬰于薛竹書紀年梁惠王後元十三年四月齊威王封田嬰于薛十月齊城薛國策吳師道注云當在宣王二十年三說互異其實國策注之說王二十年即紀年之梁惠王後元十三年戊戌視史記之閔王三年庚子亦僅差二年耳今以意揣之大約滅薛當在威王（周顯王二十九年邳遷于薛是時薛已滅矣故知當在威王時）封嬰當在宣王將築薛在宣王時築薛或在閔王時（輿地志薛河北有大城田文所築則在靖郭君時固未見其果城也）此參考諸書而不甚相遠者　元和志古滕國在滕縣西南十四里滕城故薛城（一名仲虺城）在滕縣東南四十三里故恐其相偪

三子何患乎無君

莊子讓王篇呂氏春秋審爲篇淮南子道應訓俱以此句指爲狄臣說

踰梁山

四書釋地梁山有二一在今韓城郃陽兩縣境內書治梁及岐詩奕奕梁山春秋梁山崩爾雅梁山晉望也皆是一在今乾州西北五里即此梁山也（長安志秦梁山宮在此）其山橫而長（孔疏其東當夏陽縣西北其西當岐山東北）自邠抵岐二百五十餘里山適界乎一百三十里之間子奇按元和志寰宇記並云書治梁及岐即此梁山　提要云乾州之梁山與在夏陽者本一山綿亘自可通借（春海先生云乾州之山與郃陽連勢必穿涇水洛水而過恐無是理）若詩之奕奕梁山則在今固安縣（見水經注）與燕相近（說詳日知錄）閻考之未審

從之者如歸市

吳越春秋幽人父兄子弟相與負老攜幼揭釜甑而從古公居之三月成城郭一年成邑二年成都三年而民五倍其初（天作箋引此疏云又見中候稷起注）詩緜疏引書傳畧說云周人東脩奔而從之者三（通志作二）千乘一止而成三千戸之邑（今見孔叢子）

魯平公將出

世本平公名旅世家云名叔在位二十二年六國表則云元丁未終乙丑止十九年帝王世紀又云元乙巳終甲子凡二十年未知孰是（晁以道謂自梁惠王元年至平公之卒凡七十七年當在赧王二十一年丁卯任啟運謂平公卒於戊午止十二年俱非）四書考及廣文選俱有樂正克勸公見孟子事恐不足據

前以三鼎（二句）

饒氏魯曰三鼎豕魚腊也五鼎羊豕膚魚腊也子奇按此專指初喪時祭禮說士虞禮陳三鼎于門外之右卽此所云三鼎也雖是祭禮實是喪禮故本章亦以喪言大夫虞禮不傳以此推之當是五鼎若少牢饋食禮所云雍人陳五鼎則純是祭禮與此無涉　以中庸論之則孟子祭父宜以大夫葬母亦宜以士按儀禮既夕篇厥明陳鼎五于門外注云盛葬奠加一等用少牢曲禮疏云諸侯大夫用少牢士用特牲其喪祭大夫亦得用牛士亦得用羊豕則士亦有用五鼎者孟子殆援此禮喪母歟　三鼎五鼎卽以士以大夫也俗解以上二句屬葬此二句屬祭非是

孟子質疑卷二終

孟子質疑卷三

溧陽狄子奇述

公孫丑上

公孫丑問曰

趙注公孫丑有政事之才子奇按韓非子公孫氏爲八儒之一與樂正氏並稱漢志有公孫子養氣篇孟氏譜謂孟子之子睪嘗學於公孫丑其晚年所造殆未可量一統志鄒縣西北十里有公孫丑墓方之巩謂孟子去齊丑實從焉遂留而不返

或問乎曾西曰

舊注曾西曾子之孫經典序錄云曾申字子西曾子之子子夏以詩傳曾申左邱明作傳以授曾申王應麟云春秋時名申者多字子西楚鬬宜申公子申是也子奇按檀弓鄭注卽云曾子之子名申惟曲禮孔疏亦以曾西爲曾子孫蓋誤大戴禮曾申又字華漢書王吉傳子非華元如淳曰華與元曾參之二子也一曰曾參之子字華元四書考異以檀弓穆公問曾子史記吳起事曾子皆是曾申

百年而後崩

無逸文王受命惟中身厥享國五十年呂覽制樂篇作五十一年此百年明證集注以爲九十七而終蓋用文王世子之說

紂之去武丁未久也

集注自武丁至紂凡七世子奇按七當作九何焯云元板本作九注蓋以祖甲爲祖庚弟庚丁爲廩辛弟故併數之或不數武丁與紂然國語云帝甲亂之七世而隕則兄終弟及亦一世也殷本紀云自仲丁以來至帝陽甲比九世亂則武丁與紂亦當數也自武丁元年至紂末年共二百三十九年自紂元年逆數武丁末年僅一百四十七年故曰未久

微仲

古今人表有微中又有宋微中包爾庚因以此爲微子之子閻若璩段玉裁並主之子奇按師古於宋微中下注曰啟子而微中下無文則微子之子是宋微中非微中也孟子以微仲與微子並稱在箕子比干之上推其世次當爲微子之弟

雖有鎡基

音義鎡或作兹子奇按疑當作資言雖有資藉基址不如及時而用似此方與上二句相稱而義亦正大

未有疏於此時者也

集注自文王至此七百餘年子奇按孟子明云王者不作不應從文王說起旣從文王說起則自文王元年至孟子仕齊時在愼靚王末年據三統術當是八百七十餘年惟

竹書紀年則未滿八百之數詳見充虞路問章

速於置郵而傳命

廣雅置驛也續漢書驛馬三十里一置韻會馬傳曰置步傳曰郵此舊注所本四書辨疑云玉篇及廣韻僅字止訓安置設立置郵言置設郵遞以傳朝廷之命也周廣業曰風俗通漢改郵為置然則周有郵無置明矣子奇按呂覽上德篇故曰德之速疾乎以郵傳命謂舜格三苗事易置為以則置作置設解無疑集注既以驛訓置又以馹訓郵馹即驛也或云馹以車言驛以騎言不得分釋說文郵竟上行書舍也

孟子質疑　卷三　三

若是則夫子過孟賁遠矣

舊說孟賁烏獲皆秦武王時人按武王即位在周赧王五年是時孟子已反鄒而此章是在齊時語曹交問章或云是在鄒時語皆在武王前豈武王未立時二人久已著名耶淮南子許慎注孟賁衛人國策注同通考云齊之力士俱不言秦人

告子先我不動心

舊注告子名不害子奇按墨子公孟篇稱告子勝王應麟疑勝是告子名未知是否趙注謂告子嘗學於孟子恐非

曰有

不動心有三種黝舍養勇求之於氣曾子孟子守約求之於心若告子則不求心又不求氣徒抱此冥然罔覺者自矜不動而已

北宮黝

淮南子主術訓握劍鋒以離北宮子高誘注以為齊人即黝也或曰衛人按左傳國策齊衛俱有北宮氏

不膚撓

王引之曰人之顏色見于皮膚故古人以膚色並言膚撓色撓也面有懼色則示人以弱故謂之色撓魏策秦

孟子質疑　卷三　四

王色撓韓子顯學篇不色撓不目逃正與此同義

不受於褐寬博

偽疏以褐為編枲韈又云短衣俱與寬博不合趙注一云若今馬衣疏云袍也馬被衣也此說近之

孟施舍

舊注施發語聲閻若璩云孟施複姓曾有少施氏王引之曰舍名施字舍之為言與也施之為言賜也賜亦予也故名舍字施左傳正義曰古人名字並言者皆先字而後名

舍豈能為必勝哉二句

此二句是孟子語舊説作孟施舍自言疑誤

昔者曾子謂子襄曰

家語孔子弟子顔相（史記作祖）字子襄朱竹垞疑即曾子所謂者子奇按淮南氾論訓高誘注子襄魯人孔子弟子錢辛楣以爲即此子襄未知孰是

吾不惴焉

王引之曰不語詞不惴惴也言雖被褐之夫吾懼之子奇按音義惴丁本作遄説文遄往來數也（易已事遄往詩遄臻于衛）洪頤煊曰此正與下句吾往矣相對成文言直則往不直則不往也説似較勝

不得於心勿求於氣可

集注可者僅可而有所未盡之詞子奇按可字固有此義但下文尚有不可一層則此可字自應有別且不得於心而求之氣正是黝舍一流乃孟子所云助之長者安得爲可求氣不可則不求氣未爲不可矣　此節前半段是言告子之不動心而論其可否後半段是孟子自言其不動心所異於告子者如此正以答公孫丑之問也俗解謂夫志以下俱是破勿求於氣之説果爾則勿求於氣較之勿求於心更爲不可不幾與此所謂可者自相矛盾耶

夫志氣之帥也

此志字即上文心字非心之所之也觀下節言氣壹動志隨曰是氣也而反動其心可見帥與充對應讀入聲作率字解集注將帥卒徒云云似非經意

夫志至焉氣次焉

至之爲言到也次如次舍之次言志一到而氣即隨之（癸巳解四書辨疑傳習録孟子雜記孟子劄記近聖居燕居解並主此説）惟其如是故丑疑既言持志即不必再言無暴其氣若如集注以至爲至極次爲次等則至者固當持次者亦當無暴丑何必更問耶

必有事焉而勿正

集注或并下文心字讀之亦通子奇按此倪氏思之説似未穩愜

無若宋人然

莊子列子俱有言宋人事然只是寓言並無姓名可證閻百詩取以爲説非是（孟子亦是寓言然此等處各不相謀無容牽混認作一人俱矣）

以爲無益而舍之者（五句）

以爲無益而舍之者告子是也助之長者黝舍是也告子雖強制其心然既云勿求當不去助正但不能善養耳若黝舍一流正與宋人相似其鹵莽滅裂更甚於告

子而亦能不動心故孟子於此節并斥之集注以助長亦指告子似未合焦循孟子正義已見及此

不同道

不同道者言已與夷尹不同也趙注謂伯夷之行不與孔子伊尹同道非是據注則上文本無伊尹二字然於文義不合不得以注改經

汙不至阿其所好

朱氏彬曰汙有大義淮南原道訓隤陷于汙壑穽陷之中高誘注汙壑大壑也此言三子縱爲大言必不肯阿私所好以譽其師所謂言有大而非夸也洪頤煊讀書叢錄主此趙注謬甚子奇按蘇洵有三子知聖人汙論以汙字絶

句明道亦然非是

見其禮而知其政五句

注疏以禮樂政德俱屬孔子說統以禮樂政德屬百王見聞知等屬孔子李安溪主此說俱不若集注之穩

麒麟之於走獸

郭璞云麒似麟無角詩疏麟黃色一角角端有肉京房云麒仁獸也麐牝麒也初學記二十九引何法盛徵祥記牡曰麒牝曰麟史記司馬相如傳索隱引張揖云雄曰麒雌曰麟則麒麟本一物猶之雄曰鳳雌曰凰也有角無角因雌雄而異耳至說文麟字注云大牝鹿此又一物今通作麒麟之麟子奇按公羊疏云麒麟非直雌雄之異其體亦別蓋仍指有角無角言

出於其類二句

此二句專屬孔子上文兩類字原是不類之類不特聖人與凡民異卽麒麟與走獸等亦何嘗不異然畢竟不能出乎其類故先斷之曰類也若孔子則與羣聖人實有不類者故曰出類拔萃後漢書蔡邕傳注若仲尼者拔乎其萃出乎其類則此二句專屬孔子明矣集注謂聖人皆異於衆人則於亦類也三字旣有礙而孔子生民未有意反不顯矣

徹彼桑土

毛傳桑土桑根也韓詩作杜義同方言荄杜根也東齊曰杜引詩云云字林作敊桑皮也見釋文集注兼用之

或敢侮予

集注今此在下之人或敢有侮予者本是順文立義詩傳作誰敢有侮予者則是下文孔子美詩之詞非詩本意矣恐有援彼釋此者附及之

市廛而不征

周官之制商有征而無廛司門征其貨賄是也賈有廛而無征廛人掌斂市廛布是也此本說賈而曰商者對

文則別散文則通也　或曰此市字對門言門既有征
故市無征也然孟子之言不必盡與周禮合
法而不廛
李氏叔寶曰周官市政有十掌其征者僅一廛人餘惟
防民之奸治其有無相通之政而已所謂法也子奇按
鄭司農專以貨之久滯不售者官以賈買之爲法故主典斂
此說似於不廛意未備康成以廛爲市中空地無肆城中
空地無宅者亦嫌未合太平御覽治道部資產部引此五節文俱無此句
關譏而不征
趙注周禮太宰有關市之賦司關有門關之征與王制

及文王治岐不合者此周公以來之法也孟子欲令復
古故曰譏而不征子奇按周官關雖有征然所征者商
賈非行旅也若戰國時則行旅亦有征故曰今之爲關
將以爲暴此節專言行旅似不得以周官爲證
廛無夫里之布
此廛字與上文不同上是市宅此是民居載師以廛里
任國中之地是也集注以此爲市宅非是廛亦有賦載師園廛二
十而一是也此專就國中言與遂人夫一廛之在野者
又別舊說引以爲證亦非　夫里之布者夫布里布也周禮閭師
凡無職者出夫布此謂閒民爲民傭力者不能赴公旬

三日之役則使出一夫力役之征也若非無職則無夫
布矣載師凡宅不毛者有里布此謂宅不種桑麻或荒
其地或爲臺榭遊觀則使出一廛之賦也若非不毛則
無里布矣戰國時國中之民已賦其廛又使出夫里之
布雖非無職非不毛者亦概取之非先王之法矣說本羣經
補義　夫布與夫家之征不同夫家之征是一夫百畝之
稅夫布是一夫力役之征漢書食貨志以夫布爲三夫之布似誤鄭注夫布是算斂
夫家之征是田稅　集注不引閭師夫布而引載師夫家之征又
從鄭注以夫家爲二謂出一夫百畝之稅一家力役之
征俱誤　里有三一爲二十五家之里一爲三百步之

里一爲里居之里此里布當是里居之里蓋一廛之賦
也集注本鄭注謂使出一里二十五家之布亦誤或以宅不
毛爲工賈利厚故重其賦似混　布者泉也即今之錢取其流通故曰泉取
其周徧故曰布鄭司農謂布參印書廣二寸長二尺以
爲幣蓋有布則出布無布則出錢也此說周禮賈疏已
駁之
皆悅而願爲之氓矣
任氏啟運曰氓字從亡從民乃自他國流亡而至之民
並未受田里故暫居此廛然亦有隙地可爲園圃故薄
征其稅顧子明云氓字从亡得聲與萌通並非會意字

任說似誤子奇按上節言農之在野者此節言民之在城者許行願受一廛而爲氓陳相願爲聖人氓皆是也字又作甿見周禮 任詮氓字稍鑿而說自可存本周禮注或兼野言非是 惠棟云古者四民農工商賈也見左宣十二年傳穀梁成元年傳有士民無賈民與左異至管子制國始有士鄉故地理志謂齊具五民亦見史記貨殖列傳 服虔云士農工商賈也孟子此章仍別言之

非惡其聲而然也

舊注聲名也子奇按此與要譽複竊疑聲字宜屬孺子蓋孺子入井必有哭泣之聲若逆料其有是聲而惡之

孟子質疑　卷三　十一

已是轉念非乍見時本心矣故曰非惡其聲而然

自耕稼陶漁

史記集解鄭元云歷山在河東水經注河東郡南有歷山謂之歷觀即舜耕處有舜井嬀汭二水出焉一說歷山在今山西永濟縣 又云陶城在蒲坂城北舜之陶也斯或一焉括地志陶城在河東縣北三十元和志作四十里墨子舜漁于濩澤此據水經注引今本作雷澤 地理志河東郡有濩澤應劭曰澤在西北元和志濩澤在澤州陽城縣西北十二里今山西永濟縣南四十里雷首山下有澤亦云舜所漁也皆去蒲坂不遠或云在濟陰今山東曹州府疑誤鄭康成詩譜以舜耕歷山陶河濱俱在魏地當爲定論惟云漁於雷澤在曹地又似兩歧蓋兩說並存久矣

是亦不屑就已

正字通凡遇事物輕視不加意曰不屑乃鄙夷一切之意孟子此章及乞人不屑不屑教誨等句皆如此解趙注屑潔也不屑猶不潔也雖本毛傳而與末篇不屑不潔之士似難通集注兼引說文動作切切之說亦未亮

雖袒裼裸裎於我側

毛奇齡曰袒裼有出於行禮者內則不有敬事不敢袒裼是也有出於請罪者覲禮侯氏肉袒是也有出於用力者詩襢裼暴虎是也此只是放棄禮法之意與三者

孟子質疑　卷三　十二

無涉又袒有去衣加衣之別內則之袒加衣之袒也詩及覲禮之袒去衣之袒也此則幾於不衣冠而處矣蔡德晉曰在衣曰袒在裘曰裼袒分左右禮事則左袒刑人則右袒裼不分左右故大射儀士喪禮皆言左袒覲禮言右袒而聘禮裼襲不言左右也袒有惟捲正服之袖而露其裏衣者鄉射禮記所謂袒纁襦袒朱襦也有并捲裏衣之袖而露其臂者所謂肉袒也裼則惟捲正服之袖以露其裘而已子奇按毛謂袒有去衣加衣之別不若蔡說之確蔡以衣裘分袒裼亦似難通禮稱裼衣則衣亦名裼左傳言袒裘則裘亦名袒而其謂裼襲止一衣即上服則甚是

說見經義叢鈔

孟子質疑卷三終

孟子質疑卷四

溧陽狄子奇述

公孫丑下

天時不如地利

趙注天時謂時日支干五行孤虛王相之屬子奇按五行相生當今王所生相生我者虛我尅者孤又以六甲旬前二辰爲孤孤所對爲虛日如是方亦如是張存中四書通證引陰陽家金匱曰六甲旬孤上坐者勝虛上坐者負

三里之城

春秋說文云天子周城諸侯軒城謂缺一面似無此理白虎通天子曰崇城諸侯曰干城公羊傳注天子之城千雉高七雉公侯百雉高五雉子男五十雉高三雉尚書大傳古者百里之國九里之城七十里之國三里之城五十里之國一里之城說各不同陳氏啟源曰鄭言城制有兩解典命注云天子之城方十二里公方九里侯伯方七里子男方五里匠人注云天子之城方九里大國方七里次國方五里小國方三里詩築城伊淢爲方十里箋以爲大於諸侯小於天子蓋同典命然以作雒解成周城方千六百二十丈及祭仲言大都城百雉三國之一

計之每里方三百步每步六尺每雉長三丈高一丈五經異義韓詩說雉長四丈何休公羊學雉二百尺均非埤雉雉飛不越分域祟不過丈修不過三丈故以雉計丈正合天子九里次國五里之制則又以匠人註爲長子奇按左傳疏正與匠人注合則此所云三里者蓋小國也

環而攻之

周氏柄中曰周禮簭人九曰筮環鄭注環謂筮可致師否此環字亦當如此解謂筮而攻之也攻之則筮吉故曰必有得天時者子奇按此說本俞廷椿周禮復古編然尉繚子天官篇云今有城東西攻不能取南北攻不能取四方豈無順時乘之者耶晉書段灼傳云三里之城五里之郭圜圍而攻之有不克者皆用此環字意其不可解作筮環明矣

朝將視朝

上朝字趙注亦讀音潮言孟子倘可來朝即力疾視朝不若集注之安

明日出弔於東郭氏

翟氏灝曰韓詩外傳齊有東郭先生梁石君不詘身下志以求仕世之賢也應即孟子所弔子奇按漢書蒯通傳東郭先生梁石君是兩人嘗爲田榮所刼後通言之曹參爲上客韓詩外傳明載其事與孟子不相及

孟仲子對曰

孟子年譜孟仲子名睪孟子之子三遷志同經典序錄云子夏以詩授曾申申授李克克授孟仲子仲子有詩說見維天之命及閟宮篇曹寅谷疑孟子之子自名睪不必稱仲子若仲子則以趙注從昆弟之說爲允至傳詩孟仲子當另是一人其說似可信孟氏譜謂孟仲子與孟子共事子思顧亭林主此說非是又云後學於孟軻著書論詩則仍是傳詩之人耳

不得已而之景丑氏宿焉

翟氏灝曰漢書藝文志有景子三篇列儒家疑即景丑子奇按志於景子下自注云說宓子語似其弟子則景子當是春秋末年人與孟子不相及兵家又有景子十三篇其人無考

宜與

書齋夜話宜與之與音歟宜與即可乎之意當以與字絕句不當連下讀

以慢其二哉

此當是孟子將去齊時語是時年近六十故兼齒言曹寅谷謂是初至齊時事彼時甫四十餘遽以達尊自命恐無是理若據闕里志生於安王十七年則其說可存

王餽兼金一百

趙注一百百鎰也古者以一鎰爲一金鎰二十四兩閻若璩曰漢四十斤當宋十五斤若在今日則漢一斤重當六兩以齊之百鎰計之葢今三百兩子奇按滑稽列傳齊以一鎰爲一斤與秦制同於漢之斤溢三之一漢以一斤爲一金斤十六兩見淮南子以閻說計之齊百鎰當得今九百兩玆云三百兩疑有誤 此仍據二十四兩爲一鎰言其實當從前篇二十兩之說百鎰葢今七百五十兩

子將有遠行

遠行疑即指薛即本章次第觀之可見季本謂將適魏

非是自宋至魏僅二百八十里不可云遠且此是第二次適宋乃由魏之齊而來非自宋之魏也

行者必以贐

臧氏琳曰論衡刺孟篇文選魏都賦赭白馬賦注引此並作賮劉淵林云賮禮贄也倉頡篇賮財貨也玉篇及文選注同說文賮會禮也廣韻兼二義

子有戒心

風俗通窮通卷孟子絕糧於鄒薛困殆甚所謂戒心疑即指此 大事記田嬰卒于閔王元年子文立綱目於顯王四十八年即書齊號薛公田文爲孟嘗君葢誤 孟子去齊在宣王末年而其適宋已在閔王元年則此注所云薛君當是田文

孟子之平陸

四書釋地平陸爲古厥國即孔子所宰中都也按中都爲須昌縣與平陸相近非即平陸也 此時屬齊漢屬東平今爲汶上縣任啟運云孟子見王于崇退即之平陸以與孔距心有舊也是時一言而齊君臣皆知罪爲發棠邑以賑民有諫行言聽之兆故猶未去王使人瞯孟子及儲子幣交等事皆在此時子奇按孟子葢先至平陸而後見王于崇所謂他日見于王是也

謂其大夫曰

冊府元龜魯謂之宰仲尼爲中都宰是也齊謂之大夫威王封即墨大夫烹阿大夫是也子奇按宰與大夫皆列國通稱左傳魯有成大夫公孫朝則魯亦稱大夫晏子春秋雜上景公使晏子爲東阿宰則齊亦稱宰

子之持戟之士

郝氏敬曰伍班次也失伍不在班也去之罷去也非指戰士亦非行間子奇按此指守衛之士言與集注異閻百詩主之

孟子謂蚳鼃曰

經義述聞蚳當从氏聲巨支反釋文虫旁作氐音遲失

之子奇按通雅引石經作靈蓋孟蜀本

予之辭靈邱

四書釋地趙世家敬侯二年敗齊于靈邱惠文王十四年樂毅攻齊取靈邱田齊世家威王元年三晉伐我靈邱據此當是齊北鄙邑蓋蚳鼃本以其去國遠無以箴王闕故辭之而請士師也施氏彥士曰地形志鉅鹿郡鄡縣有靈邱參諸圖志南連大陸北界滹沱西接中山徒駭河逕其下東鹿岩峙其右外臨內廣容千餘人東南至齊高唐三百餘里在今保定府南二百五十里東鹿縣東有鄡縣故城洵青齊之門戶也是時齊境跨及

中山在今晉州西南故靈邱爲西北邊邑子奇按晉志趙國有鄡縣蓋即其地是時趙亦有靈邱以葬武靈王得名在代郡靈邱縣史記正義以靈邱爲河東蔚州蓋即指此孫疏據以證孟子非是胡三省謂即漢清河郡靈縣今高唐夏津皆其地于欽齊乘謂今滕縣東三十里明水河之南有靈邱故城俱非

孟子爲卿於齊

鄒縣聖賢志孟子五十五歲在齊迎母仉氏就養五十六歲母卒於齊歸葬於魯五十七歲在鄒居喪五十八歲反齊齊王以爲客卿子奇按孟子在齊其初居賓師之位並未任職故不受祿其後在三卿之中受職任事則亦受祿矣季本曰孟子爲卿于齊受粟十萬前云無官守無言職當是爲賓師時事此云爲卿于齊後云致爲臣而歸則仕齊後事也當分別觀之

出弔於滕

季氏本曰此蓋文公之喪乃孟子自請行以盡存歿始終之禮故王驩稱使而孟子不稱使子奇按郝京山亦有此說俱無明證

王使蓋大夫王驩爲輔行

四書釋地蓋在今沂州府沂水縣西北陳仲子之兄戴亦食采於此蓋一邑而分食之者左傳趙氏先氏分食

原狐氏陽氏分食溫皆此類子奇按李冶古今黈讀兄戴蓋爲句說見下篇則閻說未爲定論其爲驩邑固無疑耳

齊卿之位

此句指孟子言徐伯聚曰上云爲卿於齊此曰齊卿之位正相呼應若驩本大夫非卿也集注謂是攝卿以此句屬驩說似未合說本近聖居燃犀解

齊滕之路 二句

四書釋地自臨淄抵滕不滿五百里路不爲遠而一往一反將及千里亦不爲近故云

夫既或治之

夫字指王驩趙注云夫人既自謂有治行事是也集注謂有司蓋據或字言之耳

孟子自齊葬於魯

列女傳孟子處齊有憂色擁楹而嘆孟母見之因有三從之論是孟母就養於齊有明徵也特以祖墓在魯故必返葬耳孟母墓碑在鄒縣北二十五里馬鞍山去昌平山三十里其南爲唐口山孟子墓在焉顧亭林以此爲改葬未見明據　孟子外書孟母之喪孟子三日不食哭不止門人請曰古者五十不毀孟子曰五十也乎哉吾母死吾猶孺子也子奇按此條雖出僞書而語自可存

反於齊

郝京山以爲拜賜毛西河以爲反哭任釣臺周理束以爲致事閻若璩云是必三年喪畢而後適齊此爲定論

止於嬴

四書釋地嬴在今萊蕪縣西北四十里北汶水之北去臨淄三百餘里春秋公會齊侯于嬴即此子奇按元和志寰宇記並云後魏移古嬴縣于萊蕪縣唐貞觀元年廢入博城縣長安四年又於廢嬴縣置萊蕪縣是元魏以前之萊蕪非真嬴而唐以後之萊蕪乃真嬴也嬴於漢爲奉高後魏爲博平隋爲博城唐初爲乾封山東通志今萊蕪縣治東南有孟游亭蓋即其地

使虞敦匠事

爾雅釋詁敦勉也史記蒙恬列傳帝以高之敦於事也赦之王念孫曰敦於事勉於事也此敦字亦然謂勉匠人以其事也子奇按水經注穀水篇敦敕工匠蓋要妙之巧即此意趙注以敦匠絕句似未合集注以爲董治作棺之事大意亦同但於訓詁少差耳

古者棺椁無度節

翟氏灝曰喪大記君大棺八寸屬六寸椑四寸上大夫大棺八寸屬六寸下大夫大棺六寸屬四寸士棺六寸

檀弓四寸之棺五寸之椁禮家以爲庶人之制此云棺七寸乃約上下大夫之中云椁稱之視庶人加二等而云自天子達於庶人則於記難强通矣或虞夏殷制與周不同歟子奇按無度雖是無一定之度然畢竟是從薄玩末句可見孟子自云上世有不葬其親者尸子亦云禹治水爲喪法桐棺三寸制喪三月汪中曰夏后氏三年之喪既殯而致事禹崩三年之喪畢益乃避位則謂禹制喪三月者尸子之誤也可見夏商以前槪從其薄俗解謂無度只是過厚誤甚

於人心獨無恔乎

周氏廣業曰廣韻恔快也出孟子玉篇恔快也胡交切

㥦憭也吉了切又㸃也胡巧切音義迥別增韻㥦下引孟子而云廣韻作㤲則傳訛久矣子奇按說文有㥦無㤲疑古只一字後乃析而爲二

有仕於此

集注仕爲官也子奇按論衡刺孟篇鄭厚藝圃折衷引此俱作士集韻仕與士通上云有仕於此下云夫士也相應成文正相通之證告子下篇士無世官士當作仕言凡仕者皆不得世官也若作士便有礙彼此互證其相通益明曲禮前有士師周禮士田注俱讀爲仕以神仕者序官作士荀子致仕皆作致士後漢書趙壹傳昔人或歷說而不遇或思士而無從亦是以士爲仕

勸齊伐燕

國策有孟軻勸齊伐燕語曰今伐燕是文武之時不可失也葢因此而附會之又有田臣思及儲子勸齊伐燕語當是實錄

燕人畔

集注齊破燕後二年燕人共立太子平爲王子奇按諸侯救燕卽是燕畔合前篇觀之明是一時之事不必待立平也胡三省通鑑㧙王元年注云是時燕人雖未立太子平固已相率叛齊最爲卓識朱子綱目書孟子去齊於元年齊人伐燕之下與通鑑大事記合本是實錄惟先書齊君辟彊卒後書孟子去齊似與孟子不合獨於集注繫之破燕後二年不知何意若果二年始叛則宣王已卒孟子已去又何慙乎梁氏玉繩施氏彥士據趙世家立公子職事謂職立二年卒乃立平以此證注非是　陔餘叢考國策言齊破燕之後二年燕昭王始立又郭隗篇言昭王與百姓同甘苦二十八年然後以樂毅爲將破齊七十餘城是齊破燕至燕破齊之歲相去本有三十餘年則破燕者宣王而爲燕所破者閔王國策原自明白葢宣王破燕之後不久卽卒閔王嗣位二十九年乃爲燕所破計其年歲正與燕昭二十八年之數約畧相符子奇按齊閔王卽位在周㧙王二年戊申燕昭王卽位在㧙王三年己酉昭王

二十八年卽閔王之二十九年二者若合符節知此則伐燕之當在宣王與宣王之卒當在㧙王元年丁未皆確不可易矣

周公使管叔監殷

先儒謂監一叔叛二叔流言三叔並無三叔共監殷之事班固云邶以封武庚鄘管叔尹之衛蔡叔尹之僞書傳同尚未及霍叔鄭康成注書序乃以霍易商竊補三數詩譜云自紂城而北謂之邶南謂之鄘東謂之衛帝王世紀云自殷都以東爲衛管叔監之西爲鄘蔡叔監之北爲邶霍叔監之陳傳良謂自判以南蔡叔監之管叔河南霍叔河北非是子奇按周

書作雒篇建管叔于東建蔡叔霍叔于殷俾監殷臣則三叔監殷其傳巳久故集注並及之　逸書文政篇管叔開宗循王禁九慝昭九行尊九德順九典東隅之侯咸旅于王則其監殷亦非無功且其使實出武王其死亦由自經作雒篇成王二年王師伐衛管叔自經卒但周公自必與聞耳

周公弟也二句

趙注以周公爲兄管叔爲弟蓋本淮南子白虎通列女傳鄧析子傳子諸書後漢書樊宏傳亦云然孟子明云周公是弟管叔是兄左傳荀子史記帝王世紀並同自當以經文爲正太史公以周公行四皇甫謐以周公行七若管叔則俱行三其爲周公兄無疑據左傳則蔡叔霍叔

亦周公兄高誘以蔡叔爲公兄管叔爲公弟非是

得侍同朝甚喜

趙注來就爲卿君臣同朝故喜之時解以得侍絕句而以同朝甚喜連讀亦似可通

王謂時子曰

古今姓纂齊有賢人時子著書見劉勰新論未知即此時子否

辭十萬而受萬

閻氏若璩曰漢量當今以五爲一計十萬鍾爲六十四萬石當今十二萬八千石此蓋孟子通計仕齊所辭之數非一歲有也子奇按此第據齊舊量言若以陳氏三量加一計之則每鍾八石十萬鍾爲八十萬石當今十六萬石其數更多甫田鄭箋上地畝穀一鍾此據上熟言食貨志云百畝之收不過百石則舉至下者言之萬鍾爲萬畝十萬鍾爲十萬畝以周制考之亦僅百乘之家宋地之大者耳閻謂非一歲所有固非辭十萬即指致爲臣言或謂孟子仕齊數年並未受祿尤非果爾彭更何以疑其傳食公孫丑何以疑其素餐耶

季孫曰異哉子叔疑

趙注季孫子叔皆孟子弟子子奇按宋政和五年封孟子弟子十八人爲侯伯有季孫子叔二人吳萊孟子弟

子列傳朱彝尊孟子考並主之似未可信周柄中以季孫即意如疑即叔詣亦非外書季孫名郊又云公都子名戜恐出僞託

宿於晝

王應麟曰水經注澅水出時水東去臨淄十八里俗稱宿留水因孟子三宿得名或云當作畫後漢耿弇進軍畫中史記畫邑人王蠋寰宇記引史記仍作晝通鑑作畫邑毛奇齡曰晝在齊西北畫在齊西南一南一北不得相混說本路史周柄中曰史記田單傳注畫齊西南近邑漢書耿弇傳注畫邑故城在西安城東南西安即左傳渠邱即今索鎮在臨淄之西洪亮吉云索頭鎮在臨淄東南疑誤並非西北言西北者惟

括地志耳 志云晝邑戟里城在臨淄西北三十里通鑑胡注引括地志晝與戟里城爲二 據則
晝邑晝也曹之升曰孟子去齊適宋當向西南行自以
舊注爲允子奇按劉熙注晝本音獲 廣韻作澅音胡卦切注云水名在齊
京相璠土地名今臨淄惟有澅水西北入泲卽地理志
曰如水矣 據水經注如水卽時水非澅水也 左傳盟于邿外卽此邿如
聲相近

坐

上文已有坐字此復云坐者客以孟子不應起而請去
孟子使還坐而告之也趙注甚明

昔者魯繆公無人乎子思之側

孟子質疑　卷四　四十

按魯世家自哀公十六年至繆公元年凡七十年編年
世紀孔子卒時子思已十四歲距繆公元年已八十餘
年乃孔子世家謂子思年六十二而卒其誤顯然至孔
叢子載子思與申詳論衛公叔戌事在定公十四年子
思尙未生通鑑綱目載子思言苟變於衛侯事在安王
二十五年距孔子歿時已百有三年俱屬謬妄

申詳

檀弓鄭注申詳子張子太史公傳曰子張姓顓孫今曰
申詳周秦之聲二者相近錢氏坫曰申亦顓孫也周秦
之間申孫聲相近又因之而變顧子明云顓孫二字合
聲爲申非爲申孫聲近而變也

千里而見王

四書釋地自大梁至齊千有餘里若自鄒來僅及半耳
此爲孟子由魏之齊之證

是何濡滯也

古注濡滯熟稽也 韓本作孰稽廖本孔本作猶稽閩監毛三本足利本作淹久考文一本作淹留

七百有餘歲矣

據三統厤自武王元年已卯 帝王世紀作乙酉 至赧王元年丁
未共八百有九年先儒因謂此章是孟子初去齊時語

孟子質疑　卷四　四十一

當在顯王四十五年以合七百之數江氏永曰三統厤
誤衍七十二年 古有超辰之法三統術或因此而誤然以一百四十四年超一辰計之其數亦不合 經世諸書承之其實武王已卯至赧王已酉止七百
三十九年與孟子合子奇按以孟子去齊在赧王已酉
尙沿舊說 說見上 自已卯至已酉當是七百五十一年今
云七百三十九年亦誤惟據竹書紀年自武王元年辛
卯至赧王元年丁未適七百三十七年 朱石君謂竹書武王元年壬辰至赧王元年丁未爲七百九十六年誤多六十年 與江說合孟子此章與前後
四章以次類書明是一時之事當以赧王元年爲斷
周廣業孟子四考據緯書自文王已未改元至平王戊

午凡三百六十年竹書注自武王元年己卯至幽王庚午共二百九十二年合春秋二百四十二年史表二百二十四年共八百二十六年又似與竹書互異然除去文王三十二年赧王五十八年實得七百三十六年亦僅差一年耳按春秋訖於庚申史表起於乙丑中間曠隔四年自元王元年乙丑至赧王五十九年乙巳實止二百二十一年史表誤多三年左傳隱元年疏謂元王以下十一世二百二十六年而周亡更誤多五年加以中間四年爲二百二十五年除去前數正是七百三十七年是緯書與竹書本無不合周特考之未審耳左傳云卜世三十卜年七百則周之天下不應過八百歲三統術誤無疑

吾何爲不豫哉

上云若有不豫此云何爲不豫意似相反四書辨疑云爲字當作去聲言我之不豫正爲此耳非爲他也

居休

路史國名紀休在潁川任啟運曰潁川近宋正孟子去齊之宋之明證子奇按潁川爲今禹州許州等處距宋甚遠自齊之宋斷不必由潁川閻百詩謂故休城在今滕縣北十五里距孟子家約百里其說較是或云介休在膠西此即介葛盧國在今膠州西南七十里亦非

於崇

元和志故崇城在彭城縣北二十六里或曰古崇侯國路史亦云或云即春秋趙穿侵崇之崇方之玑孟子年表以爲崇武施彥士曰崇在范東北百餘里今東昌府聊城縣有崇武驛子奇按齊世家云文王伐崇密須索隱曰郡國志密須在東郡廩邱縣北今曰顧城此密須蓋崇之訛下云密須在河南密縣則此爲崇無疑廩邱今范縣也以孟子自范之齊推之崇與范近當即其地惟漢志並無此文且後漢廩邱屬濟陰不屬東郡則其說有誤至文王伐崇即春秋趙穿侵崇之崇其地在豐鎬之閒與秦近爲古崇國更與此異　季本以此爲孟子免喪反齊後事似未

合細玩文義正是初至齊時事耳

繼而有師命

趙注有師旅之命集注從之孫疏謂命爲賓師而禮貌之猶足爲善故不敢請說似較勝程沙隨謂即授室萬鍾事非是　上節言不受此節並未言不受可見不受祿特孟子初至齊一時之事丑蓋追論其事至由賓師爲卿則亦非不受矣

孟子質疑卷四終

孟子質疑卷五

溧陽狄子奇述

滕文公上

過宋而見孟子

四書釋地是時楚廣地至泗上北與滕隣一舉足即入其境宋在滕西南三百五十餘里迂道過此爲孟子也

子奇按是時楚都郢在今宜城縣宋都商邱在今商邱縣自滕之楚宋乃必由之路周理東云路稍迴遠然不得云一舉足即至其地按左傳楚與齊魯往來皆過宋閻特就楚境言之耳然世子之楚固當造其國都見其君若相非僅徘徊境上已也　孟子兩適宋其初適宋在君偃未稱王以前鮑彪謂在辟公時季本謂在剔成時俱非是時猶未至滕也其後適宋在君偃既稱王以後君偃稱王在十一年當慎靚王三年乃去齊以後事相隔十餘年此當是初至宋時事金仁山謂在致爲臣而歸後非是詳見孟子編年

成覸

覸說文作覵汗簡曰見古春秋成覸齊景公武臣趙注勇果者也本此

公明儀曰

檀弓注以公明儀爲子張弟子祭義注又以爲曾子弟子或云曾大夫未知孰是

將五十里也

開方法方五十里者爲方十里者二十五當得地二千五百井田二百二十五萬畝應除去城郭山川三分之一或云當爲田四十五億畝非是

吾宗國魯先君莫之行

毛奇齡曰滕與魯俱出自文王而魯祖周公爲別子周公本非長嫡以管叔服辟故得爲大宗得立文王廟兄弟宗之故謂魯爲宗國此說本呂東萊大傳解與左傳疏異凡文王之昭皆是若虞虢晉鄭則爲同姓凡蔣邢茅胙祭則爲同族俱不得云同宗然宗國之名御相沿不改子奇按據左傳則諸姬皆同姓凡蔣邢茅胙祭乃爲同宗若同族則自高祖以下萬斯大云文王諸子以周公爲宗周公諸子以伯禽爲宗是也毛說尚未核　又云孟子所定三年之喪蓋商以前制並非周禮故曰莫之行此更不然孟子明云三代共之安得謂非周制莫之行者自是後世之失後世亦未必無行三年喪者但不能事事合禮如孟子所定耳非周公叔繡以來已如是也

曰吾有所受之也

趙注一說此句乃世子之言受謂受之孟子亦通

五月居廬

馬端臨曰孟子雖教文公以三年文公僅於五月以前

守諒陰之制然亦當時所無也子奇按此特就未葬時言之非五月後便不守喪制也馬說似苛　禮疏倚廬者於中門外東牆下倚木爲廬也說見白虎通　趙注作中門內疑誤宮正賈疏天子倚廬在路門外路門之外即雉門之內是天子在中門內諸侯在中門外也

宵爾索綯

經義述聞索者糾繩之名綯即繩也于茅索綯相對成文趙注晝取茅草夜索以爲綯是也廣雅釋詁曰糾紆綯索也淮南氾論訓緂麻索縷高誘注索切也切與糾同謂切撚之使緊是索爲糾繩之名也廣雅釋器曰綯

繩索也方言車紂自關而東周洛韓鄭汝潁之間謂之曲綯郭璞注綯亦繩名引此爲證是綯爲繩也子奇按此與朱子詩傳合與毛鄭異爾雅云綯絞也廣韻同　是毛鄭所本故集注從之蓋義得兼通而以相對爲文則此說爲長　毛傳以索綯爲蠶事之用似非詩意

其始播百穀

楊泉物理論百穀稻粱菽各二十種爲六十蔬果之屬助穀各二十陳啟源曰外傳言烈山子柱能殖百穀百蔬易言百果甲坼是穀與蔬果各以百名不得并蔬果於穀程瑤田主此說

夏后氏五十而貢三句

井田之制定自大禹見信南山疏朱子以商人始爲井田非是殷周因之其有五十七十百畝之異者丈尺不同也說見日知錄　蔡邕獨斷夏以十寸爲尺殷以九寸爲尺周以八寸爲尺王制古者以周尺八尺爲步今以周尺六尺四寸爲步是古尺大今尺小古步寬今步狹也尺短則步窄步窄則畝數多故夏之五十於殷爲七十於周爲百畝雖未必盡合然大約不過如此貢者各受田五十畝貢其五畝之入也助者八家各受私田七十畝同出力以助耕公田也徹者九夫各受田百畝通歲有無以十之一歸公也

貢與徹原不甚相遠但貢是校數歲之中以爲常故其後不能無弊徹則不然故與助俱可久行然助有公田徹無公田其制又小異說見後　周本只有徹法不用貢亦不用助小司徒定稅法止計所耕之地故以九起數遂人正經界並計所占之地故以十起數其實十夫即九夫鄉遂都鄙一也黄仲元四如講稿主此說　鄭康成謂周鄉遂用貢都鄙用助集注因之非是

其實皆十一也

助九一亦云十一者舉成數也集注以徹爲十一分取一葢爲舊說所誤

龍子曰

龍子名穆一稱龍叔葢春秋時人事見列子（又見孔叢子）

莫不善於貢

夏氏僎曰戰國時重斂掊克託貢法以文過故龍子有激而云然胡氏渭曰貢雖於五十畝稅其五畝然亦各視其豐凶以爲多寡不然何以有上上錯乎子奇按似此便與徹無異竊意校歲爲常自是定制但大禹立法歲豐未必多取歲凶自有補助觀夏諺其初原自無弊（可知）稱貸取盈葢後人奉行不善耳（蘇子由謂草創之初未能周密非是）

使民盻盻然

按勘記盻丁作肹說文盻恨視皃肹蠁布也肹振也肹肸古通肹肹猶屑屑方言屑屑不安也趙注以勤苦不休息爲訓是趙作肹不作盻

又稱貸而益之

四書辨疑以此爲常賦之外又以借貸爲名重複取之子奇按鹽鐵論未通章用此句作農夫悉其所得或假貸而益之則陳說難通竊疑此稱字應讀去聲漢書食貨志亡者取倍稱之息注俗謂之舉錢貸字應讀入聲羣經音辨取于人之貨（說文作貣）他得切與人之貨他代切

惟助爲有公田　三句

欽定禮記義疏商制八家同井各私七十畝同養公田周則九夫爲井公田百畝亦以授民各取其私田十分之一商之公田在私田外周之公田卽在私田中故云惟助爲有公田言惟助有則貢徹俱無可知矣然助凶豐相通徹亦凶豐相通其制雖異而其意則同故云雖周亦助周無公田而詩曰雨我公田正與夏無公田而小正曰初服于公田同義或曰小正公田葢以藉田言

庠者養也　三句

禮書天子之於老其所養者三國老也庶老也死政者之老也歲養之亦三仲春也季春也仲秋也王氏引之

曰庠序學校皆爲教學而設養老習射偶一行之不得專命名之義王制耆老皆朝於庠元日習射上功則庠亦可習射文王世子適東序養老則序亦可養老孟子云然者皆是教導之名初無別異文王世子立太傅少傅以養之鄭注養猶教也言養者積浸養成之保氏掌養國子以道此訓庠爲養之說也射繹古通射義射之爲言繹也繹者各繹已之志也（原本引爾雅及周語不若此二句之愜故易之）此訓序爲射之說也養射皆教也教之爲父子教之爲君臣教之爲長幼故曰皆所以明人倫子奇按三句皆以諧聲字爲訓（雅首之詩射與譽韻唐韻正射字古有樹豫石亦四音）禮注庠養

也謂養士也大戴禮若不中道則養之孟子中也養不中才也養不才皆此義　白虎通
庠之言詳也以詳禮儀之所也序者序長幼也皆不主
養者習射孟子告齊梁之君兩言謹庠序之教申之以
孝弟之義此尤切證

夏曰校　三句

李光地曰夏之時鄉爲置校而已殷則州各有序周人
修而兼用之而黨庠以偏　子奇按說文引禮官養老作
殷曰庠周曰序漢書公孫宏傳同則李說未確

子力行之

左傳諸侯未葬稱子既葬稱君公羊傳君存稱世子君
薨稱子某既葬稱子踰年稱公穀梁桓十一年疏云其
踰年而未葬者亦不得成君集注以此子字爲未踰年
之稱蓋本公羊惠士奇曰未葬稱名既葬稱子惟公侯
爲然伯子男在喪稱名故鄭忽雖既葬亦稱名此春秋
達例左傳成三年公會晉侯宋公衛侯曹伯伐鄭時宋
文公衛穆公皆未葬而共公定公不稱子或曰此金革
變禮也子奇按此說似未的春秋會盟伯子男在喪無
稱名者不得以鄭忽一人爲例至此處子字或是通稱
未必是在喪之號看章首已稱文公下文又連稱君可
見

請野九一而助

自國以外皆曰野邵晉涵曰地官鄉師以歲時巡國及野遂人掌邦之野鄭注此野爲甸稍縣鄙是國門之外通謂之野　按周官稱野有通乎鄉郊以及縣畺者
有兼遂及公邑者有專指四等公邑者此所謂野蓋通
指鄉遂及甸稍縣畺言滕未必有此等名目故曰自國
以外

國中什一使自賦

國中城郭之內園廛之地也按周官以六鄉爲四郊而
載師閭師二職於四郊之外別有國中一條可見國中
只是園廛隙地說本趙注觀太宰以九職任萬民二曰園圃
毓草木而以九賦斂財賄其一卽邦中之賦尤爲明證
集注以爲鄉遂之地鄉固非國中顧千里以國中爲鄉畍之內段牧堂斥之
遂則野矣　周制園廛二十而一此十一者所謂與民
宜之也　孟子原只請滕行助上句已盡之元韓氏三禮圖亦見及此
因國中隙地不可井授故復言此集注以爲貢法似
誤上文極言貢之不善豈有教滕行貢之理

卿以下必有圭田

司勳賈疏凡大夫士賜地有四種大夫以上有采家邑
任稍地之等是也又有賞田及加田載師又有仕田及
王制圭田圭田卽仕田也王制圭田無征此殷制周則有征見孔疏鄭氏燕

曰子以圭田非徒報功亦欲廣耕藉祀先之義以教孝

明無田不祭之義以作忠也子奇按三家詩吉圭惟饎

或曰卽圭田之意與夾漈合說文田五十畝曰畦王逸楚詞注衆經音義引倉頡篇同从田圭聲故其數同張子以爲畦田本此孫蘭輿地隅說據九章方田法以圭田爲零星不井之田非是既云卿以下必有則大夫士皆當

有之趙氏意以爲有功德始賜疏矣

餘夫二十五畝

餘夫兼子弟言程子專指弟非是力足任地事乃可受田不必

限定是十六歲至受室後必丁男衆多足滿五六人之

數乃更受百畝亦非有室卽受百畝也集注多未確

周禮餘夫亦如之謂田有上中下三等故多寡不同餘

夫所受之二十五畝亦如此折算也趙注甚明鄭漁仲謂孟

子所言是商制周則受田百畝非是韓氏三禮圖以孟子餘夫與周禮不同亦誤

死徙無出鄉

趙注徙謂爰換也土易居平肥磽也周廣業曰何休公羊

傳注井田之法司空謹別田之高下善惡分上中下三

等肥饒不得獨樂磽埆不得獨苦故三年一換主易居

財均力平是謂均民力鄭司農司徒注亦然趙注本此

子奇按此說又見漢書食貨志

鄉田同井四句

公羊注井田之義一曰無洩地氣二曰無費一家三曰

同風俗四曰合巧拙五曰通財貨因井田以爲市故俗

語曰市井後漢書劉寵傳注引此語小異此可得同井之義

方里而井

秦宮壁曰步百爲畝以縱數也畝百爲夫以橫數也夫

三爲屋又以縱數也屋三爲井又以橫數也故曰方里

子奇按此說甚確王明齋謂方里是四面合得一里其

一面三百步止四之一周理裒典故辨正主之非是

八家皆私百畝四句

此正是商之助法惟百畝與七十畝稍異葢以當時地

廣人稀故定爲此制集注以爲周之助法似誤周制九

夫爲井無八家同井之說　上文請野句是行助全制

鄉遂都鄙俱在其內國中句只是餘意故此處單言治

野而不及國中詳所重畧所輕也集注謂國中貢法當

時已行故不復言似未合

有爲神農之言者

漢書藝文志集注引作史遷葢誤農家有神農十二篇食貨志及

呂覽俱引神農之教管子引神農之數文子引神農之

法皆所謂神農之言也繫辭以神農與伏羲黃帝堯舜

並稱則其言原足以治天下然非後世所可爲也

文公與之處

處者所也謂與以居處之所卽上文所云一廛也俗解謂授之田里非是

饔飧而治

周禮內饔疏熟食曰饔宰夫鄭司農注飧夕食也卽此饔飧也至司儀注小禮曰飧大禮曰饔餼外饔注飧客始至之禮饔既將幣之禮皆饋客之名與此無涉子京說

冠素

素者帛也卽論語之純但其色白耳孟子因許行欲避去織字故以冠竆之正應指帛言俗解以爲素冠非是

以粟易械器者

說文有盛爲械無盛爲器應劭曰內盛曰器外盛曰械史記正義內成曰器甲冑兜鍪之屬外成曰械戈矛弓戟之屬大傳注器械者禮樂之器及兵甲疏云器楄豆房俎禮樂之器械戎路革路兵甲之屬公羊注有攻守之器曰械郭璞三蒼解詁械者器之總名左傳疏引虞喜云器械謂鎧甲兜鍪也

或勞心六句

此六句皆古語集注作四句蓋誤

舜使益掌火

趙注掌主也主火之官猶古之火正也毛奇齡曰益蓋初爲火官而改爲虞官者曹之升曰堯時閼伯爲火正舜以山澤之任非彼所能勝故使益掌之蓋以虞官兼火官也子奇按始以水旺而草木茂禽獸多繼以火旺而草木燔禽獸避此水火既濟之道也禹貢言刑木克之以金也孟子言烈山澤攻之以火也

禹疏九河

漢書溝洫志成帝時許商上書曰古九河之名有徒駭胡蘇鬲津今見在成平今交河縣東光今東光縣鬲縣今德州界中自鬲津至徒駭相去二百餘里孔穎達曰九河所在徒駭最北鬲津最南地理志徒駭在成平卽虖池河胡蘇在東光鬲津在鬲縣晉志博陵國安平縣徒駭所在本爾雅郭注後魏志般縣今德平縣有故般河元和郡縣志馬頰在安德縣南五十里鉤盤在陽信縣北四十里通典古鉤盤河在樂陵縣東南五十里後漢書公孫瓚傳袁紹傳注太平寰宇記並同馬頰覆釜在平原郡界又云安德縣有覆釜河史記正義簡在貝州歷亭縣界輿地廣記簡絜在臨津金地理志將陵縣有鉤盤河南皮縣有絜河明一統志太史河在南皮縣北導河書覆釜在

阜城縣東(經東光縣東北)太史在安德縣東南(經滄州臨津縣西)地理
今釋云徒駭在交河縣東北六十里馬頰在平原縣北
覆釜在德州胡蘇在東光縣東南簡絜在南皮縣城外
鉤盤在樂陵縣東南鬲津在德州西太史不知所在齊
乘云在清滄二州閒覆釜胡蘇鬲津皆至海豐入海子
奇按齊乘言九河甚悉但年遠跡湮終莫得其實鄭康
成本緯書謂齊桓公塞九爲一漢書敘傳以簡絜爲一
其一爲經流(蔡傳本此)孔冲遠謂徒駭是河之本道東出分
爲八枝均未可信

瀹濟漯而注諸海

閻若璩云濟水新莽後枯而復通唐高宗前通而復枯
周柄中云北濟新莽時枯而復出南濟東漢後絕而不
通子奇按濟在禹貢凡三見而三伏蓋其性清而重善
趨下今歷下發地多流水世謂濟水經過其處然則濟
非絕也但伏而不見耳　漯者河之支流史記禹廝二
渠以引其河注云其一則漯川是也(孫淵如曰江淮河濟爲四瀆非人力漯則禹所治故曰渠河自成皋以北亦禹所廝也)漢志出東郡東武陽(今朝城)東
北至千乘(今利津)入海與出高唐者別胡渭曰禹引河自
大伾山西折而北循大陸東畔入海而漯首受河自黎
陽宿胥口始不起東武陽也(詳見水經注)其一出於武陽再

出於高唐據成帝後言之耳

決汝漢排淮泗而注之江

夢溪筆談載李翺來南錄自淮沿流至于高郵乃泝至
于江引此云云此以邗溝爲禹跡固誤全祖望云南陽
之地淮漢並行其水有互相出入者皆在新野義陽一
帶蓋江淮不通而漢淮實通也(曹寅谷主此說)閻其淵曰山海
經淮過新息至原鹿合汝又東過廬江至安豐(今霍邱縣地)
合漢又北東過下邳合泗水經注(泗水中篇)漢水又東過中
廬縣(故城在今南漳縣東春秋廬戎國也)東淮水自房陵縣淮山東流注
之是淮與漢通也子奇按閻所引山海經見今水經然

經云合決(注云當作窮)不云合漢也(漢不得至安豐)其所引水經注
又見今漢書地理志云漢中郡房陵縣有淮山淮水所
出東至中廬入沔此別一水閻據之以爲淮泗之淮其
誤更不待言錢大昕云自海州以南甯波以北之海皆
可名江注江即注海也孫星衍云水經注淮水與泄水
泄水施水合泄水注濡須口施水受肥東南流逕合肥
縣城又東注巢湖以達於江此淮支流與江通之證(水經注自河入濟自濟入淮自淮達江水徑周通故有四瀆之名疑亦據吳城邗溝以後言非禹跡也)說各
不同當從闕疑　禹貢無治汝之文惟豫州之波南流
入潁(見水經注)潁東北入汝(見說文)可以見汝之源流孟子此

言足補其闕　宋傅寅禹貢說斷以此句爲古溝洫之法似未合

禹八年於外

史記夏本紀河渠書漢書溝洫志並云禹抑洪水十三年堯七十五年命禹治水八十七年建十有二州過家不入門此云八年者就既娶言之也書傳云辛日娶妻甲日復往治水是先嘗在外而輟事成昏也正義謂書十三載連鯀九載在內非是吳越春秋作七年則記載之異耳

樹藝五穀

鄭注五穀有二義月令注云麥實有孚甲屬木菽實孚甲堅合屬水稷五穀之長屬土麻實有文理屬金黍秀舒散屬火皆順時食之以安其性也周禮疾醫注同史記天官書荀子儒效篇大戴禮天圓篇漢書食貨志後漢明帝紀注並同其職方五種注則云稻黍稷麥菽趙注主此素問金匱真言淮南子修務訓注史記五帝本紀集解漢書地理志音義並同他如管子地員篇載五土所宜之種曰黍秫菽麥稻王逸大招注以稻稷麥豆麻爲五穀文選注引范子計然曰東方多麥稻西方多麻北方多菽中央多禾獨缺南方恐有脫誤又與此小異

使契爲司徒

說苑堯之時舜爲司徒契爲司馬禹爲司冠子奇按此與尚書孟子俱不合或據其始時言之

父子有親　五句

據左傳則契所敷五教專指父義母慈兄友弟共子孝與此不同然在孟子自以本經爲正

放勳曰

音義曰丁音馹或作日誤子奇按路史引此亦作日孔本同集注以爲命契之詞則仍作曰字解耳

秋陽以暴之

趙注周之秋夏之五六月盛陽也綦母邃注同見文選安陸王碑注

非先王之道

非猶毀也此與離婁章言則非先王之道同義俗解謂許行所言非先王正道非是

荆舒是懲

舒偃姓世本有舒庸舒蓼舒鳩並見左傳舒龍舒鮑舒龔杜預釋例有舒城而無舒鮑舒龔疑世本誤衍唐史謂羣舒一國五名然亦各自爲種

周公方且膺之

王氏柏曰閟宮之詩蓋有錯簡孟子時詩簡未錯而所引正是說周公也翟氏灝曰詩序云閟宮頌僖公能復周公之宇也首二章陳姜嫄后稷太王文武之功三章

言成王封魯魯子孫祭則受福未暇敘及周公所云周公之字當於四章頌之故自公車千乘至莫我敢承皆言周公而不屬僖公五章六章繼周公而頌伯禽所謂淮夷來同遂荒徐宅明係伯禽事見諸費誓者也七章八章方頌僖公復宇如此說則詩與孟子悉無疑義而亦非錯簡矣孟子兩引此文皆確指爲周公必自師說授受不得以箋注之訛疑之子奇按此說甚是其謂閟宮止八章據毛鄭本與朱子集傳異

雖使五尺之童

五尺之童謂年十二歲以上者閻百詩作十歲稍誤

或相倍蓰

段玉裁曰孟子之倍蓰與書之倍差周本紀之倍灑三字同在支歌古音相近謂倍之而又不止於倍也子奇按徐廣亦以蓰爲五倍以下文什伯推之其義爲長

墨者夷之

史記墨翟宋大夫或曰並孔子時或曰在其後索隱引別錄云墨子有與文子問荅語文子乃子夏弟子（楚平王之孫司馬子期之子）則墨子應在七十子後胡致堂謂楊朱與老聃同時墨翟又在前非是　墨氏之學起自史角宗於晏嬰至翟而著或云宗師大禹者非也（說見汪中述學）韓非子顯學篇自墨子之死也有相里氏之墨有相夫氏之墨有鄧陵氏之墨之不知何墨也

夷子不來

此是孟子語不來猶云勿來耳趙注屬下節讀似誤

以薄爲其道也

以薄連上爲句爲去聲其道也又句　墨子節葬下篇棺三寸足以朽骨衣三領足以朽肉掘地之深下無菹漏氣無發洩於上壟足以期其所則止矣（節用中篇亦有此數語而文小異）是以薄爲貴也集注不引本書而引莊子蓋未見全書也（韓非子顯學篇亦有墨子節葬語）

蠅蚋姑嘬之

校勘記隋王劭說方言螻蛄字作姑見列子釋文子奇按今廣雅亦作姑卽月令螻蟈也（蔡邕以螻爲螻姑蟈爲蛙）或曰卽今土狗（趙佑云南人謂之地蠶北人謂之喇喇蛄）或又云姑猶咀也謂咀嘬之也揅經室集主之

蓋歸反虆梩而掩之

集注梩土轝也子奇按此說本丁公著說文梩有兩解一曰徙土輂卽丁所本一曰梠臿也或作梩廣雅梩臿也方言臿東齊謂之梩卽古鍫鍤字趙注云虆梩籠臿之屬蓋以臿起土而以籠盛之是以虆爲籠梩爲臿也

僞疏亦然若以梩爲土轝則與蘽字意複段牧堂以蘽爲輓引之補其說坐此
而義反不備　歸者自壑至家也反者自家至壑也掩
覆土也集注謂歸而掩覆其親之尸亦未合

命之矣

趙注以之爲虛字集注以之爲夷子名義皆可通而古
注較有神味

孟子質疑卷五終

孟子質疑卷六

溧陽狄子奇述

滕文公下

不見諸侯

譚氏貞默曰不見諸侯乃孟子四十以前居魯教授時
事非在齊梁問語也凡言不見諸侯者倣此

且志曰

四書考異文子上義篇屈寸而申尺小枉而大直聖人
爲之尸子引孔子曰詘寸而申尺小枉而大直吾爲之
也二書皆在孟子前漢書藝文志文子老子弟子與孔子同時而稱周平王問似出依託

尸子名佼魯人商鞅師之陳代所云志疑即指此

使王良與嬖奚乘

王良荀子正論篇作王梁左傳作郵良又作郵無恤國語作郵無
正淮南覽冥訓作無政又作伯樂韓非子云王子期爲趙簡子御
子期王良字實一人也古今人表並列郵無恤王良伯
樂爲三人非是人表伯樂或指秦穆公時人王逸云孫陽伯樂姓名呂覽似順篇有孫明高誘
注云簡子臣孫無政郵良也疑有誤觀象賦注王良即九方甄之子

吾爲之範我馳驅

音義範我或作范氏後漢書班固傳文選東都賦注引
此並同今仍作範我係後人誤改按左傳范氏之祖在夏爲御龍氏

李善引括地圖云夏德盛二龍降之禹當作孔甲使范氏御之以行經南方世稱善御爲范氏之御以此

爲之詭遇

劉熙注橫而射之曰詭遇見文選東都賦西京賦注廣韻同

公孫衍張儀

衍姓公孫魏之陰晉人趙注以爲秦王之孫故曰公孫未知何據嘗佩五國相印合諸侯爲從長事見魏策儀魏之支庶師事鬼谷子學連橫之術二人不相能而力能相制景春亦爲從橫之學趙注及劉熙注同見文選七發注故豔稱之說詳黃氏日抄曹之升曰魏惠王後元十四年張儀相梁犀首弗利至襄王二年張儀歸秦犀首乃相孟子在梁正二人相角之秋也

丈夫之冠也九句

按士冠禮無父命子之文集注考證以冠爲娶字之訛士昏禮母戒女曰勉之敬之夙夜無違宮事又有父戒女事均與此小異

周霄

張九韶羣書拾唾宮夢仁讀書紀數畧俱以周霄爲孟子弟子子奇按國策有周肖乃術士之流注云即此周霄未知是否

諸侯耕助二句

耕助即耕藉也孟子自云助者藉也可見助有藉義言藉民力以耕之也若云諸侯親耕而庶人助成之似不成句　趙注粢稷盛稻也子奇按毛傳器實曰齍在器曰盛國語韋昭注同周禮肆師注粢六穀也小宗伯辨六粢之名物即六穀也在器曰盛甸師注粢稷也稷爲穀長故名在器曰盛郊特牲疏同舂人疏器實曰齍黍稷稻粱是也在器曰盛簠簋是也詩權輿疏簋以盛黍稷簠用貯稻粱說文齍黍稷在器以祀者盛黍稷在器中以祀者又禾部有齋字繫傳云此即齍盛字其米爲齋在器曰盛公羊何注左傳杜注穀梁范注漢書顏注並云黍稷曰齍在器曰盛此集注所本徧考諸書並無

以盛爲稻者趙注葢誤

惟士無田

田謂圭田本趙注士之有圭田猶諸侯之有藉田也司勳疏少牢特牲是大夫士原脫士字有田者知士亦有田法也

牲殺器皿

說文皿飯食之器也增韻云盤盂之屬俱不作覆器解

則不敢以宴

宴與燕通指宴飲言葢祖宗既不血食爲子孫者自不敢燕衎也此與祭字對文曲禮多以祭燕對言當如是解俗指宴安說理非不通然於文義稍疏矣

媒妁之言

丁公著云媒妁之言謂媒氏酌二姓之可否故謂之媒妁子奇按說文媒謀也謀合二姓也妁酌也斟酌二姓也一說男曰媒女曰妁集注似欠分析

則梓匠輪輿

集注梓人匠人木工也輪人輿人車工也子奇按考工記攻木之工七輪輿弓廬匠車梓則輪人輿人亦木工也並無車工名目若細論其事則梓人爲簨虡爲飲器爲侯匠人建國營國爲溝洫亦不專是攻木

今將行王政

集注宋王偃嘗滅滕伐薛敗齊楚魏之兵欲霸天下子奇按宋世家偃自立爲王東伐齊取五城南敗楚取地三百里西敗魏軍齊楚皆指爲桀宋（梁伯子云宋實無取齊楚地及敗魏軍之事詳所著史記刊誤）正與此合然不言滅滕伐薛惟國策及新序有之乃全襲家語殷紂事以成文並非事實（說見毛西河集）世本齊景公亡滕（服虔主此孔疏已斥其謬）竹書紀年越滅滕地理志滕封三十一世爲齊所滅（杜氏釋例同）春秋正義滕以春秋後六世爲齊所滅通志滕至公邱爲秦所滅無言宋滅者（任氏考畧孟子去滕二十一年而亡在赧王十四年翟氏考異滕滅於慎靚王三年俱誤）若薛則齊屬國伐薛即伐齊也方祖範曰所謂王政皆不指此蓋即後二章戴不勝薦居州議輕賦一時尊賢用才緩征薄斂者是（說本經史問答）

齊楚惡而伐之

齊楚滅宋在赧王二十九年距孟子卒三年萬章此問原是設詞季本謂伐宋必在赧王四年以前於史無考

湯居亳（二句）

寰宇記亳在穀熟縣西南三十五里葛在甯陵縣北十五里有葛城相去八（或作六）十里子奇按亳有三蒙爲北亳穀熟爲南亳偃師爲西亳湯初都南亳及爲天子徙西亳此是爲諸侯時事故在穀熟（臣瓚以亳在濟陰薄縣蓋指北亳言）地

理志葛今梁國甯陵裴駰引以證史記亳都亦在梁國是也鄭康成以爲偃師似誤（詩疏據中候洛予命天乙在亳東觀於洛文言梁國在洛東不得云東觀然中候或據湯爲天子言）偃師距葛八百里　任啟運曰亳有四一在陝西商州一在山西垣曲二在河南子奇按左傳肅慎燕亳吾北土也釋例云亳小國與燕近（疏同）又同盟于亳城北杜注鄭地在滎陽史記秦甯公三年與亳戰亳王奔戎說文亳京兆杜陵亭名戎王所居是三亳之外又有三亳（路史謂亳有五說亦未備）至立政之三亳阪尹鄭云東成皋南轘轅西降谷也又不在此數（又汾陰有亳縣）

要其有酒食黍稻者奪之

四書辨疑云中原古注本酒食之食是肉字子奇按下有黍稻則食當作肉太平御覽皇王部飲食部古史殷紀引此並同

湯始征自葛載十一征

趙注載始也一作再再征十一國凡征二十二國也子奇按路史云載十一征而無敵于天下二十有七征而德施于諸侯歸之者三十六國隋書煬帝紀亦有成湯二十七征語舊說似可信然云再十一征何不云二十二征且訓載爲始亦與始征複（初學記引書作湯一征自葛載亦訓載爲始）竊意載是語詞如周頌載戢干戈載櫜弓矢之載應從

路史屬下句讀（文選注本如此）　周氏柄中曰十一征見於商頌者有韋顧昆吾見於書序者有三朡見於紀年者有有洛有荆有溫見於國策者有密須見於路史者有有卞合葛與桀爲十一

有攸不爲臣東征

按勘記各舊本經注爲皆作惟疏云惟念臣服之節是也集注本訛作爲不可不正

匪厥玄黃

趙注諸侯執元三纁二之帛孫疏諸侯世子執纁公之孤執元附庸之君執黃

太誓曰

孔穎達書疏引馬融書序述孟子引太誓與太誓本文不異一字今僞古文與孟子正同是古太誓必有與今本同者惜不可考矣

于湯有光

蔡沈書傳以爲伐商之舉于湯之心爲益明白於天下義亦可存

引而置之莊嶽之間

莊是街名乃六達之道（舊作六軌非是）在鹿門（齊東南門）之內左傳襄二十八年得慶氏之木百車于莊昭十年又敗諸莊哀六年戰于莊是也嶽是里名（費補之以曹參治齊屬後相以獄市勿擾即此）

在北門之内宮門之外襄二十八年反陳于嶽是也

段干木

路史段干氏初邑段後邑干因邑爲氏史記老子之子名宗爲魏將封于段干是也風俗通氏姓注以爲姓段名干木臧庸曰當分爲兩族葢一爲段干氏一爲段氏也（廣韻鄭共叔段後爲段氏）呂覽淮南以段干木爲晉之大駔豈賢而隱於賈者歟

大夫有賜於士

貨以陪臣而稱大夫歷來不解毛西河以爲家大夫屬

大夫之類尚不甚錯全謝山本玉藻謂貨所引原是士禮而以孟子大夫之說爲非則更妄矣（玉藻所云乃親賜之禮與使人來賜者不同且所謂敵者係大夫士之通稱並不專指士全氏直未了然）按左傳孟僖子將死謂其大夫曰則家臣稱大夫曾有明徵何獨於貨而疑之（成十一年傳云聲伯以其外弟爲大夫蓋亦家臣之類）

陽貨先豈得不見

趙氏佑曰陽貨矙亡而饋無禮已甚不可謂能先孔子亦矙亡而拜終於不見不可謂往見孟子蓋卽往拜一事原聖人不爲已甚之心以申迫斯可見之意言以貨之悖慢孔子猶往拜之使是時貨果能先以禮來如文

侯穆公之就見孔子豈有不見如踰垣閉門之甚者哉此兩節皆正答不見之義以明見之必待於先段泄先猶不見孔子不先不見也不先而見則小人而已矣講家直以貨之饋爲先孔子之往拜爲見非是子奇按此以當是時三句作假設語甚有見存之

脅肩

閻若璩曰漢書吳王濞傳脅肩累足鄒陽傳脅肩低首注並云脅翕也揚雄傳作翕肩注云斂也蓋斂其兩肩爲卑縮之狀也若竦體則見外戚傳乃敬也集注用之誤矣子奇按集注蓋本趙注及劉熙注脅鄭箋作胎（見抑）

釋文張衡應閒作歛（注引孟子曰阿意事貴脅肩所尊俗之情也未知何據）子京云詩板疏以此節未同而言卽口柔諂笑卽面柔脅肩卽體柔可備一說

病于夏畦

劉熙注俗以二十五畝爲小畦五十畝爲大畦（見史記索隱二十八文選注二十六）趙岐注仲夏之月治畦灌園何焯云治畦是先築土爲行水之道灌園則桔槔俯仰引水注之孫疏合而爲一非是

戴盈之曰

音義盈之卽戴不勝字勝音升名與字相反故知爲一

人子奇按荀子解蔽篇有載子名驩注云載讀曰戴或曰卽不勝韓非內儲說云戴驩宋太宰外儲說又云戴驩皇喜敵而宋君殺似非孟子所言

今茲未能

趙注今茲今年也閻若璩云左傳杜注以茲作歲古詩安能待來茲呂覽今茲美禾來茲美麥俱以茲爲年

上者爲營窟

禮運注營者營累其土於地上窟者窟穴於地中二字平說趙注云鑿岸而營度之以爲窟穴而處之似於爲字稍複集注直云穴處又於營字無著

囿圃汙池沛澤多

說文樹果曰園養禽獸爲囿（衆經音義引三若同）詩疏有蕃曰園有牆曰囿又云囿者域養禽獸之處園者種植菜果之處衆經音義引倉頡解詁種樹曰園漢書高帝紀注養鳥獸曰苑有垣曰囿（字林作無垣曰囿疑誤）劉熙注沛水草相半公羊注草棘曰沛漸洳曰澤風俗通沛者草木之蔽茂禽獸之所蔽匿也澤者言其澤潤萬物以阜民用也水草交厝名之爲澤王惻釋文引何允云水所生曰沛周禮注水鍾曰澤

伐奄三年討其君

毛奇齡曰周公伐奄有三一是相武王伐奄與誅紂是一時事即此所云三年討其君也（此時止討其君未滅其國）一是攝政初年奄與淮夷三監助武庚叛周公東征一舉而誅四國多士曰昔朕來自奄予大降爾四國民命是也一是從成王居洛之後奄與淮夷又叛於是伯禽征淮夷作費誓公從成王又伐奄滅之多方曰王來自奄是也（尚書後案以多方在多士前多方之王來自奄即多士之昔朕來自奄也例與本經至于再至于三不合）奇按此條本孔疏極爲詳備惟三年無考趙注以武王伐紂至孟津還歸二年復伐前後凡三年似與奄無涉顧亭林以爲即東征三年或又據紀年以爲成王三年四年五年連伐奄是三年均與相武王不合

驅飛廉於海隅而戮之

史記中潏生飛廉（墨子耕柱篇夏時另有一飛廉）飛廉生惡來子奇按史稱飛廉善走當武王誅紂殺惡來廉獨以急足漏網竄伏海隅故執而戮之或云武王伐紂時飛廉爲紂作石槨于北方故得不死（有報命霍太山及自爲石槨銘事）後又事武庚及武庚誅乃東走未知孰是（水經注霍太山有飛廉墓蓋殺者一處葬者又一處）

滅國者五十

周柄中曰周書世俘解武王伐越戲方伐靡集于陳伐衛伐磨伐宣方伐蜀伐厲伐霍伐艾皆俘之作雒解周

公所征熊盈（嬴同）十有七國俘惟九邑竹書紀年成王三年滅蒲姑四年滅淮夷五年滅奄八年滅唐路史武王俘佚侯可考者惟此子奇按逸書又云凡征四方憝國九十有九服國者五十有二蓋止取其尤無道者滅之也

驅虎豹犀象而遠之

四書考異逸書世俘篇武王既克殷狩禽虎二十有二犀十有二熊羆麞等若干但未及象而呂覽仲春紀（當作仲夏紀見古樂篇）言商人服象爲虐于東夷周公遂以師逐之至于江南乃爲三象以嘉其德適補周書所闕子奇按

呂覽所云說者以爲卽驅飛廉事翟氏引以證此疑誤
姑存以俟考

春秋天子之事也

此句向多誤解嘗卽以孟子解之孟子云王者之迹熄而詩亡詩亡然後春秋作王者之迹卽天子之事也其曰熄而後作者以天子不能行天子之事故作春秋以明之也又曰其事則齊桓晉文其文則史孔子曰其義則某竊取之矣所謂義者謂以天子之事寓之筆削之權使亂賊之徒聞而知懼也然則天子之事卽於春秋徵之惟託諸空言而非見諸行事（胡氏以春秋爲見諸行事似誤）故不

得議其僭耳然不知者已有以藉口矣胡傳謂仲尼作春秋以寓王法此言是也乃云孔子以天子自居且以天自處則謬甚而寡識者又依迴其說一似春秋竟不足以當天子之事者俱不足錄

知我者其惟春秋乎　二句

劉熙注知者行堯舜之道者也罪者在王公之位見貶絕者（見史記集解四十七）

諸侯放恣

風俗通窮通卷漢書異姓諸侯王表應劭注引此放恣俱作恣行看下句以横議屬對似古本如是

楊朱墨翟之言

莊子釋文或曰楊朱姓陽名戎字子居呂覽注墨子魯人（畢氏沅曰此楚魯陽縣在魯山之陽非魯衛之魯也）葛洪云宋人通志氏族略墨台氏所改（周亮工書影載墨子姓翟母夢烏而生子因名烏以墨爲道墨非姓提要已斥之）

奇按楊子之言惟見於莊列二書墨子有七十一篇見藝文志今闕十八篇（此出於道藏者宋時止三卷十三篇館閣書目作六十一篇實六十三篇後又亡十篇卽今本也）

周公兼夷狄

閻若璩曰夷狄卽奄與飛廉也秦本紀中衍之元孫中潏在西戎實生飛廉則飛廉夷也鄭康成云奄在淮夷

之北屬與淮浦之夷徐州之戎並叛正爲一類則奄亦夷也子奇按滅國五十中必有夷狄在內故曰兼　疏引注云禹稷胼胝周公仰思仲尼皇皇不知何屬似此節章指脫文姑錄之以俟考

陳仲子

列女傳仲子名終字子終國策稱於陵子仲（高誘本齊王使使者問趙威后篇在宣王時正與孟子合鮑彪移在王建時以爲是兩人非是）荀子韓非子稱田仲又稱陳仲（見荀子非十二子篇）皆一人　呂氏春秋及淮南子注以匡章陳仲子俱孟子弟子似誤

居於陵

四書釋地於陵在今濟南府長山縣西南二十五里去蓋邑幾二百里子奇按晏謨齊記見寰宇記於陵西三里有陳仲子夫妻隱處顧野王輿地志齊西南一百五十里有長白山元和志云高二千九百丈周迴六十里陳仲子夫妻所隱處水經注魚子溝水出長白山東柳泉口山仲子所隱也陳心叔以於陵爲楚地蓋本漢書鄒陽傳注而誤

井上有李

張說詩長白臨江上江謂繡江發源長白山南即今章邱淯河於陵入濟東我行弔遺跡慼嘆石泉空闇百詩曰石泉殆即孟子所云井也

往將食之

孫疏訓將爲取按文選張景陽雜詩注引此句將下有而字則其說甚確俗作將食禾食解非是

吾必以仲子爲巨擘焉

巨擘一名巨指又名大擘亦名擘指俱見儀禮注疏此與將指異足以大指爲將指手以中指爲將指晁氏客語餘冬序錄野客叢書謂巨擘即蚯蚓之大者非是盛如梓庶齋老學叢談畧同擘作孽尤誤西陽雜俎載蚓有大如巨擘者非謂巨擘即蚓也

妻辟纑

劉熙注緝績其麻曰辟練絲趙注作麻蓋本說文曰纑見文選張景陽雜詩注另有陳仲子齊一介士也以下數十字此劉注之僅存者二字平列

兄戴蓋祿萬鍾

音義戴蓋丁張並音盍焦循孟子正義云李冶敬齋古今黈云戴蓋猶乘軒也正與祿萬鍾相應非名與地也孔廣森經學卮言云太元八十一家務之次四曰見矢自升升羽之朋蓋戴車載是李說所本子奇按路史國名紀陳仲子兄戴盍盍即蓋也是舊以蓋連兄戴讀水經注引此作兄戴祿萬鍾無蓋字疑所見本異

辟兄離母

此是仲子病根盡心篇所謂無親戚君臣上下也然在本章卻弗與深辨但力辨其非廉而已王充論衡刺孟子責仲子太過全祖望宗之竟以孟子爲非妄甚

已頻顣曰

頻亦作嚬見文選注周廣業曰頻爲蹙額嚬爲蹙眉

出而哇之

王引之曰哇當作吐字之誤也論衡刺孟篇風俗通義愆禮篇白帖卷九十五太平御覽羽族部六引此並同遍考字書韻書無訓哇爲吐者

孟子質疑卷六終

孟子質疑卷七

溧陽狄子奇述

離婁上

離婁之明二句

離婁集韻作矖瞜一名離朱黃帝時人見莊子抱朴子以爲彭祖弟子陳心叔名疑謂殷有離婁本此廣韻以爲孟子弟子俱非公輸子名班一作般魯之巧人淮南本經訓注公輸巧者一曰魯班之號也則又以巧爲號趙注或以爲魯昭公子又有魯般者酉陽雜俎以爲燉煌人樂府云公輸與魯般是兩人也

不以六律二句

吳氏澄曰五音高下無定準必以律管之長短定之律者清濁之率法也聲之清濁以律長短爲制

繼之以六律

陳禹謨曰一說見譚經苑五字當絕句正五音連下讀以首節文義推之當如此

工不信度

趙注以爲百工集注以爲百官子奇按上句朝字即指百官言此句頂下無法守來當以百工爲是

泄泄猶沓沓也

陳氏啟源曰爾雅釋訓云憲憲泄泄制法則也小人逢迎其主往往創立新法以助其虐厲王時紛更舊典必多周語太子晉曰厲始革典斯其證也六章言無自立辟即此意孟子解泄泄云言則非先王之道以先王爲非故敢於自立法也說文泄泄作呭呭又作詍多言皃沓沓語多沓沓也義正相符集注以爲怠緩悅從之貌非是子奇按荀子正名篇愚者之言諮諮然而沸諮與沓同集韻泄作詍楊繼益澹齋內外言以爲皆多言意　張振淵曰泄泄是東當作西周時語沓沓是戰國時語

暴其民

趙氏佑曰暴其民句甚不甚各爲句以後之遭禍言非謂暴有甚不甚也子奇按此說益本說統

名之曰幽厲

謚法壅遏不通曰幽殺戮無辜曰厲此本泛言舊注指周說則幽不應居厲上

不得罪於巨室

趙注巨室賢卿大夫之家人所則效者子奇按此義似勝集注如此方可云慕方可云不得罪

斯二者天也

集注天者理勢之當然也子奇按上文明云天下無道

勢則有之理則無矣此即所謂以小事大者畏天者也以孟子證孟子似較諦愜

溺出而女於吳

按左傳吳伐齊在悼公簡公之世景公時並未搆怨惟吳越春秋云闔廬破楚復謀伐齊齊使女爲質於吳孟子所云蓋即指此但此所女者太子波也（又見越絕書及說苑權謀篇）藝苑卮言以爲闔廬子終纍疑誤

其麗不億

集注十萬曰億子奇按朱子詩傳作數萬至萬曰億與此不同蓋算法有大小二數小數以十爲等十萬爲億十億爲兆大數以萬爲等（衆經音義云黃帝算有三品或十億百億千億也似大數又有以千爲等者）萬萬爲億（史記索隱以萬萬爲億爲小數蓋誤）萬萬億爲兆見內則疏又有上中下三數下數即小數上數即大數其中數以百爲等（據此則上數當以千爲等）百萬爲億百億爲兆見算經子京云伐檀毛傳萬萬曰億鄭箋十萬曰億孔疏以爲毛用今數鄭用古數甄鸞五經算術以爲毛用中數（句與禮疏不合疑誤）鄭用下數李治云以定名論數宜從古率以攷數論數宜從今率孔蕖谷云解經當用古數今數不當用上中下三數集注十萬曰億用古數也詩傳數萬至萬曰億用今數也（左傳昭二十年注算法從一至萬每十則改名至萬以後稱一萬十萬百萬千萬萬萬始名億是亦用今數閔元年疏同）

殷士膚敏

何氏焯曰此殷字當解爲衆非商之變文也子奇按以上文商之孫子推之其說似非漢書劉向傳注從舊說

祼將于京

毛奇齡曰六服助祭惟開國一至外此則王者建都及新君即位或亦有之若謂每年時享必舉六服羣辟同來助祭此必無之事子奇按此即周頌有客篇意未見其定在何時也

逝不以濯

集注逝語詞子奇按孫疏逝往也義似較勝

滄浪之水清兮

閻若璩云滄浪是地名不是水名胡渭云滄浪者漢水之色（襄陽縣志漢水重濁與大河相似然則漢有時而清者正以合江水故耳）非以洲得名子奇按水經注武當縣西北四十里有滄浪洲（今爲均州）即禹貢滄浪之水也（括地志元和志畧同）地說云水出荆山東南流爲滄浪水明一統志云沔陽州北有滄浪水是禹貢滄浪龍陽縣西亦有滄浪水爲屈原逢漁父處（集注考證云滄浪之歌乃荆楚風謠之舊故漁父辭有之）山東嶧縣北有滄浪淵乃孺子歌處未知孰是（或云此孔子自葉適漢時事恐未必然）

思誠者人之道也

上節並言明善誠身此以思誠二字括之誠字專指誠身思字即指明善蓋誠不自誠思所以誠之者惟明善也集注以思誠爲修身之本而明善又爲思誠之本二句當改作誠身爲動物之本而明善又爲誠身之本乃所謂思誠也此思誠者即中庸誠之者誠之者兼擇善固執則思誠者亦兼明善誠身審矣孟子劄記溫故錄俱見及此

居北海之濱

四書釋地今昌黎縣西北右碣石正古之北海去孤竹不遠通志以伯夷所居爲濰縣非是子奇按以昌黎爲北海自無不可若漢北海郡則在今萊青二府通志本此非右碣石也曾子注釋謂北海在今濱州海豐縣之間

居東海之濱

四書釋地齊世家太公者東海上人博物記注後漢瑯邪國海曲縣爲太公所出今有東呂鄉又釣于棘津其浦今存通典稱海曲故城在莒縣東今莒州則其所居即家也漢崔瑗晉盧無忌以太公爲汲縣人高誘呂覽注同寰宇記並存二說非是顧子明云太公惟以汲縣近紂故避居東海若所居即家則非避紂矣子奇按水經注太公廟碑在汲郡汲縣晉太康中立是太公本汲人而寓居海曲者闕以所居之處爲所生之處非是史記劉敬傳正義言呂望宅及廟在蘇州海鹽縣西更爲異義

聞文王作興曰

注疏俱以作興爲句毛詩酌疏楚詞王注中論亡國篇引此並同　詩疏載一說以此爲散宜生等招太公之詞史記齊世家有其事

此所謂率土地而食人肉

率之爲言帥也此與率獸食人一般俗解訓率爲由謂由土地之故而食人肉殊失語妙

辟草萊任土地者次之

二者皆聖王疆理天下之事獨至戰國則其害滋甚以其但知利國而不知利民先王之良法美意蕩然無存也閻百詩曰連諸侯封建之盡也辟草萊任土地井田之盡也有此二盡戰國焉得不亡

聽其言也二句

大戴禮曾子立事篇目者心之浮也言者事之指也作于中則播于外矣故曰以其見者占其隱者此意與孟子略同

子欲手援天下乎

此即手無斧柯之意但說不能得位行道而不可枉道

求合意自見　或以此章爲孟子在梁時語按滑稽列傳有淳于髡與惠王相見事葢一時也

君子之不教子何也

閻若璩云此章俱指不肖子言彭光斗曰孟子之子學于公孫丑故有此問非虛語也

事親若曾子者可也

此可字是極意嘉許之詞並非僅可而有所未盡之意集注程子一條非是

人之易其言也章

言之太易爲之必難此其人不足責矣言不足責正所

以深責之

樂正子從於子敖之齊

孟子責正子餔啜至下章始見本章僅責其來見之晚耳與從子敖無涉也章首特書之曰從於子敖之齊可見此章雖是責其來見之晚仍是爲從子敖之故但未說破耳

昔者

趙注謂數日之間集注謂前日劉氏履恂曰春秋莊七年夏四月辛卯夜恒星不見穀梁作辛卯昔傳云日入至于星出謂之昔昔猶夕也古樂府有昔昔鹽昔昔猶夕夕鹽即引聲之轉也孫氏齊曰左傳哀四年爲一昔之期杜注云夜結期也管子小匡篇旦昔從事旦昔猶旦夕也列子周穆王篇昔昔夢爲國君張湛云昔昔夜夜也莊子天運篇通昔不寐釋文昔夜也楚詞大招注引詩樂酒今夕亦作昔是昔夕古通也子奇按詩誰昔然矣毛傳云昔夕也呂覽愼大覽今昔天子夢又注辭篇明日孔穿朝平原君謂孔穿曰昔者公孫龍之言甚辯高注昔昨日也晏子春秋雜下柏常騫夜用事明日問公曰今昔聞鴞聲乎史記龜策傳今昔壬子又云今昔汝漁何得索隱云今昔猶昨夜也此昔者亦是昨夜

（赤子注昔者辭以疾亦云昨日）

樂則生矣五句

生謂樂（如字）之情文由此而生是必事親從兄曲盡其道早有天倫之樂（洛音）充積於中故由中達外自有許多眞情至性流露出來至於不能自已而足蹈手舞乃成其爲樂（如字）故曰樂之實樂斯二者非謂事親從兄之意至是始生也集注似誤

而瞽瞍厎豫

閻若璩曰瞽瞍厎豫當在舜即帝位後大禹謨所云瞽亦允若是也注以不格姦當之非是此乃側微時事與

底豫有間蓋不至姦惡其格猶淺能諭之於道其格乃深也子奇按據大禹謨則耕歷山時瞽已允若卽堯典所云不格姦也百詩力攻古文卻引以爲證而又誤解不審何意陽明語録云烝烝乂不格姦是自進於乂以乂薰烝不去正他姦惡此說頗洽觀孟子言完廩浚井等事則舜當徵庸以後瞽猶未能允若也禹謨之言固不足信孫星衍尚書今古文注疏主此

孟子質疑卷七終

孟子質疑卷八

溧陽狄子奇述

離婁下

舜生於諸馮

孫疏諸馮冀州之分路史注以爲卽春秋諸浮通鑑前編謂在河中府河東縣括地志謂在濮州雷澤縣通典謂在金州今甘肅蘭州府西成縣會稽舊志周處風土記謂在上虞之姚邱援神契舜生於姚墟蓋卽指此未知孰是近有以山東諸城爲諸馮者更不足信據下文推之當以前兩說爲是

遷於負夏

趙注負負海也國策每言負海鮑彪云齊也在東方夷服之地孫疏負夏衞地本鄭注與冀州相近或云負乃負黍帝王世紀作遷於負黍在今登封夏乃陽翟在今禹州未知孰是　尚書大傳及史記俱云就時負夏則遷乃貿遷之遷非遷居也然以上下生卒例之卽作遷居解亦似無礙

卒於鳴條

李氏塨曰鳴條有二在陳留平邱者東鳴條也在蒲州安邑者西鳴條也舜都蒲坂正在西陲當以安邑爲是子奇按後漢書郡國志河東郡安邑下引帝王世紀曰縣西有鳴條陌湯伐桀戰昆吾亭在此逸民傳注以東夷之地與陳留

平邱爲二括地志高涯原在蒲州安邑縣北三十里南坂口即古鳴條陌也見史記正義顧棟高曰安邑縣東南有中條山縣北十五里有鳴條岡即晉條邑也或云在道州九疑呂覽舜葬於紀市高誘注九疑山下亦有紀邑郡國志九疑九峯一曰紀鄭康成以鳴條在南夷即此說也或云在海州蒼梧路史舜以瓦棺葬於紀是爲鳴條去紀兩舍困學紀聞以海州蒼梧近莒之紀地本此畢沅曰紀即冀也今河東皮氏東北有冀亭與鳴條相近或又云定陶有三鬷鳴條當在其處俱非

東夷之人也

李氏塨曰戰國時分東西以函關爲界在關東者爲東在關西者爲西故舜爲東夷人顧子明云東夷恐是對

文王西夷而言未必以函關爲界

文王生於岐周

孫疏徐廣曰岐山在扶風美陽西北其南有周原子奇按竹書紀年文王生於武乙元年壬寅是年古公亶父自邠遷於岐故曰生於岐周其後文王又徙鮮原孔晁曰近岐周之地通鑑外紀文王自岐遷於鮮原又徙酆在京兆鄠縣終乃宅程程即郢也說見下故下云卒於畢郢逸書王季宅程紀年文王自程遷於豐說又小異

卒於畢郢

皇覽文王葬畢地理志畢在鎬東南杜中鄭箋畢終南之道名也括地志文王墓在雍州萬年縣西南二十八里畢原上閻若璩云畢原與畢陌不同畢原在渭水南雍錄畢西於豐三十里則地在渭南明甚文武周公墓在焉畢陌在渭水北秦漢諸陵在焉相隔止一里洪亮吉曰畢原當在今咸寧縣西南或云在咸陽疑因秦陵而誤周柄中云郢即程也周書大匡解惟周王宅程史記正義引作宅郢長安志引此作畢程史記司馬相如傳注亦然則畢郢即畢程無疑程在安陵在渭水北與畢相隔疏本南越志以郢爲楚都在南郡非是

千有餘里

此專據所生之地言看下文得志句可見史記以舜爲冀州人雖無確處總在今山西安邑虞鄉一帶距陝西岐山縣東西相望約千里有餘若至畢郢則不足矣僞疏兼始終

說非是

若合符節

集注符節以玉爲之子奇按周官掌節亦有用玉者若符節則專以竹爲之

其揆一也

張甄陶曰揆是實字先聖後聖時地不同而所行之軌轍模範則一集注解作度之於訓詁稍差

子產聽鄭國之政

任釣臺以子產爲韓相景差鄭即韓也事見說苑政理篇然下有叔向云云則景差非戰國韓人

以其乘輿濟人於溱洧

四書釋地溱說文作潧段玉裁曰溱从秦聲在今真臻韻潧从曾聲在今蒸登韻詩溱與人韻不當作潧今按廣韻溱潧二字並在十九臻疑誤然水經注亦作潧出鄭國曹之升曰溱有三一出臨武一出平輿皆與鄭溱別洧出穎川陽城山元和志溱出新鄭縣西北三十里平地洧出縣西北二十里今按水經洧出密縣西南馬嶺山括地志古新鄭城南洧與溱合水經注洧東逕陰坂北有梁焉又屈而南流水上有梁謂之桐門橋則洧之有梁由來舊矣下文云云正非無因

惠而不知爲政

趙注云孟子以爲不知政當以時修橋梁子奇按馬總意林此句下旁錄不如以時修橋梁七字似誤以注文作經

歲十一月徒杠成二句

趙注周十月夏九月周十一月夏十月挍勘記云據爾雅郭注引孟子作十月徒杠成以此推之趙注本作周十月夏八月周十一月夏九月經文本作歲十月徒杠成十一月輿梁成蓋周禮之例凡夏正皆曰歲凡曰歲終曰正歲曰歲十有二月皆夏時也凡言正月之吉不曰歲謂周正也說見東原文集孟子言歲十月十一月謂夏正兩言七八月之間謂周正正與周禮同例趙注未解其例今則經注皆誤矣尚書撰異說同夏令曰十月成梁孟子與國語合或曰國語所云戒事之詞孟子所云序事之詞蓋仍據今本言子奇按咸淳臨安志載陳堯佐涵碧橋記引此亦作十月十一月是宋時尚未改也然考異云舊趙注本上自爲周十一月下自爲周十二月說又相歧要之經有歲字終以夏正爲是曼淵謂朱子晚年亦主夏正則且依今本作夏正解可耳　古注徒杠可以成步渡之功集注以爲方橋蓋本張鎰音義

爲舊君有服

檀弓孔疏案喪服齊衰三月章爲舊君凡有三條其一爲舊君之母妻傳云仕焉而已者也注云謂老而致仕者兼服其母妻其二大夫在外其妻長子爲舊國君白虎通云以其祿三分之一與之一留與其妻長子故有服歟注云在外待放已去者傳云妻言與民同也長子言未去也注云古者大夫不外娶婦人歸宗往來猶民也長子去可以無服其三爲舊君注云大夫待放未去者傳云大夫去君埽其宗廟言其以道去君而猶未絕也注云以道去君謂三諫不從待放於郊未絕者若已絕則不服也以此言之凡舊君若年老致仕退歸在國者身爲之服齊衰三月幷各服其母妻若三諫不從待放已去而絕者惟妻與長子服

之已則無服若待放未去爵位未絕身及妻子皆爲之
服然則去仕他國巳絕之後不服舊君而雜記云違諸
侯之大夫不反服則違諸侯之諸侯得反服何也雜記
所云謂不便其居或避仇讎有故不得在國者通典典禮條引
綦毋邃孟子注與此正同故孟子對齊宣王云云正與雜記同子奇
按此條極賅備集注泛引儀禮似未分析
不失其赤子之心者也
趙注赤子驗民言大人當視民如子不失其心也子奇
按此說極平正卽如集注亦正不必說到擴充而自然
完足葢赤子之心本無所欠缺也

孟子質疑　卷八　六

不祥之實二句
晏子春秋諫下有賢而不知一不祥知而不用二不祥
用而不任三不祥說苑君道篇同葢古有是言
由仁義行二句
舜雖安行然孟子引來只與禹湯文武周孔一例皆所
謂君子也集注尹氏說非是
望道而未之見
伊川云文王以紂在上望天下有治道而未之見子奇
按此讀而如字說亦可通但於上句少分意耳
以施四事

尙書大傳謂以三王之道施之於春夏秋冬惠定宇明
堂大道錄主之非是
王者之迹熄而詩亡
王氏柏曰凡言詩風雅頌皆在其中王制天子巡守大
師陳詩以觀民風自昭王膠楚澤之舟穆王迴徐方之
馭而巡守絕迹諸侯無復有陳詩之事其見於三百篇
者不過樂工之所傳誦至孔子時傳誦者又不可得此
春秋之所爲作也子奇按趙注專主頌集注專主雅呂
東萊王伯厚專主風王仲淹專主正風正雅說俱太偏
惟此最爲完密

孟子質疑　卷八　七

詩亡然後春秋作
或以春秋始於平王四十九年而國風多東遷以後詩
故以集注雅亡之說爲允不知春秋之作當指孔子筆
削時非指魯史託始時也若指魯史託始時則小雅中
如正月雨無正等篇先儒皆以爲東周之詩詩譜以雨無正爲厲
王時詩蓋本魯詩說不獨風未亡卽雅亦未亡矣　太史公謂孔
子阨陳蔡作春秋左氏說謂孔子自衞反魯作春秋公
羊說謂孔子西狩獲麟作春秋以經考之後二說爲長
孔廣森曰王者之迹熄則霸者之迹興美刺之義亡故
褒貶之義作

楚之檮杌

音義檮杌惡獸名集注從之子奇按左傳文十八年疏引服虔案神異經云檮杌狀似虎豪長二尺人面虎足豬牙尾長丈八尺能鬬不退此舊說所本也然說文云檮斷木也引春秋傳曰檮柮買逵云檮杌凶頑無匹儔貌杜注同 趙注亦云檮杌嚚凶之類段玉裁曰葢取斷木之可憎爲惡人名也說見留青日札 以兩字皆从木旁推之似亦可存 陸埜經世驪珠以檮从壽爲可久杌从兀爲難動皆取歷久不易之意似近鑿

魯之春秋

此不修春秋也凡記事之書皆可名春秋 墨子明鬼篇有周春秋燕

春秋宋春秋齊春秋又佚文云吾見百國春秋 故晉楚之史亦名春秋國語羊舌肸習於春秋申叔時教以春秋是也又魯春秋亦有二汲冢瑣語有魯春秋記獻公十七年事與孔子所修不同 孔子所修託始隱公者以亂臣賊子至是葢熾也顧亭林謂惠公以前書爲孔子所善毛西河謂或無其書故不修俱未可信

君子之澤節

君子小人趙注以德言集注以位言似以趙爲優澤猶言流芳遺臭也王恕以爲色澤似泛

予未得爲孔子徒也二句

自孔子卒至孟子遊梁時共一百五十八年集注作百四十餘年葢不信紀年梁惠王改元事而以孟子至梁在惠王三十五年也自孟子之生周烈王四年 溯孔子卒共百有八年集注以爲未及百年葢主孟子生於安王十七年之說 讀書識小錄云外書性善辨曼邱不擇問曰夫子焉學孟子曰子思之子曰子上軻嘗學焉是以得聖人之傳也施彥士曰孔子至子上四世與孟子時既相值而於上文語尤親切子奇按外書本不足據且孟子並未明指何人正以渾說爲是趙氏佑曰人者衆辭畧辭

可以取章

金履祥曰此必戰國之世多輕施結客者故孟子言此以示戒子奇按此說甚是集注林氏譏及聖門妄甚

逢蒙學射於羿

逢蒙荀子史記作蠭門劉歆七畧有逢門射法 呂覽具備篇作蠭蒙其聽言篇亦作蠭門 漢書作逢門又作逄門子莊子作蓬蒙淮南作逢蒙門子鹽鐵論作逢須路史後紀作龐門是子惟揚子法言與孟子同羿即有窮后羿也與斗南以爲堯時羿非是

公明儀曰

姚氏鼐曰此公明儀葢孟子弟子與他處所載非一人或曰上文孟子乃曾子之誤或曰此當是公儀明三說必有一是子奇按史記索隱謂孟子弟子有萬章公明高疑高乃儀之誤鄧名世古今姓氏書辨證孟子弟子有公明儀葢卽指此墨子公孟篇有公孟子惠棟曰卽公明儀似未可信僞疏以爲引證之詞非是

鄭人使子濯孺子侵衞節

此與左傳各異當以本經爲正　孟子以庾斯爲證正以去金發矢公私兩盡當得一端字也若使取孺子殺之與逢蒙何異乎況其發乘矢而後反固自謂君事不可廢集注乃嗤其以私恩害公義過矣

西子

管子有西施莊子稱夏姬亦爲西施疑皆出附會

行其所無事也

禹之行水鑿龍門闢伊闕析底柱破碣石非無所事事者然順其性而因勢利導雖鑿不鑿也此句應如是解

天之高也二句

李氏兆洛曰天有九重宗動天居最上二十八宿及日月五星各居一天層層相裹而地處其中地之上爲月天月天之上爲水星天又上爲金星天又上爲日天又上爲火星天又上爲木星天又上爲土星天又上爲恒星天又上爲宗動天則總率諸天以西行者也七政之行各以法測其高度較地之半徑若干倍爲天去地心之數月天中距爲五十九倍又百分之七十八以乘地半徑一萬四千一百三十餘里已有八十四萬四千六百九十一里一百四十四步之高減地平徑則月去地面之數也日天中距二萬零六百二十六倍乘地半徑得日去地心二萬萬九千一百四十四萬五千三百八十餘里之高焉水星金星皆一年一周天中距與日同火星二年弱一周較日天之高約一倍半木星十二年

弱一周較日天之高約五倍土星二十九年半一周較日天之高約十倍恒星二萬五千餘年一周較日天之高約九千餘倍此皆得之實測恒星之高亦以木火土三星行天之遲速比儗得之若恒星以上之天太虛無迹則仍非智識之可推矣此星辰之遠卽天之高也其他若淮南子諸家約畧空言固無所據子奇按此與秦蕙田觀象授時所載梅氏江氏諸說不同因推步之法今密於古故舍彼錄此

千歲之日至

金履祥曰求其故者推千歲以前之日至也可坐而致

者推千歲以後之日至也雖日至之度亦有歲差小正五月心中合於堯典日永星火以正仲夏此虞夏時厤也月令六月心中合於左傳火中寒暑乃退此周秦時厤也大約七十餘年而差一度二千一百餘年而差一次然言天者以前所差之度推後所差之度雖千歲可知也子奇按此說已見孫疏曰至本兼冬至夏至說因治厤必自冬至始今法兼測二分不主冬至故說者俱以冬至爲準其實二十四氣七十二候皆可逆推而得也集注專主厤元似不足據

公行子有子之喪

孫疏公行子齊國之大夫此蓋以官爲氏者廣韻齊有公行子著書喪其子故有子之喪毛奇齡云奔喪凡喪父在父爲主又小記云父主子喪而有杖是子喪父主明有定禮說者解作有人子之喪竟似公行氏喪其父者謬矣日知錄讀書記並主此說

有進而與右師言者

此進字如論語揖巫馬期而進之之進蒙引存疑並同謂進右師而與之言也

由己溺之也三句

集注由與猶通子奇按此本孟子達例然在本節正以如字讀而意益警切玩下文急字可見若改作猶則兩之字無著

雖被髮纓冠而救之

古人梳櫛先用黑繒作纚以韜髮作髻次即插笄於其上以固之次又用繒爲總以束髮之本而垂餘於髻後以爲飾次又用髮作髦垂兩肩之上然後著冠今云被髮纓冠則不用纚總等韜束其髮而即戴冠以結之矣

好勇鬭很

很俗本作狠非是說文很胡懇切不聽從也盭也狠五還切吠鬭聲音義俱別以鬭字推之即作狠亦可通而讀作胡懇切則音與義不相屬矣

章子有一於是乎

閻若璩曰名下繫以子字當時多有此稱如田盼稱盼

子田嬰稱嬰子田文稱文子皆是或以章子爲字非也子京云莊子音義下引司馬彪注云匡子名章齊人可與孟子互證

終身不養焉

孟子辨惑以此養字爲畜養之養指上妻子言與舊注作養己者別義似較勝

曾子居武城二句

此東武城也說見論語閻若璩曰越王句踐嘗徙治琅邪起館臺又嘗與魯泗東地方百里故武城與越接壤說者乃謂浮海入寇非是吳文園曰哀二十七年孫鄰如越

欲以越伐魯去三桓越寇武城殆以此歟

沈猶行曰

廣韻沈有二音審者爲古沈國直深切者爲魯沈猶氏

子奇按此說似誤凡姓與國名地名皆音審

昔沈猶有負芻之禍

負芻之禍疑是薪採者作亂如左傳淫芻蕘者之類未必是作亂者名負芻也注疏似誤梁玉繩瞥記說同

儲子曰至幾希矣

舊注以此合爲一章蓋以兩瞷字一觀字自成章法且齊人節上無孟子曰也按離婁篇趙注其六十章上篇二十八章此篇三十二章音義本同正以此合爲一章故也若分作兩章則此篇當有三十三章其數不合矣孫疏不知此當合而爲一而於卷首不數人有不爲也章以合趙注三十二章之說非是詳見王柏孟子通旨張萱舊作李贄茲依提要改疑耀　儲子之意以異視孟子實以私窺孟子故孟子舉齊人況之見我不妨瞷若此輩則不堪瞷耳末節正指儲子一流人說

卒之東郭墦間二句

何氏焯曰宋元刊本以卒之東郭墦間爲句之祭者乞其餘又句蓋上云瞷良人之所之以下一連數之字正緊相貫注也　閻若璩曰此墓祭之證也東漢後乃有古不墓祭之說此漢官儀說見後漢書注其實非也或以墓祭爲祭土神似非劉履恂曰檀弓有司舍奠於墓左此祭后土之神也冢人凡祭墓爲尸此禱祈常祭也

施施從外來

音義施從之施丁音迤張音易去聲謂延施而往也錢辛楣云施古斜字史記賈生傳庚子日施漢書作日斜施施丁依字詩曰將其來施施毛傳施施難進之意鄭箋舒行貌張音怡子奇按趙注施施猶扁扁喜悅之貌讀書通施施即訑訑之意似未合

孟子質疑卷八終

孟子質疑卷九

溧陽狄子奇述

萬章上

號泣于閔天于父母

王引之曰于通作呼列女傳母儀傳作號泣日呼閔天呼父母則于爲呼之假借可知列子周穆王篇王乃嘆曰於于釋文音嗚呼是其例也史記屈原傳勞苦倦極未嘗不呼天也疾痛慘怛未嘗不呼父母也文義與此相近

怨慕也

集注怨慕怨己之不得其親而思慕也子奇按孔子論詩曰可以怨史記云小雅怨誹而不亂皆指怨君親說（擊鼓疏云怨與刺皆自下怨上之詞引論語鄭注云怨謂刺上政）卽孟子論小弁之怨亦然故彼處卽引舜以結之（毛傳舜之怨慕日號泣于閔天于父母疏云毛嫌子不當怨父以訴天故引舜事以明之全引此章云云言大舜尚怨故太子亦可然也）正見得舜之善怨實有以成其慕也以孟子證孟子則舜之怨慕親親也親親仁也若說怨己萬章又何疑焉

爲不若是恝

恝說文作忿忽也（廣韻同西溪叢語主此）子奇按此卽小弁章愈疏之意不若是故不得不怨此句正答號泣一問卽上文所謂怨慕也下乃申明之

帝使其子九男二女

莊子釋文載晉崔譔云堯殺長子考監明史記索隱引皇甫謐稱庶子九人呂覽去私篇堯有子十人（隋書王劭傳同）求人篇云臣以十子高誘注孟子稱九男殆丹朱爲允子不在數中子奇按紀年堯五十八年放朱于丹水七十一年命二女嬪虞則此時朱不在列良信趙注以爲一朱八庶非是　二女長名娥皇無子次名女英（帝繫篇謂之女匽）生商均李鼇舊說卽楚詞湘君湘夫人非是世紀舜有三妃（說本檀弓）一曰癸比（一作登比又作登北）氏生二女曰宵明燭光亦未可信（鄭康成云帝嚳之四妃象后妃四星其一明者爲正妃其三小者爲次妃帝堯因焉至舜不告而娶不立正妃但三夫人而已）

爲不順於父母

顧炎武曰據尚書堯舉舜在瞽瞍厎豫之後有何不順孟子此言特以見聖人之心有如是耳子奇按此說本蘇氏古史與下章不合（說見上篇）列女傳云舜猶內治靡有姦意則以堯典不格姦爲瞽瞍厎豫者非也

則慕少艾

孫疏以艾爲長老之稱於本文難通示兒編考古編書齋夜話訓艾爲止言知好色則慕父母之心少止亦似

未合按國語幼艾謂男色楚詞幼艾謂女色集注兼引之自以泛說爲是

五十而慕者

趙注書曰舜生三十徵庸二十在位在位時尚慕故言五十子奇按此用鄭康成之說江聲尚書集注音疏王鳴盛尚書後案段玉裁古文尚書譔異孫星衍尚書今古文注疏並主之但謂舜歷試二十年自攝位至陟方共五十載與尚書孟子俱不合說見中庸孟子特言其老而猶慕耳固不問在位與否也即以在位言亦當是攝位時事史記謂舜載天子旗往朝父瞽瞍蓋即咸邱蒙所

云瞽瞍亦北面而朝之者孟子以爲堯老舜攝是其確證至馬融以棄稷篇夔曰節爲舜釋瞽瞍喪祭宗廟之樂亦未見其定在即眞後也

帝亦知告焉 二句

帝之妻舜不告正是曲全舜孝處天理人情之至也程子謂以君治之似未得聖人之意

捐階

趙注一說捐考文古本作旋與下文合階舜即旋從階下也以下文出字例之其說爲長史記舜塗廩以兩笠自捍而下當是傳聞各異列女傳有二女教舜以鳥工龍工之說又見沈約竹書注劉熙注云舜以權謀自免亦大聖有神人之助也見史記注

誤蓋都君

趙注以都爲於不若集注之確索隱引世紀以都君爲舜號蓋猶害也見爾雅釋文近儒多從之然頂上文捐字來而以爲揜覆亦自可通

弤朕

荀子大畧篇天子彤弓諸侯彤弓大夫黑弓禮也公羊傳注禮天子雕弓諸侯彤弓大夫嬰弓士盧弓是時舜雖爲都君蓋巳以天子禮待之故得用弤弤即彤也

鬱陶思君爾

鬱陶有二義廣雅云鬱陶喜也憂也禮記人喜則斯陶鄭注陶鬱陶也疏云心初悅而未暢之意是以喜言也謝靈運詩嚶鳴巳悅豫山居猶鬱陶以鬱陶與悅豫對是以憂言也據下文象喜亦喜推之此處當主喜說郭璞爾雅注引此亦主喜言

汝其于予治

趙注云助我治事子奇按爾雅於代也于於通言汝其代我治之也說本邵二雲爾雅正義郝蘭皋爾雅義疏

子產使校人畜之池

舊注云校人主池沼小吏也子奇按周官校人主馬政之官左傳亦然無言主池沼者子產之使不過隨意驅

遺非必其所職掌也（焦循正義謂編木爲涔以養魚因而主魚者稱校人非是趙氏坦謂左傳澤之萑蒲舟鮫守之此校人之校當作鮫蓋澤官之屬故使畜魚亦不必泥）

故誠信而喜之

舜之喜自是真喜然謂不知象僞則不然上文明云奚而不知則象欲殺已舜早知之但旣託於愛兄則其言有可嘉者故深喜之集注謂舜本不知其僞似誤

象日以殺舜爲事

金履祥曰虞氏自幕故有國至瞽瞍無違命粗能守其國者象之欲殺兄蓋將奪嫡耳不然豈以匹夫愛憎之微而遽思殺人哉子奇按此說不爲無見然五帝本紀

謂自窮蟬至舜皆微爲庶人故云側陋在下則其說未爲定論

舜流共工于幽州

王逸天問注共工名康回（荒史云康國回名乃古共工氏非堯臣也段玉裁曰康回卽庸回也秦詛楚文云今楚王熊相康回無道叢迺釋康爲庸是也）或云卽孔壬左傳所謂窮奇也幽州在今直隸密雲縣括地志故龔城在燕樂縣界故老傳云舜流共工幽州居此城（此舉其所居之地言若幽州之域則廣矣詩疏云四裔在九州之外而云幽州者以州界甚遠六服之外仍有地屬之）舜放四凶是攝位時事莊子釋文本竹書謂在堯時似誤舊說謂徙爲遠方君長亦似於殛殺等字難通

放驩兜于崇山

據荒史則驩兜亦是國名（國策堯伐驩兜高誘云國名亦見呂氏恃君覽）封于顓頊摯時爲司徒雖未可信要其與共工同惡相濟經有明徵也崇山有二一在今澧州永定縣有驩兜墓（通典方輿勝覽輿地廣記主此）一在嶺外驩州（寰宇記路史主此）以左傳四裔推之似以嶺外爲是（說詳楊升庵集）然賈逵云四裔之地去帝畿各四千里則澧州亦遠矣故閻若璩仍主前說

殺三苗于三危

高誘淮南注以三苗爲帝鴻少昊縉雲三族之苗裔其說固謬國語稱黎苗緇衣疏有苗九黎之後或曰九黎

卽蚩尤也國策三苗之居汶山在其南衡山在其北史記三苗氏左洞庭右彭蠡正義以爲在江州鄂州岳州通典以爲在潭州岳州衡州元和志輿地廣記專主岳州寰宇記云柴桑彭澤之郊古三苗國則又兼及江州矣三危在今燉煌縣東南三十里（寰宇記山有三峯故曰三危胡渭曰今爲嘉峪關外廢沙州地）卽禹貢所謂三危旣宅也與導川之至于三危不同（江愼修以此卽導川之三危而不取燉煌之說）殺當作粲說文粲散之也（段玉裁曰粲本謂散米引伸之凡放散皆曰粲）今本作竄左傳作蔡皆同聲通用（禹貢二百里蔡卽此意）後漢西羌傳三苗國近南嶽舜徙之三危濱于賜支（大戴禮作鮮支）至于河首綿地千里殆禹貢

所云析支者也

殛鯀于羽山

山海經黃帝生駱明駱明生白馬即鯀也於世次大不合世紀鯀字熙艾連山易鯀封于崇故稱崇伯律厤志顓頊五世生鯀舊以爲頊子亦誤羽山有二一在今海州贛榆縣西北八十里即禹貢蒙羽其藝之羽（孔廣森云即羽畎也）或云下有羽潭所謂羽淵也一在今登州府蓬萊縣南十五里北直沙門島有鯀城（在縣南六十里）相傳舜殛鯀處漢志及左傳杜注國語韋注山海經郭注主贛榆僞孔傳及寰宇記主蓬萊（四書釋地從之）子奇按自冀州觀之則海州較登州爲遠且其地舊稱東海郡未始非東裔非海島也

封之有庳

集注或曰今道州鼻亭（在今永州府零陵縣）即有庳之地（漢書昌邑王傳鄒陽傳後漢東平王傳袁紹傳注王隱晉書括地志輿地廣記並有此說）閻若璩云此地相傳舜葬九疑（此便不確）象來至此後人立祠名爲鼻亭神非封所也（曾寅谷謂南方乘象以戰驅象以耕故立廟祀之日久遂訛爲舜弟此說論衡書虛篇已及之）以孟子推之象所封必近在帝都周柄中云路史謂九域圖經寰宇記並以象城爲舜弟所封在今鉅鹿縣去帝都密邇豈即有庳歟子奇按史記建元以來侯者年

表有象氏韋昭曰在鉅鹿漢書地理志鉅鹿郡有象氏縣欒史曰故左氏傳（疑當作說）云舜弟所封之邑隋志仁壽四年改欒州爲象城此周說所本也然路史又云今趙之臨城昭慶鎮西北古象城趙記云舜弟所居故仁壽以廣阿爲象城則其地當在今趙州隆平縣周云鉅鹿尚嫌少差耳

不及貢以政

毛奇齡曰此五字絕句以者與也言不待貢與政始見之也

此之謂也

趙注此常常以下皆尚書逸篇之辭正義云隋經籍志尚書逸篇出于齊梁之間考其篇目似孔壁中書之殘缺者故附尚書之末唐有三卷徐邈爲之注蓋其文也子奇按常常而見二語似孟子釋書之文

咸邱蒙

通志齊有處士咸邱蒙子奇按此蓋以地爲氏者爾雅左高曰咸邱春秋桓七年焚咸邱杜注高平鉅野縣南有咸亭咸邱複姓疑以此

君不得而臣二句

趙注言盛德之士君不敢臣父不敢子子奇按此說見

韓非子忠孝篇據末節則此二語原自有說但不必如咸邱蒙所稱耳俗解謂不可以君爲臣以父爲子謬甚

齊東野人之語也

杜氏炳曰齊隸青州西南接壤皆文物之邦東北濱海而東野尤與萊夷密邇聲教不通故有是語子奇按此說亦似泥然猶勝於閻氏東作之文閻說蓋本趙注

堯典曰

毛奇齡曰伏生尚書原只堯典一篇卽梅賾獻古文孔傳亦無舜典故自漢以來凡引今舜典文者皆謂之堯典張純奏引二月巡守陳寵奏引青災肆赦王莽傳引十有二州張髦疏引肆類上帝並同自齊建

武四年吳興姚方興得孔氏傳古文於大航頭乃分堯典爲二而加曰若稽古帝舜二十八字於愼徽五典之前謂之舜典此說見經典釋文然陸賾云王肅注堯典從愼徽五典以下分爲舜典以續之不自方興始也是書本一篇而今誤分之也蓋古堯典至遏密八音而終堯本紀以日放勳起至帝乃殂落止正與此合月正元日以下乃古舜典文其篇首二十八字則後人所加也或云方興所加止篇首十二字濬哲文明以下十六字乃劉炫所加嘗時梁武帝爲博士已斥其僞子奇按首章趙注云孟子時尚書凡百二十篇逸書有舜典之敘見經義考亡失其文孟子諸所言舜事皆舜典逸書所載原本作皆堯典及逸書所載今據段玉裁尚書撰異改正是古舜典殆軼其前半凡完廩浚井等

文皆是今具見舜本紀篇首亦其一證劉子元史通斥爲不經過矣

百姓如喪考妣

尚書孔疏百官謂之百姓上世帝王之子孫百餘族而已子奇按有爵土者爲天子服喪三年若四海萬民則不作樂而已此正臣民之別也

民無二王

禮記曾子問坊記喪服四制引此二句民並作土

普天之下　四句

呂氏春秋愼人篇以此詩爲舜作未知何據王應麟云疑與咸邱蒙同一說而託之於舜

夔夔齊栗

閻若璩曰夔一足之物凡人之立常時兩足舒布有所畏則兩足緊並有若一足之物故曰夔夔說本炳燭齋隨筆邵晉涵曰夔夔猶躬躬也史記魯世家躬躬如畏然徐廣曰躬躬謹敬貌一本作夔夔閻說非是顧子明云凡重文取聲不取義

二十有八載

舜自三十徵庸至六十卽位凡三十年此云二十八載者不數歷試之三載也若其卽位後又五十載乃崩則連居喪二年在內孔疏甚明

三年之喪畢

任啟運曰古人居喪多不紀年堯元年丙子百年乙卯陟丙辰丁巳戊午舜居喪元年己未五十年戊申陟（說與孔疏異兩存焉可也）己酉庚戌辛亥禹居喪壬子乃即位改元自帝相以居喪之三年紀元其後或間二年或間一年至桀乃以逾年改元（毛西河云商逾月即改元）子奇按此說蓋據竹書張南軒經世紀年主之（據此益見古人居喪當是三十六月）惟支干不同耳　程大中曰後漢書李固傳舜見堯于牆見堯于羹乃居堯喪時事今作景慕語非是

舜避堯之子於南河之南

四書稗地堯都平陽舜都蒲坂禹都安邑相去各二百餘里皆在河北此避于河南者所謂越境乃免也禹避陽城益避箕山皆此意姚氏鼐云南河之南陽城箕山之陰皆舜禹益故國子奇按寰宇記濮州鄄城縣有堯城（括地志作偃朱故城）即舜避丹朱處禹貢所謂至于南河是也　劉熙以南河爲髙津非是

故曰天也

四書考異故史記作舜晉書段灼傳文選注引此並同

而居堯之宮

炳燭齋隨筆而當作如子奇按詩垂帶而厲箋而如也

春秋星隕如雨注如而也陸德明曰北人而如無異

至於禹而德衰

至於二字從堯舜說來觀章內止及唐虞可見任鈞臺本紀年謂顓頊傳帝嚳帝嚳傳堯皆是與賢非是（與春秋命麻序不合）　莊子天地篇堯治天下伯成子高立爲諸侯至禹爲天子乃去而耕禹往見之子高曰昔堯治天下不賞而民勸不罰而民畏今子賞罰而民且不仁德自此衰刑自此作後世之亂自此始矣（又見呂氏春秋新序）蓋即萬章所云

否不然也

挍勘記此下古本並有注云否不也不如人所言八字據此則經文本無不字蓋孟子之否然即今人之不然也下三章倣此

禹避舜之子於陽城

舊注陽城箕山之陰皆嵩山下深谷中可藏處閻若璩云陽城山在今登封縣北三十八里去嵩山幾三十里安得云即嵩山下深谷箕山一名許由山在陽城縣南十三里而陽城縣又在嵩山南二十三里亦非一山也　子奇按箕山在陽城縣南則其陰自與縣相近然距陽城山尚遠孟子既別言之必非一處有謂箕山之陰即

陽城者非是（史記作箕山之陽正義云箕蓋嵩字之訛帝王世紀謂禹避商均于浚儀未知何據）洪頤煊以陽城爲禹都（說本世本）謂夏並未都安邑似未可信

禹薦益於天

據此則禹自傳賢原與堯舜無異（史記及帝王世紀并有薦皋陶之事皋陶卒乃薦益）其不從益而從啟者乃天下之所爲且禹崩後事也禹何知焉孟子既援及此而仍斷之曰天若以禹不傳子而卒歸之子夫固有莫之爲而爲者耳（說詳余禹傳子辨）

丹朱之不肖

閻若璩云丹朱貍姓在周爲傅氏（見國語）堯在位時止稱

朱及薦舜於天乃封于丹故有丹朱之號子奇按路史虞封丹朱于房國語昭王娶于房曰房后實有爽德協於丹朱以房爲丹朱故國也今遂平縣又相州圖經引孟子注舜封丹朱于白水白水今淸河縣有丹朱陵則其封非一處矣

舜之子亦不肖

舜之子共九人（說見中庸）兩嫡七庶也此則專以商均言列女傳舜有女弟曰繫戌曰顆手亦後母出越絕書舜兄狂弟傲尸子舜事親養兄爲天下法則舜更有兄附錄之以博異聞

外丙二年（二句）

趙注外丙立二年仲壬立四年子奇按書傳湯崩太甲即嗣位並無丙壬繼立之事故或謂外丙二歲仲壬四歲卒皆在湯崩前說似可信然紀年云外丙名勝元年乙亥二年崩仲壬名庸元年丁丑四年崩史記亦然惟外丙作三年律厤志言太甲有成湯太丁（高誘呂覽注湯生仲丁仲丁生太甲丙仲丁疑是太丁之誤）外丙之服獨不及仲壬皆與趙注大同小異國語云商之享國三十一世合丙壬計之尙少一代自當以舊說爲優程子云云恐無是理（或以外丙仲壬爲太丁子於世次亦不合）

伊尹放之於桐三年

鄭注桐地名也有王離宮焉（見殷本紀注）集注桐湯墓所在子奇按漢書劉向傳殷湯無葬處其地本不可考哀帝時得之于汾陰亳縣北東郭後魏太和中實鼎（今滎河縣）人張恩破陵求貨得銘（見元和志寰宇記）似可信矣然韓詩內傳云湯葬于徵（此疑武王名湯者）今扶風徵陌（今澄城縣是見太平御覽）皇覽云薄城（今曹縣南二十餘里）北郭東三里有湯冢（崔駰杜預並主此說）晉太康地記云尸鄉南有亳坂東有桐城太甲所放處在洛州偃師縣西南五里（括地志元和志寰宇記並主此說元和志又云聞喜縣西南八里有桐鄉俗傳伊尹放太甲之所恐未是）說又不同以湯都西亳推之當以

偃師爲是閻百詩據後漢志梁國虞縣有桐地桐亭因
移湯都南亳以就之尚書後案仍主此說恐誤　伊尹之放固因
桐爲湯墓所在亦以天子有諒陰三年之制也說見參同契
史記謂太甲既立三年不明乃放于桐又三年旋歸前
後凡六年非是示見編以放爲教字之訛尤誤

伊尹以割烹要湯

殷本紀伊尹欲干湯而無由乃爲有莘氏媵臣負鼎俎
以滋味說湯國策世紀呂覽本味篇莊子庚桑初篇墨
子尚賢篇並有此說藝文志有伊尹二十七篇一作五十一篇
列小說家

伊尹耕於有莘之野

四書釋地元和志故莘城在汴州陳留縣東北三十五
里距南亳四百里此尹所居也若太姒所產之莘國則
在今西安府郃陽縣南二十里道路遙遠矣子奇按元
和志云莘仲故城在曹州濟陰縣東南三十里蓋古莘
國卽伊尹耕處負字記同其在陳留者但云古莘國乃國語
桀拒湯處不言尹耕閒以濟陰爲陳留似未的確高士
奇云今曹縣北十八里有莘仲集距陳留東北三十五
里亦於里數不甚符合至左傳使盜待諸莘則衛地郡
國志在東郡陽平侯國今莘縣荆敗蔡師于莘則蔡地
在今汝陽縣境有神降于莘則虢地在硤石縣今陝州
師從齊師于莘則齊地釋例云在博州武壯縣西北國
語歷莘則鄭地韋昭云在管城均與此不同　列女傳
作有㜪呂覽作有侁說文同

自牧宮

趙注牧宮桀宮也任啟運云牧宮湯祖廟湯爲牧伯故
祖廟稱牧宮猶周爲牧伯則祖廟稱牧室也子奇按周
之牧室以牧野得名非牧伯之謂也且以帝王仁義之
師而攻其祖廟亦無是理姑從舊說爲是　路史亳在
安邑之東鳴條在安邑之西元和志作縣北三十里　陑又出其西

南河曲之南湯伐桀宜從東徑攻安邑乃從下升陑又
下趨鳴條蓋不掩襲其不意所謂仁人之師也

朕載自亳

朕趙注屬湯集注屬尹蔡沈書傳從趙注就本章論之
則集注爲長

於衛主癰疽

舊注癰疽瘍醫也子奇按國策衛靈公近癰疽史記作
雍渠說苑作雍雎韓非子作雍鉏又見淮南泰族訓　蓋宦官之
流與寺人一類未必定是瘍醫

主顏讎由

雝由史記作濁鄒子路妻兄孔叢子稱雝由善事親子路以金贖其罪人謂私於所昵此濁鄒卽雝由之證也乃古今人表並列雝由濁鄒今本作燭雛爲兩人張守節因謂濁鄒卽顏涿聚師古又謂濁鄒乃顏涿聚子按左傳涿聚之子名晉何得以濁鄒當之葢人表誤以一人爲兩人又誤遺顏庚故解者多爲所亂　史記以顏濁鄒爲孔子弟子闕里文獻考主之　呂氏春秋尊師篇以顏涿聚爲孔子弟子又見後漢書郭林宗傳　自是兩人不必牽合晏子春秋外篇有燭鄒說苑作燭雛韓詩外傳作顏斲聚藝文類聚引作顏涿聚則二人之相混久矣

主司城貞子

此句應屬宋說孟子之意正以孔子雖遭阨難猶必擇所主故云然若已至陳則從容擇主又何所謂當阨耶自史記以貞子爲陳臣或疑其先仕宋後仕陳或疑其先仕陳後仕宋俱非或云卽左傳陳公孫貞子杜預世族譜司城氏哀公孫通志氏族畧陳有司城哀公之子公子勝爲之梁玉繩云貞子是勝之子　尤誤

爲陳侯周臣

此句應屬孔子說葢孔子居陳三年難保無仕陳之事故闕里志及年譜俱云孔子嘗爲陳侯周臣孫疏亦然凡以爲臣屬貞子者非是此句冡上宋來猶遭宋桓司馬句冡上曾衞來也中閒若添適宋適陳四字便明了　史記滑公名越索隱云左傳名周今左傳祖注亦作越正與此合禮諸侯失地名滑公爲楚所滅故稱名郝京山以周爲忠信謂貞子爲陳侯忠信之臣非是

自鬻於秦養牲者

按史記百里奚亡於楚秦穆公以五羖羊皮贖之是五羊之皮本穆公贖奚之物今乃以爲奚自鬻之價所謂好事者爲之也舊傳扊扅之歌以此爲聘物固未可信趙注謂奚自賣五羖羊皮爲人食牛亦與經意不甚合朱竹垞以五羊之皮爲百里奚所服之衣非是

以要秦穆公

穆音義作繆子奇按謚法布德執義曰穆名與實爽曰

繆美惡絕殊史記蒙恬傳風俗通義皇霸卷及日休文藪皆以穆公殺三良故謚曰繆錢辛楣主此　然穆繆古通陳樹華曰凡謚法曰穆者史漢多作繆葢古字叚借　其音靡幼切者甚少

虞人也

韓詩外傳以百里奚爲齊人或又云楚人俱非

與屈產之乘

四書釋地屈有二此是北屈呂覽高誘注主此　在今山西吉州大事表云在州東北二十一里　又有南屈竹書魏襄王十一年翟章救鄭次于南屈　相距二十一里左傳所謂二屈孔疏或云二當作北篆文相似　是也樂史附會爲石樓縣漢西河土軍縣　明統志從之非是子奇按寰宇記亦

云屈在吉州惟兼採石樓說似兩歧然云屈産泉名一名龍泉馬飲此泉者良實在今石樓縣東水經注河水篇土軍縣有龍泉出城東南道左山下牧馬川川上多産名駒駿同滇池天馬是也公羊注以屈産爲地名穀梁注云屈邑産駿馬與此異唐書地理志隰州大寧郡本龍泉郡有屈産府乃樂史所本則繫之石樓正非無因矣洪亮吉乾隆府廳州縣圖志亦主此說衆經音義以屈産卽屈支在龜兹非是

假道於虞以伐虢

四書釋地杜注虞在河東大陽縣今山西平陸縣也虢在宏農陝縣陝是虢都上陽其下陽亦在大陽縣今河南陝州也名雖二

省而界相連賈逵云虞在晉南虢在虞南最爲明析晉本都絳在今太平縣南二十五里俗呼故晉城後遷新田在今曲沃縣南二里俗呼王官城子奇按此虞乃虞仲之虞非舜後之虞也此虢乃虢叔之西虢非虢仲之東虢也水經注以虢仲所都爲南虢列國興廢說以封陝者爲東虢廣韻以虢仲爲西虢俱非是然地理志元和志通典寰宇記諸書並以此爲北虢云西虢在今鳳翔扶風縣何也高士奇曰西虢初封在秦之雍地其後東徙故宏農陝縣東南有虢城今陝州盧氏縣或曰亦春秋西虢地其支庶之留於雍者別名小虢史記正義謂西虢滅時陝州之虢猶謂之小虢則以西虢在雍矣又云小虢羌之別種俱未核今在寶雞東五十里猶鄭已東徙而留者爲南鄭也然春秋有小邾以別邾有北燕以別燕而虢不言西者以是時東虢已滅無嫌相混也則北虢卽西虢也通志以在鳳翔者爲南虢錢坫段玉裁又以在陝者爲南虢俱非

孟子質疑卷九終

孟子質疑卷十

溧陽狄子奇述

萬章下

頑夫廉

列女傳韓詩外傳論衡本性篇非韓篇前漢王吉等傳敘後漢王暢丁鴻傳論袁安後漢紀晉書羊祜傳南史任昉傳北史鄭述祖傳文選爲宋公修楚元王墓教三國名臣序贊郭有道碑文注梁昭明太子陶淵明集序藝文類聚隱逸下長短經引此頑並作貪

接淅而行

衆經音義引通俗文曰汏米曰淅淅洮也說文作滰淅異聞集云李吉甫銘从此浚乾漬米也荀子仲尼篇可炊而傹也即此莊存與曰去齊還曾展其墳墓何可不速接淅而行人情之常也若去魯適衛則必哭于墓而後行踰境又向國而哭故遲遲也

孔子之謂集大成

樂有小成有大成以小成言則虞時合以柷止以敔江愼修以柷敔若今板柏非是周時始以文亂以武湛若水孟子測以柷敔爲一奏之始終文武爲一句之始終按樂記一句當作再成不過自爲一終集注作獨奏一音似未合猶三子之各極其一偏也以大成言則始擊鎛鐘鄭鎛師注鎛如鐘而大孫炎許愼並同韋昭杜預以鎛爲小鐘非是以宣其聲終擊特磬以收其韻李安溪云句於三禮無考今按大戴禮磬一縣而堂特則特磬本禮之所有自一成以至六成九成脉絡貫通無所不備猶孔子之知無不盡德無不全也

由射於百步之外也

禮王射三侯九十步諸侯二侯七十步大夫士一侯五十步無百步外者此葢舉極遠者以爲喻耳

周室班爵祿也二章

此章當以孟子爲主而以王制參之不得以周禮爲據

天子一位節

周制列爵惟五以公侯伯子男各一位爲五等通志云唐虞夏與周同商惟公侯伯三等以諸侯之卿大夫上士中士下士爲五等茲增天子一位而以子男同一位爲五等又增君一位爲六等均與周制不合然在孟子自當以本經爲正

子男同一位

司儀公於上等侯伯於中等子男於下等雖分五等仍是三等若春秋時則伯子男并爲一等左傳鄭伯男也是也孟子此句尚與周官合

天子之制六句

周制分土惟三以大國次國小國爲三等茲增天子爲

四等而百里七十里五十里又與周禮懸殊王應麟云孟子所言正封也周禮所言廣封也廣封連附庸及名山大川城郭宮室俱在內正封則止計所耕之地即周禮所云其食者也此從先鄭解雖其數不能盡合周禮賈疏男國百里開方得五十里者四所謂其食者四之一也餘不能悉合然大約不過如此觀王制單以田言可見葉氏禮經會元與此畧同子奇按據通志則孟子及王制乃據周初制度言之至周公居攝改制斥大諸侯之封始有方五百里方四百里等數然其說並無確證或云周官里數以袤計孟子里數以方計方計者百里即袤計者之四百里方計者五十里即袤計者之二百

里也然周官亦以方言則其說更不足據惠氏禮說據韓詩外傳以王制及孟子里數爲諸侯采地附庸有采無封似未可信孔廣森曰夏畝五十而周畝百是周之步小於夏步之半也夏五服弼成五千周九服相距萬里是周之里亦小於夏里之半也古者公侯百里積方萬里周之公五百里當古二百五十里積方六萬二千五百里其食者半實封三萬一千二百五十里開方一百七十六里有奇惟此稍大耳周之侯四百里當古二百里積方四萬里其食者三之一實封一萬三千三百三十餘里開方一百十五里有奇與古百里相近古伯七十里積方四千九百里周之伯三百里當古百五十里積方二萬二千五百里食者三之一實封七千五百里開方八十六里有奇與古七十里相近子國五十里積方二千五百里周之子二百里當古百里積方萬里食者四之一實封二千五百里與古正同至男國百里即古之五十里而食者四之一實封二十五里視古反小矣子奇按此說亦不能盡合而尚可存

附於諸侯曰附庸

鄭康成云公無附庸侯附庸九同伯附庸七同子附庸五同男附庸三同進則取焉退則歸焉見大司徒注任啟運

云春秋時有自附庸升爲子男者郳小邾是也有自成國降爲附庸者紀酅是也有自大夫升爲附庸者蕭叔是也子奇按附庸有四等三十里者稱字二十里者稱名十五里者稱人與氏見春秋繁露爵國篇附庸又有四義庸功也見周禮司勳又勞也見爾雅釋詁又通也公羊傳疏附於大國以名通若畢星之有附耳然故謂之附庸又與墉通毛傳庸城也鄭注小城曰庸項氏曰王莽封諸侯制附城蓋以城爲庸也

天子之卿節

周禮上公九命侯伯七命子男五命王之三公八命其

卿六命其大夫四命及其出封皆加一等以此推之惟卿地視侯與周禮合若大夫則應視子男元士則應視附庸王制所云是也陸氏禮記解以孟子言受地王制言受田天子之卿受田視伯卿受地視侯也他倣此非是

卿祿四大夫

徐氏曰大國卿田三千二百畝食二百八十八人太王餘

子奇按左傳鄭伯賜子展八邑子產六邑子產辭邑曰自上以下降殺以兩禮也臣之位在四請辭邑公固與之乃受三邑杜注位次當受二邑以公固與之故受三邑據此則卿受八邑自是正禮以四井爲邑計之八邑

孟子質疑　卷十　五

共三十二井每井去私田八百畝實得公田百畝共田三千二百畝正與孟子合此因其數適合故援以爲證其實鄭非大國且出於特賜非常辭也其他若叔向謂大國之卿田一旅五百頃兒餘謂卿備百邑以四井爲邑計之百邑方二十里亦僅中采耳此蓋據周禮廣封言之若子產所云則實封也宋與向戌邑六十齊與晏子邶殿鄙六十以及管仲奪伯氏駢邑三百則末流之失矣　據王制孔疏則大國三卿皆當食二百八十八人次國二命卿當食二百十六人一不命卿與小國二卿當食百四十四人

大夫倍上士

周禮典命大夫不分中下惟序官有之疏云蓋四命大夫自分爲中下也王制諸侯無中大夫其上大夫即卿也外此惟下大夫五人而其中又自有上下之別亦見王制其制祿當必有辨今不可考矣　君卿之祿大國次國小國不同而大夫士無異者多者不嫌於從纖少者不嫌於畧優也

下士與庶人在官者同祿

王制諸侯之下士祿食九人子奇按此是定數依此計之則君卿大夫之祿皆可推見故趙注云庶人在官者祿比上農夫亦以食九人言集注徐氏改作田百畝可食九人至五人則其數無定以上皆不可算矣

孟子質疑　卷十　六

百畝之糞

劉履恂曰草人糞種用牛羊麋鹿貆狐豕蕡犬注云取汁也鄭司農云以牛骨汁漬其種也月令糞田疇以燒草行水其汁漬田亦謂之糞當兼言之

上農夫食九人　五句

據大司徒及遂人則田肥者授之少田瘠者授之多小司徒則口衆者授之肥口少者授之瘠孟子則力勤者所食多力怠者所食少鄭康成以此節亦言肥瘠似非說皆可通

庶人在官者　二句

賈公彥曰下士食九人則府食八人史食七人胥食六

人徒食五人子奇按既云下士與庶人在官者同祿當同得食九人之數惟人有勤惰則食有上下猶農夫同是百畝而所入有五等也中庸既稟稱事是差字的解但多不過九少不過五耳若限定府八史七胥六徒五妥得云庶人在官者與下士同祿乎徐氏謂下士之祿自九人至五人不等其誤坐此欽定禮記義疏云庶人在官者亦不止府史胥徒以周禮考之王宮之宿衛宮正均其稍食后宮之民人內宰均其稍食士庶子及衆庶之守城郭溝池者掌固均其稍食販夫閽師之在宮中者校人均其稍食內外朝留治官書者稾人掌其冗食皆是也子奇按趙

注云庶人在官者未命爲士者也燕禮尊士旅食于門西注旅衆也士衆食謂未得正祿者所謂庶人在官者也其義足相發

樂正裘牧仲

集注考證有以樂氏而正名裘氏而牧仲名者子奇按此說見姓苑似未合路史樂正宋公族之後按左傳宋有樂氏無樂正氏路史似誤蓋以官爲氏者魯有樂正克

費惠公曰

孟子既稱小國之君而以加於百乘之家之上則費當是國不當是邑魯連子稱陸子謂齊愍王曰魯費之衆臣甲舍於襄賁史記楚世家有鄒費郯邳呂覽審勢篇海上有十里之諸侯以滕費則勞以鄒魯則逸說苑魯人攻費曾子辭于費君則費爲小國無疑藝文類聚引尸子載費子陽與子思問答語又見孔叢子未知即惠公否今山東魚臺縣有費亭蓋即其地洪亮吉乾隆府廳州縣志主此集注作費邑之君似混或云魯衰降稱費或云季氏子孫居費以邑爲國僭稱公俱非或又云費文武之後伯爵蓋因左傳費伯此即季氏之費而附會之或又云即費滑之費此在今偃師縣其滅久矣更誤惠士奇春秋說主此寰宇記載都城記云伯益有二子大曰大廉秦其後也小曰若水詩疏作木別爲費氏

見史記居南裔今四川黔江縣爲諸侯夏末其君費昌佐湯伐桀有功入爲卿士以其本國爲畿內采地更封其庶子於淮泗之間徐地以奉伯益之祀復命爲伯使主淮夷子奇按此與上所云東海諸侯者台似即惠公之國錄以俟考

吾於顏般

般古今人表作敢顏路之族孫與王順人表作慎同事子思顏氏譜以爲顏淵子非是四書聚考顏淵娶宋戴氏生子歆

晉平公之於亥唐

亥唐事見韓詩外傳高士傳抱朴子諸書皆與此畧同
惟稚川以平公爲文公似誤（惠定宇以亥唐即絳縣老人尤誤）
迭爲賓主
尚書大傳尚考太室之義唐爲虞賓蓋堯館舜於副室
舜則享堯於太室尊卑之分也
殷受夏（四句）
趙注三代相傳以此法不須辭問也於今爲烈烈（一作烈然）
明法子奇按此說尚可通孫疏以殷受夏三句指湯武
得天下而以於今爲烈指禦人者說非是（李安溪以此在彭更問曰章則舜受堯之天下句下非是）

魯人獵較
左傳惟君用鮮衆給而已是因祭而田乃天子諸侯之
禮（儀禮大遺奠俎有鮮獸注謂士賤得以攝盛不嫌與君同然亦未見其必由田得也）是時魯僭
用之孔子不違所以小同於俗也較者較其所獲之多
寡上下也趙注以爲相奪非是
孔子先簿正祭器
簿本或作薄按經典及說文俱無簿字隸釋夏承碑武
榮碑韓勑碑陰主簿並作主薄唐美原神泉詩碑亦然
是以未嘗有所終三年淹也
孔子於哀公三年至陳六年被阨乃歸魯凡留陳者四
年然第四歷年所實不足三十六月不可云終三年且
其間尚有自陳至蔡之事不可云三年淹故孟子云然
乃史記孔子世家謂哀公六年孔子自楚反衛十一年
反魯凡在衛六年十二諸侯年表陳衛世家謂哀公十
年自陳入衛凡在陳八年（又云居蔡三年）朱子論語序說從孔
子世家而於正名章集注則云哀公十年自楚反衛凡
在楚五年均與孟子不合當以此正之至歷聘紀年謂
孔子留齊七年更不足據詳見孔子編年
於衛孝公
孝公益即出公檀弓正義謂衛輒拒父而公羊以爲孝

子（史記李斯傳漢書傳不疑傳俱有此說）此謚孝之所由來也（集注考證主此僞）
疏以孝公即靈公引史記致粟六萬爲公養之證非是
抱關擊柝
趙注柝門關之木也擊椎之也或曰柝行夜所擊木傳
曰魯擊柝聞于邾子奇按行夜集注作夜行葢本說文
而誤（說文柝作㯷又作欜云夜行所擊木）何焯云舊本本作行夜
孔子嘗爲委吏矣（二句）
舊注委吏主委積之吏也孫星衍曰按周官遺人掌邦
之委積孔子正爲遺人之官稱季氏史（一作吏）者遺人屬
司徒時季氏爲司徒故也然亦魯臣非仕于私家也會

計是司會之事當讀如奏當之當謂料量委積上之司
會適當國家會計之數不爲季氏求贏餘也料量猶言
概量以概平斗斛無浮入也子奇按向以委吏爲委人
於官名較合然遺人專掌委積自可備一說
嘗爲乘田矣 二句
舊注乘田主苑囿芻牧之吏也子奇按史記作司職吏
朱子謂即周禮牛人所屬之職人孔廣森曰國語牧協職即此主芻
豢之事某曰乘田者以公牛芻豢皆飼田中事也乘古
通甸　趙注茁生長貌孫疏茁出也本詩注按說文茁艸
初生地皃由生而壯由壯而長語有倫次集注改作肥

貌則先奪壯字意矣
北面稽首再拜而不受
閻若璩曰周禮先再拜後稽首是吉拜先稽首後再拜
是凶拜子奇按周禮吉拜謂齊衰不杖以下者凶拜謂
三年服者此與君臣禮絕不相蒙子思即不悅何至以
凶拜拜君且周禮是稽顙非稽首也段玉裁經韻樓集亦斥其臆斷
蓋自是臺無餽也
趙注謂穆公愠而不餽非是下文不能養指上亟問亟
餽言非以臺無餽爲不能養也觀孟子去齊章可以信
穆公之能悔過矣

在國曰市井之臣
風俗通市恃也養贍老少恃以不匱也市井謂至市者
當於井上洗濯其物香潔及自嚴飾乃到市也由井田
之中交易爲市故國都之市亦名市井
庶人不傳質爲臣
曲禮及大宗伯俱云庶人執鶩是庶人亦有質也然此
或其自相見與以事見士大夫則然若見君則士相見
禮所云不爲容進退走者是也恐未必有質當以孟子
爲正　孫疏並引五瑞及諸侯世子執纁孤執元附庸
之君執黃卿執羔大夫執鴈士執雉之屬而不及庶人

執鶩句頗爲該洽集注專引士執雉庶人執鶩二句轉
欠分明
以皮冠
閻若璩曰左傳襄十四年衛獻公不釋皮冠昭十二年
楚子皮冠執鞭以出則皮冠者諸侯田獵之冠也故以
招虞人子奇按周禮凡甸冠弁服則田獵自有禮冠周
柄中云皮冠蓋加於禮冠之上所以禦塵亦以蔽風雨
也以左傳推之說似可從
庶人以旃 三句
陳祥道曰孤卿建旃庶人孤卿之所治故以旃招之諸

侯建旂士君之所禮故以旂招之旂車載旌大夫從旂旃之樂故以旌招之毛西河云招大夫以其物招士庶人以招之者之物子奇按此以周禮說孟子尚覺可通其與左傳互異處當分別言之　周禮析羽為旌爾雅注旄首曰旌旌有羽又有旄羞干首注以旄旌首注以羽孟子所云見羽旄之美是也集注作析羽而注於旂干之首曰旌似未明析

周道如底

按勘記底當作厎說文厎柔石也从厂氐聲或作砥職雉切底山居也下也从广氐聲都禮切今毛詩作砥孟子作厎正是一字不當从广音義亦誤

有貴戚之卿

趙注貴戚之卿謂內外親族子奇按此句當指同姓說舊注似混

反覆之而不聽則去

趙注諫君不從三而待放不聽則去而之他國子奇按公羊宣元年傳云古者大夫已去三年待放君放之非也大夫待放正也白虎通諫諍篇鄭康成詩箋王逸楚辭序並同

孟子質疑卷十終

孟子質疑卷十一

溧陽狄子奇述

告子上

性猶杞柳也

杞有三種一是柳屬一是梓杞一是枸杞此當是柳屬陳啓源曰鄭風之樹杞即爾雅所謂旄澤柳也亦名杞柳木理微赤可為車轂其細條可為箱篋孟子所謂為桮棬者即此趙注以為柜柳案柜柳即爾雅楥柜柳音昂郭讀柳為柳云非柳似柳者也與杞柳非一種

義猶桮棬也

趙注桮棬桮素也孫疏桮素樸也子奇按此說不甚可解據爾雅釋木樸落句疏素字當是索字之訛說文桮𠤮也棬屈木盂也

猶湍水也

說文湍疾瀨也淮南子許慎注湍水行疾也閻若璩據以訾集注子奇按以疾訓湍則或東或西已有所向惟曰縈迴之貌則東西尚無一定正合無分之意趙注湍者圜也謂湍湍縈水也陸注湍波流也此集注所本

白羽之白也四句

趙注羽性輕雪性消一作清玉性堅一作貞雖俱白其性不同劉熙注同子奇按此本孟子逸文見馬總意林

然則犬之性節

孫疏犬金畜其性守牛土畜其性順子奇按犬與牛性固異人與犬牛性尤異朱子此節集注最爲精確足正全書之失說見中庸

食色性也

此即第七篇口之於味一節意雖不甚錯然此乃性之欲見樂記非性之德君子並不因其爲性而遂恣意於此則其所云原未必與孟子合觀富歲章先列口耳目三層卻歸到心之所同然上則告子此言僅得其粗而未得其精惟說尚可通故下文且弗與辨特闢其義外之說

仁內也四句

四書考異管子戒篇仁從中出義由外作墨子經下篇當作經說下篇仁內也義外也舉愛與所利也此告子所本趙氏謂告子兼治儒墨艮信子奇按墨子公孟篇稱告子言仁義而不吾毀此告子學於墨子之證惟墨子不與孟子同時恐非告子所及事蓋依託之言耳

異於白馬之白也二句

趙注謂長異於白疏云彼長而我長之異於彼白而我白之說亦可通但多一轉折竊疑此句單頂白字來言彼白而我白之異於白馬之白無以異於白人之白任釣臺云馬之白人之白三字連讀上白字乃人之白之似較明順集注考證以異字絕句四書考異以異於絕句俱非

孟季子

集注孟季子疑孟仲子之弟子奇按本章問答季子直是告子一流人似非孟子兄弟故趙注無明文宋政和祀典亦不及蓋未嘗及門受業也四書考異謂經文本無孟字未知何據

僞疏以爲季任謬甚

弟爲尸

古凡內外祀皆有尸尚書大傳舜入唐郊以丹朱爲尸國語晉祀夏郊以董伯爲尸或曰此以配天者言公羊說祭天無尸周禮

祭勝國之社稷則士師爲尸是外祀皆有尸也若內祀則始喪而奠無尸以人道事之也既葬而祭乃有尸以神道事之也然虞祭之時男女各立尸故士虞禮云男男尸女女尸祔祭之後止用男之一尸凡吉祭皆然故祭統云鋪筵設同几也外祀之尸不問同姓異姓卜吉則可內祀之尸必以孫而又無父者無孫則取子同姓詳曲禮疏

或曰有性善有性不善

論衡本性篇周人世碩以爲人性有善有惡在所養焉作養書一篇藝文志世碩陳人著書二十一篇名世子宓子賤漆雕開公孫尼子此七十子之弟子之徒亦論情性與世子相出入皆言性

有善有惡子奇按子賤漆雕開皆親受聖教不應作此說卽云異端之興或託始於聖門子夏之學有田子方子方之後流爲莊周然亦流傳旣遠輾轉成訛未有及身受業而創爲異論者充識誣聖賢大率類此

以紂爲兄之子 三句

顧炎武曰當云以紂爲弟且以爲君而有微子啟以紂爲兄之子且以爲君而有王子比干並言則於文有不便故舉此以賅彼子奇按孟子葢云以紂爲君而有微子啟以紂爲兄之子而有王子比干文特連而及之耳陸象山本此以微子爲紂諸父與古說不合

今曰性善 節

上文三說雖各有不同大約皆以氣質言孟子則專以理言氣質有善有不善理則無不善故一言以蔽之曰善 孟子之所謂善卽孔子之所謂相近也說見論語宋儒以相近兼氣質而言遂造一氣質之性之名反謂論性不論氣不備則三說是而孟子非矣此不可以不辨章末引孔子語以結之正以明已說之有自來也若孔孟異旨何必取以相證

乃若其情 三節

孫疏性之動則爲情才乃性之用也才卽良能集注以爲材質稍泛性情才雖有三名只是一物王氏䜟曰告子言性無善無不善似乎性相近言性可以爲善可以爲不善似乎習相遠言有性善有性不善似乎上知下愚不移不知孔子謂性相近言性俱善也孟子云乃若其情可以爲善則性之相近可識孔子謂習相遠言性以習惡也句有語病孟子云若夫爲不善非才之罪則習之相遠可識孔子謂下愚不移言人之任其習而不移也孟子云倍蓰無算不能盡其才則下愚不移之由可識此意俞沿舊說詳見論語子奇按以上兩條極爲融貫程子謂才有善有不善朱子謂其比孟子爲密告子以性必待矯揉而後成朱子亦以性不可無矯揉之功此載在集注顯與經背者他若

程子以告子生之謂性合於孔子朱子以人與禽獸之性無異見中庸章句疑孟子所言中間欠一轉語其見於語錄者更多疑竇因與本經相涉故附及之詳見余原性

有物有則

孫疏物者君臣父子兄弟夫婦朋友也則者仁之于父子兄弟義之于君臣禮之于夫婦信之于朋友也有物必有則是謂性善能秉其彝是謂才好是懿德是謂情

今夫麰麥

歐陽修詩本義以孟子言麰又言麥明非一物葢以麥作小麥解似亦可從

至於日至之時皆熟矣

集注日至之時謂當成熟之期子奇按日至謂夏至（周官稱冬日至夏日至本書言千歲之日至是其證）管子輕重乙篇九月種麥日至而穫輕重已篇以春日至（謂春分）始數九十二日謂之夏至而麥熟蓋麥雖熟於四月然必至五月乃能熟齊故著一皆字言大麥小麥至是皆熟也（說見十一經問對）

雨露之養

王引之曰養疑當作差謂雨露多寡之差也字形相似而誤子奇按以上下句推之其說良信

易牙

四書考異大戴保傅篇法言問神篇論衡譴告篇自紀篇易牙俱作狄牙

至於子都

此不知何人或以左傳鄭公孫閼當之似未可信

獨無所同然乎

毛奇齡曰同然承上同耆同聽同美言謂同如是耳與前惟耳亦然諸然字相應本自明了集注訓然爲可解者因曰同以爲可杜譔支離不如專讀本文爲直截矣

謂理也義也

戴氏震曰理者心之區分義者心之裁斷子奇按理字本言脉理條理但既借爲義理之理即應作天理解樂記滅天理而窮人欲并言脉理條理也東原孟子字義疏證專主此說攻擊宋儒於義轉陋

猶芻豢之悅我口

月令鄭注牛羊曰芻犬豕曰豢（高誘呂覽注司馬彪莊子注同）疏云食草曰芻食穀曰豢國語韋注草食曰芻穀食曰豢淮南時則訓注草養曰芻穀養曰豢劉瓛新論注食草曰芻食米曰豢皆大同小異集注兼存之義最賅備僞疏出趙注云草生曰芻穀養曰豢既誤食爲生（一本作牲亦誤）又引說文云牛馬曰芻犬豕曰豢則以廣韻爲說文矣（說文有云

犓以芻莝養牛也豢以穀圈養豕也犓當與芻同）

牛山

四書釋地牛山在今臨淄縣南十里（元和志寰宇記俱作二十五里唐書地理志謂在長清縣疑誤）括地志桓公管仲墓在焉（水經注桓公冢在齊城南二十里或云在琅邪）水經注牛山一名南郊山天齊淵出焉齊以此得名劉昭引孟子注南小山曰牛山左思齊都賦牛嶺鎮其南列子齊景公遊於牛山北臨其國城而流涕皆云在齊南舊作東南稍誤子奇按元和志天齊池在齊東南蓋因此而誤

有梏亡之矣

翟氏灝曰梏舊趙注本作牿易童牛之牿取抑止之義似較作梏訓械者爲順子奇按鄭志冷剛問木在足曰桎在手曰梏今大畜六四施梏於足不審何解答曰牛無手以前足當之（見月令疏）是明以牿即桎梏之梏也丁公著云梏謂悔吝利害也利害之亂其性猶桎梏之刑其身故喻之義（見音義）王伯申謂梏當从手即古文攪字（說本玉篇及後漢書注）恐未可信

出入無時

程子曰心豈有出入亦以操舍言耳子奇按此說顯與經反葢本之范淳夫之女而承其誤

使弈秋誨二人弈

此使字是假設之詞言設使弈者如此則雖以秋之國手亦無如何正與上節末句神迴氣合俗作使令解則使之者不知何人而語意亦呆　弈秋見于華子張衡傳云弈秋以棊局取譽

熊掌

埤雅熊冬蟄不食饑則自舐其掌故其味尤美

學問之道無他　節

玩無他及而已矣五字則求放心卽是學問之道顯然可見集注添固非一端句用然字轉下似失語氣蓋以不如是恐流入異端耳然學問二字原該得許多格致工夫並非心齋坐忘高談元妙也　韓詩外傳引此節上有其於心爲不若雞犬哉不知類之甚矣悲夫終亦必亡而已矣二十四字

則不遠秦楚之路

或曰此孟子在齊時語故以秦楚之路爲遠子奇按此卽作自秦適楚自楚適秦言亦可

拱把之桐梓

趙注拱合兩手也把以一手把之也（集注畧同）子奇按爾雅注兩手持爲拱左傳注合手曰拱尚書大傳注兩手搤

之曰拱呂覽注滿兩手曰拱後漢書崔駰傳注引劉熙孟子注兩手曰拱莊子音義引司馬彪注兩手曰拱一手曰把並與舊說合（惟淮南繆稱訓注拱抱也把握也其說小異）程瑶田云鄭氏喪服注中人之扼圍九寸則把一圍九寸也拱二圍尺八寸也（韻會作五寸曰圍與鄭注異蓋尺有大小也又云一抱曰圍則淮南注之說耳）

養其樲棘

按勘記樲棘古書皆作樲棗見爾雅注疏子奇按爾雅云樲酸棗說文云棘小棗叢生本是兩種（宋翔鳳云以其樹小故名小棗以其實酢故名酸棗）以上句梧檟推之似不可合而爲一（李惇羣經識小亦主此說惟引爾雅終牛棘爲證不若說文之確）蓋皆取其相似者以爲對

成文也孫疏棫小而桋大棫酸而桋甘則从古本作棫桋亦是一物二名舊注俱未核

耳目之官不思 七句

戴氏震曰耳目之官主受魄之爲也所謂陰之精氣曰靈也心之官主施魂之爲也所謂陽之精氣曰神也主施者斷主受者聽

此天之所與我者

王念孫曰比猶皆也說文皆俱詞也从比从白徐鍇曰比皆也言耳目與心皆天之所與我者而心爲大趙注以比爲比方非是或改比方爲此乃尤非

趙孟

左傳趙盾趙武趙鞅趙無恤皆稱趙孟倪士毅曰趙氏世稱趙孟猶智氏世稱智伯也孫疏專指趙盾非是

所以不願人之膏粱之味也 三句

膏粱文繡有以一物言者膏粱之如膏也文繡繡之有文也有以兩物言者膏肥肉也粱美穀也文畫衣也繡刺裳也說皆可通此是舊說詳見末卷

此又與於不仁之甚者也

孫疏有湯武之至仁然後勝桀紂之至不仁今之爲仁者但以轉粟移民之仁而望民多於隣國以羊易牛之仁而欲朝秦楚而撫四夷是猶一杯水而望救一車薪之火也所以終必亡其仁矣孟子故有激而云子奇按此說雖粗而實快

不如荑稗

爾雅蕛同荑苵注蕛似稗說文稗禾別衆經音義二十三稊似稗布地穢草也稗草之似穀者也廣韻云草似穀而實細僞疏以爲莖草非是陳啟源曰稗黃白色莖葉穗並如黍稷有水陸二種稊苗似稗而穗如粟紫黑色陶隱居謂之烏禾稊稗一斗可得米三升子奇按荑稗雖可食水旱皆可種北方人蓄之以備凶年然與秕不同秕是穀不成者即在不熟之列蕢即童粱故曰不如又與莠有別莠是似穀而不可食者

荑稗則可食

羿之教人射 二句

羿是射師之名與大匠一例非有窮后羿亦非堯與黃帝帝嚳時之羿也說見論語彀張弩向的者

孟子質疑卷十一終

孟子質疑卷十二

溧陽狄子奇述

告子下

任人有問屋廬子曰

按路史任本已姓伯爵帝魁母家黃帝以封幼子周之繼絶也以居風姓與宿須句顓臾同司太皡與有濟之祀今濟寧州任城廢縣是也趙注以爲與薛同姓非是何休以任爲宿顓臾之姓 通志謂任氏卽風氏亦非氏族畧屋廬子晉賢人著書言彭聃之法 廣韻亦云 未知卽此人否

以禮食 二段

孫疏禮食者主人親饋則客祭主人不親饋則客不祭是也親迎若夏后氏迎于庭商人迎于室 據書傳及公羊注當作堂 周人迎于戶是也

明日之鄒

四書釋地任去古鄒城僅百二三十里故往來甚便施彥士曰洪亮吉地志 當作乾隆府廳州縣圖志 濟寧州東至鄒縣界泗河 二字係施所增 四十里縣志泗河至縣治三十五里又東南二十六里嶧山之陽卽故鄒國使屋廬子之今鄒治南孟子故宅不過七十五里卽之故鄒國亦僅百里釋地似微誤

於答是也何有

趙注於音烏歎辭也音義丁張並同

可使高於岑樓

集注岑樓樓之高銳似山者子奇按趙注岑樓山之銳嶺者孫疏山小而高曰岑岑樓卽銳嶺之峯也口樓者蓋重屋曰樓取重高之意也說甚明析韓非子立尺材于高山之上卽此意 癸巳解主此

豈謂一鉤金

舊注鉤帶鉤也孔廣森曰晏子春秋大帶重半鈞按鄭

君說東萊稱以大半兩爲鈞然則帶鉤金半鈞才重三分兩之一子奇按玉篇鉤鐵曲也此只舉其至輕者言之似不必泥定帶鉤

往應之曰

注疏作孟子教屋廬子如此卽作屋廬子自言亦可

曹交問曰

趙注曹交曹君之弟 太平御覽引此句上有曹文公弟四字蓋卽趙注之說然不可信 閻若璩曰是時或更有封于曹者如薛與中山之類 惠半農謂曹本未滅 張氏梯曰此蓋曹姓而交名者以下文得見鄒君推之或是鄒君之弟以鄒本邾婁故曹姓也子奇按

古男子罕以姓繫者如魯姬姓齊姜姓其子孫不以姬姜繫也王伯厚云曹交蓋以國爲氏者當是定論

力不能勝一匹雛

匹丁公著作疋注云疋雛小雛也音義云疋訓耦不訓小方言也小也音節蓋與疋相似後人傳寫訛耳王念孫曰玉篇鷄小雞也鷄與也同段玉裁曰說文也少也讀若輟子結切趙訓也爲小與方言同音義得之作匹者非顧子明云雛已有小義不必再言也也卽詩海外有截之截見啟母碑若如諸說則曲禮庶人之摯匹將何以解之

子服堯之服

朱氏彬曰服習也事也服堯之服當是習堯之事與誦堯之言行堯之行畧同子奇按孝經非先王之法服不敢服亦與言行平列正孟子所本

高子曰

四書考異援經圖子夏授詩于高行子詩序有高子論絲衣篇語韓詩外傳卷二有高子與孟子論衞女之詩語又公羊文四年逆婦姜于齊傳亦有引高子語王厚齋謂詩序及孟子所謂高子卽其人也其年似長於孟子故以叟呼之與尹士追蠡二章之高子蓋有別子奇按追蠡章論樂與此章論詩同一意見當是一人若尹士山徑二章之高子或別是一人然亦無明據郝京山以論詩之高子爲子夏門人山徑禹聲章高子則孟子門人卽論詩者之子弟也未知何本

小弁

趙注小弁伯奇之詩子奇按此說蓋本韓詩劉勝字季林見後漢書杜密傳王充曹植並主之孟子稱其怨爲親親之仁惟伯奇爲無愧集注本毛傳以爲平王傳作恐不足以當之琴操謂伯奇隣大夫閔之而作蓋本詩序而附會之孫疏本劉向以伯奇卽宜臼則路史已辨之矣

有人於此

任啟運曰上著有人於此下云越人射之其兄射之則射卽射此人其兄卽此人之兄也蓋以兄弟大變喻父子大變也子奇按小弁傳角弓疏北齊書神武紀文選吳都賦注長短經引此俱作關弓射我則任說良是

凱風

毛奇齡曰齊魯韓三家俱以凱風爲母責子詩此與不可磯最合且與小弁詩義一串蓋彼乃戕害其子謂伯奇故過大此但責子過情故過小觀詩中劬勞勞苦等字明作困劇解若不安室則過不小矣子奇按卽如毛詩亦與朱傳異詳見孔疏其在此章固以三家說爲長

是不可磯也

集注磯水激石也子奇按說文新附云磯大石激水也廣韻同 增韻石激水曰磯正與此反趙岐注云磯激也言不可少有激發也說最穩愜當從之

五十而慕

集注於此處特下一怨字正以舜之怨親證小弁之怨親也解此則知萬章篇首怨字非怨已矣乃俗本仍謂舜是怨已小弁是怨親果爾何必取以相證耶

宋牼將之楚 二句

按荀子莊子俱載宋鈃事注云鈃與牼同宋人與孟子

尹文子彭蒙慎到同時漢藝文志有宋子十八篇又有尹文子一篇注云與宋鈃同遊稷下說齊宣王大約孟子在齊與牼有舊別去久之至是將之宋適宋牼將之楚故相遇石邱宋地 元和志滑州胙城縣東北三十里有石邱俗傳漢成帝時星隕之石非此石邱也

吾聞秦楚搆兵

曹之升曰赧王二年楚悉兵伐秦戰于藍田三年秦庶長章敗楚于丹陽虜將軍屈匄取漢中地又敗楚于藍田秦楚搆兵疑即指此正孟子去齊之宋時也子奇按此說本任啟運孟子考畧與所譔孟子年譜互異當以此爲是詳見余孟子編年

季任爲任處守

錢大昕曰國君之弟以國氏字當在國下以春秋蔡季紀季例推之季任當作任季蕊傳寫倒耳 按集注引趙氏云來見則當報但以幣交則不必報此與下文不合疑有誤今趙注無此文

由鄒之任見季子 二句

曹之升曰李白任城縣廳壁記在禹貢則南徐之分當成周乃東魯之邦東盤琅邪西控鉅野北走厥國南馳互鄉按路史厥亭即平陸故城應劭曰古厥國也然則

平陸在任城之北此孟子由鄒之任由任之平陸之齊之明據矣

儲子得之平陸

閻若璩云范雎列傳秦相穰侯東行縣邑車騎至湖關湖關今閿鄉縣去咸陽幾六百里是當時國相例得周行境內故平陸雖距齊六百里而曰儲子得之平陸

夫子在三卿之中

全祖望曰三卿者上卿亞卿下卿也子奇按戰國官制無可考證有以此爲司徒司馬司空者又有以孟子爲客卿者未知孰是 此句頂上自爲見非獨善下句頂

上爲人見又非兼善集注似有漏義

五就湯五就桀者

竹書紀年桀十七年商使伊尹來朝二十年伊尹歸于商書序伊尹去亳適夏既醜有夏復歸于亳尚書大傳韓詩外傳鬼谷子忤合篇淮南子泰族訓俱有此說此尹既事湯又事桀之證惟五就無文郝京山以五爲交互之名非是

一者何也

趙注以此作髡問玩上下文語氣即作孟子語亦可

何必同

夷似自爲惠似爲人尹則介於爲人自爲之間三子之

道不同而其同趨於仁則一然則君子亦祇自盡其仁而已無論爲人自爲固無害乎仁即不爲人不自爲亦無傷乎仁也又安得舉古人成法以相繩哉似此方與髡語針鋒相直集注似欠理會

公儀子爲政　二句

史記公儀休魯博士以高第爲魯相因織帛出妻食於舍而茹葵拔之又云公儀休相魯奉法循理百官自正子柳言君子道行則樂其治子思請結恩百姓修禮隣國此三人仕魯之事

魯之削也滋甚

按通鑑前編穆公立二年失鄒又十五年失最又四年敗齊于平陸又四年爲齊所破雖不甚削亦未嘗不削故孟子置勿與辨第言不用賢則削亦不可得也

王豹處於淇　二句

三輔決錄王豹出自單門張衡傳王豹以清謳流聲子奇按左傳齊亦有王豹葢姓名之偶同者　趙注詩泉源在左淇水在右又河水洋洋北流活活衞地濱淇水在北流河之西故曰河西

緜駒處於高唐

趙注高唐齊西邑子奇按今齊河縣是也大事表在今禹城縣北四

十里地志以此爲東昌之高唐州非是又濟南章邱亦稱高唐乃高唐故城非緜駒所居也

而齊右善歌

顏師古急就篇注長言謂之歌　齊歌葢謂一齊皆歌謂之謳王應麟補注歌詠也謳吟也劉子新論行唱曰謳梁元帝纂要齊歌曰謳吳歌曰歈見初學記十五說皆小異葢對文則別散文則通　文選注引孟子作齊后善歌陸機詩齊娥且莫謳劉良注齊娥齊后也

華周杞梁之妻

按左傳及檀弓止有杞梁妻事琴操有范杞梁妻嘆似杞梁范人或其所食邑

俱不及華周妻惟說苑立節篇兼及之豈即本孟子爲說歟

燔肉不至

說文鐇宗廟火孰肉也孔廣森曰公羊說腥曰脤熟曰膰左氏說宜社曰脤宗廟曰膰趙注據以此爲宗廟之祭子奇按此與舊說異蓋以祭天用腥此云燔肉是膊炙之肉故耳然左傳釋文燔又作膰祭肉也竝不云膊炙易曰聖人亨以享上帝注中云天子祭宗廟及郊竝血腥爛孰具則燔肉固亦郊之所有歟

乃孔子則欲以微罪行

孫疏凡有祭則大夫之黨當從君祭既從祭之禮有不備所以有罪子奇按此本趙注即以燔肉不至爲微罪屬孔子自已說最爲允當曲禮大夫去其國不說人以無罪國策忠臣之去也不潔其名亦此意孔子世家師已送曰夫子則無罪是夫子當日必有以罪自引者桓子嘆曰孔子罪我以羣婢故也夫是夫子去魯必不明言爲女樂也細繹史記可想見當時情事精義楊龜山朱子文集蔡虛齋存疑竝主此說李安溪以不任職謂諫而不聽爲微罪立說稍泛閻百詩謂微罪即在不稅冕上非是

五霸者

五霸之說白虎通有三其前一說即丁注所本服虔杜預應劭楊士勛竝同其後一說即趙注所本司馬貞索隱同高誘呂覽注陸德明釋文竝存二說其中一說則以闔廬易宋襄顏師古注漢書異姓諸侯王表同丁注注地理志同趙注其注同姓諸侯王表又以夫差易楚莊荀子王霸篇則以句踐易夫差又進楚莊而退秦穆參而攷之三代之五霸當從丁注其春秋五霸則齊桓晉文楚莊吳闔廬越句踐也郝京山以鄭齊晉楚吳爲五霸非是

葵丘之會

國策地名攷證云葵邱有四一在今杞縣睢州之間爲

古考城縣郡國志外黃有葵邱聚齊桓公會此城中即舊注所本也一在今青州府臨淄縣西五十里左傳齊侯使連稱管至父戍葵邱京相璠曰在臨淄西五十里是也一在今蒲州府萬泉縣東十五里介山之北胡廣曰汾陰有葵邱說文鄈从邑癸聲河東臨汾地名是也一在今彰德府臨漳縣水經注春秋古地名云葵邱地名今鄴西三臺是也惠棟全祖望竝主汾陰以合左傳西會之說按孔疏云或以汾陰爲葵邱非也經書夏會葵邱九月乃盟晉爲地主無緣欲會而不及盟也則此說沖遠已斥之惟舊主陳留又與勤遠畧之言不甚合

馬宗槤曰管子築五鹿中牟鄴以衞諸夏鄴本齊桓所築葵邱宜在鄴此地亦在齊西較陳留爲遠當是定論

諸侯束牲載書

按盟書原稱載書左傳士莊子爲載書荀偃改載書是也然一書字卽該得載書二字傳又曰坎用牲加書讀同橫舊書加於牲上是也司盟鄭注殺牲取血坎其牲加書于上而埋之謂之載疏云載者正謂以牲載此盟書于上故謂之載也此處以載字對束字正應如是解焦氏正義主此集注引穀梁爲證甚是孫疏亦然趙注作加載書毛西河閻百詩反據以訾集注誤矣

士無世官

集注士世祿而不世官固是依文立義然謂卿大夫皆世官可乎任釣臺謂列國之大夫入天子之國曰士士卽大夫也若然則無專殺大夫又何以稱焉其故總由不知士與仕通耳趙注云仕爲大臣得之矣說見第四卷

無曲防

曲防卽公羊所謂障谷穀梁所謂壅泉也趙注作禁防言非是

毋有封而不告

封謂封國集注兼邑言似誤若城夷儀城楚邱城緣陵之類是也郝京山謂封與窆同以喪禮言非是

魯欲使愼子爲將軍

以下文推之愼子當名滑釐舊注並同薛應旂謂愼子名到亦見孫疏學於墨子弟子禽滑釐之術故述其所尊尚者閻百詩主此說毛奇齡謂周禮注獸五歲曰愼又云獸之可禽者曰愼愼與禽近愼子卽禽滑釐子奇按墨子禽滑釐乃宋景公時人呂覽高誘注禽滑釐一氏篇墨子耕柱篇又有駱滑氂不應至此尚存若史記愼到則趙人乃名家者流不聞其善用兵當作三人爲是莊子天下篇旣列禽滑釐又列愼到其非一人甚明此葢氏愼而名滑釐者備考謂魯平公因齊愍王之亂欲使愼子將兵取南陽謬甚

遂有南陽

南陽有三一是韓地卽今河南南陽府也一是魏地在河內修武縣左傳始啓南陽是也一是齊地在泰山之南公羊傳將南陽之甲是也此本魯汶陽田全謝山云自齊言之則謂之南陽山南曰陽也自魯言之則謂之汶陽水北曰陽也爾時屬齊故欲取之

而儉於百里

孟子王制俱言大國百里左傳亦云列國一同自是定數晏子春秋太公受地五百里史記康叔伯禽各四百里明堂位封周公于曲阜地方七百里均與此不合

今魯方百里者五

趙注以方百里者五即方五百里子奇按方百里者五以開方法計之當得地方二百二十餘里若方五百里則爲方百里者二十五其數五倍矣四書滙參載焦漪園說云以一國而擅五國之封是也又云以諸侯而當天子之半則大謬矣朱氏珪曰魯之東西約共四百里南北約共二百里不能方也所謂方百里者五實不過方二百十里有餘耳說見周廣業孟子四考後序似未覈實周柄中曰滅國則有項鄟邿鄫須句根牟取邑則於宋取郜防於齊取穀於莒取向鄆鄟於邾取訾婁繹鄟東田沂西田分自霸主則分曹自洮以南東傳于濟分邾自漷水分𠱾泗南地百里入自叛臣則邾庶其以漆閭邱黑肱以濫莒牟夷以牟婁防兹小邾射以句繹皆是

白圭曰

舊注以此即昔殖傳白圭但彼乃魏文侯時人距孟子遊梁已九十餘年不應尚存且係周人圭其名也此則魏人名丹似非一人按呂氏春秋不屈篇有白圭與匡章惠施同時高注亦以爲周人國策魏昭王時有白圭觸虒謂即孟子所稱未知是其人否

丹之治水也

韓非子喻老篇千丈之隄潰於螻蟻之穴白圭之行隄也塞其穴是以無水難此白圭治水之實也

君子不亮惡乎執

集注亮信也與諒同何異孫曰諒者信而不通之謂惡去聲君子所以不諒者非惡乎信惡乎執也故孟子又曰所惡執一者爲其賊道也子奇按此說本陸氏翼孟蘇氏孟子解亦自可通但經文本是亮字似不必改讀孫疏云亮之爲義其體在信其用在明君子之道惟明爲能明善惟信爲能誠身不明乎善不誠其身矣故曰君子不亮惡乎執

訑訑

張鎰音義訑訑䜌言辭不正欺罔于人自誇大之意子奇按燕策寡人甚不喜訑者言也注云沇州謂欺曰訑與張說畧同今集注從丁說字又作詑見說文言部

禮貌衰

集注與公遊於囿閤若璩曰此衛獻公事不應撮合

傅說舉於版築之間

地理志傅險即傅說版築之處水經注沙澗水北出虞山東南逕傅巖歷傅說隱室前俗名聖人窟所謂隱於虞虢之間是也巖東北十餘里即左傳顛軨有東西絶澗南北之道謂之軨橋說傭隱止息於此索隱引夏靖書云猗氏十里河西岸吳坂下便得隱穴是說所潛身

虞一名隱賢社今在山西平陸縣東三十五里尚書後辨作東北二十五里墨子尸子並以傳巖在北海之洲非是史記賈誼傳謂說爲胥靡亦非按漢書揚雄傳胥靡爲宰張晏曰胥相也靡無也言相師以無爲作宰者也則胥靡並非罪名惟索隱有此說何孟春嘗辨之郭璞三蒼解詁板牆上下板築杵頭鐵沓也見文選注蔡傳以築爲居非是

膠鬲舉於魚鹽之中

膠鬲事見呂覽乃文王舉之以進於紂者其後不知所終並未事周趙注謂文王舉以爲臣似誤

孫叔敖舉於海

毛奇齡曰孫叔敖蔿氏孫字叔而名敖者杜征南以爲

即蔿賈蔿艾獵非是子奇按杜並未以蔿賈爲叔敖此服虔說惟蔿子馮乃蔿艾獵之子杜既以叔敖即艾獵又云子馮叔敖從子未免兩歧孫淵如云敖乃蔿賈之子本呂覽高誘注艾獵之弟本孔穎達引世本說最爲確鑿足正從來之訛惟以孫叔爲字謂孫當讀爲遜與敖漢碑作傲相輔似未合叔敖蓋蔿族而孫氏者　閻若璩云叔敖之舉史記說苑列女傳並云進自虞邱子韓詩外傳新序亦云呂覽以爲沈尹莖此見贊能篇其當染篇作蒸察傳篇作筮尊師篇作巫韓詩外傳作沈令尹力新序以爲善相者招聘之皆無起家海濱語子奇按荀子呂覽俱以叔敖爲期思鄙人期思爲今固始縣淮水在其北八十里淮與海通意或有乘流上下隱居海濱者歟

百里奚舉於市

趙注百里奚適秦隱于都市穆公舉以爲相子奇按都市無考然邠卿近古必有所據閻百詩據穆公贖奚事謂市者買也猶云買得來也殊嫌不詞周理衷據說苑將鹽車事謂奚爲人養牲即爲人販賣以養牲言則曰舉之牛口之下以販賣言則曰舉于市說差近理然食牛之說孟子所不取則亦未爲定論

所以動心忍性

集注性指氣稟食色言子奇按此即聖賢盡性事人惟

不能自忍斯臨事躁妄不足以當大任故以困阨磨厲之使德性堅定然後能操心慮患也

入則無法家拂士

集注拂與弼同俞文豹吹劍錄云拂士謂其忠鯁拂逆人意足相儆戒也

孟子質疑卷十二終

孟子質疑卷十三

溧陽狄子奇述

盡心上

盡其心者章

王氏守仁曰盡心知性知天是生知安行事存心養性事天是學知利行事殀壽不貳修身以俟是困知勉行事朱子以盡心知性爲物格知至要初學做生安事是倒看了子奇按心生於性（生心之謂性是也）性原於天（天命之謂性是）也其理一也能盡夫心之同然而無所虧則必明乎性之本然而無所蔽且必達乎天之自然而無所疑矣

所以立命也

李光地曰前篇非才之罪也不能盡其才者也不授氣質以權也此篇所以立命也順受其正不受氣數以權也

莫非命也

趙注命有三名行善得善曰受命行善得惡曰遭命行惡得惡曰隨命惟順受命爲得其正子奇按此說見孝經援神契白虎通壽命篇論衡命義篇並同

是故知命者　三節

死于巖牆命也而知命者不立是爲違而道桎梏而死亦命也然不可云正命是爲從而逆

求之有道

道猶術也言求之雖曲盡其術而得之卻終歸于命與下句作一開一合似較生動

彊恕而行　節

四書辨疑恕止能推己之所不欲不以及人仁則能推己之良欲以及於人子奇按有不欲即有欲只是一義合之乃見其恕論語能近取譬即是推其所欲以及於人但與仁有安勉之別耳

無恥之恥

疏云言於無可恥之事常存若恥之心此跌進一層說亦可存參

子好遊乎

集注遊遊說也子奇按趙注云句踐好以道德遊欲行其道是以遊爲遨遊也若作遊說解則術士之流恐非孟子所及且一遊字亦不成句

以佚道使民　節

李光地云一說使民之中寓以逸道節宣其力不忍煩之也殺民之中寓以生道哀矜其死不忍戮之也

所存者神

集注心所存主處便神妙不測子奇按趙注云身在此國其化如神是存字亦指身說蓋過主乎行存主乎止過言其暫存言其久也存比過較深神亦比化更進存神如文王在位虞芮質成者是　荀子議兵篇亦有此二語楊倞注云所存止之處畏之如神所過往之國無不從化又云存至也言所至之處畏之如神也足與孟子相發明陸善經謂君子所過人者在於政化存其身者在於神明又與常解不同

其良能也

李岱雲曰良知是情善良能是才善知能皆良心所發是就情才之善指出性善來

孩提之童

一說頷下曰孩小兒將學語時能鼓頷故曰孩按內則孩而名之疏謂以一手承子之咳而名之詩疏云指其頤下令之笑而爲之名是頷下爲孩也字又作咳說文小兒笑也眾經音義云稚小也

達之天下也

此句是申明上二句之意孩提之愛少長之敬何以卽爲仁義以擴而充之措諸天下無所不達也集注作天下皆同說似與上意複

人之有德慧術知者

趙注以德行智慧道術才智乎說孫疏以德以慧明術以知釋串說集注從孫疏而說小異皆可通

獨孤臣孽子

公羊注孽賤子通典妾隸之子曰孽猶木之有蘖生也詩白華疏孽者蘖也樹木斬而復生謂之蘖以適子比根榦庶子比支蘖故孽支庶也玉藻公子曰臣孽注孽當爲枿

而王天下不與存焉

汪廷珍曰王天下卽下章中天下而立定四海之民君子非不樂之但不在此三者之內耳或以王天下爲勢分故君子不樂非是

得天下英才而教育之

閻若璩曰天下英才四字當連讀猶施伯稱管仲曰天下之才管子小匡篇作天下之賢人司馬懿稱諸葛武侯曰天下奇才者是蓋極言之非廣言之也子奇按此說本四書辨疑然昌黎上宰相書引此作得天下之英才而教育之則舊解亦通

所性不存焉

所性與所樂分內外不分高下蓋所樂必視乎其遇而所性則隨在各足無少欠缺故別言之若以所樂爲功名所性爲道德以道德加乎功名之上便謬說見論語張羽

臣云事業在性中性不在事業中此言致精

五畝之宅節

集注此文王之政也子奇按此節是孟子自言養老之政下節始言文王經文甚明

易其田疇

劉氏寶樹曰易猶均也當時井地不均民日貧困故曰易其田疇民可使富爾雅釋詁云平均夷弟易也孫氏齊曰易讀爲亦周制得三等田者彼此相易今年耕上田百畝明年耕中田二百畝之百畝又明年耕下田三百畝之百畝此說似與周禮不合如是仍得有休一歲休二歲之

法即所謂一易再易也見周禮鄭注自商鞅定制得上田者百畝得中田者二百畝得下田者三百畝不令相易孟子時正受其害故欲以易之者富之小爾雅廣詁云爰換變貿交更易也子奇按二說俱本古義當並存之　月令疏引蔡云穀田曰田麻田曰疇史記正義同國語韋注云穀地曰田麻地曰疇如淳曰今隴西俗麻田歲歲爇種爲宿疇即此左傳杜注云並畔爲疇漢書顏注云美田爲疇衆經音義引倉頡篇云疇耕地也說各不同今趙注從賈逵集注從許慎似以前二說爲長

孔子登東山

集注東山蓋魯城東之高山閻若璩云魯城東並無高山或以爲防山亦不高子奇按宗炳明佛論引此作蒙山蓋即東蒙也　孔穎達以兩登字屬孔子說朱子從之顧麟士謂孔子二字宜小頓言孔子猶東山泰山也存以俟參

蹠之徒也

毛奇齡曰古大盜皆名曰跖或以柳下惠之兄當之並無明據子奇按此說見莊子不爲無據或者以爲寓言耳然跖乃惠弟非兄也史記正義跖本黃帝時大盜以惠弟亦爲天下大盜故曰盜跖李奇漢書注丁度集韻並云蹠秦大盜又與舊

說異孟子以蹠對舜第三篇以跖對伯夷當以實指爲是

拔一毛而利天下

列子禽子問楊朱曰去子體之一毛以濟一世汝爲之乎楊子曰世固非一毛之所濟禽子曰假濟爲之乎楊子弗應又楊朱篇楊子曰古之人損一毫利天下不與也使人人不損一毫人人不利天下天下治矣韓非顯學篇淮南似眞訓畧同集注引伯成子高云云與經無涉

摩頂放踵

莊子天下篇墨者以裘褐爲衣以跂蹻爲服日夜不休以自苦爲極淮南泰族訓墨子服役者百八十人皆可

使赴火蹈刃死不旋踵即孟子所云也　文選任彦昇奏彈曹景宗江文通詣建平王上書注引此俱作摩頂致於踵趙岐（一作劉熙）曰致至也其劉孝標廣絶交論注則與今本同　湛因靜語云當以利天下絶句爲之又句

子莫執中

陸善經解莫作毋郝敬主之子奇按此章是孟子自言並非與人答問語若如陸説則子將誰屬當依舊注以子莫作人名爲是　執中本帝王傳授心法故孟子亦以爲近之所患者無權耳程子謂中不可執非是

爲其賊道也

集注爲我害仁兼愛害義子奇按程氏遺書楊氏爲我疑於義墨氏兼愛疑於仁以經推之當作爲我害義兼愛害仁

予不狎于不順

不順謂太甲集注甚明蔡沈書傳謂不可使太甲親狎不義之人非是

尚志

此句緊跟事字説塾疑士無所事事孟子言尚志即其事觀於居仁由義而大人之事備則士之事何如哉末句正繳醒尚志即士事之意

人莫大焉亡親戚君臣上下

十一字作一句讀（四書翼注説同經傳釋詞主之）焉猶於也（晉語焉作州兵焉作爰田呂覽季春紀淮南時則訓天子焉始乘舟皆訓焉爲於）言人莫大於蔑倫之罪不可以其小廉信其大節也　錢大昕曰古人稱父母爲親戚大戴禮曾子疾病篇親戚既没雖欲孝誰爲孝楚世家楚人憐之如悲親戚猶言如喪考妣也子奇按此説是也左傳親戚爲戮荀子榮辱篇親戚不免乎刑戮大戴禮文王官人篇伐名以事其親戚並同

皐陶爲士

士理官即九官之一乃周之大司寇也鄭康成以爲士

師後儒多主之（唐時蘇頲杜牧制誥皆然）非是

猶棄敝蹝也

舊注蹝草履也閻若璩云蹝亦履耳不必草履草履別名蹻又名屝子奇按舊注蓋本劉熙（見文選注）國策猶釋敝躧（同蹝）注亦然史記封禪書漢書地理志雋不疑傳注則作小履無跟者

孟子自范之齊

四書釋地范在今東昌府濮州范縣（今屬曹州府）　本晉范氏地其半又屬魯莊三十一年築臺于秦漢志及地道記俱云在范縣是也（寰宇記亦云）　此時則屬齊曹之升曰此即

齊聊攝地與趙魏交界是時孟子自魏之齊故經此施彥士曰當時惟去梁適齊故路出於范若由鄒或由平陸則當逕向東北何事西北至范迂迴三四百里而後折而東北哉 錢辛楣云趙世家嬴姓將大敗周人于范魁之西索隱謂范魁趙地蓋在齊趙之界

望見齊王之子喟然嘆曰

舊本以此章作兩章張栻鄒志完以孟子曰為美文蓋以兩曰字相重故也竊謂此十字當作一句讀此曰字當是王子之言蓋王子自覺其氣體與人不同故言此以示誇耀孟子則因其言而進一解如此則上下一氣相生兩人字正相應不得分為兩章亦不得以孟子曰

為美文矣錄此以俟解人　此王子不知何人郝敬以為閔王季本以為王子墊譚貞默以為法章俱無確證既云自范之齊自當見之於范趙注以范為王子所食邑又云見之於齊義稍周章閻百詩謂王子蓋出質敵國途過孟子更為臆說

呼於垤澤之門

垤澤之門即左傳澤門杜注宋東城南門是也 又見括地志 江永曰今商邱縣南睢陽故城東南門曰垤澤門或以禹貢盟諸澤為名非是　趙注以城門不肯夜開故君自發聲 閻百詩主此說 子奇按君行師從先後者實繁有徒何至自發聲喚門且他國君來主國有郊勞致館等禮當必開門以俟又豈有城門不肯夜開之理守者之意蓋以魯人土音與宋不同故曰此非吾君而其呵護傳呼則與宋君之出無異故曰何其聲之似我君也此正與居移氣養移體吻合

王子有其母死者 三句

四書考異章句云丑曰王之庶夫人死似舊本公孫丑曰四字在王子句上

是欲終之而不可得也

儀禮喪服公子為其母練冠麻 集注脫此麻字 麻衣縓緣既葬

除之陳者卿以為此壓于嫡母 本趙注 閻若璩以為此壓於父在 錢辛楣主此 袁氏枚曰禮有死于宮中者為之三月不舉祭甚言庶子之父不可奪其母之喪也父且不可壓而況其母乎子奇按此說頗有功名教玩一禁字必當時君父君母有奪情不許終喪者故其傅為之調停非禮本無服也喪服傳注云諸侯之妾貴者視卿賤者視大夫皆三月而葬是未葬以前有三月之喪也所謂數月蓋指此 此即集注所引之禮當時蓋并此不行耳

有達財者

陸善經注達財謂周恤之一本作才以有善才就開其

性理也翟灝曰財與裁通達裁謂達於中行之路以裁

成之蓋狂狷之屬也亦可備一說

有私淑艾者

私淑艾如孟子之於孔子者是本書第四篇可證集注以陳亢

夷之當之二人非不能及門受業者亦算不得私淑

羿不爲拙射變其彀率

丁公著云率循也謂彀張其弩又當循其善道令必中

於表陸善經云彀率法也子奇按二說以陸爲長

滕更有二焉

趙注二謂挾貴挾賢子奇按更無賢可挾疑當作挾故

蓋以孟子在滕與彼有舊不免有些故人之態耳

知者無不知也節

何氏焯曰此章論仁即是論智上云當務之爲急下云

急親賢之爲務語脉正相承子奇按以末節不知務推

之其說自可信然在本節究以平列爲是

放飯流歠二句

曲禮鄭注放飯謂去手餘飯於器中人所穢疏云放飯

者手就器中取飯飯若黏著手不得拂放本器中當棄

餘於篚無篚則於會會謂簋蓋也子奇按此讀飯如字

先儒多主之然轉不見大不敬意仍以舊注爲是陳澔禮注

亦主此說禮濡肉齒決乾肉不齒決則齒決本禮之所有

但不可施之乾肉耳趙注斷肉置其餘也不若集注明

指乾肉爲確

孟子質疑卷十三終

孟子質疑卷十四

溧陽狄子奇述

盡心下

故驅其所愛子弟以殉之

事詳首篇或取通鑑惠王三十一年秦衛鞅誘執公子卬以證此句非是

盡信書

趙注書尚書子奇按此與尚友章讀其書一例凡書皆然觀孟子論雲漢之詩則詩亦未可盡信似不得以下引武成專指尚書說

而何其血之流杵也

上云取二三策則不可信者尚多此特其最甚者耳集注以為設言似誤逸周書稱武王伐紂俘馘皆以億萬計尤謬　杵字二解當從或說兼明書謂杵乃杆之訛非是杵櫓古通不必以杆為櫓也

革車三百兩二句

按司馬法每車甲士十人步卒二十人此三百兩云三千人者止以甲士言也逸書武王十三年率虎賁三千人渡河克殷解作三百五十乘　魏策武王卒三千人革車三百乘斬紂於牧趙策湯武之卒不過三千人車不過三百乘

呂覽簡選篇武王虎賁三千人簡車三百乘貴因篇作選車三百虎賁三千淮南泰族訓作甲卒三千韓非子初見秦篇武王將素甲三千領皆與此合或據書序以千作百謂虎賁是百夫長一人領一車共二萬二千五百人此即一乘七十五人之數或又以二車為兩駟車七十五人革車二十五人凡百人三百兩共三萬人俱非史記周本紀既云戎車三百乘虎賁三千人又云甲士四萬五千人正義作士卒二萬六千二百五十人墨子明鬼篇作擇車百兩虎賁之卒四百風俗通義皇霸篇作虎賁八百人此用周官序官之數其實非也更為異說

若崩厥角稽首

趙注額角犀厥地段玉裁曰額角犀即額也厥地即觸地也子奇按漢書諸侯王表注應劭云厥者頓也角者額角也晉灼云厥猶豎也叩頭則頭角豎皆與趙意合但此處上有崩字疑厥當作其字解言稽首至地其角如崩也崩猶倒也若如舊說則若崩二字無著

被袗衣

舊注袗畫衣也宋縣初曰鄭注凡畫者為繪小爾雅繪雜采也說文繪會五采繡也亦作繢織餘也段云今機頭也訓繢為織則非畫之謂玉藻士不衣織織者織采也謂合五綵絲組織而成文章如袞衣鷩衣毳衣之等此惟大

夫以上得服之士賤不得衣故云然則繪也續也即織也蓋作繪者合五采絲爲之織功也絺繡者刺五采絲爲之箴功也衣以繪裳以繡上下相變其爲采色彰施則同並無衣服用畫之文子奇按古象刑用畫衣乃以天子法服亦同用畫決無是理禹貢鄭注凡爲織者先染其絲乃織之則文成矣是古之文織非畫也南齊書衮衣宋末用繡及織成尤其明證當從之他若說文以爲元服（袗通作黰廣雅黰黑也）以冕服皆元衣纁裳也史記正義以爲細葛布衣以五帝本紀堯賜舜絺衣（魏志作珍裘與此異）書云絺繡蓋繡之於絺也（鄭讀絺爲黹又一義）或云禪衣（孔廣森主此）則袗本禪也或云盛服（段玉裁主此）則章服乃天子之上服也義得相通兼之爲是

二女果

說文女侍曰婐（讀若騧廣韻在九麻）舊注皆從之僞疏改作木實曰果與二女無涉

是故得乎邱民而爲天子

趙注邱十六井也子奇按釋名邱聚也廣雅邱衆也則趙說似未可泥然舜一年成聚三年成都而登帝位少康有田一成有衆一旅而致中興亦其驗也

則變置社稷

孫疏變置如顓頊以來用句龍爲社柱爲稷及湯之旱遂以弃易柱之類子奇按此說本大宗伯賈疏（又云湯欲遷句龍以無可代之者故止）然非常有之事仍依集注爲長

去他國之道也

閻若璩曰此六字萬章下篇所無不可云重出子奇按本章不及仕止久速等句是專論去國之道

大不理於口

王念孫曰漢書季布欒布田叔傳贊夫婦妾賤人感槩而自殺非能勇也其畫無俚之至耳晉灼注云揚雄方言俚聊也許慎曰賴也此謂其計畫無所聊賴至于自殺耳孟子大不理於口趙注云理賴也理與俚通

憎茲多口

集注憎當從土今本皆從心蓋傳寫之誤子奇按潛夫論交際篇士貴有辭亦憎多口石渠意見補缺曰士多爲衆口所憎惡憎字從心亦不爲誤翟灝曰引詩取兩慍字正申憎字之義

憂心悄悄（節）

柏舟詩序本云仁而不遇朱子改爲婦人不得於其夫今集注仍從序說緜之八章鄭箋本屬文王朱子改屬太王今集注仍從鄭義

山徑之蹊間介

趙注徑山領也法言吾子篇山峌之蹊不可勝由卽用此語則徑與陘同（據趙注似古本作陘）爾雅山絕陘釋名步所用道謂之蹊毛詩緜疏蹊者先無行道初爲徑路之名是山陘本隔絕不通蹊乃爲人所行耳集注不知徑與陘通而以爲小路似與下成路相觸間介二字連讀馬融長笛賦間介無蹊李善注引此爲證（王伯厚謂間介二字出長笛賦失檢）又引左傳杜注云介猶間也（後漢書馮衍傳注同）間介一也蹊徑也言山間隔絕無有蹊徑也正與下文然字針鋒相直集注以介然爲句解作倏然之頃似誤

禹之聲

周柄中曰聲卽鐘也考工記鳧氏爲聲是其明證故下文直以追蠡言子奇按此說見倪思寬二初齋讀書記但高子固以鐘論樂非專論鐘也仍以舊說爲是

以追蠡

趙注以追爲鐘紐豐氏以爲卽周禮旋蟲洞天清錄以爲鐘之堆起處筆乘以爲搥擊之處周禮疑義舉要以爲追當作遂鐘之受擊處（見考工記）過庭錄以蠡爲鐘之旋蟲追者彫也鐘久縣則蠡柄先彫敝未知孰是　段玉裁云蠡字从彖讀若弛見說文彑部與蠡異蠡同雕又

同劉方言劉解也又分也

兩馬之力與

趙注以兩馬爲公馬國馬（本國語）大全辨以爲一車兩輪故謂之兩（本風俗通）兩卽車也摭餘說以爲夏車二馬蓋以禹跡證禹聲或據王度記士駕兩馬（既夕疏士在家乘兩馬若出使及征伐則乘四馬卷阿疏又云士無貳車止得一馬說皆互異）以爲此專言士車或又據左傳衷甸兩牡以爲常駕止二馬子奇按諸說皆非也車本四馬以城門地窄不得並行故脫去兩馬止以兩馬進然城門之軌乃日久所致不可謂止此兩馬之力遂致彼轍迹之深也此得之目驗而可信者

國人皆以夫子將復爲發棠

四書釋地棠有三一在宋魯之界春秋公矢魚于棠是也今魚臺縣一楚邑伍尚爲棠君是也今六合縣一齊邑左傳齊棠公之妻是也今卽墨縣（按古卽墨在今平度州東南六十里非今卽墨縣也）有甘棠鄉本萊地後爲齊有陳臻所言指此顧炎武曰卽墨爲齊大都倉廩在焉子奇按顧棟高大事表以棠爲今東昌府堂邑縣（風俗通楚棠邑作堂惠棟曰堂棠古通見晉峻碑）先儒謂孟子發棠在居平陸時與堂邑較近似可存參王引之曰棠疑當作稟稟古廩字謂發倉廩以賑饑也以字形相近而誤恐未必然

卒爲善士則之野

宋周密明楊愼俱以卒爲善句士則之又句野字連下讀子奇按此說本太平御覽蘆浦筆記又有以則字絶句者俱是別義

性也有命焉

此卽樂記所謂感於物而動性之欲也自其發於情而言則有喜怒哀樂自其動於欲而言則有聲色臭味二者非性也而猶未離乎性戴震孟子字義疏證以此爲性之本體竟抹卻人生而靜一層非是中其節則爲聖人過其分則爲愚人故君子常委之於命而不敢恣意焉則雖謂之性仍有不謂之性者

矣王弼曰君子性其情小人情其性

命也有性焉

此是氣數之命如舜遇瞽瞍文王遇紂孔子遇匡人桓魋之類皆是也集注以所稟之淸濁厚薄言似誤　命雖不齊而至性所存不可推諉故君子必自勉焉是爲立命

浩生不害

經義考以不害爲孟子弟子

聖而不可知之謂神

聖與神雖無甚分別然孟子既判爲四等自當有辨卽如湯武於堯舜夷惠於孔子其分位固不同也伊川謂聖卽是神蔡虛齋已斥之李光地曰聖言其至處神言其妙處

二之中

孟子既許爲善人信人則正子於信善固足當之其曰二之中者特與四之下屬對成文耳集注疑其有諸已者猶或未實苛矣

逃墨必歸於楊　二句

逃墨歸楊逃楊歸儒不過文法偶然如此非有優劣也集注謂墨氏不情楊氏近實故其反正之漸如此程大

中曰楊子不數傳而微墨氏至與孔子並稱蓋衛之者衆也正與集注反

旣入其苙

方言苙圂也郭注謂蘭闌同圂也此舊注所本廣韻集韻以苙爲香白芷野老紀聞晁氏客語陳士元雜記並主之非是　或以此節爲孟子自言距楊墨之道當如追放豚之法似於上下語氣不甚合

盆成括

通志盆成齊邑蓋以邑爲氏者趙注括嘗學于孟子宋政和中封萊陽伯經義考日知錄並主之　甘馭麟云

晏子春秋及路史皆有盆成括事乃與齊景公同時晏子春秋以括爲孔子弟子括或作逆疑誤當別是一人惟說苑所言與孟子
合

館於上宮

趙注上宮樓也子奇按上宮疑是上客之館猶文王世
子所云貴宮貴室也

或問之曰

趙注讀夫子爲夫子謂孟子自答館人如此集注以爲
孟子與或人問答之詞似俱未愜子奇按朱子或問有
以此節作或與館人問答者似與當日神理較合

來者不拒

按勘記拒宋九經本宋本岳本咸淳衢州本廖本並作
距子奇按此是迎距之距所謂不逆其將來也若云來
則受之便與末句意複

是以言餂之也

丁公著云字書無餂字郭璞方言注銛音忝謂挑取物
也其字從金今從食葢傳寫之訛孫奭云本亦作銛奴
兼切子奇按玉篇銛本古文甜字王觀國學林主此集韻音忝
韻會云鉤取也音義並與孟子合似不必改讀

堂高數仞

堂高之度有以階言者有以屋言者此當以屋言尚書
大傳公侯之堂廣七雉三分廣以二爲內五分內以一
爲高以雉長三丈計之當是二丈八尺才四仞耳此云
數仞必有過其度者

榱題數尺

趙注榱題屋霤也周柄中曰霤者屋檐滴處榱題是椽
之在檐下者題椽頭也檐下之椽頭長數尺則四垂之
軒張深邃可知矣

在我者

任啟運曰此節數我字皆爲說大人者說法非孟子自

我也集注楊氏一條非是

曾晳嗜羊棗

何焯曰羊棗乃柹之小者初生色黃熟則黑似羊矢其
樹再接則成柹說本陳禹謨名物考段玉裁曰羊棗即說文木部
之梬爲爾雅諸棗之一與常棗絕殊師古曰梬棗今之
梗棗也子奇按爾雅遵羊棗注云實小而圓紫黑色俗
呼爲羊矢棗其說正同孫疏以爲樲棘之屬非是

故思其次也

此次字專以狂言章本只問狂而未問狷也趙注兼狷
說非是觀後文便知

如琴張曾晳牧皮者

琴張與子桑戶孟子反友善嘗欲弔宗魯之死其狂可知趙注以爲顓孫子張非是其誤始於賈逵鄭衆左傳服虔注已正之曾晳事見論語集注引檀弓云云是時點年尚幼說見四書釋地恐不足信牧皮柳州集引作叔皮萬姓統譜以爲力牧之後雖無考然其爲孔子弟子無疑也乃家語史記俱不載應照孔昭煥闕里文獻考補入

爲斯世也善

五字當連讀言人生斯世但爲斯世所善則可矣集注以也字絕句解云則但當爲此世之人語似未完焦循孟子正義已見及此

萬子曰

趙注萬子即萬章也子奇按宋本舊趙注本元本注疏本汲古閣本俱作萬子林之奇孟子講義亦然序以爲萬章門人之所錄是古本原是子字惟注謂以其不解於聖人之意故謂之萬子美之者欲以責之也說似迂曲今集注本訛作萬章當改正

由堯舜至於湯二句

通鑑前編自堯元年甲辰至湯嗣位丁丑凡五百七十四歲歷代之年說各不同此專據通鑑計算下倣此

由湯至於文王二句

自湯嗣位丁丑至文王生年丙戌凡五百五十二歲

萊朱

趙注萊朱亦湯賢臣一曰仲虺是也春秋傳曰仲虺居薛爲湯左相僞孔傳仲虺以諸侯爲湯左相是則伊尹爲右相故二人等德也子奇按晉志成湯居亳初置二相以伊尹仲虺爲之蓋即本此仲虺荀子作中蘬史記作仲䴉又作仲傀蓋奚仲之後臣扈祖已皆其苗裔見唐宰相世系表

由文王至於孔子二句

自文王卒年乙丑至靈王二十年己酉孔子生凡五百八十四歲

散宜生

孫疏散姓宜生名本僞孔傳集注同閻若璩曰大戴禮帝繫篇堯娶散宜一作富宜氏女謂之女皇古今人表亦云當以散宜爲氏錢大昕曰散宜蓋古諸侯之國生其苗裔也子奇按尚書大傳散宜生生於陵氏注云呂尚有勇謀而爲將散宜生有文德而爲相又曰生學于太公

由孔子而來四句

自敬王四十一年壬戌孔子卒至赧王四年庚戌孟子歸魯著書之日凡一百六十九歲

近聖人之居二句

自孟子所居古鄒城至孔子所生昌平鄉郰邑五十里

至曲阜七十六里

孟子質疑卷十四終

讀孟質疑二卷

清 施彥士輯

清光緒十二年刻《槐廬叢書》本

孫谿朱氏經學叢書初編

繡州金爾珍署於海上

光緒丙戌春月
行素艸堂藏版

序

經之有總集蓋自齊衡陽王鈞始也

[illegible]自五經正義於也

[illegible]臨漳四經岳氏

[illegible]刊經學之始元

聖清文獻昌明人崇經術納蘭通志

之編大梁經苑之輯搜羅佳籍蔚為

巨觀顧於當代儒碩不一及張金吾

朱氏槐廬校刊

續經解目錄聞涉
本朝横川吳氏經學叢書采
本朝爲多猶雜廁前代獨儀徵阮
氏學海堂刊本多至千數百卷悉
國朝人所自爲書足以耀儒先服古
之勤而揚
昭代右文之盛可謂美善也已今士
阮氏刊書之日又數十年中遭喪亂
人民流離而絃誦不輟鴻生代興將

欲廣綴輯以備訪求其無頼於有心人〻為之歟吳縣朱君懋之汎覽博通尤喜刻書既依顧氏彙刻書目例為行素堂目睹書目十卷又彙巠欣賞者為槐廬叢書四编近復以所刻經學叢書介葉君槐生問序於余閱〻則皆

國朝人所著自九經古義外悉阮氏刊本所未及夫阮氏之書抉擇精

朱氏槐廬校刊

嚴為治經者為樹準的於朱君體
仿叢書與阮氏為書之義稍別而
蒐討勤力意在章明
國朝經學為自來叢書所罕有蓋
其託名愈尊其用心亦於是為尤密
方今纂著之儒日益踵出君務堅
持此志博觀而宏納之他日論維持
文獻之功必於君屬一籍行素之名且
與勤有汲古爭烈矣光緒十三年

丁亥春二月長沙王先謙序

朱氏槐廬校刊

經學叢書序

國朝文治武功超踰前代而於經學尤駕宋元而上之直與兩漢淵源相接而儀徵阮氏所定　皇清經解實集大成文達至今又五十餘年說經之書愈出愈盛同治初余嘗與戴子高茂才商定續刻　皇清經解目錄戊辰夏見曾文正公於金陵節署出以相質公曰天假吾年必成子志已而文正薨此事不果余因刻其目錄於春在堂隨筆以俟來者至光緒乙酉王益吾祭酒視學江蘇乃始有續編　皇清經解之舉而吳中朱君懋之又有經學叢書之刻朱君喜藏書又喜刻書曾刻所藏書之海內罕見者爲槐廬叢書余旣爲之序

矣又以經學叢書乞序則皆說經之書也方今
聖天子親理萬幾右文稽古士生其時者爭自磨厲以
赴功名之路要必以經學爲本務然則朱君此書於
國家明經取士之方學者通經致用之學豈小補哉
光緒十三年孟夏之月曲園居士俞樾書

經學叢書序

國朝崇尚經術通儒碩彥接踵而興其淵源有自來矣今讀說經之書考證精碻具徵學有師承而事必有徵義必有本並不爲鑿空臆斷之說焉蓋自亭林先生與潛邱閻氏後先繼美嗣是而江戴諸君並起於歙惠氏三世著於我吳以及高郵王氏父子嘉定錢氏昆季承其緒者代不乏人大江南北學術大昌維揚阮文達公視學浙中復以經術提倡後進多士羣被其風均各擘經致古蓋因是而漢學之講求於江浙爲尤甚焉顧自皇清經解之集刻收羅繁富洵爲藝苑之菁華自是而後或僅存其遺編或合刻爲專集或附刻於叢書各家

撰述藏之名山所賴有心者亟爲訪求壽諸梨棗以廣其傳庶幾前喆之苦心足以牖啟後學者乃不至於湮没爾茲承桂廎陳丈之意助之採集勸爲棐行因將所獲之書各分編次絡繹付棐大旨總以徵實有用之書足以闡明經義者爲主而以小學諸書附焉以其爲治經者詁訓考訂之資也集成流布非以爲前人之撰述俾後學有所考見哉爰爲之敘其緣起如此

光緒丙戌歲冬十有二月吳縣朱記榮槐廬謹序

經學叢書例言

一是編多採　本朝諸儒說經之書及近人蒐輯字學佚書而於前代人箸述亦間登一二如趙氏詩辯說爲世尠傳刻之本以叢書之例不嫌於襍也

一自阮文達公集刊經解之後通儒繼起箸述如林自經兵燹幸獲留存茲編尤以搜輯未刻者爲重如馮氏經詁答問爲遺稿所存訪求得之假以付梓庶不沒前喆苦心耳

一是編所收祇就耳目所及不能徧爲訪求如有近儒箸譔卷帙無多未經刊布實爲經學中詁訓考訂之書不爲鑿空臆斷之說者果蒙郵寄見示當

爲補栞

一是刻各書均爲加工繕寫讎校精審非比尋常坊本草率藏事即係重刻之本舊有訛舛者必加訂正以免字經三寫烏焉成馬之譏閲者鑒之

丙戌冬日懋之手訂

經學叢書初編總目

吳縣朱記榮槐廬甫輯訂

弟子職集解一卷 珍藝宧原本 莊述祖

九經古義十六卷 李氏原刻本重校正 惠棟

十三經詁答問六卷 石經閣遺稾 馮登府

暾經筆記一卷 京師原刻重校本 陳倬

讀孟質疑

光緒丁亥孟春
吳縣朱氏校刊

讀孟質疑序

儒者讀書論世於古人之事蹟不爲之考證詳明更何由獲知其人剏服習聖賢之書而欲窺聖賢之心迹必就其出處行事并推其時之治亂興衰一一有以證驗之乃於學古之道稍得以知其大略亞聖之書七篇具存至考其行蹤歲月如游粱以及伐燕諸事言人人殊好古者輒求其說而不得將何以折其衷自前明郝氏敬述孟子遺事所論不無臆斷自信嗣是而陳氏士元敘孟子事蹟季氏本事蹟圖譜稍有考核至　本朝閻氏若璩著有生卒年月考周氏廣業著有四考而後亞聖事蹟乃有以證其實今讀崇明施樸齋大令讀孟質

疑一書於亞聖當日之事蹟一一爲之審正互訂旁參務求其合以至援據外書竹書以爲碻證亦可謂篤信好古者矣原書背有年譜一卷敘次生卒出處年月而兼及戰國時事以見亞聖一身之用舍爲天下存亡所繫也又著有外書集證亦多所發明茲先栞此二卷讀之者將於亞聖一生之事蹟向爲諸家聚訟者得此考證詳明已有如燭照數計者矣不亦有當於論世知人之遺意也夫光緒丙戌季冬嘉興陳其榮序

崇明施樸齋大令於道光六年以孝廉委督海運米石敘勞得官曾宰内邱有惠政及民後終於萬全任所著有海運芻言論海運始末利害甚悉蓋儒生之有眞實經濟者也且通中西算學推春秋日食朔閏極爲詳密又著春秋地理補正於古今地理辨證尤詳今讀是編中所有靈邱考諸篇證據碻鑿足破歷來諸家之惑而考亞聖一生行蹤歲月具極精詳當較之閻氏所考周氏四考尤見該備云刻既竣因弁述其生平學術之大略如此時光緒丙戌歲季冬月吴縣朱記榮識

說孟質疑　一

讀孟質疑卷上　　槐廬叢書

崇明施彥士輯

孟子事蹟

先世考

史記孟軻鄒人也　趙邠卿曰魯公族孟孫之後　陳仁錫曰孟子名軻字子輿一字子車見王肅聖證論出魯桓公子慶父之後故孟子喪母而歸葬於魯世居於鄒故爲鄒人　闕里志孟子父名激字公宜娶仉氏　陳士元補傳魏公子仉臂女也　按鄒本邾國曹姓大紀云武王封祝融安期之裔挾於邾顧震滄春秋大事表顓頊苗裔挾是也又考鄒縣國君志邾於魯爲附庸傳十二世爲儀父齊桓公請王命進爵爲子後穆公改爲鄒故城在今兗州府鄒縣東南二十六里鄒嶧山下

始生年月考

闕里志仉氏夢神人乘雲攀龍鳳自泰山來將止于嶧凝視久之忽見片雲墜而寤時閭巷皆見五色雲覆孟氏居而孟子生焉　周理裒曰孟子生卒史記不載小司馬索隱謂卒于周赧王之二十六年壬申享年八十有四留青日札聽雨紀談竝同獨其所生之年索隱謂在周定王三十一年日札紀談又作三十七年瞿九思謂定王崩後三十餘年孔子乃生年次甚左若以定王爲貞定王去孟子卒時亦百四十餘年且定王在位止二十一年貞定王在位止二十八年安得云三十一年或三十七年哉因定以爲烈王四年己酉與八十四歲

之數合禮樂錄謂孟子卒年七十四近四書類典賦年表載孟子生于周安王七年丙申愚按七年乃丙戌此云丙申則是十七年誤矣壽九十七並無據　李隱云軻本邾人徙鄒爲鄒人以周定王三十七年四月二十日生赧王二十六年正月十五日死當作卒年八十四

按孟子生年衆說不一然卒於赧王二十六年壽八十四衆說所同也周氏定以爲生於烈王四年己酉與八十四歲之數合近曹寅谷前輩亦據孟氏譜推之以爲己酉生今從之而月日則李隱詳之姑以俟再考

始生年月續考愚既輯斯編續得孟子外書及鄒縣志江氏慎修羣經補義陳氏穆

堂竹書紀年集證諸書益增不遠爰依次補入云

婁一均鄒縣志金孫弼孟子墓記孟子後孔子百有四年而生時周烈王四年己酉也按周敬王四十一年壬戌孔子卒至烈王四年己酉百有七年孫云百有四年誤孟子年表周烈王四年己酉四月初二日孟子生

按周季卒先夏正二月以歷法推之是年丁卯月戊午朔二日己未入驚蟄節第五日

父卒考

列女傳孟子三歲喪父

父卒續考

鄒縣志辛亥三歲父激卒母仉氏鞠之

三遷續考

孟子外書性善辨第一孟子三歲而孤孟母賢携孟子以居始舍近墓孟子幼嬉戲爲墓間事踴躍築埋孟母曰此非所以居我子也乃去舍市又嬉戲爲賈衒事孟母曰此亦非所以居我子也徙學旁乃設俎豆揖讓進退孟母曰此眞可以居子矣按列女傳所載三遷事本此

鄒縣志

壬子按烈王七年王孟子四歲有三遷等事按縣志鄒城南門名崇教門其門外左側即斷機處稍東即作中庸處外書所謂徙學旁殆即指此

韓詩外傳孟子少時東家殺豚孟子問其母曰東家殺豚何爲母曰欲啖汝其母自悔而言曰吾懷妊是子席不正不坐割不正不食胎教之也今適有知而欺之是教之不信也乃買東

家豚肉以食之明不欺也

私淑諸人考

列女傳稍長就學而歸母方績問曰學何所至矣軻曰自若也母乃以刀斷織懼問其故曰子之廢學若吾斷斯織矣夫君子學以成名問以廣知是以居則安寧動則遠害今而廢之是不免於厮役而無以離於禍患也何以異於織績而食中道廢而不爲寧能衣其夫子而長不乏食哉軻懼旦夕勤學不息　史記孟軻受業子思之門人注索隱曰王邵以人爲衍字則以軻親受業孔伋之門也今言門人者乃受業于子思之弟子也

孔叢子孟子請見子思子思見之甚說其志禮敬甚崇

既退子上請曰白聞士無介不見女無媒不嫁孟孺子無介而見大人説而敬之白也未諭敢問子思曰然昔吾從夫子於魏遇程子名本於路傾蓋而語終日而別命子路將束錦贈焉以其道同於君子也今孟軻言稱堯舜性善仁義世所希有也事之猶可況加敬乎非爾所及也又

孟軻問子思曰堯舜文武之道可力而致乎子思曰彼人也我人也稱其言履其行夜思之晝行之如農之赴時商之趨利惡有不至者乎自大而不修其所以大不大矣故君子高其行則人莫能階矣遠其志則人莫能及也禮接於人人不敢慢辭交於人人不敢侮其惟高遠乎

讀孟質疑卷上　四　朱氏槐廬校刊

按孔子年譜敬王四十一年壬戌孔子卒時伯魚没已四年子思未必甚幼且如孔叢子之說子思曾從夫子於魏則當孔子卒時應在弱冠上下矣自敬王壬戌年至顯王十一年癸亥孟子十五歲時計一百二十二年則自子思生至此當不下一百四十餘年孔叢子以爲受業於子思恐非當日情事蔡氏清亦謂此殆後人所爲欲湊成思孟一段授受耳汪武曹謂果親身受業不應七篇中全無所述而但曰私淑諸人集註以人爲子思之徒最是今從之

私淑諸人續考

羣經補義孟子與子思年不相接孔叢子有孟子子思問答語不足信　外書性善辨第一曼邱不擇問於孟子曰夫子焉學劉貢父注曼邱姓不擇名齊人孟子曰魯有聖人曰孔子曾子學于孔子子思學于曾子子思孔子之孫伯魚之子也子思之子曰子上軻嘗學焉是以得聖人之傳也注子上名白按見戴記

按孔子至孟子上四世與孟子時既相値而於上文五世之澤語尤親切至孔子五世孫求字子家六世孫箕字子京史記世家僅紀其世次而七世孫穿字子高與公孫龍論臧三耳見綱目赧王十七年趙君封弟勝爲平原君分注朱子特類敘于此八世孫斌字子愼不必是年子高有是論也

讀孟質疑卷上　五　朱氏槐廬校刊

爲魏相已在孟子後矣故中外十一篇不及之

孟子初年不見諸侯考

侯季華四書彙辨新序云穆公以美女二八妻死事之孤是穆公於此恤有司甚厚又言食不重味衣不列采自刻以廣民親賢以定國鄒國之治路不拾遺穆公死百姓如喪慈父是穆公能信用孟子者惜國小不能有爲於天下耳孟子初年不出毋亦以鄒君信已至穆公卒而乃游齊梁歟

孟子游梁歲月考

史記魏世家惠王三十五年卑禮厚幣以招賢者鄒衍淳于髡孟軻皆至梁惠王曰寡人不佞兵三折於外太

子虜上將死國以空虛以羞先君宗廟社稷寡人甚醜之叟不遠千里辱幸至儆邑之廷將何以利吾國孟軻曰君不可以言利若是夫君欲利則大夫欲利大夫欲利則庶人欲利上下爭利國則危矣爲人君仁義而已矣何以利爲三十六年惠王卒子襄王立襄王元年與諸侯會徐州相王也追尊父惠王爲王　六國年表惠王三十五年孟子來　通鑑綱目顯王三十三年魏君罃三十五年孟軻至魏慎靚王二年魏君罃卒孟軻去魏適齊

游梁歲月考辨上

孟子至梁不知的在何時然考其行蹤斷不若在齊之久也綱目於顯王三十三年乙酉書孟子至魏慎

靚王二年壬寅書魏君罃卒孟子去魏適齊在魏至
歷十有八年余嘗疑之且惠王後元二年蘇秦往來
游說遂以爲從約長并相六國五年魏獻少梁河西
地于秦等事惠王既不以問孟子孟子在魏亦無一
言及之何也如以惠王爲不足言則尤不當歷十有
八年之久然則游梁斷不自三十五年始也而始自
何年則猶未敢遽定也及考南辱於楚事竹書後元
十二年楚敗我襄陵楚世家懷王六年戊戌使柱國
昭陽將兵攻魏破之於襄陵得八邑魏世家及六國
表並同所異者以後元十二年爲襄王十二年耳閻
百詩過信史記年次因以南辱於楚事爲不可考秖

宜闕疑且力詆集註之謬以爲孟子適梁的在乙酉豈容預及十三年後事殊不知惠王非預及之乃追敘之孟子至魏斷在後元十二年戊戌後也閒不過一二年惠卒襄立而去則南辱于楚既非無據而孟子游梁歲月亦概可知矣百詩乃以惠王改後元爲不足信而獨泥史記乙酉至梁之說毋乃不信其所可信而信其所不可信歟是在好古者彙前後事以徵之史記小司馬註襄陵縣名在河東按今屬山西平陽府在府西南三十里獨是昭陽雖善戰豈能踰三川亂黃流渡涑川深入千里而敗魏于河東之襄陵郎能敗之豈能據八邑而守之竊考地理志陳留襄邑注師古曰本承匡襄陵邑宋襄公所葬故曰襄陵按故城在今睢州西一里西至大梁城一百八十里蓋宋地而與魏犬牙相入者楚自縣陳後北界株野與襄陵僅隔睢水故昭陽得以破魏于此而

朱氏槐廬校刊

取其邊城八邑從此假道商邱移兵攻齊實爲一役若當時河東之襄陵又豈能移兵而生患于齊哉

游梁歲月考辨下

余既以惠王後元十二年與楚將昭陽戰事爲追敘語夫亦足以証綱目及史記惠王三十五年孟子至梁之誤矣顧周理衷云戰國策載魏圍趙邯鄲楚使景舍救趙取魏睢濊之閒乃惠王三十五年以前事包少東以此事爲梁惠王所稱南辱實証侯季華亦從之愚謂以取睢濊爲南辱之一則可以南辱爲不指昭陽之戰則不可以南辱爲不指昭陽而并謂惠王無改元事孟子眞三十五年至梁則尤大不可何言之惠王之改元以稱王也顧亭林云魏世家襄元

年與諸侯會於徐州相王也追尊父惠王爲王而孟子書其對惠王無不稱之爲王則非追尊之辭明矣司馬子長亦知其不可通而改之曰君然孟子之書出於當時不容誤也近儒季華謂孟子書成於後故竟稱王然書既不成于梁孟子於梁又未定君臣之分胡爲以彼追尊者改其稱而没其實且追尊者而必當改其稱史記何以稱之曰君孟子不曰君而曰王則惠王之改元稱王彰彰矣且惠王一見孟子即稱曰叟集註叟長老之稱周理衷曾據索隱諸説謂孟子卒于赧王二十六年享年八十有四生於烈王四年己酉如孟子果於惠王三十五年乙酉至梁從

朱氏槐廬校刊

生年己酉計之才三十七歲何以遽稱曰叟又周氏據史記惠王三十六年卒襄王立孟子去梁適齊當宣王八九年之閒丙戌丁亥歲也計孟子才三十八九耳又何以語公孫氏曰我四十不動心此即以周氏之說還証周氏之謬而已無以自解矣又況竹書惠王十八年齊使楚景舍來求成而不言取睢濊則又安知非楚策之誤而可據以爲南辱証哉是尤不可以不辨

游梁歲月續考

江氏永羣經補義孟子見梁惠王當在周慎靚王元年辛丑是年爲惠王後元之十五年至次年壬寅惠王卒

襄王立孟子一見卽去梁矣葢魏罃於顯王三十五年丁亥與齊威王會於徐州以相王是年爲惠王卽位後三十七年於是始稱王而改元稱一年也惠王有改元見汲冢紀年通鑑考異既從紀年書魏惠王薨子襄王立於愼靚王二年壬寅又載孟子一見而出語是矣乃於顯王三十三年乙酉書鄒人孟軻見梁惠王豈孟子在魏十八年乎誤矣　陳穆堂竹書紀年集證云讀孟子者不可不先讀竹書若梁惠尚未稱王而孟子以王稱之孟子曾不儀秦若矣閻氏不信竹書則於孟子見梁惠王章已不可解況欲考孟子生卒年月耶

按以上二說尤詳核明快

朱氏槐廬校刊

附梁惠王改元考

竹書紀年烈王六年辛亥梁惠成王元年　顯王三十四年魏惠王三十六年改元稱一年按改元稱一年以明年爲一年因稱王時先期布告故書諸本年後世史家亦多此例　愼靚王二年壬寅魏惠成王薨　通鑑綱目烈王六年辛亥魏惠王罃元年　顯王三十五年丁亥魏惠王一年　司馬公曰史記六國表魏惠王三十六年薨襄王十六年薨竹書紀年惠王三十六年改元稱一年後十六年薨杜預和嶠皆以爲史記誤分惠王之世以爲二王之年葢世本惠王生襄王而無哀王且竹書魏史所書必得其實故今從之　齊國策孟嘗君就國于薛予馮諼車五十乘金五百斤西游于

梁見梁惠王按綱目顯王四十八年庚子齊號薛公田文爲孟嘗君使惠王無改元後之年田文時安得復有梁惠王顧亭林日知錄哀襄字相近史記分爲二人誤耳又秦本紀秦惠文王十四年更爲元年此稱王改元之證又與魏惠王同時

改元續考

陳穆堂紀年集證引志疑云竹書之今王即是襄王無所謂哀王觀世本襄王生昭王語可見高誘註呂子審應篇亦云昭王襄王之子以魏襄爲哀猶十二侯表以秦哀公爲襄公也日知錄云云最爲明劃按史記魏諸君名皆可攷哀王名獨無聞是亦一證云

附魏惠王改元考辨

闇百詩云六國表魏世家並云子罃生于魏文侯二十五年辛巳三十八年文侯卒武侯立凡十六年而後惠王立是年巳三十矣若如紀年文侯五十年卒武侯二十六年卒以生辛巳計之惠王元年巳五十三立三十六年卒巳八十八更以襄王十六年爲改元後之年不一百有四歲乎紀年之不可信如此噫百詩之言特不揣其本而齊其末耳愚按六國表文侯三十八年卒時周安王十五年甲午紀年安王十五年魏文侯卒注云在位五十年蓋史記據世本以威烈王二年爲魏文侯元年紀年係魏國舊史以考王元年爲魏文元年要之年數不同而卒於安王十

五年甲午則一也魏惠王洵生于安王二年辛巳則至此才十四歲紀年安王十六年乙未魏武侯元年烈王六年辛亥魏惠王元年是武侯以乙未立庚戌卒在位止十六年惠王恰三十歲立三十六年改後元十六年卒壽八十二而百詩云云既以文侯之五十年移置安王十五年後又以武侯十六年爲二十六年一誤再誤求其說而不得反謂紀年不足信可乎又按紀年安王二十六年下書王陟二字百詩謂武侯二十六年卒其以此致誤與

游齊行蹤歲月考

史記孟子列傳道既通游事齊宣王宣王不能用適梁

梁惠王不果所言則見以爲迂遠而闊於事情　通鑑綱目愼靚王二年壬寅孟軻適齊宣王十四年五年乙巳燕君噲以國讓其相子之　赧王元年丁未齊人伐燕取之醢子之殺故燕君噲分注諸侯將謀救燕孟子曰謀于燕衆置君而後去之則猶可及止也王不能用既而燕人畔王甚慚于孟子陳賈見孟子又從而爲之辭　孟軻去齊　朱子孟子序說按史記惠王之三十五年乙酉孟子始至梁其後二十三年當齊湣王之十年丁未齊人伐燕而孟子在齊故古史謂孟子先事齊宣王後乃見梁惠王襄王齊湣王獨孟子以伐燕爲宣王時事與史記荀子等書皆不合而通鑑以伐燕之歲爲宣王十九年則是孟子先游梁而後至於齊見宣王矣然考異亦無他據又未

知孰是也

按朱子謂考異無他據愚以國策及燕世家考之亦多與孟子合當更詳之

燕策燕王噲既立蘇秦死於齊蘇秦之在燕也與其相子之爲婚而蘇代與之交及蘇秦死而齊宣王復用蘇代代爲齊使於燕燕王問齊宣王何如對曰必不霸不信其臣蘇代欲以激燕王以厚任之子也於是燕王大信子之鹿毛壽謂燕王不如以國讓子之是王與堯同行也燕王因舉國屬子之子之南面行王事而噲老不聽政顧爲臣三年燕大亂百姓恫怨將軍市被太子平謀攻子之儲子謂齊宣王曰因而仆之破燕必矣王因

朱氏槐廬校刊

令人謂太子平曰寡人聞太子之義將廢私而立公飭君臣之義正父子之位寡人之國小不足先後雖然則惟太子所以令之太子因數（史作要）黨聚衆將軍市被圍公宮攻子之不克市被及百姓乃反攻太子平市被死已（史作以）殉國構難數月死者數萬衆百姓離意孟軻謂齊宣王曰今伐燕此文武之時不可失也王因令章子將五都之兵以因北地之衆以伐燕士卒不戰城門不閉燕王噲死齊大勝燕子之亡二年燕人立公子平是爲燕昭王　史記燕世家燕噲既立齊人殺蘇秦蘇秦死而齊宣王復用蘇代（按此與六國表異與孟子合）蘇代爲齊使於燕激燕王尊子之子之行王事而噲老爲臣三年燕大

亂諸將謂齊湣王曰因而赴之破燕必矣因令章子將以伐燕燕君噲死子之亡　趙世家武靈王十年燕相子之爲君君反爲臣十一年六國表作十二年王召公子職於韓立以爲燕王使樂池送之索隱曰燕系家無其事蓋是疎也今此云使樂池送之必是憑舊史爲說且紀年之書其說又同則裴駰之解得其旨　六國表慎靚王元年辛丑燕王噲元年齊湣王四年　周赧王元年丁未趙武靈王十二年徐廣曰紀年云立燕公子職　燕君噲七年君噲及相子之皆死齊湣王十年　竹書紀年隱王即赧王延元年丁未燕子之殺公子平不克齊師殺子之醢其身

按六國表齊宣卒于顯王四十五年丁酉慎靚王元年燕噲立巳爲齊湣王四年則與齊宣不相值

宋氏槐廬校刊

矣然燕策以伐燕爲宣王事却與孟子合則通鑑以赧王元年爲齊宣十九年其說良是且燕世家初亦以燕噲之亂爲宣王時事後偶及湣王駁文耳田齊世家不及伐燕事六國表赧元年在燕紀君噲及相子之死在趙紀立燕公子職事而在齊亦不及伐燕事惟以其事當湣王之十年則世次之誤固不必爲子長諱而燕世家與孟子合處自不容沒特爲拈出益見孟子爲可據而通鑑所編齊宣之年絕非以臆見附會也

齊人伐燕考辨

伐燕之爲宣王豈獨孟子一書哉國策及燕世家可

徵已黃氏日鈔則曰齊伐燕有二事燕文公卒易王初立齊宣王因喪伐之取十城是卽梁惠王篇伐燕事稱宣王者孟子作於宣王巳沒之後故以謚稱而趙岐注亦稱齊宣王也湣王又伐燕則乘燕噲子之之亂公孫丑篇所載沈同問燕可伐者也止稱王者孟子時湣王尚在無謚可稱故趙岐注亦止稱王也蔡虛齋蒙引鍾伯敬翼考陸當湖國策去毒並主此說獨汪武曹雜之曰齊僅取燕十城何得云舉萬乘之國何得云取燕何得云倍地燕十城雖失易王王燕如故何得云置君而去然則公孫丑篇所載伐燕事卽梁惠王篇所載一事其辨駁明快亦足破黃氏

讀孟質疑卷上　　十四　朱氏槐廬校刊

之說矣顧氏季華解之謂五旬而舉是舉十城非舉燕也伐燕取之亦取十城非取燕也此顯背本書無足深辨至謂春秋於邑曰取如取郜取防是春秋隱十年公敗宋師于菅取郜取防然未聞春秋書取宋也謂於國曰滅如滅虞滅虢是然燕噲雖死太子尚在況東界朝鮮遼東西界雲中九原北界林胡樓煩聞殺父兄繫子弟之暴未必如嘑沱易水之傍拱手而入版圖則取其國都亦不得遽稱滅也謂倍地是附益之意不必加倍然戰國攻取有倍于十城者矣如盡獻少梁河西地於秦盡入上郡十五縣是也何至以十城而遽動天下之兵謂置君而去九與伐喪情事相合然易

王既立燕有君矣因而定之足矣何待謀於衆而後置君且內衅不作吏民安堵伐喪之役師出無名又何至簞食壺漿以迎王師如避水火哉總之附會史記駁文並不足爲子長知已而以公孫丑篇偶未加謚指爲湣王則尤與孟子本文格不相入不以文害辭不以辭害志卽以孟子之說詩還讀孟子可也

齊人伐燕續考

宋葉大慶考古質疑曰由戰國策而觀則齊宣伐燕與孟子脗合蘇子由古史及陳氏新話以孟子爲誤皆因史遷世家年表而爲是言歟元馬公作通鑑乃于周顯王三十六年云齊威王薨子宣王立顯王四十八年云

燕易王薨子噲立據此則齊宣正與燕噲同時赧王元年燕國大亂齊伐燕且舉孟子答問之言甚悉是歲齊宣王薨子湣王立然則齊宣十九年通鑑亦與年表同獨年表以宣王立於顯王二十七年通鑑以宣王立於顯王三十六年爲異史記之誤有一事或可爲證以其未免自戾也越世家云越王無疆北伐齊齊威王使人說越云伐齊不如伐楚之利越遂釋齊伐楚楚大敗之殺無疆北破齊於徐州按此則破齊於徐州乃越因齊威之說而伐楚楚因敗越之勢而破齊正齊威王時也年表於徐州之圍乃載於顯王三十六年爲宣王之世豈非遷之自戾歟然則徐州之圍既爲威王之時則齊

宣非立於顯王二十七年可見而通鑑所載爲得其實是知伐燕爲宣王明矣大抵卽此可以明彼而因其自戾則尤可以辯而破也

元吳師道秦策注子噲之役孟子以爲宣王而策文與之合此通鑑所據也而大事記亦從之伐燕之事莫詳於孟子莫著於國策史記年表無明文齊世家不書特燕世家剟取國策而易宣以湣耳安得據史記之畧而廢國策之詳且明哉宣王伐燕孟子所親見也史記所傳聞者也安得據所傳聞而廢所見者哉或謂荀卿嘗事宣王爲之諱也孟子之書幸有國策明證不然則非孟子之徒得以肆其說矣按燕策謂孟子勸齊伐燕吳師道曰使無孟子書則人將

此言之信乎要之聖賢決無是事也推此則凡後世之誣罔聖賢而無徵者可知已

徐文靖統箋案溫公稽古錄據竹書紀年周顯王三十七年爲齊宣王之元年則隱王元年爲齊宣王十九年是年齊師殺子之與孟子合孟子慎靚王三年見梁襄王而去梁之齊纔三四年則正齊宣王十八九年愚按之齊在慎靚王二年梁襄初立之時不待踰年改元也時爲齊宣王十四年至十九年去齊計六七年徐云之齊纔三四年稱誤國策載儲子謂宣王宜仆燕正儲子爲相時也王令章子將兵以伐燕正孟子與游時也

陳穆堂紀年集證案史記志疑云史誤書齊湣王宣王之年故伐燕一事紛紜莫定荀子史記以爲湣孟子以爲宣從荀與史者古史及宋輔廣孟子問答鮑彪國策注陳善捫

蝨新語也從孟子者通鑑大事記吳師道國策校注金履祥孟子集註考證及經史問答也朱子孟子序說既並存之而四書或問又以爲湣王言人人殊余謂當從宣王時爲信荀子惟王霸篇有齊湣敗燕之語孤文難徵蓋孟子仕齊去齊皆在宣王之世而齊之伐燕當在周赧王元年齊宣王二十九年（按當作十九年）乃孟子致爲臣而歸之歲也

按威宣之年竹書不著以致各一是非千秋聚訟今據葉氏吳氏所校既如彼徐氏陳氏所推又如此則知通鑑以伐燕爲宣王不惟孟子燕策爲可據而齊威之年既散見於越世家齊宣之年並可

徵信於竹書水經注及史記索隱所引紀年類多今本所無知巳散逸溫公以周顯王三十七年爲齊宣元年乃据紀年推之殆猶及見其全歟千秋疑案知必有能定之者

游齊行蹤歲月考辨上

通鑑綱目據呂成公大事記於赧王元年書孟軻去齊閻百詩謂孟子去齊明云由周而來七百有餘歲若果在赧王元年丁未逆數至武王有天下歲在巳卯當得八百有九年孟子方欲言其多豈肯少言之然則不獨不當在赧王時亦不在愼靚王時當在顯王四十五年丁酉未滿八百歲以前耳孟子於顯王三十三年乙酉至梁丙戌惠卒而襄立而即去梁游

齊事卽當從丙戌起中閒遭喪歸葬復仕齊不合而去須在丙戌至丁酉十二年内嗚呼事有不幸出於久遠而無可稽聚訟紛紛迄無定論百詩考孟子游齊梁歲月乃卽於七篇中得一確証豈非千古巨眼卓識哉然據七百餘歲一言而以去齊事移置顯王丁酉以前則是時燕噲未立何有子之不得不以愼靚王赧王時事盡移之丁酉前以求合矣然移之丁酉前而從去齊之歲溯有周革命之初尚七百九十有九歲孟子方欲言其多何不可徑云八百歲哉八百不及一年而云七百有餘歲非辭也則百詩之論仍有未盡合者竊考徐圃臣天元歷理據竹書作排

章紀年表自武王巳卯元至秦昭王滅周乙巳凡八百有七年除武王伐商前十三年及赧王丁未後五十八年恰得七百三十六歲然後與孟子由周而來七百餘歲一言不啻而証諸千載上矣而凡燕噲之立於愼靚元年讓國於愼靚五年齊人破燕於赧王元年一二若合符節不必強移諸顯王丙戌後丁酉前矣或且謂果爾則與六國表齊宣卒於顯王丁酉者毋乃不合乎曰史記以伐燕爲湣王何足據哉或又謂竹書如伊尹季歷之事語多不經亦難遽信曰春秋三傳之互相牴牾者多矣獨竹書乎哉且其事即傳聞異詞而其年無可疑也以紀年推按天元詳

考交食如仲康五年辰弗集房幽王六年辛卯日食以及春秋三十六食類皆絕代縣符精驗潛效何獨至有周年數而不然然則綱鑑前編之與竹書不同何也曰此爲莽國師公劉秀即向子歆因附房紀劉秀當作天子故易今名以希冀非望三統歷所誤耳秀不明歷理妄增三代年數以推合至朔班氏本之作歷志而金仁山渭上南軒亦因之徐圃臣先生每論及此未嘗不歎息痛恨於劉秀之妄也夫三統增年後漢尚書令忠早議及之迨晉太康中竹書出而益信今據以証孟子七百餘歲一言且有互相發明者矣惟是綱目及史表皆於赧王三年書太子平立而孟子於燕人畔後尚有陳

賈往來問答則綱目書孟軻去齊於赧王元年猶待
考定爾

游齊行蹤歲月考辨下

余竊不自揆排衆說而作游梁歲月考辨二篇顧亭
林先生外罕有同者近得曹寅谷制藝自記數則私
幸其先得我心爲之狂喜獨是謂孟子前後兩至齊
兩去齊且以赧王三年太子平立巳爲湣王時事而
欲增齊宣之年移綱目孟軻去齊於赧王三年巳酉
後則又未敢輕信也何則謂孟子兩至齊者以孟子
爲兩去齊也謂兩去齊者亦以充虞路問章七百餘
歲一言謂前之去齊當在顯王丁酉前而不辨漢書

歷志及綱目前編之誤也余既以竹書及天元歷証之至以孟子去齊在赧王元年爲誤余始亦疑之然更增齊宣之年以求其合不惟截趾適屨益以滋侯氏之誚（侯季華曰古人之時代年數任後人增減移掇截趾適屨豈不顧人笑來）而赧王二年孟子已適宋與宋牼遇於石邱豈赧王三年猶在齊與陳賈語哉然則孟子燕人畔斷不指太子平之立而趙世家所紀公子職事爲得其實已而綱目所書去齊之年無可疑已朱子作集註時偶未深考耳夫公子職之立甯谷前輩非不知之（先生燕人畔節文云趙聞燕亂召公子職於韓立以爲燕王幸也其事不果耳不然有燕者非太子平也）而過信史記集解以爲事竟不就因以後二年太子平之立當之

更增齊宣之年以足之何如從趙世家及紀年不待增年而與孟子及綱目諸書無乎不合也

游齊歲月續考

江氏慎修羣經補義孟子去齊在燕人畔之後蓋當周赧王三年巳酉孟子言由周而來七百有餘歲以邵子皇極經世金吉甫通鑑綱目前編考之周武王伐殷巳卯距赧王巳酉八百一十一年與孟子言不合蓋周初自共和庚申以前有誤衍之年其誤衍始於劉歆歷譜也共和庚申以前之年史遷不能紀惟魯世家自考公以下有其年考公四年煬公六年幽公十四年魏公五十年世本及歷譜作微公厲公三十七年獻公三十二年眞公亦作

慎公三十年眞公之十四年厲王出奔彘共和前年己未自考公至眞公十四年凡一百五十七年魯公伯禽史記未著卒年歷譜謂成王元年爲命魯公之歲魯公四十六年至康王六年而薨以四十六加一百五十七則成王元年至厲王己未二百單三耳而歷譜累推七十六年之朔旦冬至數諸公之年謂世家煬公卽位六十年是得史誤本以六年爲六十年也又謂獻公卽位五十年是又誤以三十二年爲五十年也煬公衍五十四年獻公衍十八年共衍七十二年則自成王元年至厲王己未有二百七十五年今經世諸書成王立于乙酉至厲王己未二百七十五年正承劉歆之

朱氏槐廬校刊

誤也然以汲冢竹書紀年考之武王伐殷爲十二年辛卯與今傳己卯者異武王陟於十七年丙申成王元丁酉三十七年陟穆王元己未五十五年陟共王元甲寅十二年陟懿王元丙寅二十五年陟孝王元辛卯九年陟夷王元庚子八年陟厲王元戊申二十六年陟厲王之十三年己未奔彘十三年庚申王在彘共伯和攝行天子事號曰共和即史記十二諸侯年表起共和庚申之年但非若周公召公共行政之說也宣王立共伯和歸國逍遥行志于共山之首莊子有共伯得乎共首之語彥士按左傳厲王居彘諸侯釋位以間王政亦共伯和攝政之証若周召二公不得爲諸侯且二公在其位謀其政不得爲釋位不讀竹書左傳先不可解古書之可貴蓋如此武王辛卯至共和庚申二百一十年若經世諸書武王

己卯至共和庚申有二百八十二年羡出七十二年正是劉歆歷譜誤衍之數也昭王十九年誤爲五十一年孝王九年誤爲十五年夷王八年誤爲十六年厲王十三年庚申誤作三十八年庚申除去己卯至辛卯十二年今史鑑多於竹書紀年者六十年前計武王己卯至赧王己酉八百一十一年除去七十二年實得七百三十九年正與孟子語七百有餘歲合矣否則孟子生於周豈不知其年數乃缺去七十餘年耶然則皇極經世之年固不足憑通鑑綱目前編宗之者亦誤矣

按漢書歷志及綱鑑前編所紀之年知其誤者鮮矣彥士因孟子七百餘歲一言竊據竹書紀年推之以爲由周而來至孟子去齊時七百三十六年

顧紀年一書近代名公或斥爲僞書野史幾於無徵不信而寒暑一編伏處草莽僅同食字蠹魚則又不足取信近得江氏書乃卽從魯世家中推出共和以前年數竟與竹書所紀較若畫一千秋長夜從此復旦豈直暗室一炬哉特江氏從武王十二年辛卯起算下逮赧王三年燕太子平爲王止愚則據周書及徐氏歷從武王十三年壬辰至赧王元年燕公子職爲王止故縮三年其大較無不同也至江氏因魯世家中無伯禽卒年仍據漢志推之不無差池

陳穆堂竹書紀年補遺下趙召公子職于韓立以爲燕

王使樂池送之按趙世家注徐廣曰紀年亦云爾此十七字當補於隱王元年齊師殺子之醢其身後梁玉繩志疑案世家集解索隱均引年表云君噲及太子相子之皆死則今本年表脱太子二字明矣而所謂太子者世家以爲太子平卽昭王余深疑之世家稱太子平年表紀年稱公子平冡庶不明疑一先是太子舉兵攻子之不克百姓反攻太子則其不爲國人所戴可知賢如昭王不應有此疑二齊并燕二年燕人共立平夫旣攻之而又立之於禮煩乖且何以遲至二年復立乎二年之中太子安在疑三昭王語郭隗曰齊因孤之國亂而襲破燕齊之入燕實藉太子爲内應今觀昭王之言殊

不合事情疑四攷趙世家武靈王召公子職於韓立爲燕王使樂池送之諸處俱不書集解索隱引紀年同今世所傳紀年無之集解疑趙聞燕亂遙立職爲王雖使樂池送之竟不能就斯乃虛揣之譚未見確證而索隱遽譽裴駰得其旨豈不惑哉竊意職爲王時在噲死之後昭王未立之先職立二年卒始立昭王而昭王並非太子太子已同君噲及相子之死於齊難矣徐氏孚遠亦云太子平與昭王當是二人或昭王名平太子不名平徐說甚覈世家誤仍國策來耳

按梁氏發疑實四以證昭王之非太子平既極精審而謂職立在噲後昭前尤與鄙見脗合愚且更

有一證使趙立職事竟不能就縱書於趙史必不書於魏史而徐廣等所見紀年有此必當時實錄豈得以燕世家有脫誤遂謂孟子燕人畔事遥指後二年昭王之立也哉

讀孟質疑卷上終

光緒歲在柔兆閹茂陽月吳縣朱記榮槐廬家塾校刊

讀孟質疑卷下

崇明施彥士輯

孟子自齊葬於魯反於齊止於嬴考

閻百詩四書釋地或問孟子以孟子奉母仕於齊亦有徵乎曰劉向列女傳孟子處齊有憂色擁楹而嘆孟母見之云云則知母蓋同在齊自齊葬於魯知母卽歿於齊也然則旣歿而葬宜終喪於家曷爲遽反於齊曰此蓋終三年喪復至齊爲卿耳非遽也果爾何以爲前日解曰孟子書有以昔與今對言昔似在所遠而亦有指昨日者昔者辭以疾是也以前日與今對言前日似在所近而亦有指最遠者前日願見而不可得是也夫孟子

久于齊去齊之日上溯其未游齊之日猶目爲前日安在僅三年者而不可目以前日耶或訝曰充虞蓄一疑於心至三年始發之與曰此尤足見孟門弟子之好問也陳臻從於齊於宋於薛辭受之後而問屋廬子從居鄒處平陸以至見季任不見儲子之後而問其事相距非一二年而反覆以究其師之用心猶一日也夫充虞亦猶是爾且尤可證者孝子之喪親言不文今也援古論今幾於文矣三年之喪言而不語語爲人論說也後魏孝文帝以與公卿往復追用慟絶曰朕在不言之地（按禮斬衰唯而不對齊衰對而不言）不應如此喋喋然則孟子反喋喋耶見識出孝文下耶故充虞問答斷自於免喪之後者爲

得其實也　侯季華曰孟子鄒人應云自齊葬於鄒書葬於曾者蓋孟子孟孫之後祖墓在曾故

續考

孟子外書孝經第三孟母之喪門弟子各治其事陳臻治貨季孫郊治車咸邱蒙治器萬章治縗充虞治櫬公都彧治饌陳代治牲樂正克治儀公孫丑治賓客孟子三日不食哭不止門弟子請曰古者五十不毀孟子曰五十也乎哉吾母死吾猶孺子也　鄒縣聖賢志癸卯孟子五十五歲在齊迎母仉氏就養五十六歲母卒於齊扶柩歸葬於曾五十七歲在鄒居喪五十八歲反齊齊王以爲客卿　山川志孟母墓在鄒縣東北二十里

馬鞍山麓

按葬魯章解者不察謂孟子勸人行三年喪而身違之真可謂逐臭李覯左袒臧倉者矣顧亭林以爲改葬郝京山據士喪禮以爲葬後拜君賜周理衷據家語以爲卒哭而致事義亦未安惟閻氏以爲終三年喪復至齊以論匠事於止嬴日故繫止於嬴亦猶公孫丑論不受祿於居休日故繫于居休持論既核而以鄒志孟子在鄒居喪三年證之不更渙然冰釋矣乎周理衷曰充虞明云嚴不敢請今願有請兩請相接正頂嚴字三年後不嚴久矣是大不然昔子夏既除喪與之琴和之而不和

彈之而不成聲況三年內乎外書明云孟子三日不食哭不止則凡所謂三月不懈朞悲哀三年憂者必不少舒安得云不嚴又志云孟子五十六歲母卒與外書五十不毀五十乎哉云云亦脗合無閒昔河閒獻王好古實事求是既得其是斯有推之而皆準者已嬴在今山東泰安府東百二十里之萊蕪縣縣西北四十里有嬴縣故城在北汶水之北去齊都臨淄三百有餘里

之宋歲月考辨

孟子之游宋也日知錄引衛嵩之言曰以本書證之當是自宋歸鄒由鄒之任之薛而後之齊之梁愚未敢以爲信也按史記宋世家及六國表周顯王四十

一年癸巳宋君偃逐其君剔成自立越十一年而後稱王孟子於宋君每稱之爲王則游宋在稱王後可知而宋之稱王在愼靚王三年孟子五十五歲葢巳爲適齊之二年矣無緣遽與宋接且證諸本書以齊餽爲前日於宋五十鎰之餽爲今日則其游宋并在赧王元年去齊後可知善乎侯季華之言曰顯王三十三年至赧王元年中間無秦楚搆兵事愼靚王三年楚曾與四國擊秦爲約長然亦非楚獨與秦戰惟赧二年秦以商於誑楚取漢中楚大興師欲深入擊秦方是搆兵宋牼之說孟子之遇當在此時愚統前後核之而知游宋在赧王二年確不可易也至衛嵩

之說其不可據也審矣

又按金仁山曰赧王元年孟子自齊歸鄒二年卽如宋與宋勾踐戴不勝問答則滕世子過宋而見孟子當在此時自滕而西南過宋三百五十餘里今以秦楚搆兵考之益見其精確已

附宋王偃考

史記宋世家剔成四十一年弟偃攻襲剔成剔成敗奔齊偃自立爲宋君君偃十一年自立爲王（按六國表同）東敗齊取五城南敗楚取地三百里西敗魏軍乃與齊魏爲敵國（周理東曰萬章所云將行王政當在此時至偃之淫虐想在得志以後其初未必遽爾不然豈有諸侯皆目爲桀宋而萬章猶以爲將行王政者哉）盛血以韋囊縣而射之名曰射

朱氏槐廬校刊

天淫於酒婦人羣臣諫者輒射之於是諸侯皆曰桀宋宋其復爲紂所爲不可不誅告齊伐宋王偃立四十七年齊湣王與魏楚伐宋殺王偃遂滅宋而三分其地年表云偃立四十三年世家誤　通鑑綱目顯王四十年宋公弟偃逐其君剔成而自立愼靚王三年宋稱王　赧王二十九年齊滅宋分注　宋有雀生鸇史占之曰吉小而生巨必霸天下康王喜起兵滅滕誤仍國策敗齊楚魏取地數百里乃愈自信其霸欲霸之速成射天笞地斬社稷而滅焚之爲長夜之飲於宮中室中人呼萬歲則堂上之人應之堂下之人應之門外之人又應之至于國中無敢不呼者天下謂之桀宋宋齊伐之民散城不守王走死溫溫周

邑後屬晉今屬懷慶府
府東南五十里沿河

附秦楚搆兵考

史記六國表赧王二年戊申楚懷王十六年張儀來相十七年秦敗我將屈匄　通鑑綱目赧王二年楚屈匄伐秦分注　秦欲伐齊患其與楚從親乃使張儀說楚王曰大王誠能閉關絕約于齊臣請獻商於之地六百里使秦女得爲大王箕帚之妾楚王悅而許之羣臣皆賀陳軫獨弔王怒曰何弔也對曰夫秦所以重楚以其有齊也今絕齊則楚孤秦奚貪夫孤國與之商於之地六百里哉儀至秦必負王是王北絕齊交而西生患於秦也兩國之兵必皆至矣王曰願子閉口毋復言以待寡

人得地乃厚賜張儀而閉關絕約於齊使一將軍隨張儀至秦儀詐墜車不朝三月楚王聞之曰儀以寡人絕齊未甚耶乃使勇士宋遺借宋之符北罵齊王齊王大怒折節而事秦齊秦之交合儀乃朝見楚使者曰子何不受地自某至某廣袤六里使者還報楚王大怒欲發兵攻秦陳軫曰軫可發口言乎攻之不如賂以一名都與之并兵而攻齊是吾亡地於秦而取償於齊也今已絕齊而又責欺於秦是我合齊秦之交而來天下之兵也國必大傷矣王不聽使屈匄帥師伐秦秦亦發兵使庶長章擊之　三年秦大敗楚師於丹陽虜屈匄遂取漢中楚復襲秦又大敗於藍田韓魏襲楚楚割兩城以

和於秦分注丹陽之戰斬首八萬一統志丹陽故城在荆州府歸州東七里北梲大江郎屈沱楚王城也唐元和志周武王封楚熊繹於荆丹陽郎此後又移枝江亦曰丹陽 按當時楚都於都今襄陽宜城縣是而宜昌府歸州及荆州府枝江之丹陽並在鄀都西南三百餘里楚方以商於起畔北出擊秦而反戰於都都西南之丹陽有是理哉惟索隱謂此丹陽在漢中頗近之然亦未明指其地也竊考郡國志南陽郡南鄉丹水二縣注有商城張儀與楚商於之地是又考紀年帝堯五十八年使后稷放子朱於丹水括地志丹朱故城在內鄉縣西南三十里抱朴子丹水有丹魚先夏至十日夜伺之魚皆浮水赤光如火以取其血塗足可步行水上是丹水以丹魚得名丹朱以丹水得名丹陽則丹水之陽北接商於西接漢中今湖北郎陽府陝西興安府皆古漢中地自屈句北爭商於因戰于商於西南百里之丹陽至兵敗將虜而丹陽以西之漢中陷沒考諸地理自是當日情事又接洪稚存圖志內鄉縣丹水自陝西商州流入又東南經淅川縣灘黑馬黃龍二泉東合均水龔南鄉先生云屈原傳秦兵大敗楚師於丹淅豈非確証爲之狂喜

之薛歲月考辨

薛地入齊久矣集註於孟子在薛但曰薛君以金餽而不詳其人亦不詳其時愚以爲不知其時即薛君之爲人未可定也證諸本書以齊餽爲前日宋餽爲今日而薛在其後是之宋在之齊後而之薛又在之宋後薛君之爲人從此可推已通鑑綱目顯王四十八年（庚子）齊號薛公田文爲孟嘗君孟子於赧王元年去齊二年之宋自宋歸鄒而至於薛蓋在馮諼營窟之後孟嘗高枕之時矣（齊策孟嘗君就國于薛馮諼西游于梁見梁惠王蓋在愼靚王元二年間）以彼名爲好士士無能否皆資之况聞孟子有戒心其吝此五十鎰之餽哉或曰六國表顯王四

十八年封田嬰於薛安知以金餽者非靖郭君耶曰此史記駁文不足憑也齊策貌辨見宣王曰昭陽請以數倍之地易薛靖郭君曰受薛于先王雖惡於後王吾獨謂先王何乎註謂猶奈何也則嬰封於薛當自威王始而綱鑑於顯王之末所書孟嘗君者爲得其實也而餽金者非車正奚仲之後不待言矣至齊人築薛之爲孟嘗周理衷早能辨之其言曰嬰將城薛因客海大魚之諫而止其後田文卒城之續漢書輿地志云薛河北有大城田文所築是也集註齊取其地而城之一似至滕文時始取薛者故幷及之齊策靖郭君將城薛客多以諫靖郭君謂謁者毋謂客通齊人有請者曰臣請三言而已矣益一言請烹靖郭君因見之

客趨而進曰海大魚因反走君曰客有於此蚔止趾於
趍走客曰鄙臣不敢以死爲戲君曰亡更言之對
曰君不聞大魚乎網不能止鉤不能牽蕩而失水
則螻蟻得意焉今夫齊亦君之水也君長有齊陰
奚以薛爲夫倢蟷齊雖隆薛之城到
於天猶之無益也君曰善乃輟城薛

之薛續考

江氏羣經補義孟子過薛薛君餽五十鎰當齊宣王時

卽孟嘗君田文也

按以薛君爲田文是矣但孟子過薛在周赧王二

年適宋後己當齊湣王時江氏似微誤薛任姓國左傳隱十

一年寡人若朝于薛不敢與諸任齒是也定元年

薛之皇祖奚仲居薛以爲夏車正奚仲遷于邳仲

虺居薛以爲湯左相大紀云武王封仲虺弟雍滑

之後于薛其後益爲齊威王所滅今山東兗州府

滕縣南四十里之薛城在

故滕南少東二十六里

外書爲正第四孟子曰人謂孟嘗君好士吾不信也

按交以道接以禮孔子受之何獨於孟嘗君不受受之而不許其好士亦孔子不爲衛君之意也夫

魯平公將見孟子考

廣文選平公與宣王會於梟繹山下樂克備道孟子於平公曰孟子私淑仲尼其德足以輔世長民其道可以發政施仁君何爲不見乎公因許之而臧倉以巧言沮之遂不見　陳明卿備考平公名淑景公子也平公五年用樂正子爲政六年孟子自齊而歸過魯平公將因樂正子以見孟子嬖人臧倉止之

按平公六年係周赧王四年孟子已去齊三年矣

陳氏以爲自齊而歸過魯不知何所本然謂平公五年用樂正子六年將見孟子恰當孟子之宋之薛之後情事自合季氏本孟子事蹟圖譜亦謂赧王四年即臧倉沮平公之年說似足據今從之

歸鄒後事蹟總考

姜孺山曰任人一篇畧具孟子歸鄒後履歷任人兩章是居鄒時情事宋牼三章則居鄒後更他出情事愼子章當是孟子之魯相遇樂正子章疑更在後或孟子在鄒聞之而要皆爲平公時事高子白圭陳子等亦必因其人之時地相值也統全篇觀之直可作孟子晚年行狀觀四書釋地任國名太皞之後風姓今濟甯州東任城廢縣是去古鄒城僅百二三十里宜屋廬子明

日卽可往問禮稱宰我無宿問連不誠有予之風哉

愚按洪稚存地志濟甯州東至鄒縣界泗河四十里縣志泗河至縣治三十五里又東南二十六里嶧山之陽卽故鄒國使屋廬子之今鄒治南孟子故宅不過七十五里卽之故鄒國亦僅百里釋地似微誤

之滕行蹤歲月考

王伯厚困學紀聞按趙注古紀世世本滕國有考公麋元公宏卽定公文公也世本今無傳此可備參考萬希槐曰似後世避諱改考公爲定公以元公行文德故謂之文公也四書釋地續按公羊傳君存稱世子君薨稱子某既葬稱子踰年稱公左氏例則未葬稱子既葬稱君不待踰年始稱君此二傳之同異也及余以孟子證而又有異焉君存稱世子滕文公爲世子是君薨稱世子滕定公薨世子謂然友是未葬

稱子不獨既葬爲然如至於子之身而反之是若孟子所稱子力行之則在既葬之後但未踰年耳何以驗之滕文公既定爲三年喪五月居廬未有命戒則亦無禮聘賢人之事可知惟至葬後始以禮聘孟子至滕而問國事焉故孟子猶稱之爲子直至踰年改元然後兩稱曰君曰君如彼何哉曰君請擇於斯二者然則孟子於滕行蹤歲月亦畧可見矣

之滕續考

鄒縣志王子孟子六十四歲滕文公立問爲國諸事應在此時

按之滕歲月無考以閻氏之説準諸縣志周赧王

六年七年孟子葢在滕云

續兩之齊考辨

蘇子古史及前輩曹寅谷豈不以孟子爲兩至齊哉然謂初至齊在宣王時而再至齊在湣王時與史記湣王伐燕合而與孟子殊不合謂充虞路問章七百餘歲一語爲顯王丁酉前之去齊而又有赧王丁未燕人畔後之去齊與漢書歷志合而與紀年及孟子究亦不合是二說者余嘗力辨之然本書自明有兩之齊由平陸之齊其一自范之齊又其一也夫范在平陸西二百餘里自范者或可由平陸而由平陸則必不更經于范是兩之齊果孰先而孰後歟愚以地

理証之則自范之齊當在孟子五十四歲去梁時也考大梁在今開封府（廣輿記府治西北有梁惠王故城）齊都在今青州府臨淄縣而范則范武子故邑時屬於齊爲齊西南邊邑當時惟去梁適齊故路出於范若由鄒或由平陸則當徑向東北矣何事西北至范迂廻三四百里而後折而東北哉其望見王子則未知其爲湣王地歟王子墊諸庶子歟而嘆其氣體不交一言尤非久于齊者情事不寧惟是孟子始見齊王明云於崇方之玐以崇爲崇武今東昌府聊城縣有崇武驛古聊攝地也又在范邑東北百餘里自范之齊或值齊王行邊至崇得見於此未可知也此皆初至齊之証

也至居鄒後復之平陸諷距心以失伍受儲子之幣交是二人者或係在齊時舊識不然之齊則竟之齊耳何爲處於平陸且以素不相知之人無端幣交在所不報又胡爲受之他日由平陸之齊見於王曰王之爲都者臣知五人若初至齊又何由遽識爲都之五人哉且其所以諷王者亦不似初見齊王語也姜犧山曰任人篇可作孟子晚年行狀觀宋牼三章是居鄒後更他適情事得之矣豈去齊時惓惓餘意所謂繼此之見固所願者曾於其後一酬歟雖不敢强爲之說而以其地及其時事互証之即以爲兩至齊焉可也然此此非蘇子曹氏之説也亦以經解經之意

也夫范今屬曹州府在府北百六十里本晉士會邑春秋之季范中行畔晉卽齊地遂入齊不返

珙集韻古勇切音拱本作珙玉名

孟子老於騶不受燕聘考

外書爲正第四篇孟子老於騶燕昭王使樂閒迎之孟子不往或問曰夫子何以不往孟子曰以吾受齊王之知是以不往也且燕王霸才也亦非王天下之主也

史記樂毅傳樂毅賢好兵趙人舉之及武靈王有沙邱之亂乃去適魏聞燕昭王怨齊未嘗一日忘報於是爲魏昭王使於燕燕王以客禮待之遂委質爲臣久之護趙楚韓魏燕之兵以伐齊破之會昭王死子惠王立乃使騎劫代將樂毅西降趙齊田單遂破騎劫於卽墨

下惠王悔使人讓樂毅且謝之樂毅遺燕王書言交絶不出惡聲以明己不轍趙以攻燕於是燕王復以樂毅子樂閒爲昌國君

按樂閒乃毅子毅之投燕實假魏昭王節魏昭王立於周赧王二十年丙寅歲孟子年已七十八矣是年趙有沙邱之亂樂毅始去趙適魏復假節以通燕閒不過一歲孟子亦且七十九矣而燕方使毅子樂間迎之或且以孟子不往而疑之何歟蓋百里奚以七十餘相秦太公以七十遇文王九十三且鷹揚牧野使燕昭可進以王道則命世若亞聖之才於天下事不猶大可爲哉而惟事報齊初

無遠志此不忘齊王之知而卒老於鄒也歟而孟子之年猶因是以可考說者疑孟子卒於赧王初年惜其未見外書而切究之也又四書釋地或疑當時之賢君未有愈於燕昭者也雖志趣或殊然鄒衍自齊往矣劇辛自趙往矣樂毅自魏往矣紛紛皆見尊禮何孟子裹足而不一至燕乎曰燕昭之禮士以復讐也復讐則於齊矣孟子嘗爲齊卿宣雖薨而湣尚存所謂復得罪在他國終身不敢謀趙之奴隸況子孫乎故寧終不遇而不一至燕也歟按閻氏雖不知燕昭王迎孟子事然持論與外書暗合故附錄之

卒年月日考

鄒縣志壬申八十四歲周赧王二十六年十一月十五日孟子卒　古碑云孟子卒于冬至之日鄒人因哭孟子而廢賀冬至之禮遂以成俗　李隱云赧王二十六

年正月十五日卒

按孟子卒志以爲十一月十五日李氏謂正月十五日二說不同然古碑云卒于冬至鄒俗因之廢賀禮載諸邑乘必非無據今以天元歷推之癸酉天正月壬子朔冬至戊午係月之七日壬申天正月戊子朔冬至癸丑係月之二十六日惟辛未歲天正月癸巳日亥初合朔時歷稍後數刻則爲甲午朔戊申冬至恰是月之十五日而在今爲十一月在周季爲正月所謂千歲日至可坐而致本無不合而計年則有一算之差何歟姑識之以竢考云

大王遷岐歲月及地理考辨

士生三代後欲論世以知人舍詩書何所考信哉而論古公遷岐之世學者不能無疑焉綱鑑前編於殷小乙二十六祀書古公亶父自邠遷於岐其間歷小乙三祀武丁五十九祖庚七祖甲二十八而後季歷生子昌而後亶父薨計遷岐後在位至九十七年又遷岐前幾何年即位幾何歲且不與焉是何享國之久壽命之長迺出殷三宗周武王之上而詩書絕不稱之也且小乙之爲君不可知而能使世子就學甘盤必非甚無道者武丁繼世傳說爲相中興之盛著於詩書再傳至祖甲知小民之依不敢侮鰥寡賢聖之君相繼而作而皇矣篇

乃云惟彼二國其政不獲乃眷西顧此惟與宅何歟魯頌居岐之陽實始翦商許氏謙謂古公始終居商令王有道之世翦商之志何自生耶集傳云葢有翦商之漸夫亦論其世而於義有所不安也陶元湻謂爾雅釋詁明云翦勤也太王翦商即王季之勤王家耳夫王季勤商於帝乙之世前編猶紀其牧師之命圭瓚巨鬯之錫而高宗祖甲之世絕不錄古公勤王之勳何也謂書缺有閒則作一門立一社詩人且歷歷言之矣是皆反覆參考而不能無疑者也則惟竹書所紀爲得其實已竹書武乙元年邠遷於岐周三年命周公亶父賜以岐邑二十一年周公亶父薨是詩咏其政不獲實指武乙之

暴而所謂剪商之漸其時其勢矣而後知遷岐於小乙之世享國至百餘年之久爲不可信矣噫竹書之有裨於經學若此世猶以僞書野史視之何不以所紀商周之世次考信于詩書也

閻百詩曰孟子太王去邠踰梁山邑於岐山之下居焉言山而不及水詩咏古公避狄率西水滸至于岐下言水而不及山太史公生當後代而作周本紀曰遂去邠渡漆沮踰梁山止於岐下將自邠抵岐東南二百五十餘里登山涉水敘次如畫然程大昌雍錄謂渭水實徑梁山下之南循渭西上可以達岐則詩水字又與漆沮無涉益精確矣 愚按邠州南界永壽縣縣南九十里爲

乾州州北五里即梁山其山橫而長自邠至此百三十里適界邠岐之間乾州西界鳳翔府扶風縣又西六十里爲岐山縣是岐在邠之西南而百詩云自邠抵岐東南二百五十里誤矣且程大昌既知循渭西上可以達岐而雍錄猶云邠在岐西北亦誤蓋邠的在岐之東北也陳穆堂紀年集證姜兆錫曰據通鑑商小乙二十六祀古公遷岐至祖甲二十八祀古公卒其間共九十七祀而古公尚有未遷以前年歲卅乃過長若竹書載武乙元年遷岐則與後漢書西羌傳武乙暴虐犬戎寇邊古公避于岐下之說合噫是眞先得我心者矣

靈邱考辨

齊邊邑有靈邱不獨見於孟子史記亦屢及之矣趙世家敬侯二年敗齊於靈邱田敬仲完世家齊威王元年

三晉因齊喪來伐我靈邱六國表及趙魏韓世家並同趙惠文王十四年相國樂毅將趙秦韓魏燕攻齊取靈邱明年燕獨深入取臨淄是非邊邑要地何爲數數被兵大書特書不一書哉而數千年來究莫知其所在趙邠卿注孟子但云齊下邑惟地理志代郡有靈邱應劭曰趙武靈王葬其東南二十里故縣氏之水經注及史記正義遂以此當之無論齊境不得至代而趙敬侯時安得國有靈邱胡三省以爲即漢清河郡之靈縣今之高唐夏津皆其故地于欽齊乘則云今滕縣東三十里明水河之南有靈邱故城近世顧亭林閻百詩輩皆以未明其據闕所疑焉　彥士按魏收地形志鉅鹿郡鄡縣有靈邱參諸

圖志南連大陸北界滹沱西接中山徒駭河逕其下束鹿巖峙其右外隘內廣至容千餘人東南至齊高唐三百餘里在今保定府南二百五十里束鹿縣縣東有鄡縣故城洵青齊之門戸中夏之屏籓也所疑者蘇秦傳以清河爲齊趙之界正義注爲貝州在今則爲夏津而鄡縣靈邱斗入西北二百餘里則焉知非趙地而單文孤証似難遽定爲齊之邊邑耳然水經注明云禹播九河及齊桓霸世塞廣田居同爲一河則齊境西北當跨徒駭初難限以夏津且趙武靈王十六年出九門爲野臺以望齊中山之境則中山未滅齊境西及束鹿可知矣又世表湣王二十九年佐趙滅中山四十年趙取齊

朱氏槐廬校刊

昔陽則齊境且跨今之正定府晉州西南境矣而東鹿
靈邱尚在其東南數十里其爲齊之西北邊邑也夫何
疑

孟子篇敘

華亭姜兆翀孺山學

此書是孟子手編則先後位置必非漫然第趙氏篇敘將七篇聯貫一如皇氏論語義疏但以二十篇篇目爲說未免牽强茲則以七篇分敘而每一篇中又各有敘

梁惠王全篇　是孟子遊歷諸國而與當時世主論議之辭也所以由梁而齊而鄒而滕而魯如惠王襄王宣王穆公文公諸君皆嘗廷說之而有所問答乎公雖未面見豈以有欲見之意故亦附之歟其他若宋若薛則雖嘗至其國而實未見其君所以不載於篇歟而孟子一生游歷其先梁後齊而後歸鄒之宋之薛之滕之魯

大槩蹤跡亦証之本篇而可見焉七篇中惟離婁篇有與宣王論舊君萬章篇有與宣王論卿偶爲散見者耳

梁惠王五章　據本書知孟子先至梁而要不在三十五年

齊宣王章　此可見孟子後至齊

伐燕二章　自是孟子將去齊而齊事遂終于此

鄒與章　此章孟子與穆公問答在去齊歸鄒時則赧王元年而魯亦平公元年也

滕文公三章　此皆孟子親與文公語者第三篇問爲國章注文公以禮聘故孟子至滕二語可移於此至其至滕自當如金仁山謂爲在去齊歸鄒二年如宋之後

平公章　此孟子至魯在適滕後薛氏人物考載平公五年用樂正子爲政六年孟子過魯季氏本謂在赧王四年此俱推測然要約畧近之史記年表平公元年是赧王元年卒以赧王十九年惟表載平公四年秦惠文王薨平公十九年楚懷王死與魯世家平公十二年秦惠文王薨文侯七年楚懷王死不符而秦惠文王薨實在赧王四年楚懷王死實在赧王十九年則平公自當以元丁未終乙丑爲定

公孫丑全篇　申言在齊事前篇齊宣王十一章皆是與王言者此則在齊私議並與及門暨齊臣問答者另著爲篇以綜前後情事焉

沈同二章　此亦論伐燕要爲沈同陳賈言之與前篇對宣王言者有別故次在此註林氏謂此書散出無先後之次欲以前篇十章十一章置之此兩章中間似未得孟子編輯成書之大旨也

致爲臣章　就見數言亦宣王語而載之此篇者則是以王言引起而下乃爲時子陳子言之也

滕文公全篇　是更敘孟子在滕及梁宋事蓋大要是與其諸臣論說而與及門問答者並附焉此與公孫丑篇皆以補首篇所未備

滕文公三章　此以滕文公建篇而不與梁惠王篇滕文公三章並次者緣此首兩章尚是文公未爲君時事

固當分見且次章是爲然友言之三章要爲畢戰言之前半固與文公言然是引起當行助語尙未了下半與畢戰言乃實指助法經界也章次固屬在畢戰一邊故另著爲此篇

陳代　此篇前四章是梁後四章是宋其首篇先梁後齊滕而前篇先齊此又先滕而後梁者以首篇是記先後見諸侯王次第而齊是孟子所臣者滕則又孟子所欲有爲者至梁則不仕宋則不見故篇次又如此

孟子先梁後齊在梁惠王上篇固然然所輯年譜事蹟不敢取以爲證亦自有故滕文公爲世子尙在第三篇而梁惠王下先列滕文公三章又齊人伐燕在首篇而沈同兩章列諸公孫丑幾疑此書

散出無先後之次洵有如林氏所言者及維揚陳穆堂以姜氏篇敘見贈然後知七篇所編具有次第不獨前此疑團頓釋而自梁而齊而宋薛諸本書無不較若畫一矣又孟子與穆公問答當在赧王元年去齊歸鄒後魯平公章當在赧王六年適滕後尤鄙見所未及爰錄篇敘十三條附諸卷末以俟參考己卯四月下旬施彥士識

光緒歲在柔兆閹茂陽月吳縣朱記榮槐廬家塾校刊

讀孟質疑卷下終

四書字類釋義六卷

清 李毓秀撰

清光緒十六年柏經正堂刻本

四書字類
釋義

光緒庚寅季冬
柏經正堂鐫訖

四書字類釋義重刻序

字各有義義之不知即謂之不識字可也故有讀數十卷書往往不識一忠孝字蓋不明於其義耳此字義之所以不可不釋也而四書字義爲尤要范忠宣公誤解恕字司馬溫公王陽明錯認格物一則心術之害一則學術之差可不謹哉況四書理道淵源初學入德之門義一不當不免穿鑿附會終身入於歧途而有不知者矣絳州李子潛先生取四

書中字有實義者類而釋之精確明暢直如程子性卽理也主一謂敬無適謂一朱子誠者眞實无妄之謂仁者心之德愛之理義者心之制事之宜之類有功斯道眞可謂顛撲不破此吾儒幸生程朱大賢之後豈漢儒訓詁所可及哉四書字義明卽諸經可不治而明其視程達原性理字訓不尤親切有便童稚者乎昔程蒙齋著字義數十條朱子謂可作一部小爾雅是書也使朱子見之嘆賞又

當何如柏子餘刻之家塾其裨於讀四書者
豈淺鮮予故樂爲序之光緒庚寅季冬望日
三原賀瑞麟

四書字類釋義總目仟敘

卷五

聖賢類

卷六

治教類

愚既爲訓蒙文，由三言進以四言，敢倣程勿齋性理字訓例，略取四書中實字，分類而釋其義，編成，授諸小子，且進而告之曰：學庸論孟者，汝等所當終身焉者也。其中字義判然不同，秩然不紊，確

然不易所以然而不可移處條分縷析
枝枝對葉葉承雖精蘊未易殫究而面
目須先察認庶幾免爲不識字人勖哉
小子或疑瑣屑殊甚吁惡分析而好言
渾同此世學之大病也無星稱無寸尺
小子何可然其他典故則有備考虛實
兼盡全旨發明又自有成書在
康熙四十三年九月朔絳州李毓秀敘

四書字類釋義卷一目次

理氣類　凡五十一條

天道人道　明命定分

天命人事　命性道教

道理　理義

良貴浩氣　培覆

四書字類釋義卷一

理氣類

◎理形而上沖漠無朕造化樞紐品彙根柢不離乎氣而不雜氣散見於物井然有條靡所虧欠靡所混淆在在如是朕陳上聲紐女九反柢典禮反見音現○雜氣以上說全理沖漠澹靜貌朕目隙造成物化消物戶有樞衣有紐品異類彙同類木有根幹有柢

◎氣形而下盈塞太虛動靜無端陰陽無始備載乎理而非即理聚而生人浩然充體不

可限量不可屈撓各各如是塞先則反撓鐃去聲○即理以上說全氣塞滿虛空動前有靜靜前又有動推而上之其始無端推而下之其卒無終

陽氣上升輕清成象運乎地外大無不覆其性與情乾健無息萬物資始是之謂天◎覆去聲

陰氣下降重濁成形函乎天中廣無不載其性與情坤順有常萬物資生是之謂地◎

巍巍在上形莫大焉自然之理不假作爲所

謂天也。

芸芸在下，生莫衆焉，紛然之中，默有主宰，所謂帝也。

稟氣之正，頭圓象天，足方象地，正故理通，其有蔽者，各因所明，可無不推，是名爲人。

稟氣之偏，禽獸橫生，草木倒生，偏故理塞，間有知處，亦止一路，餘則不能，是名爲物。

一路，如虎狼父子，蜂蟻君臣，豺獺報本，雎鳩有別之類。

道用之廣，莫非當然，其大無外，其小無内，可謂費矣。

道體之微，爲所以然，無形可見，無聲可聞，不亦隱乎。

萬殊之本，全體渾然，總統一理，是曰大德敦厚其化，根本盛大，而出無窮，以天地言，於穆不已，以聖人言，純亦不已。渾，胡本反。於，音烏。

全體之分，萬殊粲然，各具一理，是曰小德如川之流，脈絡分明，而往不息，以天地言，高下散殊，以聖人言，物各付物。絡，音洛。

以實理言。天地之理。一而不二。順而觀之。一元之氣。春秋冬夏。晝夜昏明。百千萬年。無一息繆。橫而觀之。天下之物。洪纖巨細。飛潛動植。各得性命。無一毫差。天地之誠。

以實心言。聖人之心。純而不雜。順而觀之。從生至死。不虛一事。其爲事也。從始至終。無一息閒。橫而觀之。自大及小。不遺一善。其爲善也。自表及裏。無一毫歉。聖人之誠。閒去聲。歉謙上聲。

太極之稱陰陽本然萬殊一原專指理言形而上者至善無惡天地之性

天道流行二氣交運一本萬殊理雜於氣形而後有相近不遠氣質之性

氣來而伸陽之靈也爲動爲升爲暑爲明爲治爲正爲息爲魂爲呼爲生是皆曰神治去聲

氣往而屈陰之靈也爲靜爲降爲寒爲暗爲亂爲邪爲消爲魄爲吸爲死是皆曰鬼一氣

之運。二氣之分。

未有物先天地絪縕氣化成物。既有物後男女搆精形化成物。皆謂之生◎絪音因。縕於云反。○絪縕。氣交密狀。搆交。

上下四方。兩儀對峙。交錯代換。寒暑晝夜。一氣流行。變通不窮。皆謂之易◎峙池上聲。○儀匹。峙山屹立。易有交易變易二義。

自有而無是之謂化◎

自無而有是之謂育◎

氣之運轉自有往復治極則亂亂極則治時可考焉復音福

氣之流行自有節度奇間以偶偶間以奇數可推焉奇音雞○奇數一三五七九偶數二四六八十

天道之元氣爲少陽萬物發生於時爲春其位東方其日甲乙其辰寅卯其帝太皞其神句芒性仁事貌聲角象民蟲鱗臭羶色青味酸燧取榆柳食行羔豚膳膏則香其祀曰戶其祭先脾帝居青陽其爲數也生

三成八盛德在木◎少，去聲。皞，胡老反。句，音勾。芒，音亡。𩐤，尸連反。燧，音遂。膳，時戰反。○天道流行不息。元始，春，蠢動也。太皞，伏羲氏。句芒，少皞氏子，曰重，聲。調樂以此聲為主。鱗，龍魚之屬。臭，氣。燧，取火。木行，用羔。稚羊。豚，稚豕。膳，調治。膏，油香。牛油。牛，司徒土。時木克土。尸，單扉。春陽氣出，祀於戶。內陽也。春為陽中，於藏直脾。數。天三生木，地八成之。

天道之亨。氣為老陽，萬物長育，於時為夏。其位南方。其日丙丁。其辰巳午。其帝炎帝。其神祝融。性禮。事視。聲徵。象事。蟲羽。臭焦。色赤。味苦。燧取棗杏。食行脯鱐。膳膏。則臊。其祀曰竈其祭先肺帝居明堂其爲數也生二成七盛德在火◎長丁丈反徵陟里反腒音渠鱐音搜臊素刀反○亨通夏假大也炎帝神農氏祝融顓頊氏子曰黎羽飛鳥之屬腒乾雉鱐乾魚臊犬油犬司寇金時火克金陽位在上肺亦在上數地二生火天七成之

天道之中陰陽沖和其位中央其日戊己其辰乘四丑未辰戌其帝黃帝其神后土性信事思聲宮冢君蟲倮臭香色黃味甘燧取桑柘其祀中霤其祭先心帝居太室其爲數也生五成十盛德在土◎倮古火反柘之夜反○黃

帝。軒轅氏。后土。亦黎兼之。倮。虎豹之屬。中霤。古穴居。開上漏明。雨霤之。後以室中當焉。心居中數。天五生土地十成之。

天道之利氣爲少陰萬物成熟於時爲秋其位西方其日庚辛其辰申酉其帝少皡其神蓐收性義事言聲商象臣蟲毛臭腥色白味辛燧取柞楢食行犢麛膳膏則腥其祀曰門其祭先肝帝居總章其爲數也生四成九盛德在金

蓐。而六反。柞。音昨。楢。音由。麛。音迷。○利。遂。秋。揫斂也。少皡。金天氏。蓐收。少皡氏子曰該。毛。走獸之屬。犢。牛子。麛。鹿子。腥。雞油。雞。宗伯

木時金克木門雙扉秋陰氣出祀於門外陰也秋爲陰中於藏直肝數地四生金天九成之

天道之貞氣爲老陰萬物閉藏於時爲冬其位北方其日壬癸其辰亥子其帝顓頊其神玄冥性智事聽聲羽象物蟲介臭朽色玄味鹹燧取槐檀食行鱻羽膳膏則羶其祀曰行其祭先腎帝居玄堂其爲數也生一成六盛德在水○頊音旭鱻音鮮○貞正而固冬終完也顓頊高陽氏玄冥少皞氏子曰脩曰熙介龜鼈之屬鱻生魚羽鴈羶羊油羊司馬火時水克

火陰位在下腎亦在下數天一生水地六成之

時積十二日行一周是爲一日

日積三十月行一周是爲一月

月積十二天運一更是爲一年更平聲

年積三十人代一更是爲一世

理之本然無所造作是曰天道

事之當然不可推諉是曰人道推吐回反

天道流行賦予萬物昭然不昧犁然不混是謂明命

天理全體。稟受各足。達無所增。窮無所減。是
　謂定分。分，扶問反。
生之所稟。有厚有薄。時之所遇。有盛有衰。皆
　天命也。
心之所存。或邪或正。身之所行。或是或非。皆
　人事也。
陰陽五行。生人生物。氣以成形。理亦賦焉。就
　天而言。不能自已。是之謂命。
健順五常。在人在物。受其所稟。德斯具焉。就

我而言。莫非全體。是之謂性。◎日用事物。循性自然。不待外求。不假人爲。莫不各有當行之路。是之謂道。◎禮樂政刑。因道品節。爲法天下。垂訓後世。不使有過不及之差。是之謂教。◎理之總稱。事物當然。人所共由。謂之曰道。◎道之界分。精密有條。確不可易。謂之曰理。◎在物爲理。自然而然。界辨精密。有條不紊。◎處物爲義。當然而然。斷制剛決。時措從宜。處上聲。斷。端去聲。

天地正理。皆備於我。人不能榮。人不能辱。本然至善。是曰良貴。

天地正氣。各得以生。至大無量。至剛不屈。盛大流行。是曰浩氣。

氣至而滋息之爲培。音裴

氣反而遊散焉。則覆。音福

四書字類釋義卷一終

四書字類釋義卷二目次

德行類　凡一百三十條

惻隱羞惡辭讓是非

聰明睿哲　寬裕溫柔發强剛毅

齊莊中正文理密察

溥博淵泉　弘毅

剛勇　廉節

恂慄威儀　心廣體胖

溫良恭儉讓恭寬信敏惠

尊爵安宅　廣居正位大道

不惑不眩　不憂不懼

達道達德

四書字類釋義卷二

德行類 行去聲

理得於心是之謂德◎

理見於身是之謂行◎ 見音現

所得乎天虛靈不昧以具眾理而應萬事就心而言光明正大體用俱足是曰明德◎ 應去聲

隨事所在各有當然本無或過亦無不及就理而言極好盡頭精微難名姑曰至善◎

理得於天。全體大用。不可限量。峻德以名。

理得於心。充積宣著。罔有遺憾。盛德以名。

全體所存。仁義禮智。理無不具。性之謂也。

大用所著。喜怒哀樂。感無不通。情之謂也。樂音洛。

靜而未發。無所偏倚。謂之曰中。狀性之德。

發必中節。無所乖戾。謂之曰和。著情之正。中去聲。

性原不偏。道之體也。天下事理。咸該於此。故曰大本。靜不知存，本弗立矣。

情發不乖，道之用也。古今人物共由乎此，故曰達道。動不知節，道弗行矣。

戒慎恐懼，愈約愈嚴，至於極靜無少偏倚，守常不失，是曰致中。

慎獨謹幾，愈精愈密，至於應物無少差謬，行每不違，是曰致和。

不偏不倚，無過不及，是之謂中。中兼未發已發

平而無奇，常而不易，是之謂庸。庸通當下將來。

稟命之元具愛之理爲心之德其端惻隱是曰仁也

稟命之亨具恭之理爲心之敬其端辭讓是曰禮也

稟命之利具宜之理爲心之制其端羞惡是曰義也惡烏路反

稟命之貞具別之理爲心之明其端是非是曰智也別必列反

仁一而已偏言一事專言包四至於爲禮仁

之著也。禮儀三百。威儀三千。無非仁也。

◎義 一而已。處常守經。遇變行權。至於爲◎智 義之藏也。分別輕重。斟酌緩急。無非義也。處上聲。

◎忠 者實心。信之本也。發己自盡。爲表爲裏。至一不二。

◎信 者實事。忠之發也。循物無違。或言或行。以實不虛。

人之神明。統乎性情。以具衆理。而應萬事。是

之謂心◎

心之神明，該乎體用，以妙衆理而宰萬事，是之謂知◎

心之所明，是非不淆，就德而言，有善無惡，是之謂智◎

心之所識，是非不擇，就氣而言，有善有惡，是之謂知◎

理得於心，聰警不滯，德之慧也，其見之敏，有以灼於事之未然，否則失愚。

法用之巧。是非不昧。術之智也。其見之明。有以監其理之當然。否則戾正。
傷之至切。痛之至深。是曰惻隱。
恥己不善。憎人不善。是曰羞惡。烏路反。
解使去己。推以與人。是曰辭讓。推，吐回反。
知善而然。知惡而否。是曰是非。
聽德無壅。是之謂聰。
視遠無蔽。是之謂明。
知人深通。是之謂睿。

事析幾微。是之謂哲◎。

廣大不險。從容不迫。和平不戾。巽順不拂。寬◎裕◎溫◎柔◎仁之德也。從。七容反。

奮起難遏。勇往有力。勁健不屈。堅忍耐久。發◎强◎剛◎毅◎義之德也。遏。阿葛反。勁。音敬。耐。乃帶反。

思慮整齊。容貌端嚴。無過不及。不邪不僻。齊◎莊◎中◎正◎禮之德也。齊。音齋。四德主靜言者非是。莊字就心言者非是

文章可觀。條理不亂。詳悉細微。明辨疑似。文◎

理◎密◎察◎智之德也。

由小至大。事事物物。其理皆備。自近及遠。在在處處。其理咸該。周徧廣闊。何溥◎博◎也。

一理渾涵。萬感俱寂。莫究底蘊。一源活潑。萬類咸應。不見終窮。靜深有本。何淵◎泉◎也。

寬廣有容。始足任重。不弘◎可乎。慮其險陋。無以居也。

堅忍強立。始足致遠。不毅◎可乎。慮其怠廢。無以終也。

勇之所存堅實强勁不屈於物是之謂剛◎剛體

剛之所發奮決果敢見義必爲是之謂勇◎勇用

物有分辨不敢苟取是之謂廉◎

事有裁制不敢妄爲是之謂節◎

嚴敬存中兢兢戒慎戰戰恐懼曰恂◎慄◎也恂荀

去聲

輝光著外有威可畏有儀可象曰威◎儀◎也

以言其内不愧不怍廣大寬平是謂心◎廣◎

以言其外不矜不肆安舒自得是謂體◎胖◎胖步丹

反。

和厚可親。弗令人憎。易直可信。弗令人疑。莊敬可欽。弗令人慢。節制不煩。弗令人厭。謙遜不傲。弗令人忌。盛德光輝。接於人者。溫◎良◎恭◎儉◎與讓◎而五。令音零。易去聲。

莊敬持身。無所敢褻。闊大存心。無物不容。誠實接人。無二無三。勤勉治事。無怠無荒。恩澤被世。實有所濟。爲仁之要。行於天下。恭◎寬◎信◎敏◎與惠◎而五。闊。寬入聲。

天與良貴惟生物心先爲得之凡諸善端兼
而統之故曰尊爵
人心全德實有天理自然之適初無人欲陷
溺之危故曰安宅
存心以仁至公無私天地合德民物一體居
何廣也
持身以禮極中不偏周旋中規折旋中矩位
何正也
制事以義純理無欲處常守經遇變用權道

何大◎也.

先事講明無疑於理.是謂不◎惑◎.

臨時區處無迷於事.是謂不◎眩◎.

理勝私欲.內無不足.何憂◎之有.

氣配道義.外無不勝.何懼◎之有.

仁義禮智.天性自然.至常不易.是謂秉◎夷◎.詩本作彝.

親疎貴賤.人道當然.有次不紊.是謂人◎倫◎.

父慈其子.子孝其父.以天合者.本一氣體.非

有親乎。

君令其臣，臣共其君，以人合者，道爲去就，非有義乎。共音恭

夫各有婦，婦各有夫，男職在外，女職在內，非有別乎。別必列反

兄先乎弟，弟後乎兄，長率乎幼，幼遜乎長，非有序乎。先去聲，後去聲，長丁丈反

同門曰朋，同志曰友，善實相勉，過實相規，非有信乎。

心具五常本然之知不待於慮是曰良知

身備萬善本然之能不待於學是曰良能

善事父母是之謂孝

善處兄弟是之謂友

善事兄長是之謂弟音悌

善保子孫是之謂慈

曲以相承心得其歡未始有咈是謂悅親咈符勿反○咈者不然之意

諭之於道心與爲一未始有違是謂順親

父母之喪不患不哀患禮未盡附身附棺必誠必信勿之有悔是曰慎終◎三日殯而附身襲斂衣衾之具三月葬而附棺明器用器之屬誠於死者無欺信於生者無疑

祖考之祭不患不敬患誠未至時春時秋必戒必齋勿之有忘是曰追遠◎七日戒三日齋

前人之心大公無私吾承厥緒或此或彼不背所向心同此心曰善繼志◎背裴去聲

前人之行至當不易吾傳厥舊或損或益不失其宜行同此行曰善述事◎當去聲

其爲貌也質樸無華是之謂木◎
其爲言也遲鈍不佞是之謂訥◎
湛然純一齊其不齊是之謂齋◎
肅然警惕去所當去是之謂戒◎上去聲
不侈然以自放謂約◎
不紛然以多事謂簡◎
忠信以立其體曰質◎
物采以彰其用曰文◎
昏明强弱錯雜不齊本性所能無有不善是

皆謂才。齊稟於氣，善發於性。

禮樂射御書數之法，至理所寓，日用難闕，是皆謂藝。

適用曰器，不能相通。

堪用曰材，克勝其任。勝音升。

自言曰言，匪由人說。

答述曰語，因問而對。

聲之嘉美，是謂令聞。去聲。

名之遠播，是謂廣譽。

所得之善，敬守不失，有以自重，而不慕乎人爵之榮，是曰尊德。

所守之正，歡忻無悶，有以自安，而不徇乎外物之誘，是曰樂義。

身心無愧，賢者所得，吾欽崇之，莫有加焉，是曰尊德。

人物當然，賢者所抱，吾愛慕之，莫有美焉，是曰樂道。

天資純厚，心正行正，非必無財，於德爲優，涵

育薰陶去其所偏而入於全去其所疵而歸於醇是曰成德財材同

天資明敏智具能具非必無德於財爲優開導誘掖未就理者使就於理未至極者使至於極是曰達財掖音亦

天下古今共由之路是曰達道誰可違者

天下古今同得之理是曰達德誰可失者

四書字類釋義卷二終

四書字類釋義卷三目次

學問類　凡一百二十條

學問　學小大

學習　文學

篤信好學守死善道

志據依游　博學詳說

審問慎思明辨篤行

博文約禮　知好樂

憤啟悱發　專心致志

柏經正堂藏書

尊德性道問學　致廣大極高明

溫故敦厚　盡精微道中庸

知新崇禮　格物致知

表裏精粗　全體大用

知覺　著察

知至知止　止定

靜安　思慮

意誠心正　知言養氣

知天事天　盡心盡性

恭敬　敬一
克己復禮　戒懼慎獨
存心養性　動心忍性
持志集義　力行知恥
致曲擴充　不遷怒不貳過
思齊內省　下學上達
興立成　說樂
共學適道立權　自得居安資深逢原
詩書禮樂易春秋

興觀羣怨

助忘

四書字類釋義卷三

學問類

人性皆善。覺有先後。後覺所爲。必效先覺。乃可明善。而復其初。所以貴學。◎

善量無盡。罔間爾我。不敢自是。惟取諸人。天下之善。皆我之善。所以貴問。◎量。去聲。

灑掃應對。詩書六藝。收其放心。養其德性。小◎子所爲。大學◎基本。於此焉立。灑。篩去聲。掃。去聲。應。去聲。

窮理正心。脩己治人。知必周知。成不獨成。大◎

柏經正堂藏書

人所爲小學成功於此焉收
性同質異所以可學所以當學未知未能必
效諸人可學因性同當學因質異
理具心中不習不得暫習不得已知已能必
熟諸己
章外曰文威儀辭命可觀可聽
富中曰學前言往行多聞多識行去聲
一定如此否斷難已乃曰篤信
是非疑似硏辨無餘乃曰好學好去聲

利害變故。確乎不奪。乃曰守死。

事物當然。恰合無違。乃曰善道。

祈向有定。是之謂志。

執守不失。是之謂據。

存養無違。是之謂依。

玩物適情。是之謂游。

博學於文。詩書六藝。非求隱僻。

詳說其理。當然不易。非事穿鑿。音昨

倘有所疑。審問於人。勿泛勿略。務盡其情。

既有所見。慎思於己。弗浮弗過。務求自得。

是非眞妄。明以辨之。灼然判決。不留疑似。

學問思辨。篤以行之。皆踐其實。不為空言。

未事之時。格物致知。學問無窮。務究其理。不失於雜。是曰博文。

臨事之際。克己復禮。檢束有要。務循其則。不失於陋。是曰約禮。

識道之美。尚未躬行。可謂曰知。

心誠求之。尚未有得。可謂曰好。

既得於己本心快足可謂曰樂◎音洛

何以云憤心求通而未得之意開其意焉是之謂啟◎

何以云悱口欲言而未能之貌達其辭焉是之謂發◎

橫而言之主一無他始爲專心◎

直而言之極量無餘始爲致志◎

恭敬奉持全吾所受於天正理曰尊德性◎所以存心而克極乎道體之大否則淺陋否

則弛慢問學無本。奉上聲。

朝夕勉循不敢自是先民時若曰道問學所以致知而克盡乎道體之細否則模糊否則粗疎德性不明。時是。若順。

不以一毫私意自蔽心胸開闊絕無此疆彼界之殊曰致廣大否則狹小

不以一毫私欲自累心體峻潔超然俗情庶物之表曰極高明否則卑污

常涵泳乎其所已知或不由慮或由於慮總

勿遺忘。是曰溫故。◎
益敦篤乎。其所已能。或不由學。或由於學。總
勿淪失。是曰敦厚。◎
析理。不使有毫釐差。彼此疑似。條條層層。辨
別。分明。曰盡精微。◎別。必列反。
處事。不使有過不及。大小輕重。件件節節。斟
酌恰當。曰道中庸。◎處。上聲。當。去聲。
理義。曰知其所未知。名物事變。不可紀極。何
端可昧。是曰知新。◎

節文。曰謹其所未謹。視聽言動。各有儀則。何事可略。是曰崇禮。

凡物有理。日日研窮。表裏精粗。欲無不到。是曰格物。

吾心有識。漸漸推廣。全體大用。欲無不盡。是曰致知。

人物共由。皆知皆見。是之謂表。

吾心獨得。至親至切。是之謂裏。

事理大略。取其偏端。是之謂粗。如管仲之功。亦謂之仁。

事理細微，究其全蘊，是之謂精◎。如顔子之違亦謂不仁。

心之全體，衆理皆具，一理或昧，全者歉矣。歉，苦簟反。

心之大用，萬事咸應，一事或迷，大者小矣。

識其事之所當然者而不可易，是則爲知◎。

悟其理之所以然者而不可移，是則爲覺◎。

明所當然，知理之端，是則爲著◎。

識所以然，盡理之詳，是則爲察◎。

心之虛靈，貫通此理，全體大用，舉無或蔽，是

曰知至◎

理之精微，洞燭於心，一事一物皆明其則，是曰知止◎

事理當然，必至不遷，是之謂止◎

事物正理，志向不移，是之謂定◎

心之所存不爲妄動，無事亦然，有事亦然，是之謂靜◎

身之所處無擇於地，在此亦可，在彼亦可，是之謂安◎

心之所用，研求其理，是之謂思。

思之所入，精詳不浮，是之謂慮。

念慮所發，爲善去惡，外內如一，始終如一，乃謂意誠。去上聲。

神明所存，直上直下，不爲欲動，不爲情勝，乃謂心正。

盡心知性，入乎耳者，是非不疑，是曰知言。

主敬集義，充乎體者，剛大無懼，是曰養氣。

理所從出，洞悉無疑，是謂知天。

理之自然奉承不違是謂事天

人之神明莫非全體一理不知全者歉矣充

極其量虛明洞達毫髮無蔽是曰盡心歉苦

簟反

天命在我本自具足一端有憾足者虧矣察

由偕至巨細精粗毫髮無失是曰盡性

敬見乎外就容而言通乎動靜惰慢不形氣

象闊大是之謂恭見音現

恭存於中就事而言通乎動靜主一無適意

思細密是之謂敬◎

言乎其外整齊嚴肅言乎其中主一無適心常惺惺收斂緊密不容一物是之謂敬◎

言乎其理精粹無雜言乎其運終始無閒體則渾渾該括萬理而無所遺是之謂一◎閒去聲

一身私欲大勝無負至於淨盡是曰克己◎

天理節文善反無違悠然流行是曰復禮◎

不睹守內不聞防外天理常存雖靜無忽存

養之功全於戒懼◎（睹自內出聞自外入）地當幽暗事當細微人欲遏萌毋使滋長省察之要切於慎獨◎（長丁丈反省星上聲）

吾之神明酬酢萬變操而不舍勿爲昏罔勿爲放逸存其心也◎（舍上聲○昏罔就知言放逸就行言）

吾所稟受天之正理順而不害弗爲暴慢弗爲貪昧養其性也◎（暴不仁慢不禮貪不義昧不智）

仁義禮智吾之本心道心微者人心日熾怵動則活常作事主而物聽命是曰動心◎（常作

事主則微者著矣。

氣稟食色各有生性。嗜欲淺者天機日淺。堅忍則淡。不爲物役。而性恆定。是曰忍性◎

心所向往敬以守之。勿爲私雜。是曰持志◎

事所宜爲勉以積之。勿爲欲間。是曰集義◎

見善則遷。聞過則改。不徇物欲。是謂力行◎

聖亦人也。我亦人也。不甘處下。是謂知恥◎

善端之發。各有所偏。悉推廣之。以造其極。斯爲致曲◎

造。七到反。

善心之見，各有其緒，悉推廣之，以滿所受，斯爲擴充。

或在一人，或在兩人，怒於甲者，罔移於乙，是曰不遷。

或在吾心，或在吾身，過於前者，罔復於後，是曰不貳。

無則求之，有則勿失，是曰思齊。

有則改之，無則加勉，是曰內省。

人事顯著，知能莫外，是曰下學。

天理精微，貫通罔閒，是曰上達。◎

學者之初，好善惡惡，勃然難已，是之謂興。◎

學者之中，爲善去惡，卓然莫奪，是之謂立。◎

學者之終，純善無惡，自然順適，是之謂成。◎

心理本一，覺因時開，所知益精，所能益固，自得於己，油然浹洽，喜意內生，不亦說乎。◎芻豢適口，未足以喻。說音悅。豢音患。

義理所同，非我得私，衆皆心信，衆皆身從，慊吾本志，歡然暢快，發散在外，不亦樂乎。◎律呂諧和未足以方。慊，苦劫反。

孳孳矻矻，知所求之，可與共學◎。孳，音孜。矻，苦骨反。○孳孳，勤也。矻矻，勞也。

勉勉循循，正所往焉，可與適◎道◎。勉勉，力也。循循，序也。

篤志固執，守常不易，曰可與立◎。

稱量輕重，時措從宜，曰可與權◎。稱，去聲。

默識心通，安排布置俱無所用，自然而獲，是謂自◎得◎。

理得於心，日用動止，隨在便適，眷戀不去，是

謂居◎安◎

今日用之無所窮已，明日用之無所窮已，滚滚出來恆取恆有，是謂資◎深◎

此事來遇，本然至理，彼事來遇，本然至理，不待用我，將道往應，是謂逢◎源◎

詩◎以道志，其爲教也，溫柔敦厚，

書◎以道事，其爲教也，疏通知遠，

禮◎以道行，其爲教也，恭儉莊敬，

樂◎以道和，其爲教也，廣博易良，

易◎道陰陽。其爲教也。潔靜精微。

春◎秋名分。其爲教也。屬辭比事。分，扶問反。屬，音燭。比，必二反。

興◎在性情。感發志意。

觀◎在政事。考見得失。

羣◎以處常。和而不流。

怨◎以處變。恨而不怒。

優游涵泳。序不可亂。躐等而進。其失也助◎。

日月就將。功不可缺。半塗而廢。其失也忘◎。

四書字類釋義卷三終

四書字類釋義卷四目次

善惡類　凡一百二十一條

周比　和同

求己求人　上達下達

不器小器　貞諒

樂淫哀傷　忿懥恐懼好樂憂患

親愛賤惡畏敬哀矜敖惰

頑懦　鄙薄

過慝　尤悔

罔殆　欺罔

驕吝　忮求

柏經正堂藏書

菑害

四書字類釋義卷四

善惡類

天理本然，未涉人爲，純粹無雜，善之謂也。

人欲所生，不循天則，悖逆有心，惡之謂也。

氣稟於天，有淸有濁，質受於人，有明有昏，智愚以判。

氣稟於天，有美有惡，質受於人，有粹有駁，賢不肖分。

聰明睿哲，是謂上智。

昏昧暴棄是謂下愚
可以上下是謂中人
因人興廢是謂凡民
天命流行元亨利貞其賦於物各有定體是之謂理
人身備具耳目鼻口其感於物各有私願是之謂欲
天理所宜無爲而爲是之謂義無爲去聲
人情所欲有爲而爲是之謂利有爲去聲

物我兼照，坦然一致，是之謂公。

物我角立，紛然萬殊，是之謂私。

所知所能，欲得於我，爲己之學，終至成物。

所知所能，欲見於世，爲人之學，終至喪己。見音現，喪去聲。

知善當爲，知惡當去，不實用力，苟以徇外，是曰自欺。去上聲。

眞實爲善，眞實去惡，快足於己，不求爲人，是曰自謙。謙音慊。

存心光明，行事正大，語言眞確，而直以名。◎

存心奸險，行事乖戾，語言譎誕，而枉以名。◎

其性克剛，持守不變，其氣克勇，力行不息，是之謂强。◎

其稟不勁，怯懦苟安，其志不立，委靡自廢，是之謂柔。◎勁，音敬。靡，母彼反。

小心循理，不愧不怍，氣象安舒，是之謂泰。◎怍，疾各反。

肆意逞欲，恃才恃勢，氣象矜高，是之謂驕。◎逞，稱

上聲

順理而行，心廣體胖，無入不得，是曰蕩蕩。

徇欲而往，有此少彼，無時可足，是曰戚戚。

莊以持己，是之謂矜，易至絕物，有乖戾心，則失於爭。易，去聲。

和以處眾，是之謂羣，易至徇物，有阿比意，則流於黨。處，上聲。比，必二反。

同親斯人，而心普徧，不私於此，是之謂周。

同厚斯人，而心偏暱，罔公乎他，是之謂比。暱，泥。

質反

無所乖戾是之謂和

有所阿比是之謂同

正誼明道不願乎外事有未協反躬自責曰求諸己

沽名干譽無所不至行有弗得歸咎於世曰求諸人

循乎天理日進高明是曰上達

徇乎人欲日究汙下是曰下達

體無不具，用無不周，是曰不器。
局量褊淺，規模卑狹，是曰小器。量，去聲。
審其至正而固守之，是之謂貞。
不擇是非而必於信，是之謂諒。
得意斯樂，情陽屬也。樂之過焉而失其正，則名曰淫。
失志斯哀，情陰屬也。哀之過焉而害於和，則名曰傷。
氣勝而怒，爰有忿懥。陟利反。

氣歉而畏。爰有恐懼◎

欲得而喜。爰有好樂◎（五教反）

慮失而愁。爰有憂患◎

恩誼至厚。是所親愛◎

悖逆難容。是所賤惡◎（烏路反）

德位可尊。是所畏敬◎

困窮可憐。是所哀矜◎

簡於爲禮。有時用敖◎（去聲）

嬾於爲禮。有時用惰◎（去聲）

心不則乎德義之經私己無恥非頑而何

志不期乎理道之正苟安自便非懦而何

量狹曰鄙於物莫容

情疎曰薄於人莫親

理偶有失出於無心是之謂過

惡尙未著匿於其心是之謂慝

罪自外至尤能免耶

理自內出悔能已耶

昏而無得失則罔矣

柏經正堂藏書

危而不安失則殆◎矣

誑以理之所有曰欺◎誑古況反

昧以理之所無曰罔◎

矜誇氣盈吝之枝葉其失也驕◎

鄙嗇氣歉驕之本根其失也吝◎

疾人所有而欲害之剛惡曰忮◎音至

恥己所無而欲取之柔惡曰求◎

稱人之惡而損其眞是之謂毀◎去聲

揚人之善而過其實是之謂譽◎平聲

毀人之行有用譖者浸灌滋潤漸漬不驟是謂浸潤◎譖，莊蔭反。漸，將廉反。漬，子賜反。

自己之冤有用愬者肌膚所受利害切身是謂膚受◎愬，蘇路反。膚，音夫。

私己自益不恤乎人貪亦甚矣◎

亢己自是不順乎人戾亦甚矣◎亢，去聲。

佞言曰諂陷人自陷

面從曰諛與實弗與

阿徇爲容祿位可保◎

逢迎爲悅志意相洽

長君惡者其人無能巽懦阿諛君過不諫巧言順之長丁丈反

逢君惡者其人有才傾陷陰邪君過未萌先意導之先去聲

百家衆技各有所長不能相通是曰小道

邪說詖行非聖正道別爲一端是曰異端詖皮去聲

知之過者深求隱僻是曰素隱素本作索山客反

行之過者鶩爲詭異是曰行怪

同乎流俗合乎汙世居似忠信行似廉潔鄉原如是（原去聲）

品望則庸心術則惡識趨則陋才力則劣鄙夫如是（趨去聲）

卑諂便給而有才智名曰佞人（便平聲）

顛倒虛妄而又敏捷名曰利口

所謂詐者人欺己也未至而迎是之謂逆

所謂不信人疑己也未見而意是之謂億

以道爲非拒而不信。墮於剛惡。曰自暴者。

以道爲高憚而不爲。墮於柔惡。曰自棄者。

起念自私。直遂難已。常在事前。爲意。爲必。

執滯不化。成於私己。常在事後。爲固。爲我。

因己所有氣盈而生。好勝曰克。自矜曰伐。

因己所無氣歉而生。忿恨曰怨。貪求曰欲。

偏陂曰詖。放蕩曰淫。畸僻曰邪。逃避曰遁。四者相因。言之病也。陂，布眉反。畸，堅溪反。

遮隔曰蔽。沈溺曰陷。叛去曰離。困屈曰窮。四者相因心之失也。

蕩閑踰矩是之謂放。

偏陂不正是之謂辟。音僻。

淫僻不法是之謂邪。

肆意妄爲是之謂侈。

凶暴淫虐滅絕天理害乎仁者此謂之賊。

顛倒錯亂傷敗彝倫害乎義者此謂之殘。

水旱蝗疫天禍曰菑。

寇賊姦宄人禍曰害。宄音軌。○劫人曰寇。殺人曰賊。在外曰姦。在內

曰宂

四書字類釋義卷四終

四書字類釋義卷五目次

聖賢類　凡五十二條

善信美大聖神 一貫成章

樂天畏天 知者仁者

仁恕 立達

達孝歸仁 豪傑

清和 狂狷

四書字類釋義卷五

聖賢類

性焉安焉，不勉而中，不思而得，是則聖乎。中，去聲。

復焉執焉，其德可久，其業可大，是則賢乎。復，反之。執，勉守。

道無不具，實之極也，就體而言，是謂至誠。誠

道之大，非聖莫知。

德無不周，明之極也，就用而言，是謂至聖。聖

德之全非誠莫爲

滿乎其量恢宏有餘不可涯際嗚呼大哉量去聲涯宜皆反○涯水岸際邊交

詣乎其極適當無歉不可復加噫嘻至矣當去聲歉口簞反○詣進也

內外始終至一不雜是之謂純◎

本末大小無一不盡是之謂備◎

天性渾全無所污壞不假修爲性◎之◎者也渾上聲

氣質稍偏。修身體道。以復厥初。反之者也。

稟氣清明。生而神靈。不待於教。知自無昧。

賦質純粹。安於義理。不待於習。行自無咈。符勿反〇逆也。

稟氣清多。未能無蔽。有所不知。學以知之。雖非生知。而不待困。

賦質粹多。未能無雜。眞知其利。而必行之。雖有弗安。而不待勉。

稟氣昏蔽。生而不明。學而未達。困心衡慮。而後知之。衡，橫同。○困，不安。衡，不順。

賦質駁雜，不獲所安，未知其利，勉力強矯，而後行之。

體道用義，聲自爲律，身自爲度，曰不踰矩。不踰。

兼言行。

道明德立，無所疑惑，無所恐懼，曰不動心。不動。

兼知行。

耳目手足，咸盡其理，無少有歉，是謂踐形。

智盡仁至，全天所付，不以人害，是謂立命。

◎作者何也。創始於前。非聖不能。
◎述者何也。傳舊於後。雖賢可及。
道隆德純。充足有餘。其◎大◎人乎。
踐形盡性。幾微無憾。其◎成◎人乎。
神明不測。是曰◎聖◎人。
才德出衆。是曰◎君◎子。
志仁無惡。是曰◎善◎人。
不貳其心。是曰◎有◎恆。
其爲人也。或得於天。或由於學。惟見可愛。不

見可惡是之謂善（惡烏路反）
凡所謂善實心爲之實力守之既無所假更無所失是之謂信
力行其善充足飽滿隱微罔憾曲折罔雜美在其中無待於外是之謂美
益充其善積中發外威儀在躬文明在世德業至盛而不可加是之謂大
德盛仁熟理與己一自我而言不勉而中不思而得是之謂聖

極善至妙。聲臭俱無。就人而言。耳目莫罄。心思莫測。是之謂神。

聖人之心。渾然一理。汎應曲當。用各不同。是曰一貫。

賢人之學。顯然就緒。積中發外。文理可觀。是曰成章。

自然合理。曰樂天者。

不敢違理。曰畏天者。

達於事理。是謂知者。知音智

安於義理是謂仁者◎

以己及物順出直行自然而然仁◎者之心

推己及物反復較量勉然而然恕◎者之事。復音

褊

德無不定體無不安就存主言是之謂立◎

理無不通行無不得就發用言是之謂達◎皆兼

內外

天下之人通謂其孝曰達◎孝◎乎

天下之人皆與其仁曰歸◎仁◎焉

智過千人、可謂豪◎俊。

才勝萬人、可謂英◎傑。

無所雜者、清◎之至也。

無所異者、和◎之至也。

志大言大、行有不揜、◎狂者則然。行、去聲。

自潔自好、知有未及、◎狷者則然。

四書字類釋義卷五終

四書字類釋義卷六目次

治教類　凡九十六條

輔世長民　人民

富之教之　恆產恆心

教化　善政善教

仁言仁聲　政事

聲名　禮樂

禮樂征伐　不謬不悖無疑不惑

法則有望不厭　風俗

仁讓　信親

賢親樂利　安富尊榮

仁民愛物　位育

王霸　徒善徒法

有道無道　治亂

政刑

四書字類釋義卷六

治敎類

天生斯民，莫不有身，耳目口體，嗜欲爭焉，爰作之君，以治天下。◎天賦斯民，莫不有性，昏明强弱，氣質雜焉，爰作之師，以敎天下。◎心純乎理，無二無息，自然而然，是曰天德。◎德見於事，無偏無黨，匪爲而爲，是曰王道。◎見音現，爲去聲。

德得於天，體無弗具，用無弗應，何爲不明。氣拘生初，物蔽生後，明者昏矣。去其昏昧，以復厥始，是謂明德。應，去聲。去，上聲。

民之與我，共體此氣，共性此理，苟不加新，分烏容辭，心烏能忍。推吾明德，革其舊染，以同厥歸，是謂新民。分，去聲。

視聽言動，有節有文，是曰身脩。

倫理恩義，克正克篤，是曰家齊。

由親及疎，標準既立，教誨可施，是曰國治。去聲。

由近及遠。分願各得。偏陂不形。曰天◎下◎平◎。
積中發外。言貌有儀。是之謂形◎。
睟面盎背。事理彰顯。是之謂著◎。
令聞廣譽。光輝發越。是之謂明◎。聞，去聲。
志意感發。歆羨向慕。是之謂動◎。
遷善去惡。易其故習。是之謂變◎。
不識不知。自然而然。是之謂化◎。
德常於中。是之謂久◎。
功驗於外。是之謂徵◎。

從容不迫無所間斷是之謂悠◎從七容反間去聲

寬裕有常莫可終窮是之謂遠◎

語其所積橫而推之漸被廣暨直而究之淪浹淡入是謂博◎厚◎漸音尖

觀其所發體勢俊偉巍乎莫及精采光昭煥乎莫掩是謂高◎明◎

言其氣象據始要終無有窮已是所謂悠◎要平聲

言其骨裏隨處隨時鎮常如此是所謂久◎

秉彝好德，人同此心，身所經歷，不必久習，用以淡治，翕然丕變，無有形迹，是曰過化。◎好，去聲。翕，音吸。過，音戈。○翕，烏斂翼速。丕，大。

天地萬物，本吾一體，心所存主，不疾而速，無可測度，誠動於此，效應於彼，是曰存神。◎度，待洛反。○疾，急之。

上下四旁，各有其分，不可侵越，度之以己，廣狹長短，截然方正，無所有餘，無所不足，是曰絜矩。◎絜，胡結反。○絜之得矩。

日用事物、各有其理、不待安排、權之以義、動靜作止、天然合宜、無所或過、無所不及、是曰時中。隨時處中。

天理當然、聖賢所制、遵而守之、鉅細無違、始終無間、是謂行法。

綱常之大、日用莫易、帥而導焉、端厥化原、修厥治法、是謂反經。

體道之常、定爲典禮、親疏貴賤、萬古不易、是之謂經。

達道之變，因時制宜，輕重抑揚，濟經不及，是之謂權。

居仁由義，守達之道，大小不苟，求其志也。

格君治民，行求之志，始終不變，達其道也。

扶翼運會之綱之紀，勿使顛覆，是曰輔世。

臨御億兆，匹夫匹婦，勿致傷殘，是曰長民。長丁丈反。

貴者曰人。

賤者曰民。

制其田里、薄其稅斂以遂民生、富之道也。
立乎學校、明乎禮義以復民性、教之道也。
田廬衣食常生本業、是謂恆產。
仁義禮智常具本性、是謂恆心。
脩道明倫以覺乎人、具有科條、是之謂教。
默喻潛移以感乎人、初無形迹、是之謂化。
法制禁令、勸勵防閑、以正其外、是曰善政。
仁義禮樂、漸摩涵養、以淑其心、是曰善教。
發於上者、命令訓戒、變民身家、是謂仁言。

見於下者。傳播頌揚。感君德澤。是謂仁聲。

大者曰政。綱領所在。

小者曰事。節目所存。

傳聞曰聲。告諸人也。

稱頌曰名。道其實也。

天理節文。人事儀則。正其綱紀。防其慢易。以教民中。是之謂禮。易，去聲。慢，怠易輕。

聲律唱和。手足舞蹈。養其性情。宣其湮鬱。以教民和。是之謂樂。和，去聲。湮，音因。鬱，紆勿反。宣，通。湮，塞。鬱，結。

文德治世五禮以履六樂以樂掌於宗伯
武功威世四征以正九伐以法統於司馬
三王有迹與其已行一無所差故曰不謬
天地曰道與其自然一無所拂故曰不悖
鬼神無形而難知也幽驗乎明故曰無疑
後聖未至而難料也遠驗乎近故曰不惑
事之顯然以斯爲方而遵守焉是所謂法
理之當然以斯爲準而取正焉是所謂則
悅其德之廣被無方企而慕焉是謂有望

習其行之有常不易。久而安焉。是謂不厭。

上德所感。謂之曰風。

下習所成。謂之曰俗。

藹然有情。彼此相親。是則曰仁。

秩然有禮。彼此相敬。是則曰讓。

畏如帝天。誰敢不尊。

愛如父母。誰忍不親。

賢其賢者。聞而知之。仰其德業。

親其親者。子孫保之。思其覆育。覆。去聲。

樂其樂者，含哺鼓腹，暢然自快。哺，蒲故反。

利其利者，耕食鑿飲，取之無窮。

上下無猜，中外無虞，何安如之。

食貨俱充，君民俱足，何富如之。

大國小國，恭畏悅服，尊莫加焉。

邇者遠者，聲名洋溢，榮莫加焉。

老幼大小，各遂其生，各復其性，謂曰仁民。

禽獸草木，取之有時，用之有節，謂曰愛物。

陰陽動靜，各安其所，是之謂位。

飛潛動植皆遂其生是之謂育◎

仁義德禮漸摩斯世人所歸往是之謂王◎

功利智力把持斯世人所畏服是之謂霸◎

有心無政是謂徒善◎

有政無心是謂徒法◎

君明臣良禮樂政刑條理修舉君子得志是曰有道◎

君驕臣諂紀綱法度廢弛紊亂小人得志是曰無道◎弛詩止反

順理得宜名之曰治。○悖理倒置名之曰亂。

○政本爲正。以已之正。正人不正。法制禁令。幸其怠勸。爲治之具。勸音勸

○刑期無刑。以弼乎教之所不及。輕重出入。鋤其强梗。輔治之法。

四書字類釋義卷六終

朝邑楊鳳詔信甫校字

書序辯

同治十有二年癸酉開雕

書考辯上卷

近世讀書者率以議論蔡傳爲能余徧閱諸家而後知書註莫善於蔡氏當時受命朱子參取蘇子瞻呂東萊吳才老曾彥和之說而斷以己意義理精純持論正大學者所當服膺也間有考之未審者竊取而詳訂之然亦僅矣若夫較量於一字一句之間以矜新奇而議往哲則非愚之所敢出乾隆己巳夏五三原劉紹攽識於介休道中

今文古文

世多信今疑古。惟方氏苞謂漢儒莫醇於董仲舒。說

命諸篇董尚不逮下此誰復能僞余謂十六字傳心之要非後世所能爲後世亦無有議之者然皆出於古文也古文殆無可疑

書序非孔子作

漢書儒林傳註衞宏定古文尚書序又儒林傳曰張霸采左氏傳書叙爲作首尾凡百二篇篇或數簡文意淺陋然則疑書序者豈始於朱蔡哉

書傳非安國作

朱子以孔傳爲僞而未指其實近世胡氏渭指出二條余亦得其二條朱子之識信不可及

胡氏曰大陸地也非澤也以地爲澤自班固始安國於冀州云地名而導河又云澤名前後違戾反若乞靈於班固者又曰傳曰積石在金城西南按昭帝紀始元六年以邊塞濶遠始取天水隴西張掖各二縣置金城郡則金城非武帝時有也此豈身爲博士者之手筆

余按註疏所引馬云者皆馬融也傳於肆類上帝曰馬云太一神馬在孔後其僞明矣愼徽五典曰舉八元使布之於四方納于百揆曰舉八凱使揆度百事賓于四門曰流四凶族四方諸侯來朝者皆有美德

無凶人。此乃文十八年左傳之文。左氏之出最後。孔不及見。茲乃据以爲說。其在東晉以後可知。朱子以書大序爲東晉以後人作

篇次非舊

朱子謂詩之篇次已失其舊。蓋因左傳武爲大武之首章。桓爲大武之六章。與今不合。余謂書亦然。莊八年傳引夏書皋陶邁種德。僖二十四年傳引夏書地平天成。襄二十六年傳引夏書與其殺不辜寧失不經。皆與今不古。蔡以今篇孔子所定。然孔穎達謂馬融、鄭康成、王肅、別錄題皆曰虞夏書。則豈定自孔子

哉

克明俊德

孔以克明俊德爲能明俊德之士與明明揚側陋同以百姓爲百官與官百族姓同義亦可通不若蔡氏自身而家而國而天下爲光被四表之實下文歷象授時爲格於上下之實

申命羲仲

蔡傳或曰上文所命葢羲伯和伯按賈公彦周禮疏序曰掌四時者字曰仲叔掌天地者其曰伯乎然則蔡氏所謂或云者公彦也但公彦以羲爲天官和爲

地官其下分命仲叔春爲秩宗夏爲司馬秋爲士冬爲共工卽以爲六官之名則失之附會

日月星辰

孔以星爲四方中星蓋二十八宿隨天而轉各以其時見於南方每十五日一移二十四氣因此以考授時所必講也蔡兼言五緯緯星所以驗災祥於人時無涉然有經無緯於天象爲未備故補之與

周天度

嘉靖間議從祀諸儒以康成信緯而黜緯書固多誕妄然去古未遠亦有相傳必不可磨滅者如周天三

百六十五度四分度之一。乃乾鑿度、考靈曜之言。至今司天者奉爲典型。緯豈盡不可信哉。

後漢翟酺傳、著援神鉤命解詁十二篇。註云、援神契鉤命決皆孝經緯篇名也。然則緯書亦漢儒所作。

天左旋日月五星右旋

明太祖、論天與日月五星之行。羣臣皆以蔡氏左旋之說爲對。上曰、天左旋日月五星皆右旋二十八宿經也。附天體而不動。日月五星。緯乎天者也。朕自起兵以來。與善推步者仰觀天象二十有三年矣。嘗於天氣淸爽之夜。指一宿爲主。太陰居是宿之西。相去丈許盡一夜則太陰漸過而東矣由此觀之則是右旋因詔徵天下儒士定正之以翰林學士劉三吾總其成書成賜名書傳會選事見實錄明史天文志亦載其說顧寧人深以右旋爲是余按左旋之說始於横渠張子古歷謂右旋者便於算也余究心天學有年得之實測信皆左旋明儒不識天象但以朱傳十月之交謂天左旋日月五星俱右旋據之以駁蔡氏其實未見朱子之全書也語類曰天左旋日月五星亦左旋只恐人不曉所以詩傳只載舊說或曰此亦易見如以一大輪在外一小輪載日月在內大輪轉

急小輪轉慢雖都是左轉只有急有慢便覺日月是右轉了曰然

胥子朱

傳曰胥國子爵朱名按胥征有胥侯顧命有胥之舞衣胥誠國也蔡氏取馬鄭之說以胥子爲嗣子朱爲丹朱帝詢登庸而放齊舉太子毋乃非其倫乎孔說爲是

九載績用弗成

祭法云鯀障洪水而殛死所謂障者如今之築堤耳不知疏瀹決排順勢利導故不能成功信乎賈讓之

策爲治河之要。

今人多言堯有九年之水、按二程遺書曰。龍門未闢。伊闕未拆。砥柱未鑿。堯乃因水之流濫而治之。以爲天下後世無窮之利。非堯時水特爲害也。蓋已久矣。上世人少。就高而居。則不爲害。後世人多。就下而居。則爲害也。　孟子當堯之時天下猶未平。玩一猶字。則程子之說爲是。

釐降二女

孟子亦言九男二女。而檀弓言舜有三妃。疏云、長妃娥皇。次妃女英。次妃癸比。癸比蓋非堯女。

四岳

孔謂羲和之四子朱子曰四岳是總在外諸侯之官

又問是一人是四人曰汝能庸命巽朕位不成讓於四人

襄十四年傳謂我諸戎是四岳之裔胄也註云姜姓

舜典

舊以愼徽五典直接往欽哉之下文氣甚順後增篇首二十八字文勢横决况孟子帝乃殂落在於堯典近世毛西河欲删此二十八字以過密八音爲堯典之終月正元日爲舜典之始其義亦是然本之史記

敘放勳殂落以前爲堯。以後爲舜。

納于大麓

孔曰、麓。錄也。使舜大錄萬機之政。陰陽和。風雨時。按王莽傳曰、予前在大麓。至于攝假。師古曰、大麓者。謂爲大司馬宰衡時。妄引舜納于大麓烈風雷雨不迷也。可見漢儒之爲此說久矣。

伊川先生曰、納于大麓。麓足也。百物所聚。故麓有大錄萬機之意。若司馬遷、謂納舜于山麓。豈有試人而納于山麓耶。此只是歷試舜也。劉元承手編

六宗

孔謂四時寒暑日月星水旱與祭法合故蔡氏取之若孔光劉歆馬鄭之說繁雜不一皆不足據

律度量衡

律管定尺本于漢志余嘗讀而疑之史記既有律書又有樂書漢書既有律歷志又有樂書而律書則曰六律爲萬事根本其於兵械尤所重又曰鐘律調自上古建律運歷造日度可據而度則所謂律者歷律兵律非樂律也今之納音如甲子乙丑海中金乃歷之用律金鼓之屬視以進退乃兵之用律志云黄鐘之長以子穀秬黍中者度之不知横以度

之。長以度之。黍有大小、何者爲中、然先儒相傳已久。何敢妄生異論。後讀二程遺書。先得我心。謝顯道記伊川先生曰、以律管定尺。乃是以天地之氣爲準。非秬黍之比也。秬黍積數。在先王時。維此爲適與度量合。故可用。今時則不然。又游定夫所錄二先生語云。羊頭山老子說。一稃二米秬黍直是天地和氣。十分豐熟。山上便有。山下亦或有之。今之秬黍已不可得。而欲以定管定尺。豈其然乎。

漢志云、王莽秉政。欲耀文譽。徵天下知鐘律之士。使羲和劉歆、典領條奏。又云、刪其僞辭。則其不純可知。

其算管。律書與志不同。律以九爲數志以十爲數而律書與前後志不同者尤多。胡致堂諸儒。依此定律而不得。蔡元定本此爲律呂新書。韓氏邦奇、楊氏繼盛、祖述相闡。然卒不可用。王信芳先師、精熟性理。又奉 勅預修律呂正義。余嘗質之。先師曰。律呂新書止言其理耳。實不可用。今之太常。不以管定而以絃定。然則今之樂尺。酌其宜而爲之可也。或曰。古法其可易乎。曰古法周天三百六十五度四分度之一。今爲三百六十度。去畸零以便於算也。夫天度可增可減。安見鐘尺必不可移易乎。

程子又言、昔胡先生定樂。取羊頭山黍。用三等篩子篩之。取中等者用之。此特未爲定也。此尺是器所定。更有因人而制。如深衣衣袂一尺二寸。若古人身材只用一尺二寸。豈可運肘。即知因人身而定。玩此一段。即余酌其宜而爲之之意。

四巡

書疏、不巡中岳者。蓋近京師、不慮枉滯。余按古無五岳之名。故朱子詩傳以東岱、西華、南霍、衡即北恒爲嶽。而不及嵩山。其云崧高維嶽、崧崇也。謂崧然而高者。維是四岳之山也。以嵩山爲中岳。始於武帝東巡西祀之時。書疏不察。誤引之耳。

胡氏渭曰、左傳昭四年、司馬侯曰。四岳三塗。陽城太室。太室卽嵩高也。於四岳外別言之。可見嵩高時不爲岳矣。爾雅嵩高爲中岳。後人所附益。

舜誅四凶

孔穎達、以堯之末年。四凶在朝。爲亢龍有悔。是不知聖者也。唯程子爲知之。游定夫所錄曰、四凶之才。皆可用。堯之時聖人在上。皆以其才任大位。而不敢露其不善之心。堯非不知其不善也。伏則聖人亦不得而誅之。及堯舉舜於匹夫之中而禪之位。是四人者始懷憤怨不平之心。而顯其惡。故舜得以因其迹而誅竄之也。

肇十有二州

孔以禹治水之後。舜分置之。若在治水之後。禹貢何以復合。當是治水之時。境域遼遠。山水糾紛。故須分之。以便相視。封山者、大水茫茫。用此標識。濬川、卽治水之事也。其後水治。幽并營三州。地遠人稀。故仍合之爾。

二十二人

孔以禹垂益伯夷夔龍六人、新命有職。四岳十二牧。

凡二十二人。夫九官一時并命。何新何舊。且四岳一人也。蔡傳爲是。

罔水行舟

易曰、君子用罔。罔无也。當時洪水未平。人多舟居。及後水患已無。丹朱猶在舟中。曳之而行。若今之紈袴然。

治梁及岐

蔡傳以梁爲呂梁。岐爲狐岐。本之晁以道見困學紀聞。

尸子、呂覽、淮南子、皆言龍門未闢。呂梁未鑿。河出孟門之上。元和志云、孟門山在慈州文城縣西南三十六里。今隰州吉鄉縣西北有文城廢縣、俗名石槽河中有山鑿中如槽。蓋即壺口也。西直陝西延安府之宜川縣。其下口即今河津縣西與韓城之龍門相對、乃梁山也。胡氏渭曰、治梁所以終壺口之事。壺口爲上口。龍門爲下口也。朱子云、龍門至今横石斷流。自上而下。其勢極可畏。河未經鑿治時。龍門正道不甚洩。一派西滚入關陝。一派東滚往河東。爲患最甚。故須治之。遂及岐者何。梁山既鑿。水由地中行。河之左右無洪水之患矣。然地上之積潦。未經疏洩。不可耕

作故并治之禹曰濬畎澮距川暨稷播奏庶艱食粱岐之閒其第一功也

恒衛既從

各州先水後賦此獨列於賦後隱示人以劃九州爲十二州之跡也恒衛以東則爲幽州以北則爲并州今以地形考之可見

碣石

彙纂從肇域志謂即今濟南府海豐縣之馬谷山但碣石在渤海之閒渤海今天津一帶不應在濟胡氏渭亦不肯信而從蔡氏包淪於海之說

九河

爾雅、徒駭一。太史二。馬頰三。覆釜四。胡蘇五。簡六。絜七。鉤盤八。鬲津九。朱子集注從之。漢書敘傳亦然。蔡氏獨從曾彥和之說。以簡潔爲一。其一爲河之本流。不知徒駭卽本流也。

康成以齊、桓塞九河。本之春秋寶乾圖。書疏亦引之。閻百詩云、齊桓卒於襄王九年戊寅。至定王五年己未。甫四十五年。而周譜云。其年河徙。蓋下流既壅上流乃決。理所宜然。河之患始此。

或曰、曲防遏糴。桓公禁之。余謂葵丘之命。桓公未必

能自行之。荀子言桓公姑姊妹之不嫁者七人。無以妾爲妻者固如是耶、

雷夏

胡氏渭曰、山海經龍身人頭之說。太史公所不敢言。酈注水經、尚無取於此。而蔡氏引之何也。

按大宛列傳、山海經所有怪物、余不敢言之也。

萊夷作牧

敘萊夷於貢賦之後、與冀之恒衛同。葢割此以爲營州。即今之登萊。踰海而有遼東、

泗濱浮磬

磬以石爲之漢後石不入樂今之雲鑼仿磬之遺

三江

注疏從韋昭以爲吳松江錢唐江浦陽江夫松江震澤下流錢唐禹功不到其說固已非矣蔡傳松江婁江東江亦注疏後說吳地記之言與導江經文殊相背戾康成以左合漢爲北江右合彭蠡爲南江岷江居其中爲中江甚合經旨故東坡從之

厥貢惟金三品

三品金銀銅也但以爲貢不以爲賦賦者粟米而已唐初租出穀庸出絹調出繒布自兩稅法行始用錢

近代陸稼書知嘉定縣。民多逋賦。稼書令棉布絲枲兼收。官爲易錢。不踰月而逋欠俱完。可謂深得禹貢之意者矣。

雲土夢作乂

定四年傳、楚子涉雎濟江入於雲中。宣四年傳、邧夫人弃子文於夢中。史記漢高祖僞遊雲夢。雲夢一也。有单稱有合稱耳。漢書作雲夢土作乂。沈括筆談云、唐太宗得古本乃雲土夢作乂。因詔改之。蔡氏襲其文。訓雲夢爲二。

榮波

滎澤之波也。蔡謂波溠雖本周禮，然周禮不单以波稱。

江淮

瀆者獨也。四瀆皆獨行，故先儒以孟子排淮入江爲誤。按哀九年傳，吳城邗溝，通江淮，則孟子之先，淮已入江。意就現在言之耳。

黑水

孔傳出張掖鷄山，地理今釋以黑水有三，導川黑水，即雲南瀾滄江，南入於海者；雍州黑水，出張掖鷄山；梁州黑水，出犍爲郡南廣縣，即今南溪縣。

蔡

孔穎達、司馬貞、俱云不知所在。班志酈注幷闕。蔡傳雅州嚴道縣。本歐陽忞輿地廣記。忞政和間人。吾友蔡雪南曰、葉少蘊、指縣東五里周公山以當之。閻百詩謂其不可信。要當就蒙山以求之。胡朏明又謂就蒙山以求。莫若峩眉。有可信爲蔡者三。然終不敢以爲然也。

渭汭

孔傳水北曰汭。蔡傳水名。按左傳、莊四年曰漢汭。閔二年曰渭汭。宣八年曰渭汭。昭元年曰洛汭。四年曰夏汭。五年曰羅汭。二十四年曰豫章之汭。二十七年曰沙汭。定四年曰淮汭。哀十五年曰桐汭。皆云水北。以此推之。孔是蔡非。

鳥鼠同穴

孔傳鳥鼠共爲雌雄。同穴處此山。按在今渭源縣界內。余秦人也。秦人屢見。爲余言其不誣。

東漸于海西被于流沙朔南暨

東西實指其地。南北不言所在。胡氏渭疑其境域不可知也。按武帝紀臣瓚曰。孔子三朝記云。北發渠搜。南撫交阯。渠搜在朔方。此與堯典南交幽都之文相合。

門人粤西鍾琳校
滇南李敬躋校

姪庚
男壬校

書考辯下卷

予則孥戮女

孔曰、辱及汝子言耻累也。按王莽傳、書曰予則奴戮女。唯不用命者。然後被此罪矣。師古曰奴戮戮之以爲奴也。蔡傳、并汝妻子而戮之。雖白起楊素之嚴酷尚不出此。而謂三代有之乎。漢儒以周公踐阼、王莽因而簒漢。康成國服爲息、安石因而亂宋。皆儒者立言不慎、有以啓之。蔡氏之説、詎不啓殺機哉。

關石和鈞

孔以關通也。鈞平也。四鈞爲石。通之使和平。舉重者言也。蔡以三十斤爲鈞。通其石。和其鈞。輕重兼舉也。

辰弗集于房

蔡以房爲房宿。但日之所在星宿不見。年世久遠。又難布算。故孔謂所舍之次。

惟元祀十有二月乙丑

蔡氏踰年改元之說。於義爲優。至謂三代改正朔而不改月數。則不然。春秋隱九年三月大雨震電。桓十四年春正月無氷。成元年春二月無氷。襄二十八年春無氷。若是夏正。則不爲異。不必書矣。此時月俱改之據。傳以秦始建國書冬十月。證秦不改時。然漢書高帝紀春正月師古曰凡月皆大初正曆後追改當時以十月爲歲首卽謂十月爲正月又引四月維夏六月徂暑謂周不改月按吳幼清曰夏時得天時之正行於民間者久故作詩者從舊俗稱之爾非不改月也

朱子集註首引趙氏外丙二年仲壬四年之說故蔡傳從之因有爲人後者爲之子之論此成十五年公羊傳之文公羊又襲士喪禮之文所謂爲人後者乃士庶之絶嗣而承繼者也豈朝廷承代之謂哉商世多兄終弟及陽甲、盤庚、小辛、小乙兄弟四王不

聞其相爲後也安有太甲舍己父而父仲壬者況孔傳程子皆謂仲壬四歲不以爲立四年乎

自周有終

蔡從孔氏忠信爲周本之國語明洪武時修書傳會選取金仁山之說以周爲君古字之誤仁山本之王氏柏近代顧寧人信仁山而誚九峰余按詩周爰諮諏毛傳亦云忠信爲周可見古有是解先儒未可輕議

盤庚

史記盤庚崩弟小辛立殷復衰百姓思盤庚乃作盤

庚三篇按程子策問云商之盤庚周之呂刑聖人載之於書其取之乎抑將垂戒後世乎則序云民胥怨咨者是也

高宗肜日

金仁山從史記謂此書作於祖庚之時以高宗乃廟號武丁若在不得稱廟號也義勝孔氏

雊雉

孔謂耳不聰之異以其升鼎耳而爲曲說耳按洪範五行傳聽之不聰則有介蟲之孼不當有雉

詩云雉鳴求其牡又云有鷕雉鳴蓋淫聲也孔第以

野鳥不應入室疎矣

西伯戡黎

孔以西伯爲文王按文王三分服事必不伐近畿諸侯况文王距伐紂之年十有餘歲紂力猶强亦不肯誘之於天而已蔡傳引或曰之言以爲武王者是其云或者陳少南呂伯恭薛季龍吳才老也

惟十有三年春

以十三年爲文王受命之年歐陽永叔辨之詳矣故蔡謂武王即位之十三年也至引臣工詩維莫之春亦又何求爲夏正建辰之月以證改朔不改月則義

有朱安吳幼清之言最善詳見惟元祀十有二月乙丑

罪人以族

正義曰秦政酷虐有三族之刑上及其父下及其子連本身而三可見三代盛德罪人不孥也呂后夷信三族乃漢用秦法耳並無累及異姓之事或者誤以父族母族妻族爲三族殊不知九族者自高祖至玄孫而止豈有旁及異姓之親此皆夏侯歐陽等之臆說貽之害也後世暴主因而虐及十族儒者解經闢係世道人心可不慎哉

焚炙忠良刳剔孕婦

蔡傳、湯之數桀也恭武之數紂也傲學者不能無憾不知世變日下立言自別武王指此爲紂惡天下聞之以故後世暴君酷吏縱極殘虐以爲此紂之惡不肯蹈之也經言昭若日星有功世道不小

泰誓

此孔壁古文也漢書儒林傳云孔氏有古文尚書司馬遷嘗從問然則此三篇者太史公所目睹也周本紀、何以復載僞泰誓火流爲烏白魚入舟之事是不可解

武成

古本于征伐商之下。即接歸馬放牛。大告武成之後。敘陳師商郊。先後不倫。二孔已疑錯簡。今人每訕宋儒改經。如此篇所宜改也。

洪範

洪範之數。與易不同。易不論五行。範專言五行。其法亦用八卦。而起數不同。坎一。坤二。震三。巽四。乾六。兌七。艮八。離九。五爲皇極。虛而不用。載於乾鑿度。謂太乙下九宮法。其他奇門、遁甲、六壬、皆此數。此爲術數之祖。

鯀陻洪水

孔曰、陻塞。蓋築隄以障之也。程子曰、河北只見鯀隄。無禹隄。鯀陻洪水故無功。禹則導之而已。此治水之要。

天乃錫禹洪範九疇

傳云、神龜負文而出。雖其說本於緯書。然孔子謂河出圖洛出書。則緯書必有所祖。不可誣也。考緯書起於哀平之際。蓋因河圖洛書附會增益。以爲帝王受命。必有符瑞。然其言亦多中。故光武篤信之。

雨暘寒燠風

康成學本伏生以雨屬木暘屬金燠屬火寒屬水風屬土不若蔡傳雨屬水暘屬火燠屬木寒屬金於理爲長

無偏無陂

舊本作頗唐明皇改從陂以叶韻

卜筮

蔡傳夫子贊易極著蓍卦之德著重而龜書不傳按漢書文帝代來有大横之兆藝文志有龜書五十三卷又有夏龜二十六卷南龜書二十八卷巨龜三十

六卷禨龜十六卷可見漢時龜卜不廢葢自京房以錢代龜如今之火珠林其法簡便而又多中人競從之龜書遂寥落無傳

蔡引禮記大事卜小事筮按周禮簭人凡國之大事先簭而後卜立言偶不同爾又引左傳筮短龜長之說按朱子答鄭子野曰先王制卜筮之法至嚴至敬虛其心以聽於鬼神專一則應疑貳則否故禮曰卜筮不相襲葢爲此也晉獻公之欲立驪姬以禮觀之不待卜而不吉可知其卜之不吉則亦深切著明已矣乃不勝其私意而復筮之是以私爲主而取必於

神明也。豈有感通之理哉。此所以筮之雖吉。而卒不免於凶也。今不推其所以聽於鬼神者之不專不一。而遽欲即此以較龜筮之短長。恐未免乎易其言之責也。理則一而已矣。按注疏謂卜人逢迎公意曲爲短長之説。

卜用五行。筮用八卦。後人混而一之。不惟經旨不協。抑且占驗不靈。余以左傳卜筮諸篇及歷代占卜之法考訂而知。詳見余周易詳説。

月之從星則以風雨

月爲陰氣之宗。風雨二者。皆生於陽而成於陰。故其氣與月相感。今不知星學者，第以萬年書查離畢、離箕之日，必有風雨應之，以行度之淺深定多寡陰晴。

周公居東

朱子詩傳從孔傳，以辟爲法，與蔡沈帖，又欲從鄭箋，以辟爲避，學者至今疑焉。余讀大誥而知鄭說爲不易也。夫大誥乃周公奉王命以東征，當時臣民且不欲從，反復開導至於再四，豈有周公當上下疑謗之時，又無王命，而一時士卒遽肯從行者乎？舜避堯子，禹避舜子，聖人當如此矣。

康誥

蔡傳從蘇氏之說。移易經文。以此爲武王之事。但武王以邶封武庚。鄘管叔尹之。衛蔡叔尹之。謂之三監。安得更有地以處康叔乎。且康叔若受封在先。當三監不靖之時。叔封畿密邇。又何得寂然無聞。然則康誥之爲成王明矣。蔡謂若是周公之言。何以稱文王而不及武王。但無逸亦周公所作。稱文而不及武。有明證矣。

定四年左傳。康叔爲司寇。故誥多言用刑。

牛二

孔以后稷配天。牛二者。帝牛稷牛也。蔡以祭天地用二牛。按朱子曰：古時天地定是不合祭。日月山川百神亦無合共一時祭享之禮。又曰：五峰言無北郊，只祭社便是郊，好。陳氏澔《郊特》注曰：按《召誥》用牲於郊牛二，蔡氏以爲祭天地，非也。牛二，帝牛、稷牛也。祭于新邑，祭地也，故用太牢。

復子明辟

孔以爲還政，王莽之所藉口，不若蔡氏得卜復命之盡善。《後漢·謝弼傳》贊云：鄧不明辟。亦用孔說。此漢儒釋經不衷於理也。

命公後

周公留洛。後成王而歸正。與上句予小子其退相應。

孔謂立伯禽爲公後。於此節文氣不合。

秬鬯二卣

蔡傳從蘇氏。謂成王綏寧周公。王安石、林之奇、謂成王命周公禋於文武。其說爲長。

王安石疏大誥、用寧王遺我大寶龜爲句。朱子語類云、人說荊公穿鑿。只是好處亦用還他。如天降威於我家不少延。用寧王遺我大寶龜。皆非諸家所及。

余素薄安石爲人。嘗怪其解經見稱於朱子。後讀經義考、蔡條之言。乃知非安石所自爲也。蔡條曰、王元澤奉詔修三經義。時王丞相介甫爲之提舉。蓋以相臣之尊。所以假命於其手也。詩書多出元澤暨門弟子手。至若周禮新義。實丞相親爲之筆削者。政和時。朝廷悉命藏諸密閣。用是吾得見之。周禮新義筆迹猶斜風細雨。誠介甫親書。

王來自奄

疏曰、杜預云、奄闕不知所在。按括地志兖州曲阜縣奄里。卽奄國之地。

君子所其無逸

朱子曰、東萊解所字爲居字。若某則不敢如此說。按洛誥王敬作所。是以所爲處所之所。故蔡傳從之。

祖甲

孔氏泥國語帝甲亂之之文。以祖甲爲太甲。細讀白殷王中宗及高宗及祖甲及我周文王。三及字决非太甲。蔡傳爲是。

周官

周禮官制。與此不同。况孟子言周室班爵祿。詳不可聞。而周禮設官分職。至瑣至悉。尤其大可疑者矣。當是戰國人祖述周制。而雜以後世亂政者。蔡傳謂周公未成之書。猶不免於回護。

史漢儒林傳、五經傳授源流最遠。獨周禮出自河間
李氏。傳自杜子春。而子春爲國師劉歆之門人。來路
已自不正。故胡五峰謂全是劉歆僞撰。二程粹言亦
云、周禮多訛闕。在學者審其是非而去取之。近日方
望溪以某條爲周公精意。某某爲劉歆竄入。可謂能
用程子之說者矣。

顧命

蔡傳、以康王君臣黼裳彤裳爲非禮。彙纂、兩引朱子
之說。一云、天子諸侯之禮。與士庶人不同。故孟子有
吾未之學之語。一云、康王釋斬衰而服袞冕。於禮爲

非孔子取之又不知如何余讀春秋胡文定公之說乃得釋然文元年傳曰顧命康誥記成王之崩其君臣皆冕服何也當是時成王方崩就殯猶未成服故用麻冕黼裳入受顧命已受命誥諸侯而後釋冕反喪服者於是成服而宅憂也或以爲康王釋服離次而卽吉則誤矣

家禮初喪易服註云去華飾耳未是變服至第四日然後成服天子則八日而後成服胡氏之說是也

吳幼淸謂漢儒守殘護闕不合不公王伯厚謂朱子詩傳一洗末師專已守殘之陋大抵博學詳說爲讀

經之要。即如此條。若非參讀麟經。孰知先儒已有定說哉。

呂刑

序謂訓暢夏禹贖刑之法。經文幷無此意。其曰耄荒度作刑言穆王老耄荒亂。制爲此苟且之政耳。括盡一篇大指。序猶以爲夏刑。僞作何疑。

重黎

國語、火正黎、蔡傳作北正。正黎。按堯典乃命羲和疏云。鄭答趙商云、先師以來。皆云火掌爲地。當云黎爲北正。

讀書之要

書之難讀有四。堯典之天文。后夔之典樂。禹貢之山川。洪範之卜筮。若非學有本原。何以識其閫奧。然有要焉。取隋志步天歌。熟讀細玩。請教前達。指示一二星宿。參以明志中星。由此推測。全象瞭然。律呂難明。總由司馬遷十二律數。與范蔚宗所載六十律數。兩大算數。合而難明。明亦無益於樂。蓋誤以律歷五音相生之數。爲律呂作樂之原。因之愈求愈差。致堂胡氏。元定蔡氏。猶不免此失也。善乎馬貴與之言曰。樂自有神解。專求累黍與周鬴漢斛魏尺之屬。無異刻丹而求劍也。祗以今尺度之。毋論官尺民尺。長則均長。短則均短。而準在是矣。卜筮相混由于京房取火珠林讀之。乃知房所用之納甲飛伏皆五行。皆卜也。荀爽、鄭康成虞翻、之流誤以此入筮。而易之教晦矣。別而去之。然後圖書之用顯。易與洪範之旨。兩不相雜也。至于輿地山川古今異名。先須識今。推而上之。參合以括地志、元和郡國志、輿地廣記、及歷代史志。而聚米畫沙之形見矣。不若是。不可以讀書。

論傳記引用

六經之引用于他書多矣。獨引書者多與今本不合。

戴記引呂刑曰敬忌而罔有擇言在躬左傳引五子之歌曰惟彼陶唐帥彼天常有此冀方今失其行亂其紀綱乃滅而亡後漢劉愷傳引呂刑曰三后成功唯殷于人前漢谷永傳引泰誓曰乃用婦人之言自絕于天四方之逋逃多罪是宗是長是信是使如此之類不可悉述嘗求其故蓋鼂錯受書于伏生之女齊語多與潁川異錯所不知者凡十二三略以其意屬讀既不能無所改易而孔壁續出孔氏爲隸古定其間亦必有不能曉而以意增損者此諸家引用之所以不同也

補遺

說築傅巖之野

孔謂傅氏之巖有澗水壞道，常使胥靡刑人築護此道。說賢而隱，代胥靡築之以供食。蔡謂築，築居也。今言所居猶謂之卜築。按此吳才老之說也。王伯厚云：書禆傳訓說築傅巖之野以築爲居，但孟子有版築之文，似當以孔傳爲是。

執豆籩

博古圖載周疑生豆有文曰單疑生作養豆用享，其說云：右按禮家言，木曰豆，竹曰籩，瓦曰登。今豆以銅

爲之則知禮家之學多出漢儒臆度耳

近日好古者博收古器考之三禮圖多有不合又溺于博古圖之說因而致疑先儒議論紛紜莫或正之余按爾雅者相傳周公孔子子夏之書也其源甚遠亦云木豆謂之豆可見非禮家之臆說𨤲疑生不知何人安知非宋桓司馬之流今亦將執其所爲之石槨而議松槨栢槨之非耶

門人會稽謝作棟校
長安王景泰校

姪庚
男壬校

孟子趙注補正六卷
孟子劉注一卷

清　宋翔鳳撰輯

清光緒十七年刻《廣雅書局叢書》本

孟子趙注補正六卷

光緒十七年五月
廣雅書局校刻

孟子趙注補正序

余少習孟子得轉附朝儛之説方從學於伯舅葆琛先生先生極以爲然至京師王石渠先生聞其解西喪地於秦七百里而是之又獲交臧君西成與論孟子年月事迹深致往復當歲庚午隨侍先君子於水城通判官廨即欲取邠卿之注而補之奔走四方三十餘年其間時時有獲自羈宦湘中承乏兩邑奉嚴促之令馭凋劫之民終歲受責晨夕尟歡幾同邠卿所云困吝之中精神遐漂又以年暮無子恐一旦徂謝則平生所得將就放失乃於簿書之暇粗事寫定以行世焉道光二十年五月二日長洲宋翔鳳記於耒陽縣舍

孟子劉注序

隋書經籍志孟子十四卷趙岐注孟子七卷鄭元注又孟子七卷劉熙注案趙氏於孟子有注有章指文繁故篇分上下爲十四卷鄭劉注竝不傳唐人注書時引劉說搜而錄之以證趙君史言趙岐逃難四方臧迹複壁既無諮問復尠遊覽故其箸書往往疏陋就所存劉君南河牛山諸注考其地形竝勝於趙歲在星紀見臧君庸於京師共論孟子事實確然定先梁後齊之說案之劉注亦同斯恉讀劉君所纂釋名其於訓詁天文輿地之學靡不綜涉則孟子之注當亦博學精思而成之如其亾佚尤可惜已劉君字成國見世說新語蜀志許慈傳云慈師事劉熙善鄭氏學蓋劉君之學正出於鄭而以授慈則此注之作或

者原本於鄭氏故其家法爲最正云又許慈傳云建安中與許
靖俱自交州入蜀吳志程秉傳避亂交州與劉熙考論大義又
薛綜傳避地交州從劉熙學冊府元龜六百五卷云劉熙安南
太守案唐調露中始改交阯郡爲安南都護府蓋劉君在漢時
官交阯郡太守故慈在交州得事之後之淺人以唐地名妄改
其官不可不考定也嘉慶十六年六月十日丙辰長洲宋翔鳳
書於冀州寓館之雙柏軒

孟子趙注補正卷一

長洲宋翔鳳撰

孟子題辭　孟子鄒人也名軻字則未聞也　漢藝文志孟子十一篇名軻鄒人子思弟子有列傳注師古曰聖證論云軻字子車未詳其所得案王肅作聖證論語多肊造顏氏以爲未詳所得是不信之也至孔叢尤出僞撰更不足據

鄒本春秋邾子之國至孟子時改曰鄒矣國近魯後爲魯所幷又言邾爲楚所幷非魯也　漢地理志魯國騶縣故邾國曹姓二十九世爲楚所滅案騶通鄒孟子時尚有鄒國其後蓋與魯同爲楚所幷矣又案鄭語史伯言曹姓鄒莒則春秋時卽名曰鄒春秋邾小邾公羊經並作邾婁小邾婁公羊音義

廣雅書局刊

郰曼力俱反郰人語聲後曰曼故曰郰曼禮記檀弓有郰曼考公郰曼合言鄒長言曰郰曼本是一音非孟子時改長師孔子之孫子思　孔子世家云伯魚年五十先孔子死伯魚生伋字子思年六十二嘗困於宋作中庸鄭康成說顏淵死伯魚尚未葬則亦卒於魯哀十三年蓋遺腹生子思在十四年年甚幼不及事孔子故孔子之喪皆門人所治以子思在繈葆也知子思年六十二當威烈王六年是年困於宋作中庸中庸爲繼聖明道之書故以年箸之與上文敘孔子大事必箸年若干同例僞孔叢謂子思年十七作中庸者誤六十二非卒年也子思卒年不書史失之矣又十三年當威烈王十九年爲魯繆公元年子思年七十五穆公亟見子思尊禮之果子思年六

十二安得至穆公時孟子之言反爲失實矣又三十餘年當烈王初年孟子就外傳受業子思辨見後子思年約一百餘歲古者大儒多享神明之壽如子夏伏生竇公之流子思之年亦爾也列女傳孟母篇云孟子之少也既學而歸孟母方績問曰學所至矣孟子曰自若也孟母以刀斷其織孟子懼旦夕勤學不息師事子思遂成天下之名儒此師事子思之事也史記孟荀列傳云孟軻鄒人也受業子思之門人索隱曰王劭以人爲衍字案高誘淮南子氾論篇注云孟子受業於子思之門成唐虞三代之德敘詩書孔子之意此數語全本史記而無人字知王劭說是也風俗通窮通篇亦言孟子受業子思漢書董仲舒傳孝景時爲博士下帷講誦弟子傳以次相授業或莫見其面注師古曰言所學者但就舊

弟子授業不必親見仲尼又案言門人者蓋子思年過耄期不能親授經如伏生年老使女傳言教鼂錯又如康成師馬融僅從高足弟子受業而已則有人字亦通

又有外書四篇性善辨文說孝經爲政　案當是性善爲一篇辨文爲一篇說孝經爲一篇爲政爲一篇若今所傳孟子外書則僞之僞者也

孝文皇帝欲廣遊學之路論語孝經孟子爾雅皆置博士　劉歆移太常博士書言文帝時天下衆書往往頗出皆諸子傳說猶廣立於學宮爲置博士說與此同

梁惠王章句上　王曰叟注叟長老之稱也猶父也孟子去齊老而之魏故王尊禮之曰父　史記孟荀列傳云道既通遊

事齊宣王宣王不能用適梁梁惠王不果所言則見以爲迂遠而闊於事情孟子梁惠王篇齊宣王問趙注云孟子蓋得行道故仕於齊不用而去乃適於梁建篇先梁者欲以仁義爲首篇因言魏事章次相從然後道齊之事也風俗通義窮通篇云孟軻嘗仕於齊位至卿後不能用孟子去齊梁惠王復聘請之以爲上卿案趙臺卿應仲遠竝本史記以爲先齊後梁案魏世家惠王三十五年孟子至梁當齊宣王七年次年惠王卒襄王立孟子乃去梁適齊故梁惠王篇孟子見梁襄王下即記齊宣王問齊桓晉文事當時盛稱桓文故宣王首舉以問正是初見時口吻以後如宣十一年當燕易王初立齊取燕十城見燕世家即梁惠王篇一書齊人伐燕勝之再書齊人伐燕取之之事說詳臧氏齊取燕

十城考齊湣王十年會燕王噲七年齊伐燕亦見燕世家卽公孫丑篇齊人伐燕及燕人畔之事亦詳臧氏考二事去梁惠王時甚後而孟子書竝記爲遊齊時事則游梁斷在游齊前也況太史公傳孟荀大意謂當時學士迂怪不經惟孟子述唐虞三代之意以推崇其術非斤斤傳孟子事蹟如云遊事齊宣王宣王不能用適梁梁惠王不果所言不過略言孟子遊齊梁時君不見知而已不序事之先後也下文又云騶子重於齊適梁梁惠王郊迎云云據魏齊二世家述騶子至齊亦在至梁之後知並是隨文順記也又案梁惠王篇孟子見梁惠王王曰叟趙注云叟長老之稱也猶父也孟子去齊老而之魏故王尊禮之曰父據趙意以爲使孟子先至梁則年未老不得有叟稱今考戰國秦

漢人君於遊士皆稱先生先生亦父兄之稱其年不必盡老
孟子時雖未過五十說別見惠王尊賢故以叟稱之與賈子新
書先醒篇人謂知道者先生正同正是卑禮招賢之證故魏
世家注引劉熙云叟長老之稱依皓首之言謂尊禮孟子依
白首之稱耳孟子實未皓首甚合當時情事趙說不可從

孟子對曰王　案顧隱君炎武以史記載諸侯相王在梁襄王
時謂依史記則惠王稱王爲非此隱君信竹書紀年以史記
梁襄王之年爲惠王改元之年故爲此說其實惠王早稱王
於國中孟子入國問俗不能不爾迨相王則稱於鄰國如史
記鴻門之會沛公稱羽爲將軍而樊噲則稱大王張良曰誰
爲大王畫此計者其時項羽漢高皆未王又黄歇說秦昭王

曰先帝文王武王時秦未帝而臣下已作此稱惠王稱王亦此意

白鳥鶴鶴　案毛詩作翯翯說文翯鳥白肥澤貌从羽高聲詩曰白鳥翯翯說文引詩爲毛氏古文孟子則叚鶴爲翯也

湯誓曰時日害喪予及女皆亾　注　時是也時乙卯日也害大也言桀爲無道百姓皆欲與湯共伐之湯臨士衆而誓之言是日桀當大喪亾我與女俱往亾之　案尚書大傳云伊尹入告於桀曰天命之亾有日矣桀曰天之有日猶吾之有民也日有亾哉日亾吾亦亾矣鄭注曰自比於天言常在也比於日言去復來也書湯誓鄭注云桀見民欲叛乃自比於日曰是日何常喪乎日亾我與汝亦皆喪亾引不亾之徵以脅恐

下民也案經文作曰時日曷喪云云則非湯言故大傳以爲桀言之趙注望文生義遂以爲湯言與經語不合又案史記殷本紀作夏王率止衆力率奪夏國有衆率怠不和曰是日何時喪予與女皆亾詳史記之詁合諸經文及孟子民欲與之皆亾則此二語爲夏民之言爲順蓋日以喻君夏民不敢斥言故曰是日何時喪乎女亦指日言民遭暴君亂世不聊生故曰予與女皆亾皆亾與偕樂相對書孔傳曰衆比桀於日曰是日何時喪我與汝俱亾欲殺身以喪桀此古文說故與伏生不同也

斧斤以時入山注時謂草木零落之時　案周禮山虞仲冬斬陽木仲夏斬陰木注鄭司農曰陽木春夏生者陰木秋冬生者元謂陽木生山南陰木生山北冬斬陽夏斬陰堅濡調趙

注時爲草木零落之時非

狗彘食人食而不知檢塗有餓莩而不知發　案周禮司稼以年之上下出斂法管子國蓄篇歲適美則市糶無子而狗彘食人食歲適凶則市糴釜十繦而道有餓民又曰民有餘則輕之故人君斂之以輕民不足則重之故人君散之以重斂卽檢散卽發趙注亦言人君不知法度檢斂則檢有斂義不煩改字鹽鐵論水旱章引孟子亦作檢惟漢書食貨志云孟子亦非狗彘食人之食而不知斂野有餓芰而不知發檢作斂莩作芰與今本異

西喪地於秦七百里　案釋地河西曰雝州郭注自西河至黑水則凡雝州地皆在河西漢書地理志上郡秦置在今陝西

延安榆林綏德等處蓋秦盡得河西地以其半爲內史以半爲上郡上郡在秦國都之左故名在魏僅可總名河西耳魏世家惠王十九年築長城塞固陽固陽漢志屬五原郡作稒陽在今陝西榆林府谷縣魏河西地爲極北秦本紀正義云魏西界與秦相接南自華州鄭縣西北過渭水濱洛水南岸向北有上郡鄜州之地皆築長城以界秦境在今華州北至榆林從長千餘里皆魏河西地則魏本盡有河之西岸據全晉之險足以西制秦所謂天下莫强者也六國表秦孝公八年魏惠十七與魏戰元里斬首七千取少梁秦本紀魏世家同此始喪地於秦也漢志左馮翊夏陽縣有故少梁今在陝西同州府韓城縣爲魏河西地魏世家惠王卅一年秦趙齊共伐我

秦將商君詐我將軍公子卬而襲奪其軍破之秦用商君東地至河而齊趙數破我安邑近秦於是徙治大梁商君列傳云鞅說孝公曰秦之與魏譬若人有腹心疾非魏并秦秦卽并魏何者魏居嶺阨之西都安邑與秦界河而獨擅山東之利利則西侵秦病則東收地魏往年大破於齊諸侯畔之可因此時伐魏魏不支秦必東徙東徙秦據河山之固東鄉以制諸侯此帝王之業也孝公以爲然使衛鞅將而伐魏虜魏公子卬因攻其軍盡破之以歸秦魏惠王兵數破於齊秦國內空日以削恐乃使使割河西之地獻於秦以和而魏遂去安邑徙都大梁案秦早取魏河西地少梁此又割河西地大約在少梁以南河濱之地此再喪地也秦得分魏大河之險

渡河而東遂偪國都秦於此時卽稍稍蠶食河東之地魏人自危故又渡河而南徙都大梁漢志陳畱浚儀縣有故大梁今在河南開封府祥符縣竟委安邑而去之則安邑旁近之地當漸削以與秦此三喪地也考之後十年當魏襄王四年秦惠文七秦敗龍賈軍於雕陰圍焦曲沃魏世家在襄王五年蓋獻地在是年故連類記之茲據秦紀正雕陰漢志屬上郡在今陝西延安府甘泉縣南三十里之地在今韓城古少梁之西其時少梁以北秦上郡之地尙是魏境故猶能於此出兵以禦秦秦之志以少梁以北離魏都益遠得之不能扼其要領故雖敗其軍於雕陰不北收其地而仍東取焦曲沃以偪大梁此其至計也焦漢志宏農陝縣有焦城在今河南陝州東北西至今華陰魏陰晉三百餘里魏襄王二年秦敗魏於雕陰襄王三年當秦惠

文王六年魏以陰晉爲和命曰寧秦案陰晉在漢曰華陰屬京兆今爲陝西同州府華陰縣爲魏河西之極南竟魏禦秦於雕陰亦以其近秦秦再敗魏而不取雕陰以非幷魏之急務故南取華陰以近大梁而取之其後圍焦曲沃即此意

北至今山西解州安邑縣魏故都二百里曲沃漢志河東聞喜縣故曲沃在今山西絳州聞喜縣南十里西南至安邑五十里若旁近安邑之地未入於秦亦不能自雕陰以東六七百里之地如入無人之境則可證魏徙大梁時安邑之地多爲秦所蠶食自安邑西至河三百餘里渡河而西又北至少梁亦三百餘里即孟子梁惠王言西喪地於秦七百里蓋兼河東地言之此七百里者計其程涂非量其四至故不云方也蓋惠王時所喪地始爲少梁秦又自河西至安邑其雕陰以北至固陽同州以南至華陰尚爲魏地至襄王二年以陰

晉爲和是同州以南入秦也五年予秦河西之地是雕陰以北入秦也至七年盡入上郡地於秦是固陽以南凡魏河西之地尺寸皆爲秦有大河之勢全失其去滅亡也不遠矣魏世家襄王七年亦有上郡之名以盡入於秦故本秦而言也鹽鐵論相刺篇云孟軻居梁兵折於齊上將軍死而太子虜西敗於秦地奪壤削亡河内河外是桓寬亦謂惠王時已失河内河外之地今衞輝懷慶諸府古爲河内今解州安邑古爲河外雖不盡失爲秦稍稍割裂大約有七百里之遠矣

南辱於楚　案魏世家惠王十九年諸侯圍我襄陵六國表同秦本紀他世家皆無是年圍襄陵事襄陵漢志屬河東郡爲今平陽府襄陵縣北爲趙西爲秦南爲楚次年衞鞅圍固陽

故知有秦魏歸趙邯鄲故知有趙據孟子惠王言南辱於楚後楚破魏復在襄陵故知有楚此諸侯圍襄陵當是秦趙楚三國而楚爲謀主但圍城而未取邑故云辱不云喪地也與後襄王十二年破襄陵得八邑爲二事

孟子見梁襄王　閻若璩孟子年月考曰史記六國表魏世家並云惠王在位三十六年始辛亥終丙戌襄王十六年始丁亥終壬寅哀王二十三年始癸卯終乙丑竹書紀年則以襄王十六年上繫於惠成王以爲其改元後之年而自癸卯以後記二十年事謂之今王今王者杜預以爲哀王是是紀年有哀而無襄史記有襄王又有哀王世本則有襄王而無哀王通鑑從紀年不從史記故以惠王在位凡二十五年始辛

亥終壬寅又不從杜預所云之哀王而從世本所有之襄王
故以襄王在位爲二十三年始癸卯終乙丑其說備載於考
異余以孟子證之而覺史記爲近實何也魏世家惠王三十
一年辛巳徙都大梁三十五年乙酉孟軻等至梁故六國表
於三十五年書曰孟子來三十六年丙戌惠王卒子嗣立是
爲襄王孟子見王有不似人君之語蓋初即位之辭不然必
如通鑑五十二年壬寅惠始卒而襄立孟子豈久淹於梁如
是邪不然以襄王之庸豈能禮聘孟子而復至梁邪朱子曰
七篇中無更與襄王言者豈孟子自是不復久於梁邪余謂
不特不久於梁實未嘗復至梁也史記所以可信或曰紀年
魏史書魏事溫公以爲必得其眞故從焉余曰不然紀年云

惠成王九年徙都大梁不知是年秦孝公甫立公孫鞅未相公子卬未虜地不割秦不偪魏何遽遷都以避之邪卽一徙都事如此其餘尚可信邪案六國表魏世家並云子罃生於文侯二十五年辛巳三十八年文侯卒武侯立凡十六年而後惠王立是年已三十若加紀年文侯五十年卒武侯二十六年卒以生辛巳計之惠王元年已五十三立三十六年卒已八十八更以襄王十八年爲改元後之年不一百四歲乎紀年不可信如此　又案呂成公大事記周赧王元年孟軻致爲臣而歸綱目亦因之余謂孟子去齊明云由周而來七百有餘歲若果在赧王元年丁未逆數至武王有天下歲在己卯當得八百九年翔鳳案此事江愼脩辯之甚當詳第四卷孟子方欲言其多豈肯少言之也然則當在顯王四十五年丁酉未滿八百歲以前耳孟子於顯王三十五年乙酉至梁明年丙戌惠卒襄立而卽去梁是爲齊宣王

八年孟子遊事齊當從丙戌起何則由大梁至臨淄千有餘里故云千里而見王若由鄒而往僅得半耳既仕齊中間遭三年喪歸鄒喪畢復事齊終不合而去須在此十二年内孟子於齊行蹤歲月約略可知者如此案齊宣在位十九年史記通鑑并同但史記始己卯終丁酉通鑑始己丑終丁未較後十年此從史

爲長者折枝注折枝案摩折手節解疲枝也　案枝支字通用

梁惠王章句下

王語暴以好樂　捫蝨新語謂此章惟鼓樂字音岳餘通章樂字皆音洛案唐風好樂無荒箋云君之好樂不當至於廢亂政事亦一證

猶古之樂也　閻若璩曰左傳晏子曰古而無死則古之樂也可證孟子

獨樂樂與人樂樂孰樂 注 孟子復問獨自作樂樂邪與人共聽樂樂也 翟灝 曰晏子雜上篇樂者上下同之故天子與天下諸侯與境内自大夫以下各與其僚無有獨樂今上樂其樂下傷其費是獨樂也後漢臧宫傳有德之君以所樂樂人無德之君以所樂樂身並可爲上樂字音洛之證

蹙頞 閻若璩 曰説文頞鼻莖也 孫疏作鼻頸非 又案史記蔡澤傳蹙齃齃卽頞謂鼻蹙眉也

臣聞郊關之内 注 郊關齊四境之郊皆有關 案儀禮聘禮云及竟乃謁關人注古者竟上爲關此四境有關之證

齊宣王見孟子於雪宫 注 雪宫離宫之名也 案劉熙亦云雪宫離宫之名也僞疏云宣王在雪宫之中而孟子來至從前

注孟未有謂孟子館而宣王就見者其說出流俗講[illegible]音然孰思疑未謬古人所居皆可云宮離宮乃別築宮館以居遊士非指王宮孟子之滕館於上宮又燕世家昭王爲郭隗築宮此宮不專謂王宮之證史記孟荀傳云齊自如淳于髡以下皆命曰列大夫爲開第康莊之衢高門大屋尊寵之孟子遊齊當亦爾矣公孫丑篇孟子將朝王王使人來曰寡人如就見者也此必嘗就見故云然況使孟子往王所宜云孟子見齊宣王於雪宮此自作王見孟子若讀爲從者見之之見頓易全書之例亦不然矣元和郡縣志引晏子春秋齊侯見晏子於雪宮今晏子無此文蓋涉下文有晏子語故以孟子爲晏子爾　曾子問篇自卿大夫之家曰私館公館與公所爲

曰公館注公館若今縣官舍也公所爲君所使舍己者正義引鮑遺問曰注此云公所爲君所命使舍己者注雜記云公所爲若今離宫别館也是二説異何張逸荅曰公館若今停待者也離宫是也聘禮曰卿館於大夫大夫館於士公命人使館客亦公所爲也案此知宣王所命以館孟子者正可謂之離宫趙注所言與鄭志合

吾欲觀於轉附朝儛遵海而南放于瑯邪注轉附朝儛皆山名也又言朝水名也　僞疏云顧野王釋云濰水名出南陽恐誤濰爲儛案以朝儛爲水名者是也水經白水出朝陽縣西東流過其縣南注云王莽更之曰朝陽也爲厲信縣應劭曰縣在朝水之陽今朝水逕其北而不出其南也蓋邑郭淪移

川渠狀改故名舊傳遺稱至今也水經又云潕水出潕陰西南潕陰漢書地理志作舞陰與朝陽皆屬南陽郡潕潕舞儛四字通借漢舞陰在今南陽府泌陽縣西北六十里朝陽在今鄧州南八十里錢獻之云今有刁水在鄧州西原出內鄉縣南逕州城南入湍水者即朝水也則朝儛二水皆在南陽明甚考漢南陽郡屬荆州爲楚地而齊景公言轉附朝儛者案轉謂周流附謂薄附言周流朝儛之水而薄至楚之國都此齊桓伐楚之故道也管子戒篇桓公將東游問於管仲曰我游猶軸轉斛南至瑯邪司馬曰亦先王之游已何謂也云云軸即轉字脫畫誤分兩字附通鮒故誤斛史記魏世家屈侯鮒說苑臣術鮒作附猶欲朁通轉毛詩匪棘其欲禮器作匪棘其猶此猶欲相通桓公言我游欲轉

附朝儛管子脫朝儛二字當以孟子及晏子春秋（内篇問下）補正之太平寰宇記引晏子春秋吾欲遊轉附朝儛與管子略同惟遊欲字倒今晏子本則盡同孟子矣景公以轉附朝儛爲桓公之故事故欲觀之管子戒篇又云五年始興車踐乘遂南伐楚門傅施城尹知章注施城楚城名謂附至其下隱十一年左傳傅于許傅可通附此皆轉附之切證水經注潕水之左郎黃城山也有溪水東北逕方城又云黃城通爲方城矣世謂之方城山此方城爲楚籓籬而朝儛之水俱近方城故管子霸形篇遂興兵而南存宋鄭與楚王遇於召陵之上因以鄭城與宋水爲請於楚楚人不許遂南伐及踰方城濟於汝水望汶山（注汶音岷江水所出）南致楚越之君案齊桓先至宋自

宋而西至鄭遂南至召陵召陵在今河南許州郾城縣又南濟汝水西南至葉縣今葉縣南有方城山是先濟汝水後踰方城當依小匡篇爲正管子小匡桓公征伐楚濟汝水踰方地注謂方城之地踰方城又南乃至潕水今潕水出南陽府泌陽縣西北東北流逕葉縣東南朝水又在南轉於朝舞之水即周流楚之北境當漢時猶以朝儛名縣則其深廣當與汝漢相匹而今乃漸微所謂川渠狀改也如謂二者皆山名又如近人必求之於齊地則景公何難命駕而往乃必以脩德爲問乎景公思復脩桓之業故欲觀其舊迹僖四年左傳君處北海寡人處南海此遵海而南亦泛指楚地非浮舟海中傳又云陳轅濤塗謂鄭申侯曰師出於陳鄭之間國必甚病若出於東方觀兵於東

廣雅書局栞

夷循海而歸其可也循海即遵海之義與管子桓公將東游之語亦合蓋朝儛尙在齊西東行至瑯邪方是齊之南境故云南放瑯邪也晏子春秋内篇問上景公問先君桓公吳越受令荆楚惛憂莫不賓服景公時魯衛宋鄭皆孱弱不振之鄰其東則吳最大南則楚最强楚地有桓公之故道景公欲效桓之伐楚又欲循海觀兵東夷蓋自南海以至東海將經歷吳楚乃歸國放於瑯邪也漢地理志瑯邪郡瑯邪縣越王句踐嘗治此起臺館瑯邪臺在今諸城縣東南一百四十里瑯邪山上吳越春秋越王句踐二十五年徙都瑯邪立觀臺以望東海春秋時越未滅吳知瑯邪與吳爲近景公有威服二國之志苟不務脩德而以兵戎故晏子先舉巡守述職以

明天子諸侯越境而行之故事而後以師行爲深戎也大雅江漢之滸王命召虎式辟四方徹我疆土匪疚匪棘王國來極于疆于理至于南海箋云式法疚病棘急極中也王於江漢之水上命召公使以王法征伐開辟四方治我疆界於天下非可以兵病害之也非可以兵急操切之也使來於王國受政敎之中正而已案此與一游一豫爲諸侯度之義相應至師行糧食飢者弗食勞者弗息是爲疚之棘之故箋又云齊桓公經陳鄭之閒及伐北戎則違此言者案此可悟今也不然一段正說桓公時事對先王之古則桓公時亦是今也召穆公以王法開辟四方而疆理至於南海齊桓公亦能尊周伐楚居然以王道自命當時稱爲義王故景公亦以爲比

於先王也又案晉語還軫諸侯又云還軫巡於天下軫者轉也還軫亦轉附之意韋昭以車後橫木解軫非是此即陳轅濤塗出於東方觀兵於東夷循海而歸之說也經書及江人黃人伐陳不言齊是桓公用濤塗之說矣左氏又云申侯見曰師老矣若出於東方而遇敵懼不可用也若出於陳鄭之間共其資糧屝屨其可也齊侯說與之虎牢執轅濤塗似桓公仍從陳鄭之間還師公羊傳曰濤涂謂桓公曰君旣服南夷矣何不還師濱海而東服東夷且歸桓公曰諾於是還師濱海而東大陷於沛澤之中顧而執濤涂則公羊爲得其實也下師行糧食及爲諸侯憂即公羊師不正之義此解確不可易舅氏莊葆琛先生云

吾王不遊吾何以休吾王不豫吾何以助注言王者巡守觀民其行從容若遊若豫豫亦遊也孔廣森曰晏子春秋曰春省耕而補不足謂之遊秋省實而助不給者謂之豫故於遊言休謂休息耕者於豫言助所謂助不給也東京賦旣春遊

以發生啟諸蟄於潛戶度秋豫以收成觀豐年之多稌辟綜注秋行曰豫是漢人舊說以遊豫分春秋也趙氏章句始混爲一管子先王之遊也春出原農事之不卒者謂之遊秋出補人之不足者謂之夕變豫言夕古音之轉注也爲諸侯度言諸侯法之亦以春秋行其境內歲舉不過再

今也不然　案今也不然謂今日之諺與夏諺不同也自師行而糧食至爲諸侯憂九句皆晏子引當時諺語

從流下而忘反謂之流從流上而忘反謂之連從獸無厭謂之荒樂酒無厭謂之亾　此晏子解流連荒亾之義益證上九句爲當時成語

關市譏而不征澤梁無禁罪人不孥　昭廿年左傳晏子言山林之木衡鹿守之澤之萑蒲舟鮫守之藪之薪蒸虞候守之

海之鹽蜃祈望守之縣鄙之人入從其政偪界之關暴征其私案此言皆齊之僻政至戰國而益甚故孟子舉文王治岐之法以正之文王始受命稱王周人一代之政當皆依焉而周禮獨異是以何休以爲戰國陰謀之書而不謂爲周公所作也

左右皆曰賢　丁杰曰尚書大傳堯爲天子舜爲左右鄭注左右助也若周冢宰典國事書序召公爲保周公爲師相成王爲左右左右指大臣輔佐故先於諸大夫

齊人伐燕　臧庸齊宣王取燕十城考曰元黄氏震述其鄉人蔣監簿曉說謂史記齊伐燕有二事齊宣王伐燕燕文公卒易王初立齊宣因燕喪伐之取十城是卽梁惠王篇所載問

荅稱齊宣王者是也齊湣王伐燕燕王噲以燕與子之齊、之是卽公孫丑篇所載沈同問燕可伐者也余考之戰國策史記合之孟子知蘇黃之說爲是今證之　戰國策齊策宣王篇云權之難齊燕戰秦使魏冉之趙出兵助燕擊齊薛公使魏處之趙謂李向曰君助燕擊齊齊必急急必以地和於燕而身與趙戰矣故爲君計不如案兵勿出齊必復與燕戰戰而勝兵罷獘趙可取唐曲逆戰而不勝命懸於趙中立而割窮齊與疲燕也鮑注云後漢志當陽注縣東南有權城楚地也蓋燕自北進齊自東進而戰於楚境燕策爲文公時魏冉傳言自惠王時任事然則此役文公末年也　又燕策文公篇云權之難燕再戰不勝趙弗救噲子鮑注云文公孫子噲謂文公曰不如以地請合於齊趙必救我若不吾救不得不事文公曰善令郭任以地請講於齊趙聞之遂出兵救燕鮑注云齊策此役言及魏冉知爲文公末年　又易王篇云燕文公時秦惠王以其女爲燕太子婦文公卒易王立齊宣王因燕喪攻之取十城武安君蘇秦爲燕說齊王曰燕雖弱小强秦之少壻也王利其十城而深與强秦爲仇今使弱燕爲雁行而强秦制其後以招天下之精兵此食烏喙之類也王能聽臣莫如歸燕之十城卑辭以謝秦秦知王以己之故歸燕城也秦必德王燕無故而得十城燕亦德王是棄强仇而立厚交也齊王大說乃歸燕城願爲兄弟而請罪於秦　史記燕世家云文公二十八年蘇秦始來見說文公秦惠王以其女爲

燕太子婦二十九年文公卒太子立是爲易王易王初立齊宣王因燕喪伐我取十城蘇秦說齊復歸燕十城又見蘇秦傳案合國策史記孟子考之燕文二十八年蘇秦始說燕時齊宣九年與魏襄會於徐州諸侯相王田嬰欺楚明年楚圍齊徐州蓋燕文虐其民齊宣往征與燕再戰於權梁惠王篇書齊人伐燕勝之再書齊人伐燕取之與燕策權之難燕再戰不勝正合鮑注謂燕文公末年是也燕文卒於是年齊宣因喪伐之取十城卽孟子所謂五旬而舉之及取之是也固與齊湣伐燕噲三十日而舉燕國顯然爲二事時燕遭喪又數被兵易王尚未立故孟子有謀於燕衆置君而後去之說或謂寡人勿取者蘇秦說齊宣歸燕十城也或謂寡人取之

者田嬰使魏處之趙說勿助燕擊齊則必勸宣取燕也孟子
言殺其父兄係累其子弟如水深火熱燕民不說不取與蘇
秦還燕十城之策正同特有公私之別耳諸侯將謀救燕者
齊策云秦使魏冉之趙出兵助燕擊齊燕策云文公令郭任
以地請講於齊趙遂出兵救燕是也齊田嬰欺楚楚圍齊正
在燕文末年齊宣十年且齊燕再戰於楚邑則楚之圍齊當
亦助燕於史可考者有秦趙楚燕四國故齊宣畏之云諸侯
多謀伐寡人也齊宣十一年與魏襄伐趙趙決河水灌之見
史記田齊世家趙世家六國年表蓋報救燕之役也故燕策
文公篇謂燕亡國之餘其以權立以重外以事貴正指齊宣
伐燕趙肅救燕而云然乃鮑注以此爲必燕昭既立之時而

吳正傳亦云此非文公時蓋俱未細考　穰侯列傳云魏冉最賢自惠王武王任職用事考六國表燕文二十九年齊宣十年趙肅侯十七年楚威王七年正秦惠文王五年鮑注齊策謂魏冉自惠王時任事此役在文公末年是也　又考齊宣十一年燕趙秦楚四國謀伐齊時不與謀者韓魏二國魏襄與齊宣睦故宣九年與襄會於徐州十一年又同襄伐趙因趙伐燕故知魏不與謀也齊宣八年韓昭侯二十四年秦拔韓宜陽二十五年旱作高門二十六年高門成昭侯卒明年爲齊宣十一年韓宣惠王元年時韓兵役相尋昭卒宣惠初立故知韓不與謀也此齊伐燕在齊宣十年燕文二十九年時周顯王三十六年也後齊伐燕在齊湣十年燕噲七年

時周赧王元年也相距上下適二十年後事亦見戰國策齊策燕策史記六國表燕世家荀子王霸篇前事載孟子梁惠王篇稱謚者齊宣卒於孟子前也後事載公孫丑篇祇稱王者齊湣卒於孟子後也漢趙氏章句已蒙混不能分爲二事余因黃氏說爲證明如此

書曰湯一征自葛始天下信之東面而征西夷怨南面而征北狄怨曰奚爲後我民望之若大旱之望雲霓也歸市者不止耕者不變誅其君而弔其民若時雨降民大悅書曰徯我后后來其蘇注此二篇皆尚書逸篇之文也　案書序湯征諸侯葛伯不祀湯始征之作湯征鄭注云湯征亡此引書正是湯征之文又案民望之以下皆孟子之說書也後滕文公篇

湯始征云云亦是說書故文少異而不加書曰也

非吾所能及也　閻若璩曰案孟子於梁惠王卒後猶譏其不仁梁襄王初即位譏其不似人君蓋梁未嘗爲之臣也至於滕更不特非臣且不自稱臣案孟子於梁亦未嘗自稱臣第曰吾分益亢矣

孟子趙注補正卷一

宿松羅忠濟初校

陽湖吳翊寅覆校

廣雅書局栞

孟子趙注補正卷二

長洲宋翔鳳撰

公孫丑章句上　或問乎曾西曰　注曾西曾子之孫　困學紀聞曰經典序錄曾申字子西曾參之子子夏以詩傳曾申左丘明作傳以授曾申曾西之學於此可考楚鬬宜申公子申皆字子西則曾西之爲曾申無疑

曾西蹵然　案說文欶愁然也从欠未聲孟子曰曾西欶然則孟子舊本作欶作蹵者趙所改爾

微仲　史記宋微子世家微子開卒立其弟衍是爲微仲書序殷既錯天命微子作誥父師少師正義啟與其弟仲衍皆是紂之同母庶兄史記稱微仲衍衍亦稱微者微子封微以微

廣雅書局栞

爲氏故弟亦稱微猶如春秋之世虞公之弟稱虞叔祭公之弟稱祭叔也呂氏春秋仲冬紀紂之同母三人長曰微子啟其次曰中衍其次曰受德受德乃紂也中衍即微仲衍檀弓微子舍其孫腯而立衍也鄭注微子適子死立其弟衍殷禮也合呂覽檀弓宋世家之言知衍是微子之弟孟子正以是兄弟故以比干箕子同時並稱漢書古今人表微子紂兄在第二等微中仲同在第四等列膠鬲商容之閒又有宋微仲啟子在第五等則宋微中之爲啟子者別是一人不得以名衍者當之宋世家微子開卒立其弟衍是爲微仲微仲卒子宋公稽立更無微中爲啟子者人表多據傳聞之異或當時有以弟爲子者故並記之與閻百詩遺去人表第四等之微仲但見第五等之宋微仲遂以仲衍爲啟子并强解檀弓之立衍爲舍

孫立子之證不知與孟子語意絕不合

雖有鎡基注 鎡基基田器耒耜之屬 錢大昕曰周禮薙氏注以茲其斫其生者疏云漢時茲其卽今之𨱍也禮記月令注田器鎡錤之屬正義引孟子作鎡錤茲其鎡錤鎡基文異而義同 案說文欘齊謂之鎡錤此取孟子之言廣雅云鎡錤鉏也

我四十不動心 不動心卽大學之正心不爲外物所誘則心能正如北辰之居其所尙書大傳言其變幾微而所動者大則居中亦未嘗不動不動不動者不爲外誘所動耳使北辰不動則恆星不能周天心而不動則庶事不能就理 如告子之不動心卽莊周所謂槁木死灰豈足以應萬事乎

孟施舍注孟姓舍名也施發音也　閻曰趙氏意以古人二字名無單稱一字今曰舍則舍其名也古未見有複姓孟施者則孟其姓也遂以施爲發音不知發聲在首如吳曰句吳越曰於越若在中則語助辭多用之字未聞以施字者且魯有少施氏安知孟施非少施一例乎

志壹則動氣氣壹則動志也注壹者志氣閉而爲壹也　案壹讀爲賈誼傳壹鬱其誰語之壹說文壹壹壺也从凶从壺不得泄凶也易曰天地壹壺案今易作絪縕絪縕壹鬱壹壺並聲轉

我善養吾浩然之氣注我能自養育我之所有浩然之大氣也　臧庸曰文選班孟堅荅賓戲仲尼抗浮雲之志孟軻養浩

然之氣李善注孟子曰我善養吾浩然之氣項岱曰皓白也如天之氣浩然也後漢傅燮傳世亂不能養浩然之氣李賢注孟子曰養吾浩然之氣趙岐注曰浩然天氣也案春秋繁露循天之道云陽者天之寬也陰者天之急也中者天之用也和者天之功也舉天地之道而美於和是故物生皆貴氣而迎養之孟子曰我善養吾浩然之氣者也則董子以養浩然之氣爲養天之和氣班孟堅以浩然與浮雲相對是亦以浩然爲天氣趙項之釋有所本矣今本趙注作浩然之大氣當是俗人所改漢書敘傳上顏注曰浩然純一之氣也文選五臣注劉良曰浩然自放逸也朱子曰浩然盛大流行之貌皆與古義異

其爲氣也配義與道　義人事之宜道天道與猶合也配以人事之宜合乎天之常道斯能養其浩然之氣

必有事焉而勿正心勿忘勿助長也　顧炎武曰倪文節思謂當作必有事而勿忘勿忘勿助長也傳寫誤以忘字爲正心二字禮祭義見閒以俠甒鄭注見閒當爲覸史記持粱刺齒肥索隱刺齒當爲齧此皆古書一字誤二字之證疊勿忘作文法

汙不至阿其所好注汙下也言三人雖小汙不平亦不至阿其所好　汙汙世也言當汙世是非不公獨此三人不至阿其所好也

子貢曰見其禮而知其政聞其樂而知其德由百世之後等百

世之王莫之能違也自生民以來未有夫子也注見其制作之禮知其政之可以致大平也聽聞其雅頌之樂而知其德之可與文武同也春秋外傳曰五聲昭德言五音之樂聲可以明德也從孔子後百世上推等其德於前百世之聖王無能違離孔子道者自從生民以來未有能備若孔子也　案論語言其或繼周者雖百世可知也此夫子自知脩春秋素王受命可以百世不僅十世邠卿此注已見其理矣

自生民以來未有盛於孔子也注夫聖人之道同符合契前聖後聖其揆一也不得相踰云生民以來無有者此三子皆孔子弟子緣孔子聖德高美而盛稱之也孟子知其言大過故貶謂之汙下　案堯舜三代皆得位爲君而孔子以素王受

命此實生民以來所未有以爲大過非也

關譏而不征注王制曰古者關譏而不征周禮大宰曰九賦七曰關市之賦司關曰國凶札則無關門之征猶譏王制謂文王以前也文王治岐關譏而不征周禮有征者謂周公以來孟子欲令復古去征　案王制漢文帝時作時周禮未出所謂古者指春秋以前也周公成文武之德不當改治岐之政以此益見周禮爲戰國陰謀之書孟子欲變戰國之法故與周禮異

公孫丑章句下　寡助之至親戚畔之　周秦人言親戚者皆指父母而史記稱箕子比干爲紂親戚以紂之諸父故亦以親戚言天子同姓謂之伯父叔父故左傳言封建親戚以藩

屏周凡同姓　有伯父叔父之稱故皆得稱親戚春秋滅同姓
名謂同姓之　國不相滅孟子寡助之至親戚畔之謂同姓之
國皆相離畔　禮異姓不稱父則稱親戚但可施於同姓耳戰
國策貧窮則父母不子富貴則親戚畏懼以親戚與父母對
舉亦謂一家之人皆畏懼之矣後萬章篇以貴戚之卿與異
姓之卿同對　知貴戚亦謂同姓趙注以貴戚爲内外親族非
是

孟子將朝王　案此當在齊湣王時

明日出弔於東郭氏　東郭氏景丑氏氏皆訓家論語自孔氏
亦謂自孔子家來耳

當在辥也予有戒心　翟曰風俗通窮通篇孟子絕糧於鄒辥

困殆甚所云戒心當在絕糧時

孟子之平陸　閻曰六國表四齊世家康公貸十五年魯敗我平陸徐廣曰東平陸縣余謂漢屬東平國爲古厥國孔子時爲魯中都邑爾時屬齊即今汶上縣是又有陶平陸則梁門不開張守節曰平陸唐兗州縣在中都即大梁東界故曰平陸齊邊邑

子之辭靈丘　閻曰靈丘亦屬齊邊邑趙世家敬侯二年敗齊於靈丘六國表敬侯九年魏武侯九年韓文侯九年因齊喪共伐之至靈丘又趙世家惠文王十四年樂毅將趙秦韓魏燕攻齊取靈丘明年燕獨深入取臨菑加以蚳鼃去王遠無以箴王闕特辭靈丘請士師足徵爲邊邑但實不知所在爾

時趙別有靈丘以葬武靈王得名卽今靈丘縣孝成王以靈
丘封黃歇絳侯擊破陳豨於靈丘皆其地注史記者以此之
靈丘爲齊之靈丘無論齊境不得至代北而敬侯時安得國
有靈丘胡三省注齊靈丘又以漢清河郡之靈縣當之抑出
臆度毋寍闕疑

我無官守我無言責也　孟子在湣王時不受祿故云無官守
言責

使虞敦匠事嚴注敦匠厚作棺也事嚴喪事急　孔曰敦治也
讀如敦商之旅之敦

中古棺七寸槨稱之自天子達於庶人注中古謂周公制禮以
來棺厚七寸槨薄於棺厚薄相稱相得也從天子至於庶人

廣雅書局栞

厚薄皆然　孔曰注中古謂周公制禮以來愚謂中古尚指周公以前周公制禮則自天子至庶人皆有等故喪大記曰君大棺八寸屬六寸椑四寸上大夫大棺八寸屬六寸下大夫大棺六寸屬四寸士棺六寸夫子制於中都亦爲四寸之棺五寸之槨是庶人棺槨不得同七寸矣繫辭後世聖人易之以棺槨大氏通言黃帝堯舜墨子偏主節葬之說然已云禹有桐棺三寸則木棺代瓦不始於殷而檀弓特舉殷人棺槨似殷始定棺槨尺寸之度者也孟子多言殷法分田則取助不取徹分國則言三等不言五等春秋變周之文從殷之質孟子學長春秋每於此見之

得之爲有財　士　念孫讀書雜志曰國策西周篇秦與天下俱

罷衆俱字後人所加與猶爲也謂秦爲天下所罷也秦策吳王夫差遂與句踐禽言爲句踐所禽也爲謂之與與亦謂之爲齊策張儀以梁爲齊戰於承匡言以梁與齊戰也孟子得之爲有財古人皆用之言得之與有財也史記滑于髡傳豈寡人不足爲言邪言不足與言也是爲與二字聲相轉而義亦相通也

於人心獨無恔乎　案廣韻恔字下云胡教切出孟子蓋其時劉熙孟子注尚存作恔者當是劉本

周公弟也管叔兄也注周公惟管叔弟也故愛之管叔念周公兄也故望之　案高誘注呂氏春秋亦以管叔爲周公之弟與趙氏所言同並是東漢人俗說

孟子致爲臣而歸　俗傳孟氏譜云孟子於周烈王四年四月二日生赧王二十六年十一月十五冬至日卒年八十四此言誕不足信公孫丑篇孟子將朝王章言惡得有其一以慢其二哉是蓋在齊湣王十二年燕人畔孟子去齊之前當赧王三年孟子年宜過七十故三齒尊曲禮大夫七十而致事若不得謝則必賜之几杖行役以婦人適四方乘安車自稱曰老夫於其國則稱名則五十六十雖在養老之列而尚無此隆禮安得以尊齒自居若孟子生於烈王四年至赧王三年僅六十一歲不宜云爾矣計孟子致爲臣而歸時已合七十致事故云致爲臣若曰不可更仕矣他日王謂時子曰吾欲中國而授孟子室養弟子以萬鍾此亦養老優賢之義不

能更令孟子仕但留其歸也孟子去齊宿於晝有欲爲王留行者坐而言不應隱几而臥曲禮七十賜几杖孟子對客隱几正是年過七十之證又案齊宣王十年當周顯三十六年依俗譜孟子年四十是年有伐燕事王問孟子則已爲齊卿預軍國之議公孫丑夫子加齊卿相之問當在此前而孟子已言吾四十不動心則此時已過四十矣以赧王三年孟子七十餘歲知生於安王二十年前後游梁時四十六七歲游齊時四十八九歲殁當在赧王二十年後孟子年九十餘矣以孟子書魯平公稱諡平公卒於赧王十九年也齊湣王不稱諡湣王卒於赧王三十一年也可推知孟子卒於赧王二十年之後三十年之前矣則生於烈王四年之說全不可據也

王就見孟子曰前日願見而不可得注謂未來仕齊也遙聞孟子之賢而不能得見之案此卽指孟子將朝王一章事故

曰願見不可得趙氏不以此爲湣王故云謂未來仕齊辭十萬而受萬　案齊宣王八年魏惠王卒九年孟子至齊以宣王伐燕取十城在十年知之黄震日抄引蔣曉曰史記齊伐燕有二事齊宣王伐燕燕文公卒易王初立齊宣因燕喪伐之取十城是即梁惠王篇所載問荅稱齊宣王者是也齊湣王伐燕燕王噲以燕與子之齊伐之是即公孫丑篇所載沈同問燕可伐者是也宣王在位十九年自此至湣王十一年燕人立平之歲凡二十二年以陳戴齊卿蓋祿萬鍾計之當得二十二萬而孟子云辭十萬者蓋謂湣王時所辭之祿也其事當考之公孫丑篇云孟子去齊居休公孫丑問曰仕而不受祿古之道乎此問辭十萬之事也曰非也于崇吾得見王退而有去志此指見湣王非見宣王也若孟子始見宣王退有去志君臣之義未深可滰淅而行惟見湣王不可與圖事而於宣

王君臣之義深蓋在宣王沒三年中孟子臣爲君喪不可變服而去之此不欲變之說也孟子當湣王時罕得接見故云于崇吾得見王以不常見故云得見卽告子篇所云吾見亦罕矣王就見孟子曰前日願見而不可得正以其罕見孟子故飾辭云爾也列女傳稱孟子處齊而有憂色又云道不用於齊而母老案宣王嘗言我雖不敏請嘗試之則宣王欲用孟子之言矣迨宣歿而湣不能繼父志故孟子處齊而憂卽思有去志之時也迨終宣王喪而又以母老未卽去又喪母以喪歸魯約在湣王五六年間迨喪畢返齊適當湣王九年而有伐燕之事所謂繼而有師命不可以請也蓋自宣十九年至湣十一年共十二年中除去喪母歸魯二年餘前後當

有十年卿祿萬鍾十年所辭適有十萬矣王謂時子養弟子以萬鍾言致卿祿一歲之粟若後世致仕食俸之法也下文因子叔之疑言及又使其子弟爲卿卽指養弟子以萬鍾之意

必求龍斷而登之以左右望而罔市利注入市則求龍斷而登之龍斷謂堁斷而高者也左右占望見市中有利罔羅而取之　翟曰上有私龍斷焉音義丁云龍與隆聲相近隆高也蓋古人之言耳如肯須之類是也張云斷如字或讀爲割斷之斷非也陸善經云龍斷謂岡壟斷而高者如陸之說則龍音壟案列子湯問篇說愚公移山事曰自此冀之南漢之陰無隴斷焉可爲陸說之確證說文買字下引孟子曰登壟斷

而网市利直作壟字三家惟陸說爲長

孟子去齊宿於晝　晝齊西南近邑也孟子去齊欲歸鄒至晝

而宿也　案史記田單傳聞晝邑人王蠋賢集解曰劉熙曰齊西南近邑晝音獲正義曰括地志云戟里城在臨淄西北三十里春秋時棘邑又云澅邑蠋所居卽此邑因澅水爲名又案後漢書耿弇傳張步都劇使其弟藍將精兵二萬守西安諸郡太守合萬餘人守臨淄相去四十里弇進軍畫中居二城之閒注云西安縣名屬齊郡故城在今青州臨淄縣西北畫中邑名也畫音胡麥反故城在今西安城東南有澅水因名焉又案水經淄水注云又有澅水注之水出時水東去臨淄城十八里所謂澅中也俗以澅水爲宿留水西北入於

時水孟子去齊三宿而後出晝故世以此變水名也案此三擭然晝邑自在臨淄之西北趙劉二注並以爲齊西南邑者則以鄉在齊之西南故望文生義水經注言澅中東去臨淄城十八里與耿弇傳所言居二城之間者里數相符括地志言戟里城在臨淄西北三十里春秋時棘邑又云澅邑此據流傳之說故與水經注里數不合當以水經注爲正後世以孟子三宿出澅變水名爲宿留宿留之名與晝音相近故趙氏之本改晝爲晝又廣韻四十九宥晝字下云又姓晝邑大夫之後因氏焉出風俗通風俗通作於應劭與邠卿並沿俗說當以劉熙爲正

申詳　檀弓子張病召申祥而語之注云申祥子張子又云大

史公傳曰子張姓顓孫今曰申祥周秦之聲二者相近未聞孰是按顓孫合言爲申祥詳字通

子爲長者慮 注 長者老者也孟子年老故自稱長者 按曲禮大夫七十致事自稱曰老夫長者卽老夫之謂孟子致爲臣時已過七十矣

然且至則是干澤也千里而見王 曰然且至又曰千里而見王謂自魯反於齊千里言遥遠也

由周而來七百有餘歲矣 江永羣經補義曰孟子去齊在燕人畔之後蓋當赧王三年己酉孟子由周而來七百有餘歲以邵子皇極經世金吉甫通鑑前編考之周武王伐殷己卯距赧王己酉八百八十一年與孟子言不合蓋周初自共和

庚申以前有誤衍之年也其誤始於劉歆厤譜共和以前之年史遷不能紀惟魯世家自考公以下有其年考公四年煬公六年幽公十四年魏公五十年（世本及歷譜作微公）厲公三十七年獻公三十二年眞公（亦作愼公）三十年眞公之十四年厲王出奔彘共和行政爲共和前年己未自考公至眞公十四年凡一百五十七年魯公伯禽史記未著卒年厤譜謂成王元年爲命魯公之歲魯公四十六年至康王六年而薨以四十六加一百五十七則成王元年至厲王己未二百單三年耳而厤譜累推七十六年之朔旦冬至數諸公之年謂世家煬公卽位六十年是得史記誤本（翔鳳按直是歆私改非誤本也）以六年爲六十年也又謂獻公卽位五十年是又誤以三十二年爲五十年也

煬公衍五十四年獻公衍十八年共衍七十二年則自成王元年至厲王己未有二百七十五年正承劉歆之誤然以汲冢竹書紀年考之武王伐殷爲十二年辛卯與今傳己卯者異武王陟於十七年丙申成王元丁酉三十七年陟康王元甲戌二十六年陟昭王元庚子十九年陟穆王元己未五十五年陟共王元甲寅十二年陟懿王元丙寅二十五年陟孝王元辛卯九年陟夷王元庚子八年陟厲王元戊申二十六年陟厲王之十二年己未奔彘十三年庚申王在彘共伯和攝行天子事號曰共和卽史記十二諸侯年表起共和庚申之年但非若周公召公共行政之說也宣王立共伯和歸國逍遙行志於共山之首莊子有共伯得乎共首之語武王辛卯至共和庚申二百一十年若經世

廣雅書局栞

諸書武王己卯至共和庚申有二百八十二年羨出七十二年正是劉歆厤譜誤衍之數也昭王十九年誤爲五十一年孝王九年誤爲十五年夷王八年誤爲十六年厲王十三年庚申誤作三十八年庚申除去己卯至辛卯十二年今史鑑多於竹書紀年者六十年前計武王己卯至赧王己酉八百十一年除去七十二年實得七百三十九年正與孟子語七百有餘歲合矣否則孟子生於周豈不知其年數反缺去七十餘年邪然則劉歆厤譜全不足憑邵氏金氏宗之者誤矣 翔鳳按劉歆厤譜即漢書志所載三統術也其所引古文書春秋傳魯世家俱歆私定以傳會其術馬鄭諸儒已受其惑江君不信眞卓識也

居休 閻曰故休城今在兗州府滕縣北十五里距孟子家約

百毛

孟子趙注補正卷二

宿松羅忠濟初校

陽湖吳翊寅覆校

廣雅書局栞

孟子趙注補正卷三

長洲宋翔鳳撰

滕文公章句上　滕文公爲世子注古紀世本錄諸侯之世滕國有考公麋與文公之父定公相直其子元公宏與文公相直後世避諱改考公爲定公以元公行文德故謂之文公也翟曰冡春秋成十六年滕文公卒滕之先君巳有謚文者後嗣不應犯同信乎文非本謚而但以行文德稱也同時魯文公見於史記在系本乃云湣公宋康王見於國策在荀子乃云獻王微弱之國垂至於亡故臣民各懷舊德私謚不獨一滕君也

成覸　說文覵很視也从見肩聲齊景公之勇臣有成覵者廣

韻二十八山覸人名出孟子齊景公勇臣成覸案廣韻所據
蓋劉熙本與說文合是覸爲正字

公明儀曰　閻曰公明儀見檀弓注子張弟子見祭義注又曾子弟子公明高亦曾子弟子也疑高與儀爲兄弟　案墨子公孟篇記公孟子與墨子問難皆儒家之言孟與明通公孟子卽公明子其人非儀卽高正與墨翟同時

父兄百官皆不欲注父兄百官滕之同姓異姓諸臣也　案父兄謂同姓百官謂異姓書平章百姓百姓百官也

夏后氏五十而貢殷人七十而助周人百畝而徹　案孟子夏后氏五十而貢云云其文與論語夏后氏以松殷人以柏周人以栗辭意正同論語孔注凡建邦立社各以其土之所宜

木則古者度地居民先就王國山川之廣狹土地之肥瘠人民之衆寡以定授田多少之數非以五十七十百畝行之天下也案禹貢冀州賦上上錯馬曰地自上下相錯通率第一冀州田中中馬注以土地高下言是冀州夏所都鴻水既平安邑陽城之間皆瀕河沃衍而無水患民不流離日以滋生故一夫授田五十畝而已足又禹貢總銍秸粟米之賦皆在五百里甸服之內以其賦上供天子卽謂之貢故八州兼有貢賦賦爲諸侯之入貢爲方物以獻王國冀州有賦無貢以賦爲天子所入則五十而貢正就冀州之賦而言其在諸侯不能限以五十惟什一而稅內外遠近齊一耳豫州賦錯上中視冀又下一等爲商所都湯都河南書序自契至成湯八遷蓋河水至豫竟

則多患不安其居人民亦少於冀故一夫可授田七十畝書逸篇有帝告釐沃帝告不知所謂釐分也沃沃土蓋區分其沃土以定七十而助之法其後遷河北近冀或用夏法有授田五十畝者故盤庚篇鄭注云祖乙居耿奢侈踰禮土地迫近山川嘗圮焉至陽甲盤庚爲之臣乃謀徙居湯都上篇是盤庚爲臣時事中下篇盤庚爲君時事案土地迫近者謂授田少也山川嘗圮者謂河患多也史記殷本紀帝盤庚之時殷已都河北盤庚渡河南復居成湯之故居迺五遷無定處湯居亳中丁遷囂河亶甲居相祖乙居耿及盤庚凡五遷殷民咨胥皆怨不欲徙盤庚乃告諭諸侯畿内諸侯大臣曰昔高后成湯與爾之先祖俱定天下法則可脩舍而弗勉何以成德乃遂涉河南治亳行湯之政

然後百姓由甯殷道復興諸侯來朝以其遵成湯之法也案法則可脩者卽釐沃之法也行湯之政者行七十而助之政也學者讀盤庚之篇可以知脩溝洫行井田以爲助法之意自盤庚治亳殷而田制始復故稱殷人凡殷法皆盤庚所脩而田制其最大者

周人百畝而徹者蓋本於公劉邠岐豐鎬皆在雍州賦中下在第六等人功少而地大故授田可得百畝詩篤公劉篇云其軍三單鄭箋云邰后稷上公之封大國之制三軍以其餘卒爲羨今公劉遷於豳民始從之丁夫適滿三軍之數單者無羨卒也此人少之切證又度其隰原徹田爲糧箋云度其隰與原田之多少徹之使出稅以爲國用什一而稅謂之徹此公劉定徹法之切證又度其夕陽豳居允荒傳山西曰夕

陽荒大也此地大之切證以後文武周公皆不改公劉之舊故詩有豳風周禮籥章歛豳詩豳雅豳頌知公劉之法未改也惟周禮就洛邑定制始雜用夏殷貢助之法而五十七十百畝之文儒者猶相傳而不廢要之可耕之地不必正平其高庳廣狹畸零之數必執度以度之然後可以得井田故王制言司空執度度地居民也又必求地防使水屬理遜用磬折句矩而後可以爲溝洫故考工記云凡溝逆地防謂之不行水屬不理遜謂之不行梢溝三十里而廣倍凡行奠水磬折以參伍欲爲淵則句于矩凡溝必因水勢防必以地勢三復此言知溝洫川涂之形本無一定必通以句股之算乃能出其正方而井田立故九數之法一曰方田凡所謂五十七

十百畝其多少但通之以算無所爲改畛涂變溝洫之紛紛
也　案說文耡商人七十而耡耡藉稅也从耒助聲周禮以興
耡利萌字異又案周禮太宰友以任得民注曰友謂同井相合
耦耡作者音義曰耡音助又遂人以土宜教甿稼穡以興耡
利甿注言鄭大夫讀耡爲藉杜子春讀耡爲助謂起民令相
佐助又里宰以歲時合耦于耡注與遂人注同後鄭又云耡
者里宰治處也于此合耦使相佐助因放而爲名是耡與助
古字通許氏文異孟子而義不異
貢者校數歲之中以爲常　合數歲之豐歉校得其中數爲常
貢
使民盻盻然　案說文盻恨視也从目兮聲

雖周亦助也　詩大田言曾孫來止饁以曾孫爲成王成王時洛邑已建故用助法有公田也孟子時井田法廢已久故云

雖周亦助

孟子言夏曰校此言立學以明人倫卽大學明明德親民人倫明於上小民親於下有王者起必來取法是爲王者師也之義其重則在師以道得民然文王世子有天子視學之文保傅篇言帝入大學承師而問道故孟子又言有王者起必來取法是爲王者師也言立學之法非徒得民實王者之所師推乎其極以見立學之重當時學校久廢在上者無承師問道之事使王者興起必先立學而來取法蓋尊師自王者始也而趙注云有行三王之道而興起者當取法於有道之

國似謂滕君不足以行王道但足爲王者所取法則下文新
子之國卽以文王之新命期滕君者又何說也
子力行之　閻曰案公羊傳君存稱世子君薨稱子某既葬稱
子踰年稱公左氏例則未葬稱子既葬稱君不得踰年始稱
君此二傳之同異也孟子則又有異君存稱世子滕文公爲
世子是君薨亦稱世子世子謂然友是未葬稱子不獨既葬
爲然至於子之身而反之是若孟子所稱子力行之則在既
葬後但未踰年耳何以驗之滕文公既定爲三年之喪五月
居廬未有命戒則亦無禮聘賢人之事可知惟至葬後始以
禮聘孟子至滕而問國事焉故孟子猶稱之爲子直至踰年
改元然後兩稱爲君曰君如彼何哉曰君請擇於斯二者然

廣雅書局栞

則孟子於滕行蹤歲月略可覩矣

請野九一而助國中什一使自賦注九一者井田以九頃爲數而供什一郊野之賦也助者殷家稅名周亦用之龍子所謂莫善於助也時諸侯不行助法國中什一者周禮園廛二十而稅一時行重賦責之什一也而如也自從也孟子欲使野人如助法什一而稅之國中從其本賦二十而稅一以寬之

案周禮載師云以廛里任國中之地以場圃任園地又云凡任地國宅無征園廛二十而一趙氏據此遂以國中專指園廛以使自賦爲使從二十稅一之賦與康成引孟子不同但周禮本無什一之說故其言任地之數多少不齊孟子既言其實皆什一井田九百畝以八家共耕公田百畝亦是什

一之法國中什一者則欲均圜廛近郊遠郊而一之郊外謂之野知郊內皆是國中也助者隨其歲之豐歉而收其公田之入賦者歲有常數卽龍子所言貢法也

方里而井井九百畝其中爲公田八家皆私百畝同養公田公事畢然後敢治私事所以別野人也　案韓詩外傳古者八家而井田方里而爲井廣三百步長三百步一里其田九百畝八家爲鄰家得百畝餘夫各得二十五畝家爲公田十畝餘二十畝共爲廬舍各得二畝半八家相保出入更守疾病相憂患難相救有無相貸飲食相召嫁娶相謀漁獵分得仁恩施行是以其民和親而相好漢書食貨志曰理民之道地著爲本故必建步立畮正其經界趙岐以經界爲列國之疆界故以侵鄰國爲說六

尺爲步步百爲晦晦百爲夫夫三爲屋屋三爲井井方一里是爲九夫八家共之各受私田百晦公田十晦是爲八百八十晦餘二十晦以爲廬舍師古曰廬田中屋也春夏居之秋冬去之出入相友守望相助疾病則救民是以和睦而敎化齊同力役生産可得而平也民受田上田夫百晦中田夫二百晦下田夫三百晦歲耕種者爲不易上田休一歲者爲一易中田休二歲者爲再易下田三歲更耕之自爰其處孟康曰爰於也農民戸人已受田其家衆男爲餘夫亦以口授田如比士工商家受田五口乃當農夫一人此謂平土可以爲法者也若山林藪澤原陵淳鹵之地各以肥磽多少爲差何休公羊傳注宣十五年曰聖人制井田之法而口分之一夫一婦受田百晦以養父母妻子五

口爲一家公田十畝卽所謂什一而稅也廬舍二畝半凡爲田一頃十二畝半八家而九頃共爲一井故曰井田廬舍在內貴人也公田次之重公也私田在外賤私也又曰多於五口名曰餘夫以率受田二十五畝十井共出兵車一乘又曰在田曰廬在邑曰里趙岐注孟子五畝之宅云廬井邑居各二畝半以爲宅冬入保城二畝半故爲五畝也案言冬入保城則春夏蠶時婦子饁餉當在田知樹桑亦在中田之廬故魏風言十畝之閒兮桑者閑閑兮又言十畝之外兮桑者泄泄兮此正公田十畝之證言魏國削小民無所居故思古者行井田之事而欲往也鄭不謂有公田十畝故箋義異詩正義申鄭以班固諸家爲謬且據孟子其中爲公田共爲公田不得家取十畝

廣雅書局栞

八家皆私百畝則百畝皆屬公何得復以二十畝爲廬舍同養公田是八家共理何得分若取十畝各自治安得謂之同養若二十畝爲廬舍則家別私有二畝半何得爲皆私百畝鄭意無家別公田十畝及二畝半爲廬舍之事彼申鄭義當如是而盡絀諸儒則非也詩言十畝之間又言中田有廬鄭箋但言農人作廬以便田事似謂農人草草結廬非有屋舍則鄭固不謂有二畝半之宅使井田中無廬舍安有出入相友守望相助所謂同養公田者謂一家分治公田十畝合計功力卽可爲同非必八家之人紛紜於百畝之中也況既有百畝之私田又加十畝之公田亦是什一而取一與徹法正通若并二十畝而耕之則什一之法不平知二畝半爲廬舍不在所耕之内雖爲民居亦出官予故不嫌

在公田百畝中也總之井田九百畝以畸零積算而劃之以出方不能有四方正平之形其中受田還田一易再易及圭田餘夫分合多寡隨時不能一成而不變故井田一廢遂無遺規可見而至今誦班固何休之言若恍覩三代之治則烏可指爲謬戾乎

則是厲民而以自養也注是爲厲病其民以自奉養　論語則以爲厲己也鄭注厲讀爲賴恃賴案孟子厲民以自養厲亦當讀賴謂滕君不與民並耕則恃民以自養矣下厲陶冶厲農夫並作此解乃順

是率天下而路也注是率導天下之人以羸困之路也　管子戒篇舉齊國之幣握路家五十室王尚書引之曰握當作振

說文振舉救也路讀爲露露家困窮之家也方言露敗也莊子漁父曰田荒室露管子四時篇國家乃路路亦同露亦訓敗也孟子率天下而路趙注謂羸困之路義與管子同

禹疏九河瀹濟漯而注諸海決汝漢排淮泗而注之江　注　疏通也瀹治也排壅也　案九河濟漯近海爲北條之水汝漢淮泗近江爲南條之水馬季長謂北條行河中條行渭濟淮南條行江漢此就禹貢導水言若論中國大勢則但可分南北而已史記河渠書曰河菑衍溢害中國也九甚唯是爲務故道河自積石歷龍門南到華陰東下砥柱及孟津雒汭至於大邳於是禹以爲河所從來者高水湍悍難以行平地數爲敗乃厮二渠以引其河北載之高地過降水至於大陸播爲九河同爲逆河入於渤海案孟康漢書注曰二渠其

一出貝邱西南南折者也其一則漯川也河自王莽時遂空

指出貝邱之河唯用漯耳是河與漯相分合濟與河相出入案水經

注禹引河自大伾山西折而北循大陸東畔入海而漯首受

河自黎陽宿胥口始在今濬縣東北晉地道志曰濟自大伾入河與

河水鬭南泆爲滎澤是濟入河在南漯稍北九河又在北蓋

引河而北必先疏九河下流通則上流不壅而濟漯二水又

當河水自西來北折之衝河流不南則濟漯不竭濟漯常

治則河亦不南洩東北之地有此數大川環繞溝渠畎澮易

於濬深不難耕作則北條之水以九河濟漯爲重汝水出宏

農今河南府嵩縣東南至新蔡入淮泗水源最近東源出今山東泗水縣而入

淮最在南今江南淸河縣爲泗入淮處漢入江汝泗入淮而淮之下流與

江近淮南王書曰本經篇舜之時江淮通流是在禹導水之前
蓋因其横决之勢排淮通江以疏水患淮患既平之後則淮
自就近於漢廣陵淮浦今江南安東縣境趨海孟子述其始
事故與禹貢不合而言淮注江也總之九河不壅則河長北
流又可治濟漯諸水則兖冀之間水患除而水利大興無庸
仰給於東南且河不奪淮則今淮安以北夏秋之際亦不至
河淮並漲有岌岌殆哉之懼此一世之利也太史公專言禹
厮二渠以補禹貢之闕明導河北流以救後來之弊故名河
渠書以厮渠之法經所未及也既厮二渠其北注海僅數百
里然九河濟漯水悍而土疏難治數倍於江淮蓋不可以力
敵曰疏曰瀹但若爲溝洫使水性通利不爲土所壅遏疑無

事於河者迨既疏既瀹則其注海乃順而易故曰疏九河瀹濟漯而注諸海諸之言之於也近且易之辭也曰決曰排乃力捍水勢禦其衝潰東其橫流江漢時有水溢而土不爲患淮則隔阻又時而不合於江然終不聞淮水之爲土壅而涸至於曲折艱阻乃數倍於九河濟漯故曰決汝漢排淮泗而注之江之者曲折而遠之辭也今之淅江古名曰之江亦此意或曰禹之導水既使淮自入海其言注江也曷以故曰淮之入江與自入海無所利害於其間也淮本有通江之故道故孟子存其法以待後聖人立法在又安中國而已後之學者明先聖之道亦求興利除害不必泥古人之陳迹也且江漢淮汝之通流非徒孟子言之也即墨子亦言之墨子之書

曰古者禹治天下西爲西河漁竇以泄渠皇孫之水北爲防原泒注后之邸嘑池之竇洒爲底柱鑿爲龍門以利燕代胡貉與西河之民東方漏之陸防孟諸之澤灑爲九澮以楗東土之水以利冀州之民南爲江漢淮汝東流之注五湖之處以利荆楚於越南夷之民見兼愛中篇案言東方漏之陸者卽河至大伾以東厮渠北載之高地也防孟諸之澤者濟水之所經也灑爲九澮疏九河也使兗境之水北趨至冀以入海卽楗東土之水以利冀州也言江漢淮汝東流注五湖五湖爲江水之下流墨子所言亦以禹治水之先淮汝本有通江之路也

放勳日勞之來之匡之直之輔之翼之　案孫氏音義放勳日

丁音馴或作曰誤蓋總舜禹稷契之事者放勳也故曰勞
之來之云云
昔者孔子沒三年之外門人治任將歸入揖於子貢相嚮而哭
皆失聲然後歸子貢反築室於場獨居三年然後歸注任擔
也失聲悲不能成聲場孔子冢上祭祀壇場也子貢獨於場
左右築室復三年愼終追遠也　史記孔子世家云孔子葬
魯城北泗上弟子皆服三年三年心喪畢相訣而去則哭各
復盡哀或復留唯子貢廬於冢上凡六年然後去弟子及魯
人往從冢而家者百有餘室因命曰孔里魯世世相傳以歲
時奉祠孔子冢而諸儒亦講禮鄉飲大射於孔子冢孔子冢
大一頃故所居堂弟子內後世因廟藏孔子衣冠琴車書至

於漢二百餘年不絕案趙注孟子卽據此文又案禮記曾子問曰宗子去在他國庶子無爵而居者可以祭乎孔子曰祭哉敢問其祭如之何孔子曰向墓而爲壇以時祭宗子死告於墓而後祭於家案祭於家者謂其家有廟者也孔子之沒伯魚先卒子思尚幼且庶士但祭禰故弟子用向墓爲壇之禮故冢上爲壇場而有祭祀也

秋陽以暴之　注　秋陽周之秋夏五六月盛陽也　案趙氏不知四時不隨正朔變說見白虎通故以秋爲夏孟子言七八月之間雨集又言七八月之間旱天油然作雲沛然下雨彼無秋字爲夏五六月其時多雨故不可以暴秋則多晴故秋陽烈於夏日也陽亦謂天之淸晏也

蠅蚋姑嘬之　孫氏音義曰蚋張音汭云諸本或作蝡誤也丁云蝡未詳所出或以蝡與蜹同謂浮蝣也音由又一說云蝡姑郎螻姑也

滕文公章句下　且志曰枉尺而直尋　翟曰文子上義篇屈寸而申尺小枉而大直聖人爲之尸子引孔子曰詘寸而申尺小枉而大直吾爲之也案文子東周初人而尸佼爲商鞅師穀梁傳嘗引其言亦略前於孟子陳代所云志或是此等書

吾爲之範我馳驅注範法也　案孫奭音義曰範我或作范氏范氏古之善御者又案文選東都賦田基發射范氏施御弦不眡禽轡不詭遇李善注曰括地圖曰夏德盛二龍降之禹

使范氏御之以行經南方左傳范宣子曰昔匄之祖在夏爲御龍氏晉主夏盟爲范氏是以後稱前也孟子曰吾爲範我馳驅終日不獲一爲之詭遇一朝而獲十劉熙曰橫而射之曰詭遇趙注同說文曰睼視也案善注先引孟子後釋睼字則以孟子釋范氏遂牽連劉注并釋後詭遇如單解詭遇不得在解睼之前也是選注引孟子範我當作范氏蓋劉熙本也章懷後漢班固傳注曰范氏趙之御人也孟子曰王良曰吾爲範我馳驅終日不獲一爲之詭遇一朝而獲十趙岐注曰範法也爲法度之御應禮之射終日不得遇詭遇非禮射也則能獲十弦不失禽謂由基也嚮不詭遇謂范氏也案章懷以范氏爲趙之御人則亦以孟子範我爲范氏而仍引趙注者蓋當時爲後漢作注往往雜用舊

注故有此參差又今孟子本作吾爲之範我馳驅文選及後漢書注引並無之字蓋今本涉下文而衍又案宋書樂志何承天君馬篇云願爲范氏驅雝容步中畿豈效詭遇子馳騁趣危機此用劉熙本也又宋書王微傳與江湛書曰上窮範馳之御下盡詭遇之能此用趙岐本也

丈夫之冠也父命之女子之嫁也母命之往送之門　閻曰孟子言禮多主大綱不暇及詳如諸侯之喪禮可見抑儀禮定於周初而列國行之各隨其俗如衞人之祔也離之魯人之祔也合之衞異於魯意者孟子所言其鄒俗乎

以供粢盛注　粢稷盛稻也　禮記祭統天子親耕於南郊以供粢盛音義齊盛本亦作齍與粢同又公羊桓十五年傳御廩

者何粢盛委積之所藏也注黍稷曰粢在器曰盛案粢盛之粢或作齊或作齍齍是正字粢齊叚借趙氏以粢爲稷盛爲稻乃望文生義不足據周禮小宗伯辨六齍之名物注謂黍稷稻粱麥苽則黍稷曰粢者亦舉例耳說文盛黍稷在器中以祀者也齍黍稷在器以祀者齍盛同義散文則通也

有人於此毁瓦畫墁注孟子言人但破碎瓦畫地則復墁滅之此無用之爲也　翟曰依趙訓是畫墁爲鏤脂畫冰費日損功之意

萬章問曰宋小國也　萬章當是宋人孟子在宋而從游故以宋事爲問猶公孫丑齊人以加齊卿相爲問也

湯居亳　詩元鳥正義曰書序云自契至於成湯八遷湯始居

亳又云盤庚五遷將治亳殷於湯言居亳於盤庚言亳殷則殷是亳之小別名故知湯是亳之殷地而受命者也自契至湯八遷者皇甫謐云史失其傳故不得詳是八遷地名不可知也其亳地在河洛之間書序注云今屬河南偃師地理志河南郡偃師縣有尸鄉殷湯所都皇甫謐云學者咸以亳在河洛之間今河南偃師西二十里有尸鄉亭是也謐考之事實失其正也孟子稱湯居亳與葛爲鄰案地理志葛今梁國甯陵之葛鄉是也湯地七十里耳葛不祀湯使亳衆爲之耕有童子餉食葛伯奪而殺之古文仲虺之誥曰湯征自葛始計甯陵去偃師八百里而使亳衆爲耕有童子餉食非其理也今梁國自有二亳也南亳在穀熟之地北亳在蒙地非偃

廣雅書局栞

師也書序曰盤庚五遷將治亳殷卽偃師也然則殷有三亳二在梁國一在河洛之閒穀熟爲南亳卽湯都也蒙爲北亳卽景亳是湯所受命也偃師爲西亳卽盤庚所徙者也立政之篇三亳阪尹是也如謐之言非無理矣鄭必以亳爲尸鄉者以地理志言尸鄉爲殷湯所都是舊說爲然故從之也且中候格予命云天乙在亳東觀於洛若亳在梁國則居於洛東不得東觀於洛也所言三亳阪尹謂其尹在阪謐所言三亳其地皆非有阪故立政注云三亳者湯舊都之民分爲三邑其長居險故云阪尹蓋東成皋南轘轅西降谷也是鄭以三亳爲分亳民於三處有亳地也杜預以景亳爲周地河南鞏縣西南有湯亭或說卽偃師也漢書音義曰臣瓚案湯居

亳今濟陰薄縣是也今薄有湯冢已氏有伊尹冢皆相近又以亳爲濟陰薄縣以其經無正文故各爲異説地名變易難得而詳也　案漢之梁國於春秋爲宋地蒙穀熟甯陵薄縣皆在其境宋爲殷後故臣瓚皇甫謐傅會爲湯所都亳康則更傅會甯陵爲葛伯之國其實漢書但有偃師尸鄉殷湯所都一語故康成獨所據信正義雖申鄭説而未駁去衆家爲未暢也

書曰葛伯仇餉注書尚書逸篇也　案此逸書湯征文

湯始征自葛載十一征而無敵於天下東面而征西夷怨南面而征北狄怨曰奚爲後我民之望之若大旱之望雨也歸市者弗止芸者不變誅其君弔其民如時雨降民大悦書曰徯

我后后來其無罰注載始也言湯初征從葛始也十一征而服天下一說言當作再字再十一者湯再征十一國再十一凡征二十二國也書逸篇也民曰待我君君來我則無罰矣

案梁惠王篇湯一征自葛始此以載爲始是孟子引書而兼說其義也注中又一說爲再十一征眞俗說也自書曰徯我后至下文以迎其小人孟子又引夏書以證商書也

有攸不爲臣東征綏厥士女匪厥元黃紹我周王見休惟臣附于大邑周其君子實元黃于匪以迎其君子其小人簞食壺漿以迎其小人救民於水火之中取其殘而已矣注從有攸以下道周武王伐紂時也皆尙書逸篇之文

毛詩序鳴箋引書篚厥元黃篚匪字通正義曰鄭氏引允征曰篚厥元黃則此

所引亦爲允征文實鄭誤也鄭不見古文而引張霸書也

又案書堯典正義曰鄭注書序允征云允征臣名又注禹貢引允征云厥篚元黃昭我周王案馬鄭逸十六篇書有允征非張霸之百兩篇也詩正義以東晉尚書爲眞遂以鄭所引爲張霸書則孟子書曰徯我后至以迎其小人六十一字皆夏書允征文其周王大邑周周字皆古文君字之訛君古文作𠰋也趙以兩周字遂望文生義以有攸以下爲道武王伐紂事而以徯我后二字屬上（後作僞書者即本此）其實臣與后正相對

又說文解字引逸周書曰實元黃于匪當是逸書周字後人所加耳又案孟子惟臣附于大邑周及實元黃于匪皆作于是書辭救民於水火之中作於此引書既畢而說其義也

大誓曰我武惟揚侵于之疆則取于殘殺伐用張于湯有光注大誓古尚書百二十篇之時大誓也　案孔子序書有百篇二十字衍文趙豈誤記張霸之百二篇爲百二十篇而仍爲古尚書乎

注今之尚書大誓篇後得以充學故不與古大誓同諸傳記引大誓皆古大誓　案所謂今之尚書大誓者西漢所得之大誓馬鄭古文所載今惟見周本紀所謂傳記引大誓者春秋內外傳禮記孟子荀子墨子等書也

孟子謂戴不勝曰　僞疏云戴盈之即戴不勝字盈之也荀子解蔽云唐鞅蔽於欲權而逐載子注云載讀曰戴戴不勝使辟居州傳王見孟子即韓非云太宰戴驩

引而置之莊嶽之間注莊嶽齊街里名也　炳燭齋隨筆曰左傳襄廿八年得慶氏之木百車于莊昭十年又敗諸莊哀六年戰于莊即此莊也襄廿八年慶封反陳于嶽即此嶽也蓋皆齊城內街里之名

段干木　閻曰段干木史稱受業於子夏之倫段干木與子夏皆客魏爲子夏弟子可知　臧庸拜經日記曰廣韻二十九換段姓出武威本自鄭共叔段之後風俗通云段干木之後史記老子韓非傳老子之子名宗爲魏將軍封於段干集解此云封於段干段干應是魏邑名而魏世家有段干木段干子田完世家有段干朋索隱段干姓朋名戰國策作段干倫疑此三人是姓段干也蓋因邑爲姓左傳所謂邑亦如之是也風俗通氏姓注

云姓段名干木，恐或失之矣。天下自别有段姓，何必段干木

邪？庸考之《風俗通》十反云：「干木息偃以藩魏，包胥重繭而存

郢。」亦以干木爲名。左太沖《魏都賦》：「干木之德，自解紛也。」劉淵

林注：「《呂氏春秋》曰：段干木者，魏文侯敬之，過其廬而軾之。其

僕曰：『干木布衣耳，而君軾其廬，不亦過乎？』文侯曰：『干木不趨

俗役，懷君子之道，隱處窮巷，聲馳千里之外，未肯以己易寡

人，寡人光乎勢，干木富於義。』」見《期賢篇》，與今本異。此先秦古書，非漢魏

後文人割裂可擬，而首述其姓，後稱其名，與應氏合。《水經注》

《河水四》云：「有段干木冢，干木，晉之賢人也。」亦以干木爲名。顔

氏家訓《音辭篇》載梁元帝云：「段非干木。」以段姓惟干木爲最

著也。劉子《文武篇》：「干木在魏。」袁孝政注云：「姓段，名干木。」蓋段干出老子後，段出干木。

後其段干子段干朋皆老子後與干木譜系無涉且鄭其叔段之後爲段氏則干木之前先有段氏魏亦何妨並有段氏段干氏乎

陽貨欲見孔子　案滕文公上篇陽虎曰爲富不仁矣趙注陽虎魯季氏家臣又下篇陽貨欲見孔子趙注陽貨魯大夫也孔子士也似以虎與貨爲二人一是季氏臣一魯大夫與論語孔注異案昭廿六年左傳成大夫公孫朝爲孟孫氏邑朝是孟氏家臣而稱大夫則陽虎亦以大夫自命聖人居魯遠害不能不以大夫禮報也

病於夏畦　劉熙注曰今俗以二十五畝爲小畦五十畝爲大畦

江淮河漢是也　閻曰顧景范説禹貢九水黑弱二水自荒裔之川渭水止在雍洛水止在豫濟則滅沒難明當在闕疑之例迄今其條貫猶存而經緯可見者惟江淮河漢四水而已矣余謂景范孟子言水由地中行不證以四瀆而曰江淮河漢得毋豫知今日之水之地如淮泗注江之説邪

沛澤　劉注沛水草相半

周公相武王誅紂伐奄三年討其君驅飛廉於海隅而戮之滅國者五十驅虎豹犀象而遠之天下大悅注奄東方無道國武王伐紂至於孟津還歸二年復伐前後三年也飛廉紂諛臣驅之海隅而戮之猶舜放四罪也滅與紂共爲亂政者五十國也奄大國故特伐之尚書多方曰王來自奄　案經傳

皆不言武王伐奄書序武王勝殷殺受立武庚以箕子歸
洪範以後武王更無討伐之事書序又云武王有疾周公
金縢武王崩三監及淮夷叛周公相成王將黜殷作大誥
王既黜殷命殺武庚命微子代殷後作微子之命槩立武庚
者使爲殷後又命管叔蔡叔與武庚爲三監言三監及淮夷
叛者管蔡商奄也尙書大傳言管叔蔡叔流言于國奄君謂
祿父曰武王既死矣今王尙幼矣周公見疑矣此百世之時
也請舉事又豳風破斧云周公東征四國是皇毛傳云四國
管蔡商奄也武庚管蔡皆藉奄以叛奄蓋淮夷之長帥故東
征以伐奄爲急言黜殷命殺武庚時奄尙存討伐未畢也故
書大傳言周公居攝一年救亂二年克殷三年踐奄踐之言

廣雅書局刊

殘滅之蓋殘奄則東征事已此東山之詩言周公東征三年而歸矣卽三年討其君也自陝以東周公主之欲得管蔡而奄之情則必居東奄與淮夷在兗徐之間大抵近荆楚皐蠻之地故史記魯世家及蒙恬傳皆有周公奔楚之說奔楚當居東實一事傳記說之各異不若詩書之可案也漢儒以洛誥已復子明辟遂謂洛誥以後若多士諸篇皆成王卽政後所作不知自大誥以至洛誥皆言黜殷之事自多士以至多方皆言踐奄之事故書序於多方篇後總之曰成王旣黜殷命滅淮夷還歸在豐作周官凡言成王者皆周公攝爲之非成王卽政淮夷又叛也案史記燕召公世家言成王旣幼周公攝政當國踐阼召公疑之作君奭書序君奭任多士無逸

之後成王政諸篇之前則皆攝政時事此太史公所傳古文說也況攝政但代成王施令行政其位仍列於師保不必如漢人言周公稱王也多士篇曰昔朕來自奄予大降爾四國民命四國管蔡商奄也民命謂君也奄在淮夷之北淮夷非一君同時遷滅之故云滅國者五十王制鄭注云周公攝政致太平斥大九州之界制禮成武王之意所因殷之諸侯亦以功黜陟之正義云黜者謂於周家有過諸侯黨紂而惡者皆黜退之不得復爲諸侯據此知滅國五十亦周公攝政時事是成武王之意也此相成王而孟子繫之於相武王者大誥曰予曷敢不于前甯人攸受休畢則周公相成王之事皆武王之事亦皆文王之事故下文引書曰丕顯哉文王謨丕

承哉武王烈佑啟我後人咸以正無缺則曰相武王而文王武王成王胥統之矣呂氏春秋古樂篇云成王立殷民反王命周公踐伐之商人服象爲虐於東夷周公以師逐之至於江南乃爲三象舞以嘉其德案商人商奄也東夷淮夷也蓋淮夷能服猛獸以助商奄之虐而周公驅之江南又秦本紀中潏在西戎保西垂生蜚廉蜚廉生惡來惡來有力蜚廉善走父子俱以材力事殷紂周武王之伐紂并殺惡來是時蜚廉爲紂石北方還無所報爲壇霍太山而報得石棺銘曰帝令處父不與殷亂賜爾石棺與華氏死遂葬於霍太山案此則飛廉不與殷亂孟子言驅飛廉於海隅而戮之當亦如鄭語戮之於路之戮不必殺也或者飛廉於紂亡之後仍從

庚爲之合淮夷與武庚相應故周公驅而戮之凡與海近者皆可謂之海隅其後仍得還葬霍太山則驅飛廉亦與伐奄同時矣中潏在西戎生蜚廉驅飛廉卽戎狄是膺伐奄卽荆舒是懲也魯世家言伯禽卽位之後有管蔡等反也淮夷徐戎亦並反於是伯禽率師伐之於肸音[illegible]作肸誓徐與舒音相近淮夷徐戎卽荆舒也則伯禽之伐淮夷徐戎亦周公命之費誓之作與成王踐奄一時一事也伯禽封魯早矣其先則爲方百里三年踐奄滅國五十之後乃益魯以殷民六族有奄淮夷之地而有地方五百里因又命之故洛誥有王命周公後作册逸誥之事非至是乃封伯禽也定四年左傳言伯禽封魯在封康叔唐叔之前則在管蔡未流言之始也其書

傳所謂一年救亂事乎古今文家說者各異在讀書者折其衷矣

知我者其惟春秋乎罪我者其惟春秋乎　劉熙注曰知者行堯舜之道者也罪者在王公之位見貶絕者

諸侯放恣處士橫議楊朱墨翟之言盈天下　七國之君有地數千里而稱王此諸侯放恣也布衣之士揣摩其意旨馳騁其辭說飾詐蠭起以干之如蘇張從橫申韓刑名孫吳兵法及談天雕龍炙轂之徒惟在動時君以口舌希遇合於立談此處士之橫議所害者一國一君猶未中於天下之人心也其術不及於下世而足以號召徒衆流衍當時其名則欲以救時而因之中於人心害於後世者其楊墨之言乎楊朱不

見於古今人表其人蓋與老聃同時莊子應帝王篇言陽子居見老聃張湛列子注云楊朱字子居陽與楊通用楊朱即陽子居列子有楊朱與禽滑釐辨論滑釐當在後是寓言也則楊朱之學即託於老子其後明其說者皆莊周列禦寇諸人之弟子故周秦間人不甚言楊朱而其言實猖狂恣肆而不息凡同於爲我者皆是也墨翟於古今人表在周貞定王時後於孔子而當時以儒墨並稱爲顯學淮南王書言墨子服役者百八十人皆可使赴湯蹈刃死不還踵此墨者之盛其不名於墨者如宋鈃尹文彭蒙田駢慎到之流其說實皆同乎兼愛楊墨之說之盛則其視諸侯之放恣若匹夫視處士之橫議若蜉蝣與蠛蠓當人心蕩蕩無所適從之時皆歸之如親戚尊之如國君故

楊朱墨翟之言盈天下其禍極於人心之不正有烈於當時之諸侯處士者矣若有謂孟子所以距楊墨甚至而闊略於餘子爲疑故論及之

匡章曰陳仲子豈不誠廉士哉　翟曰論衡刺孟篇作匡章子曰有子字荀子不苟篇韓子外儲說陳仲並作田仲案陳仲在荀子所非十二子中則當時應著書而漢志不錄則其亾久矣淮南汜論注陳仲子齊人孟子弟子居於陵

居於陵　史記索隱引孟子曰陳仲子齊陳氏之族兄爲卿仲子以爲不義乃適楚居於於陵案此所引葢劉熙諸家之注然以爲適楚者非也既云避兄離母處於於陵而其母殺鵝與食則去其母不遠迨又戰國策趙威后問齊使曰於陵子

仲尙存乎使其適楚則威后亦不得問齊使矣　閻曰顧野王輿地志齊城有長白山陳仲子夫妻所隱處酈注魚子溝水南出長白山東抑泉口山即陳仲子夫妻之所隱志長白山者節去下山字若以抑泉口即其家於陵非也唐張說石泉驛詩自注於陵子仲宅漢於陵故城章懷注在今淄州長山縣南與通典合張說詩長白臨江上於陵入濟東我行弔遺迹感歎石泉空石泉非即孟子所謂井者邪江繡江發源長白山南今章邱縣淯河是計於陵仲子家離其母居二百里矣

匍匐往將食之　管同曰將取也書微子將食無災文選注甘七引孟子作將而食之案選注所引蓋劉熙本

兄戴蓋祿萬鍾注 兄名戴爲齊卿食采於蓋祿萬鍾 翟曰音義戴蓋丁張並音盍路史國名紀陳仲子戴盍案合音義路史觀之似皆以蓋連上讀 孔廣森曰敬齋古今黈讀兄戴蓋爲句云戴蓋祇是乘軒愚案蓋既爲王驩邑不當又爲仲子兄邑太元務次四見矢自升利羽之朋蓋戴車載是李氏戴蓋之語未爲無本

宿松羅忠濟初校

陽湖吳翊寅覆校

孟子趙注補正卷三

孟子趙注補正卷四

長洲宋翔鳳撰

離婁章句上注離婁古之明目者黃帝時人也黃帝亾其元珠使離朱索之離朱卽離婁也　翟曰案莊子駢拇駢於明者離朱是已又案黃帝遺其元珠事亦見莊子漢書古今人表以公輸般離朱並列春秋時失之廣韻離姓孟子門人有離婁更誤　案廣韻自有所本如高誘以陳仲子爲孟子弟子者則此說亦出漢人矣

不能成方員　案說文圜天體也从口睘聲圓圜全也从口員聲員物數也从貝口聲則方員之員或作圜或作圓作員者叚借字

不以六律不能正五音　李兆洛曰呂覽云昔者黃帝令伶倫作爲律伶倫自大夏之西乃之阮隃之陰取竹於嶰谿之谷以生空竅厚鈞者斷兩節閒其長三寸九分而吹之以爲黃鍾之宮名曰含少次制十二筩以之阮隃之下聽鳳皇之鳴以别十二律其雄鳴爲六雌鳴亦六以比黃鍾之宮適合黃鍾之宮皆可以生之故曰黃鍾之宮律呂之本黃帝又命伶倫與榮將鑄十二鍾以和五音以施英韶黃鍾生林鍾林鍾生大簇大簇生南呂南呂生姑洗姑洗生應鍾應鍾生蕤賓蕤賓生大呂大呂生夷則夷則生夾鍾夾鍾生無射無射生仲呂三分所生益之一分以上生三分所生去其一分以下生黃鍾大呂大簇夾鍾姑洗仲呂蕤賓爲上林鍾夷則南呂

無射應鍾爲下月令章句曰律率也聲之管也上古聖人本陰陽別風聲審清濁而不可以文載口傳也於是始鑄金作鍾以主十二月之聲然後以仿升降之氣鍾難分別故截竹爲管謂之律律者清濁之率法也聲之清濁以律長短爲制白虎通曰律率也率氣令生者也漢志曰律以通氣類物呂以旅陽宣氣周禮六呂作六同鄭注律述氣者也同助陽宣氣與之同也國語作六閒韋注六呂在陽律之閒也管子曰凡聽徵如負豬豕覺而駭凡聽羽如鳴鳥在樹凡聽宮如牛鳴窌中凡聽商如離羣羊凡聽角如雉登木淮南子曰黃鍾爲宮太簇爲商姑洗爲角林鍾爲徵南呂爲羽宮生徵徵生商商生羽羽生角角爲姑洗姑洗生應鍾比於正音故爲和

應鍾生蕤賓不比正音故爲繆賈逵曰周有七音應鍾爲變宮蕤賓爲變徵杜佑曰自殷以前但有五音自周以來加文武二聲謂之七聲五聲爲正二聲爲變律呂新書曰宮與商商與角徵與羽相去各一律角與徵羽與宮相去乃二律相去一律則音節和相去二律則音節遠故角徵之間近徵收一聲比徵少下故謂之變徵羽宮之間近宮收一聲少高於宮故謂之變宮此亦出於自然左氏所謂七音漢書所謂七始是也禮運五聲六律十二管旋相爲宮也孔穎達曰黃鍾爲第一宮下生林鍾爲徵上生大簇爲商下生南呂爲羽上生姑洗爲角餘十一律皆然是爲十二宮各有五聲凡六十聲淮南子曰一律而生五音十二律而爲六十音因而六之

六六三十六故三百六十音以當一歲之日漢志黃鍾爲宮則大簇姑洗林鍾南呂以正聲應無有忽微不復與他律爲役者同心一統之義也非黃鍾而他律雖當其月自宮者則以其和應之律有空積忽微不得其正此黃鍾至尊無與也杜佑曰準正聲之半以爲十二子律以子聲比正聲則聲爲倍以正聲比子聲則子聲爲半但先儒釋倍半聲自有二義一云以十二正律半爲十二子聲一云從仲呂之管寸數三分益一重上生黃鍾以次相生終於仲呂以所得管之寸數然後半之以爲子聲朱子曰十二律各有一定之聲而旋相爲宮則五聲初無定位高者或下當下者或高則宮商失序而聲不和故取其半律以爲子聲當上生而所生者短

則下取此以爲用然以三分損益之法計之則亦適合下生之數而自此律又以其正律下生則復得其本法而於半律又合下生之數漢志黃鍾不爲他律役者言黃鍾惟於本宮爲正律若他律爲宮則黃鍾之爲商角徵羽二變者皆但用其變律而正律不用也案律呂之説紛緫錯出訟無證之延今取六律七音旋宮之大旨見於經籍者條其源流著其義蘊以合孟氏之意其上生下生隔七隔八左旋右旋圍徑黍尺之説則槩置之以於實理實事均無當也蔡邕曰度量可以文載口傳與衆共知然不如耳決之明也斯言當矣

無然泄泄泄泄猶沓沓也　翟曰説文呭字下引詩作呭呭楊倞荀子注作詍詍玉篇引孟子呭呭猶沓沓也案詩蕩箋矣

語沓沓如湯之沸疏云言其噂沓無節也荀子正名篇愚者

之言嘖然而不類諮諮然而沸注云諮諮多言也然此與沓

字亦可从言而泄本或从口或从言似兩文本主言不主氣

說

滄浪之水淸兮　閻曰滄浪地名也史記正義引括地志均州

武當縣有滄浪水庾仲初漢水記武當縣西四十里漾水中

有洲名滄浪洲也蓋漢水流經此地遂得名滄浪水云　又

曰趙順孫纂疏曰滄浪地名蓋漢水至其地因以名

伯夷避紂居北海之濱　閻曰伯夷孤竹國之世子也前漢遼

西郡令支縣有孤竹城括地志孤竹古城在盧龍縣南十二

里余謂今永平府治河入海從右碣石正古之北海今在昌

黎縣西北即是當日避紂處去其國都不遠通志以居北海爲濰縣者誤

聞文王作興注聞文王興起王道　翟曰詩酌正義孟子說伯夷居北海之濱太公居東海之濱聞文王作興而歸之中論亾國篇昔伊尹在田畝之中聞成湯作興而自夏如商太公避紂之惡居於東海之濱聞文王作興亦自商如周王逸楚辭章句太公避紂居東海之濱聞文王作興盍往歸之俱趙注以作興連讀

太公避紂居東海之濱　閻曰齊世家太公望呂尚者東海上人注未悉後漢琅邪國海曲縣劉昭引博物記注云太公呂望所出今有東呂鄉又釣於棘津其浦今存又於清河國廣

川縣棘津城辯其當在琅邪海曲此城殊非余謂海曲故城通典稱在莒縣東則太公避居東海之濱即是其家漢崔瑗晉盧無忌立齊太公碑以爲汲縣人者誤　管同曰國語摯疇之國也由太任杞繒由太姒齊許申呂由太姜陳由太姬家齊之國不由邑姜而由太姜則望固太姜之内族而周之舊姻也故晏子言齊地曰有逢伯陵因之蒲姑氏因之而後太公因之而伶州鳩曰我姬氏出自天黿及析木者有建星及牽牛焉則我皇妣太姜之姪逢伯陵之後逢公之所憑神也天黿及元枵齊之分野然則姜氏久國於齊而太公即有逢之子姓耳蒲姑氏或云與商同姓其代有逢之故今不可知要之逢公猶爲太姜之姪度其國滅當近在王季文王時

商之季世矣然則避紂而居東海蓋依其故國而周封於齊亦卽以其故國予之云

離婁章句下　卒於畢郢　劉台拱曰畢郢徐廣史記音義引孟子作畢程司馬相如傳注逸周書王季宅程徐廣引作郢程郢字異音同相如傳文王改制爰周郅降徐廣以郅爲郢字之誤注孟子者不詳郢地所在則以文字不明故也今案汲冢紀年武乙二十四年周師伐程戰於畢克之大丁五年周作程邑然則畢程二地矣漢書地理志右扶風安陵闞駰以爲本周之程邑括地志安陵故城在雍州咸陽縣東二十一里周之程邑也此邑中之地爲程也其西有畢陌一名畢原皇甫所謂安陵西畢陌元和郡縣志畢原卽咸陽縣所理也原南北數十里東西二三百里

亦謂之畢陌此邑外之地爲畢也是畢者程地之大名程者畢中之小號故紀年言西伯初禴于畢而杜佑亦云王季都畢皆通國內言之昭九年左傳周景王言我自夏以后稷魏駘芮岐畢吾西土也注言在夏世以后稷功受此五國爲西土之長是則岐畢皆古之建國周者大王所邑而岐之小別也故繫岐而曰岐周高誘呂覽注古公避獯鬻之難邑於岐周謂岐山之陽有周地及受命因爲天下號也鄭氏詩譜文王受命作邑于豐乃分岐邦周召之地爲周公旦召公奭之采地周爲岐別此足徵矣程者王季所邑而畢之小別也故繫畢而曰畢程呂覽具備篇武王嘗窮於畢程矣畢程卽畢郢刻本程誤程高誘注畢程畢豐非也周書史記篇昔有畢程氏損祿增爵羣臣貌匱比而戾民畢程氏以亾繇是推之則畢郢之名所起遠矣又案畢地有二其一畢陌其

一文王墓地太史公曰畢在鎬東南杜中皇覽云周文王武王周公冢在京兆長安縣鎬聚東杜中而括地志以爲在雍州萬年縣西南二十八里畢原上則唐亦謂之畢原是故有咸陽縣之畢原所謂文王卒于畢郢也有萬年縣之畢原所謂文王葬於畢也一在渭北一在渭南異所同名往往相亂杜佑言畢初王季都之後畢公封焉此言在渭北者當矣而以爲文王所葬則失之帝王世紀云文武葬於畢畢在杜南晉書地道記亦云畢在杜南與畢陌别此則文武所葬不在畢陌明矣是以裴駰辨之云皇覽曰秦武王冢在扶風安陵縣西北畢陌中大冢是也人以爲周文王冢非也周文王冢在杜中張守節亦云括地志云秦惠文王陵在雍州咸陽縣

西北一十四里秦悼武王陵在雍州咸陽縣西十里俗名周武王陵非也羣書剖析具明唯顏師古注漢書劉向傳文王周公葬於畢用畢陌爲釋而杜亦云然自茲以降莫不謬括秦陵誣稱周墓傳之方志載之祀典非一世矣（辨已見日知錄）趙岐言畢文王墓近於酆鎬之地此言在渭南者當矣而以訓畢郢則失之文王始亦宅程周書稱文王在程作程寤程典其後作邑於酆而先君宗廟故居宮室猶於是乎存（紀年云西伯初禴于畢謂畢郢也此王季廟在郢之證王季廟在郢亦若文王廟在酆僖廿四年傳畢原酆郇文之昭也畢酆皆宗邑故武王以封兄弟）因是往來舊都而末年仍卒乎此以情事推之昭然可見卒于畢郢不言葬而趙以墓地當之畢地既誤何郢之可言闕而不究其不以此乎若僞孫疏謂郢楚故都在南郡固

不辨而知其妄矣武王既定天下以王季舊都封畢公高而畢陌其封内之地後之言地理者專以畢陌當之亦未爲非畢陌漢魏安陵縣地晉省安陵爲長安縣地故杜預曰畢國在長安縣西北唐置咸陽縣治故通典以爲在咸陽閻百詩謂二杜不同是不然觀顔籀所稱畢陌在長安西北四十里以此申元凱之説即與君卿無二正咸陽縣地注漢書故以長安言之史記正義引括地志以萬年縣西南二十八里畢原爲畢公高國以咸陽縣東二十一里安陵故城爲程伯休父國斯兩失之後漢郡國志河南雒陽有上程聚劉昭注古程國史記曰重黎之後程伯休父之國也關中更有程地帝王世紀曰文王居程徙都豐故此加爲上程徧檢史記諸刻本悉易以

程字惟震澤王氏翻刻宋本一注之中程郢互見分明可據以其乘輿濟人於溱洧　翟曰禮記仲尼燕居注子產以其乘車濟冬涉者而車梁不成正義引孟子亦作乘車御覽引孟子曰子產爲政以其乘車濟人於溱洧　閻曰溱洧二水名說文引詩溱與洧作潧曰潧水出鄭國洧水出潁川陽城山東南入潁史記注引括地志以爲古新鄭城南[illegible][illegible]流合水經亦云余讀酈道元注於洧水相鄰者若丹水汝水潁水潩水渠水沙水皆不載有橋梁獨洧水一則曰又東逕陰坂北水有梁焉再則曰又屈而南流其水上有梁謂之桐門橋則洧水之宜置有梁孟子言殊非無因

歲十一月徒杠成十二月輿梁成注周十月夏九月可以成步

度之功周十一月夏十月可以成輿梁也　段玉裁尚書撰異曰堯典歲二月東巡守鄭注歲二月者正歲建卯之月也或問鄭云堯建丑舜建子上文正月爲丑月則此二月非寅月而何應之曰子不見正歲二字邪周禮之書凡言正月之吉者皆謂周之正月凡言正歲言歲終言歲十有二月皆謂夏正之寅月丑月戴先生周禮太史正歲年解已詳之矣予因以推之他書如孟子言七八月之間旱七八月之間雨集謂周七八月也何以知之不言歲也歲十月徒杠成作十一月誤十一月輿梁成作十二月誤謂夏正之十月十一月也何以知之系之歲也上推虞書早創斯例曰正月者唐正月也曰歲二月者建寅之二月也鄭以經文此云歲二月則知上文正月

之上不言歲者非建寅也二月系諸歲則建卯之月也惟寅數得天稱歲自唐虞已無異議作堯典者夏之史官[illegible]精嚴如是爾雅石杠謂之徛今本郭注孟子曰歲十一月杠成邢疏云孟子歲十一月徒杠成而云此注作十月誤或所見本異然則邢本爾雅注故作歲十月也攷孟子注疏本注作周十月夏九月周十一月夏十月推求文義當是孟子正文作十月徒杠成十一月輿梁成注作周十月夏八月周十一月夏九月今轉改譌亂耳近曲阜孔氏刊孟子趙注作周十一月夏九月周十二月夏十月理是而文恐非矣趙氏不知歲字之解其說繆誤

又先於其所往　通典禮五十九引作又先安其所往案安於

聲之轉義亦通

周公思兼三王以施四事其有不合者仰而思之夜以繼日幸而得之坐以待旦　尚書大傳曰在旋機玉衡以齊七政齊中也七政謂春秋冬夏天文地理人道所以爲政也道正而萬事順成故天道政之大也又曰周公兼思三王之道以施於春秋冬夏案三王迭用天地人之正兼三王謂通三統也春秋繁露曰王者之法必正號絀王謂之帝封其後以小國使奉祀之下存二王之後以大國使服其服行其禮樂稱客而朝故同時稱帝者五稱王者三所以昭五瑞通三統也是故周人之王尚推神農爲九皇而改號軒轅謂之黃帝因存帝顓頊帝嚳帝堯之地號絀虞而號曰帝舜案此知唐虞在

當時稱王三王不必爲夏殷周而周公時則夏殷周爲三王班固白虎通曰王者所以存二王之後何也所以尊先王通天下之三統也明天下非一家之有敬謹謙讓之至也據此知兼三王通天地人之正以正一歲之首施於春秋冬夏爲施四事以爲一歲之成而王道備所謂施四事者其事備於明堂月令而實本於堯典之命羲和尚書大傳曰天子南面而視四方星之中知民之緩急急則不賦籍則不舉力役故曰敬授民時據諸書之言則兼三王施四事即在旋機玉衡以齊七政也旋機謂北極玉衡謂北斗本甘石星經凡四時鳥火星昴之中皆仰觀而得王者當法天周公之所以仰而思之也自唐虞三代以來無不以此爲兢兢故月令言春行夏令

及四時災異之應皆所謂有不合者也合於天謂之合不合於天謂之不合王者上承天之所爲下以正其所爲皆仰而思之之學也三代之王皆受命於天四時之事皆天道乾之象曰天行健君子以自强不息受命而王必仰法於天周公誕保文武受命所施皆王者之事仰而思之求其端於天也夜以繼日幸而得之坐以待旦乾九三明人事曰君子終日乾乾夕惕若此之謂也孔子作春秋亦通三統而具四時即周公之法亦自古帝王相傳之法也

王者之迹息而詩亡詩亡然後春秋作　案說文䢋古之遒人以木鐸記詩言从辵从丌丌亦聲讀與記同孟子王者之迹熄迹當作䢋言王國無遒人之官而詩遂亡矣後人多聞迹

寡聞迒故改迒爲迹王制天子五年一巡守命太師陳詩以觀民風鄭注陳詩謂采其詩而視之何休注公羊云男女有所怨恨相從而歌飢者歌其食勞者歌其事男年六十女年五十無子者官衣食之使之民間求詩鄉移於邑邑移於國國以聞於天子故王者不出牖戶盡知天下所苦不下堂而知四方漢書食貨志云行人振木鐸徇于路以采詩獻之太師比其音律以聞於天子故曰王者不窺牖戶而知天下又藝文志云古者有采詩之官王者所以觀風俗知得失自考正也歷案諸文知王者有設官采詩之事息止也孫奭云熄與息同言此官止而不行則下情不上通天下所苦天子不知政教流失風俗淩夷皆由於此謂之詩亡可耳儀封人曰天將

以夫子爲木鐸謂王者不采詩將使夫子周流四方以行其敎春秋之志其見於此與若風雅頌成周已具體各不同安得有黍離降風之事至以雅亾爲詩亾則雅之一義亦不足以該詩也文中子薛收問曰今之民胡無詩子曰詩者民之情性也情性能亾乎非民無詩職詩者之罪也案此亦謂詩亾爲無采詩之官也

逢蒙學射於羿　隸釋跋童子逢盛碑曰司馬相如云烏獲逢蒙之技王褒云逢門子彎烏號亦即逢蒙莊子羿逢蒙不能睥睨淮南子重以逢蒙門子之巧皆作逢迎之逢至孟子則云逢蒙學射於羿後之言姓者始皆作逄據漢儒尚借蠭爲逄呂氏春秋蠭門始學於甘蠅逢未必誤恐當讀爲鼉鼓逢逢之逢[illegible]以上

隸釋文案說文無从夅之逢但當作从夆之逢廣韻四江逢音薄江切姓也出北海左傳有逢丑父亦从夆與三鍾之逢同字古音鍾江同類字可通用又古無輕脣音洪氏謂當讀龐鼓逢逢之逢者是故類篇作𨗴蒙音同而叚借也

天之高也星辰之遠也苟求其故千歲之日至可坐而致也

李兆洛曰天體無形其高本不可以道里計古言天家以爲天去地五億萬里者淮南天文也以爲自地至天半於八極而應爲一億一萬六千一百五十里者張衡靈憲也以天之積度共爲七十三萬里以周三徑一計之應得半徑十二萬一千六百六十六里者王充論衡也以爲徑三十五萬六千九百七十一里半之應得一十七萬八千四百八十五里半

者帝王世紀也以爲從地至天億一萬六千七百八十七里半者廣野天圓也以天之積度爲一百七萬一千里以周三徑一計之應得半徑一十七萬八千五百里者洛書甄曜度春秋攷異郵而陸績乃計其全徑爲三十五萬七千里者也以爲天去地九萬里三五律紀也以周天爲八十一萬里以周三徑一計之應得半徑十三萬五千里者春秋元命苞也以四正四隅相去九千萬里而天去地四十千萬里關令內傳也以爲從上臨下八萬里者考靈曜也以爲極廣長南北二億三萬一千五百里東西二億三萬三千里半之約應得一億一萬六千里者河圖括地象也以一十九萬三千五百里爲地去天之數者月令正義考靈曜也以上凡十三家其

淮南紀律元命包考靈曜等約略空言者無論已即論衡甄耀度考異郵世紀知以周天積度計之似近理矣不知天愈高則度愈闊所言里數殊難作據且不知天之去地面與地心有地半徑之差與周三之不足徑一也至靈憲天圜括地象則四方又有闊狹闊合內傳則天地相去之數與四方之相去又不合周三徑一之大略月令正義且及恆星四表之外則鑿之尤甚者也今法分天爲九重宗動天居最上二十八宿及日月五星各居一天層層相裹而地處其中地之上爲月天月天之上爲水星天又上爲金星天又上爲日天又上爲火星天又上爲木星天又上爲土星天又上爲恆星天又上爲宗動天則總率諸天以西行者也其於七政之行各

以法測其高度較地之半徑若干倍爲其天去地心之數月天中距爲五十九倍又百分之七十八以乘地半徑一萬四千一百三十餘里已有八十四萬四千六百九十一里一百四十四步之高減地半徑則月去地面之數也日天中距二萬零六百廿六倍乘地半徑得日去地心二萬萬九千一百四十四萬五千三百八十餘里之高焉水星金星皆一年一周天者也故中距與日月同火星二年弱一周較日天之高約一倍半木星十二年弱一周較日天之高約五倍土星二十九年半一周較日天之高約十倍恒星二萬五千餘年一周較日天之高約九千倍此皆得之實測恒星之高亦以火木土三星行天之遲速比擬得之若恒星以上之天太虛無

迹則仍非智識之可推矣此星辰之遠與天之高也若日至

之說則步律者必以冬至爲一歲之終始至者極也日極南

景極長晝極短日短星昴始於虞書遂爲千古定冬至之準

兩至相距爲一歲期三百有六旬有六日則舉大概言之後

世所謂歲實也夏商以來律法無考周髀之法分歲周爲三

百六十五日四分日之一卽分天周爲三百六十五度四分

度之一以爲一晝一夜日行一度期年卽再至其處歲周卽

天周也夫一晝一夜日行一度是未知日有高卑盈縮也歲

周卽天周是未知恆星之天非太虛之天而尚有東行之度

也小餘四分之一是歲實失之太强且未知節會之有平有

定也執是以求夫安得不冬至後於天而日躔西改乎乃春

秋時推步失當兩紀冬至皆先天二三日裨竈梓慎之徒但言占驗無及知此者延及於漢猶執前法太初律之大餘五小餘八即四分法也三統小餘爲萬分之二千五百零一六二四四奇則反强於四一矣後漢立儀表校日景仍復四分之一所謂四分律也靈帝時劉洪始悟四分於天疏闊皆斗分太多之故作乾象律始減小餘爲二四六一七九九六奇焉夫自魯僖公五年丙寅正月辛亥朔旦冬至至靈帝時八百餘年以平率較之冬至當後天六日奇矣蓋以春秋冬至先天過甚小餘雖强然以數百年積漸減除人自不覺遠久已後天而洪乃始能覺之也魏已後律凡數改其小餘又皆强於乾象而景初律二四六八八〇〇八奇者爲尤甚宜元

嘉閒用之而所推冬至常在日景最長之後三日有餘也惟
神龜初正光律二四三七二九三七奇其小餘爲弱於乾象
近之矣然何承天知景初之誤而其所造元嘉律斗分二四
六七一零五奇又不過較景初稍弱而已又安能得冬至之
確歟哉溯自堯時至劉宋二千八百餘年日躔之不及天者
幾四十度蓋自虛八退至南斗十一度奇矣乃太初以後律
凡十改而皆承襲三統舊法稍變歲餘以爲補救一時之計
即何承天知以景長爲冬至而尚不知天周之非歲周也其
後南徐州從事祖沖之以大明六年壬寅造甲子元律始分
天自爲天歲自爲歲而歲差之法出焉又詳測前後日景折
算取中以定冬至其小餘二四二八一四八一奇則較正光

又弱而庶近於眞矣惟其虛分太弱四十五六年即差一度為數過促且其分天者以爲日之不及於天而不知恆星之自有行度也又曰景長短之變時刻相距亦有不同其時最卑在冬至前約十二度至前日近最卑而行應稍疾至後日遠最卑而行應稍遲折算取中者仍不免後天數刻而冲之亦未之明也乃其時北齊張子信由積候合蝕加時覺日行有入氣之差而立損益之率趙道嚴復準晷景長短定日行進退更造盈縮以求虧食隋劉焯更立躔度與四象升降所造皇極律始用定氣蓋高卑之理雖未明而盈縮則已見矣隋以後造律者其法多倣祖氏分周天立歲差雖未有精測巧算密合於天而究無有後天三日如景初者故隋之律三

故唐之律八改五代迄元凡十四改雖其歲差遠以八九十年近以五六十年不能相準而其小餘二四三奇者最多二四四奇者蓋已少矣惟元郭守敬之授時律乃仍宋楊忠輔之統天律二四二五以爲小餘爲廻與衆異而不知又失之過弱也古之律法所以甚粗者其故有三一由膠守成法一由測算不精一由泥古太過漢四百年律雖三改而仍復四分則以四分爲不易之法也自堯至劉宋日躔自虛退斗而歲與天猶不敢分也此膠守成法之過也不得高卑行度及兩心差之大小而僅求之於晷景則不知平冬至定冬至之別而執一隨時不同之泛率以爲定率增改不一互以爲非此元以前造律者之通病卽郭守敬創造簡儀高表憑所測

實數考正冬至歲餘宜其得實矣以今法推之其時最高已在平冬至後二十餘分而猶謂盈縮常起於二至是測之不精也祖沖之所定大明壬寅冬至在乙酉日辰初三刻郭守敬所定至元辛巳冬至在己未日丑初一刻前後相距八百一十九年共積二十九萬九千一百三十三日九十二刻以守敬所定歲實積之則不及三十二刻乃云自大明壬寅距辛巳合得此數何邪苟即以所設百年長一之法推之則又先於沖之所定三十餘刻矣進退無據莫適所從是算之不精也泥古太過者律家更造一律必以近日所測逆推往古史傳所載以爲符驗如元史有六律冬至開載魯獻公戊寅至至元庚辰四十九事紀大衍宣明紀元統天重脩大明授

時時刻之異同是也然古者天學未明冬至多非實測以今日之法而必求合古每反至變改近日之實測以遷就往古之虛文故列代之歲實雖減於四分而實皆過於强者多也若郭守敬踵統天距差躔差之説而設百年消長一分之法亦正坐此而不知其無是情理也自西法入中國而律法乃密一曰天度回回法分周天爲三百六十整度不用奇零度以下分杪微纖皆遞析以六十設度於此而以日月五星之盈縮進退其間是爲以整御零之善法一曰恆星行度以爲恆星之天在土木二星天之上無盈縮升降之迹然能出入赤道而循黃道以東行西人第谷定爲每年五十一杪閏七年有奇而始行一度焉此二者郎古之天周而昔之人無是

贍亦無是識者也若其所論歲周者一曰平歲實回回法以春分為歲首故其歲實三百六十五日二四二一八七五乃由累測春分得之蓋數百年來盈縮之差尚近二至而二分之朒朓甚微所定小餘之八七五應亦無甚參差故歐羅巴法遂用為平率以均度加減之為諸定氣猶月之有平朔平望而求定朔定望也一曰高卑行度蓋日之行其本天本無盈縮特其高卑升降成橢圓形而橢圓之心又與地心不合於是日在本天為當某度者由人目視之又不當某度蓋高則離地遠而視行遲卑則離地近而視行疾最高為盈末縮初之端最卑為縮末盈初之始亦如月五星之有盈有縮也凡節氣在最高之半周則兩節氣相距之歲實必少於平率

在最卑之半周則兩節氣相距之歲實必多於平率故最卑在平冬至前則加均度而減時定冬至在平冬至之前而兩冬至相距之歲實長最卑在平冬至後則減均度而加時定冬至在平冬至後而兩冬至相距之歲實消今法定最卑行每年一分三秒稍朒雍正癸卯最卑離冬至八度零七分奇元世祖中統年間大抵適當冬至者也求冬至者以平歲實爲之根再以最卑之遠近求其均數變時以加減之則千歲之日至固可坐而致矣一日兩心差卽日天均輪之半徑也西法始定千萬分之三十五萬八千四百一十六均數最大者二度三分有奇後戴進賢等又減爲三十三萬八千〇〇〇則均數最大者止一度五十六分十三秒矣上考祖沖之

當年實測計其兩心之差大抵有四十餘萬則彼時均數更大古大今小莫測端倪正如黃赤距度之古闊今狹同爲司天者所不能預定者也求冬至者又宜以此消息之朱子謂造律者以上古十一月甲子朔夜半冬至爲律元蓋從來造律諸家必推至上古時歲月日時皆得甲子而又日月如合璧五星如連珠同起冬至之度然後以爲起算之根也此自漢大初以至金重脩大明數十家之常套皆不過即其近時之實測遡推往古以折算求合而未可信以爲實故史傳所載律元無一同者況推測未精所立之法有未數十年即不驗者又可憑其荒遠無稽之律元以爲推算之根哉故元授時遂不用此法直以至元辛巳截算爲元今則以雍正癸卯

爲元皆但憑實測不倚虛詞矣儀象考成曰測歲實之法古人皆測冬至然冬至之時刻難定不如用春秋分時得數爲眞蓋冬至時黄道與赤道平行其緯度所差一日不過數十杪儀器無從分别二分黄道與赤道斜交其緯度一日差二十四分其差易見且求歲實須平行而測量止能得視行惟二分時去中距不遠其平行實行之差甚微可以不計況冬至時太陽之地平緯度少青蒙之氣甚大古來歲實難得確準此其故也案周禮致日兼冬夏虞典命羲和於二分特詳與今法正合李光地倘書解義二至者律之元也而二者尤以夏至爲重故於夏言敬致冬不言宵永而云日短蓋亦以主於日以相參驗不言敬致一蒙前義二以夏至爲主也大

司徒土圭之法亦云夏至之景略冬至者以此自漢以下始專論冬至與聖人意異及歲分之說起又但以冬至之日日行疾度遂減歲分豈知若以夏至舒度推之則歲分之減者反增也案以歲分當參二至是已謂古專主夏至自漢以後專論冬至則非也逸周書周月篇惟一月既南至日短極基踐長日月俱起于牽牛之初終則復始是謂日月權輿蓋造律之法是以冬至陽生為定測之始無緣轉重夏至土圭之法則專以測景又與造律異也

公行子有子之喪　翟曰廣韻云孟子有公行子著書未知所據

章子有一於是乎　閻曰顧麟士曰匡章當名章字章子蔡虛

齊曰匡章又曰章子蓋章子其字今去子字猶之曰顏淵耳皆非也案國策齊宣王與羣臣皆稱爲章子蓋於人名下繫以子字當時多有此稱如田盼人稱爲盼子田嬰稱嬰子田文稱文子以及秦魏冉亦稱冉子皆此類

曾子居武城有越寇　閻曰案曾子所居乃南武城魯邊邑在費西南八十里石門山下與吳鄰吳滅與越鄰越王句踐嘗徙治琅邪起館臺又嘗與魯泗東地方百里此豈待浮海入寇而後至武城哉考魯哀十三年吳會於黃池越亦曾遣舟師入淮以要之由吳之壤隔絕也越既并吳商魯之間可以惟其橫行寇之興也何常之有

昔沈猶有負芻之禍　案漢書有沈猶矦楚元王傳沈猶地名沈猶

行疑是邑大夫以地爲氏者蓋有人名負芻作亂於沈猶之地也

齊人有一妻一妾而處室者　王柏孟子通旨曰妄謂因儲子有瞯夫子之語遂發瞯良人一段言求富貴者則作僞以欺人君子言行如一何必竊觀之恐亡是一章章首無孟子曰非闕文也

卒之東郭墦間之祭者　注墦間郭外冢間也　案閻氏以此爲古墓祭之切證曾子問宗子去在他國庶子無爵而居者可以祭乎孔子曰向墓而爲壇以時祭若宗子死告於墓而後祭於家此禮無墓祭墓祭變禮也戰國無世祿宗子多在他國故祭墓遂盛於此時後乃浸成風俗豈可據此而謂古有

墓祭乎

宿松羅忠濟初校

陽湖吳翊寅覆校

孟子趙注補正卷四

孟子趙注補正卷五

長洲宋翔鳳撰

萬章章句上　舜往于田號泣于旻天　案此二語是逸書文

王引之曰呂覽審應篇然則先生聖于高注于乎也論語孝于惟孝釋文孝于一本作孝乎乎本字于假借也孟子號泣于閔天于父母列女傳作號泣日呼閔天呼父母則于爲呼之假借可知

夫公明高以孝子之心爲不若是恝　注恝無愁之貌　說文忿忽也从心介聲孟子曰孝子之心不若是忿呼界切　案說文無恝字作忿爲正廣韻十六怪忿下引說文同音義恝張古黠切丁音界說文作忿是丁公著即據說文改俗本孟子故幷

易其音念是怨忘之意與趙注無愁之貌義亦通

帝使其子九男二女　呂氏春秋去私篇堯有子十人不與其子而授舜高誘注云孟子曰堯使九男二女事舜此曰十子殆丹朱爲允子不在數中又求人篇亦云堯妻舜以二女臣以十子

則慕少艾　翟曰案曲禮五十曰艾疏謂髮蒼白色如艾也蓋古訓艾爲白而白義有二以髮蒼白言謂之老以面白晳言則謂之美同取於艾之色也戰國策魏牟謂趙王曰王不以予工乃予幼艾高誘注艾美也九歌聳長劍兮擁幼艾王逸注亦以艾爲美好晉語國君好艾大夫殆韋昭注以艾爲嬖臣乃指男色之美好者張衡東京賦齊騰驤以沛艾辥綜注

以沛艾爲作姿容貌程氏考古編謂傳載絶無以艾爲好者大非　案論語云宋朝之美而定十四年左傳盍歸我艾豭亦如晉語以艾爲男色之美者杜注艾老也可商

五十而慕者予於大舜見之矣注書曰舜生三十徵庸三十在位在位時尚慕故言五十也　案趙引書與鄭讀異然以在位時爲五十則三十在位亦當作二十矣又禮記坊記注引孟子曰舜年五十而不失其孺子之心

父母使舜完廩　翟曰史記五帝紀堯賜舜絺衣與琴爲築倉廩予牛羊瞽叟尚復欲殺之使舜上塗廩瞽叟從下縱火焚廩舜乃以兩笠自扞而下去不得死後瞽叟又使舜穿井舜穿井爲匿空旁出舜即深入瞽叟與象共下土實井舜從匿

空出去瞽叟象喜以爲舜已死象曰本謀者象象與父母分
於是曰舜妻堯二女與琴象取之牛羊倉廩與父母象乃止
舜宫居鼓其琴舜往見之象愕不懌曰我思舜正鬱陶舜曰
然爾其庶矣案史遷亦據孟子以意飾之列女傳之鳥工龍
工則又因其説而飾以神奇者　案太史公書多古文説未
必盡據孟子劉向見中古文列女傳自别有所本亦非意飾
七略之書亾者多矣當時豈獨有孟子也
謨蓋都君咸我績注　謨謀蓋覆也都於也君舜也　葆琛先生
曰蓋害也爾雅釋言蓋割裂也音義蓋舍人本作害是蓋與
害通又案帝王世紀謂舜字都君即本孟子此文然未可據
鬱陶思君爾　閻曰爾雅釋詁鬱陶繇喜也郭注引孟子曰鬱

陶思君禮記人喜則思陶陶思詠詠斯猶猶斯舞也邢疏皆謂歡悅也鬱陶者心初悅而未暢之意又引孟子趙注云象見舜在牀鼓琴愕然反辭曰我鬱陶思君故來爾詭辭也忸怩而慙是其情也又引檀弓鄭注云陶鬱陶也據此則象自鬱陶思君乃喜而見之辭故舜亦從而喜曰惟茲臣庶汝其于予治孟子固明云象喜蓋統括上二段情事

舜曰惟茲臣庶汝其于予治　案此蓋舜封象有庳之命

舜流共工于幽州　案史記五帝紀作流共工于幽陵莊子在宥篇作流共工于幽都而東晉書舜典作流共工于幽洲从水說文無水旁之洲卽以州字爲之則亦取水中可居曰洲之義與十二州之幽州不同　閻曰幽州卽今密雲縣括地

志故龔城在檀州燕樂縣界故老傳云舜流共工于幽州居此城

放驩兜于崇山　閻曰書疏云禹貢無崇山不知其處蓋在衡嶺之南亦非通典澧州澧陽郡理澧陽縣本漢零陽縣地有崇山卽放驩兜之所宋則在慈利縣路史以爲今有驩兜墓是然又引領外驩州圖經合之寰宇記並以驩州爲放所頗疑其去崇山遠後楊升庵引沈佺期長流驩州時嘗案九眞圖崇山至越裳四十里杉谷起古崇山竹谿從道明國來於崇山北二十五里合故詩云朝發崇山下暮在越裳陰西從山谷度北上竹谿深竹谿道明水杉谷古崇岑越裳古國名重九譯者在秦爲象郡兩漢爲九眞郡吳分置九德郡梁曰

德州隋開皇十八年改驩州煬帝改曰南郡唐兩因之理九德縣佺期又有移驩州廨詩云古來堯禪舜何必罪驩兜是眞以州得名由驩兜也者不知漢九眞郡治胥浦縣莽曰驩成又領有咸驩縣開皇改州名實本此合之唐武德曾於咸驩縣置驩州則驩同歡喜之歡於驩州了不相涉佺期文人多不契勘然孔疏已微肇其端矣　案御覽四十九引盛宏之荆州記曰書放驩兜于崇山崇山在澧陽縣南七十五里

殺三苗于三危　堯典竄三苗于三危孟子作殺三苗案殺無竄義昭元年左傳周公殺管叔而蔡蔡叔注蔡放也音義云上蔡字音素葛反放也說文作𥻆音同字從殺下米云𥻆𥻆散之也案說文𥻆𥻆散之也从米殺聲又𡧑塞也从宀𣪠聲

讀若虞書竄三苗之竄褩竄訓塞亦無竄義凡讀若者必異文是則虞書之竄左傳之蔡孟子之殺皆當作褩說文竄下之讀亦當是褩三苗寫者涉正文而誤史記作遷三苗于三危莊子作投三苗于三峗　孫星衍曰高誘注淮南脩務云三苗蓋帝鴻氏之裔子渾敦少昊氏之裔子窮奇縉雲氏之裔子饕餮三族之苗裔故謂之三苗一名曰放三苗國民於三危此與馬鄭說獨以縉雲氏之後爲三苗者異未知其審後漢西羌傳云舜流四凶徙之三危河關之西南羌是也注三危山在今沙州敦煌縣東南山有三峯曰三危也案章懷注與後漢書本文不相應河關之西卽鄭注所云三危在岷山之西南非沙州之三危也　閻曰三苗國名張守節據吳

起言昔三苗氏左洞庭右彭蠡洞庭湖名在岳州巴陵縣西南一里南與青草湖連彭蠡湖名在江州潯陽縣東南五十二里以天子在北故洞庭在西爲左彭蠡在東爲右今鄂州岳州三苗之地也通典則以潭州岳州衡州皆古苗國地　翔鳳案鄭志堯典竄三苗于三危檀弓注舜征有苗死於蒼梧張逸荅焦氏問云初竄西裔後分在南野

殛鯀于羽山　孫曰史記集解馬融曰殛誅也羽山東裔也云殛誅者責遣之非殺也漢書鮑宣傳云昔堯放四罪而天下服是殛即放也祭法疏引鄭志荅趙商云鯀非誅死鯀放居東裔至死不得反於朝禹乃其子也以有聖功故堯興之若以爲殺人父用其子而舜禹何以忍乎而尚書云鯀則殛死

禹乃嗣興者箕子見武王誅紂今與已言懼其意有懟德爲說父不肖其罪子賢則舉之以滿武王意也案禹之殛鯀方將使之變和東夷必非置之死地箕子云殛死亦謂殛之遠方而至死不反故天問云永遏在羽山夫何三年不施言从遏絕之不施舍也云羽山東裔者地理志東海祝其禹貢羽山在南鯀所殛山在今山東郯城縣東北七十里江南贛榆縣界

封之有庳　漢書鄒陽傳作封之於有畀師古曰音鼻又武五子傳舜封象於有鼻師古曰有鼻在零陵今鼻亭是也又史記五帝紀正義括地志云鼻亭神在道縣北六十里故老傳云舜葬九疑象來至此後人立祠名爲鼻亭神輿地志云零

陵郡應陽縣東有山山有象廟案有庳在零陵此唐以前相傳之說宜不誤正以去帝都極遠故或以爲放爾

故源源而來注如流水之與源通　管同曰說文謜徐語也从言原聲孟子曰謜謜而來案謜謜而來特言舜召象之來耳不及貢以政接於有庳然後爲象常來之實今本改謜爲源案是趙氏所改而釋爲如水流相續不絕其辭重複非是

堯老而舜攝也注孟子言舜攝行事耳未爲天子也　孟子言堯老而舜攝又言舜相堯二十有八載詩既醉朋友攸攝攝以威儀傳曰言相攝佐者以威儀也攝爲佐助之義相亦助也則舜攝天子卽是舜之相堯書言汝陟帝位堯之辭也舜讓于德弗嗣舜不敢稱天子之意也虞書終堯之世舜未嘗

廣雅書局栞

稱帝以未爲天子也尚書大傳維元祀鄭注祀年也元年謂月正元日舜假于文祖之年是謂堯崩喪畢後舜乃改正堯建丑舜建子故曰月正乃稱元年故曰元日與正月上日之文不同大傳又言維十有三祀帝乃稱王唐虞於當時稱王入唐郊猶以丹朱爲尸鄭注舜承堯猶子臣父雖已改正易樂皆指維元祀之事猶祭天於唐郊以丹朱爲尸至十三年天下既知已受堯位之意矣將自正郊而以丹朱爲王者後欲天下昭然知之然後爲之故稱王也據此則舜之稱王且遲之又久與孟子言舜避堯之子事正相合周秦間人輒謂堯存而舜爲天子故有咸丘蒙所聞之語及韓非呂不韋之繆說惟孟子稱說詩書折中至當故其後齊魯諸儒伏生之流能傳斯義也大戴禮五帝

德言帝堯舉舜彭祖而任之四時先民治之流共工于幽州以變北狄放驩兜于崇山以變南蠻殺三苗于三危以變西戎殛鯀于羽山以變東夷其言不貳其德不回四海之內舟輿所至莫不說夷莊子在宥篇堯於是放驩兜於崇山投三苗於三峗流共工于幽都皆以舜相堯事繫之於堯以堯爲天子也八戴爲禮家莊出於老老聃爲周史孔子所問禮者故並得其德也

放勳乃徂其落百姓如喪考妣三年四海遏密八音　孫曰書作帝乃殂落或作僞傳者既不以放勳爲堯名則許改此文爲帝孟子引堯典作放勳春秋繁露煖燠篇御覽引五經通義皆作放勳說文殂往死也虞書曰勛乃殂案孟子作徂是假借漢書王

葬傳注師古曰虞書放勳乃徂云云是唐已前馬鄭本尚存故也三年書作三載孟子春秋繁露等皆引作年僞孔因唐虞曰載之文改之也　閻曰百姓如喪考妣三年此百姓指百官蓋有爵土者爲天子服斬衰三年禮也孟子已明言舜帥諸侯以爲堯三年喪二喪字並平聲如喪考妣三年卽檀弓方喪三年耳

詩曰普天之下莫非王土率土之濱莫非王臣　呂氏孝行覽舜爲天子賢士歸之萬民譽之丈夫女子振振殷殷無不戴說舜自爲詩曰普天之下莫非王土率土之濱莫非王臣所以見盡有之也案戰國時以此詩爲舜所自爲故呂覽所記如此而咸丘蒙亦引以問孟子言非是之謂則不以爲舜作

也

此莫非王事我獨賢勞也注何爲獨使我以賢才而勞苦案小爾雅賢多也詩大夫不均我從事獨賢獨賢猶言獨多事有多少乃是不均如以賢才而獨使從事則非不均之謂矣老子不尙賢使民不爭亦謂不尙多也數有多寡而爭心生也孟子說詩爲賢勞正是多勞之義

夔夔齋栗　閻曰炳燭齋隨筆夔夔齋栗夔一足之物凡人之立常兩足舒步有所畏則兩足緊並有若一足故曰夔夔史記使天下之主重足而立亦此意余案酷吏傳南陽吏民重足一迹語尤明白

詩瞍亦允若是爲父不得而子也注瞍亦信知舜之大孝若是

爲父不得而子也　案注當讀瞽瞍亦允爲句若是屬下文

舜避堯之子於南河之南注南河之南遠地南夷也故言然後之中國　史記五帝紀注引劉熙曰南河九河之最在南者案禹貢正義云漢書溝洫志許商以爲古說九河之名有徒駭相蘇鬲津見在今成平東光鬲界中自鬲津以北至徒駭其間相去二百餘里因是知九河所在徒駭最北鬲津最南案漢鬲縣在平原郡爲沇州界漢書地理志河東郡平陽應劭曰堯都也在冀州境九河八流入沇域在冀州南鬲津又爲九河之南故曰南河又案史記正義引括地志云故堯城在濮州鄄城東北十五里又有偃朱故城在縣西北十五里偃朱城所居卽舜讓避丹朱於南河之南處也案漢志鄄城

屬沛陰郡在鬲縣南故曰南河之南趙注云遠地南夷有似

荒僻無可主名烏知所避越竟而已此劉勝趙處

故曰天也　翟曰五帝紀自堯崩至踐天子位焉悉同孟子惟

故曰天也作舜曰天也晉書段灼傳文選注引孟子並作舜

曰

故然後之中國踐天子位焉　劉熙注曰天子之位不可曠年

於是遂反格于文祖而當帝位帝王所都爲中故曰中國

案此中國但指帝都不必如趙氏所言

而居堯之宮　顧大韶曰而當讀爲如

昔者舜薦禹於天十有七年　劉注曰若此則舜格於文祖三

年之後攝禹使得祭祀與

禹避舜之子於陽城　閻曰陽城山名漢潁川有陽城縣以山得名洧水所出唐武后改曰告成後又曰陽邑五代周省入登封故此山今在登封縣北三十八里去嵩山幾隔三十里奚得云嵩山下之深谷與箕山爲嵩高之北而張守節云箕山一名許由山在洛州陽城縣南十三里括地志遂云陽城縣在箕山北十三里守節又云陽城縣在嵩山南二十三里括地志遂云嵩山一名外方山在洛州陽城縣西北二十三里互相證明斷非一山也此誤由趙氏只觀水經注先敘太室山次五渡水並屬崇高縣又敘禹避商均於此及周公測日景處如箕山及上有許由冢並屬陽城縣雖同見潁水條內而山固區以別矣

益避禹之子於箕山之陰　案夏本紀益讓禹之子啟而避居箕山之陽集解曰陽字一作陰劉熙曰崇高之北正義曰孟子陽字作陰箕山之陽卽陽城也箕字誤本是嵩字而字相似其陽城縣在嵩山南二十三里則爲嵩山之陽也案張守節改箕作嵩者水經潁水注云潁水徑其縣故城南昔舜禪禹禹避商均伯益避啟並於此亦周公以土圭測日景處又曰縣南對箕山是在箕山之陰史云箕山之陽箕字是誤孟子云箕山之陰字自不誤也史記正義引括地志陽城縣在箕山北十三里又引云嵩高山一名太室山亦名外方山在洛州陽城北二十三里而劉注顧訓箕山之陰爲嵩高之北豈於方名違失若是其文定有脫誤當爲嵩高之南箕山之

北也崇言古字通用

丹朱之不肖　閻曰漢律歷志引帝系曰陶唐氏讓天下於虞使子朱處於丹淵爲諸侯范汪荆州記括地志各言丹淵所在恐未足信蓋世遠也因思放齊曰允子朱止曰朱未有國後薦舜於天朱始出封丹故有丹朱之號其避堯之子則以朱奔堯喪在平陽耳丹朱貍姓在周爲傳氏見國語

湯崩太丁未立外丙二年仲壬四年　書序成湯既沒太甲元年伊尹作伊訓肆命徂后太史公傳古文說曰湯崩太子太丁未立而卒於是迺立太丁之弟外丙是爲帝外丙帝外丙即位三年崩立外丙之弟中壬是爲帝中壬帝中壬即位四年崩伊尹迺立太丁之子太甲太甲成湯適長孫也是爲帝

太甲太甲元年伊尹作伊訓作肆命作徂后案孟子言太丁未立則言外丙二年仲壬四年皆已立而歷有二年四年也繼之曰太甲顛覆湯之典刑凡繼世爲君惟守先王伊訓肆命徂后三篇俱在逸書其文必明成湯之德紀成湯之政故序言成湯既沒謂身殁而道存也言太甲元年伊尹作伊訓肆命徂后序作書之年也意在陳成湯之道以告太甲故不及外丙仲壬說書者補序之闕又存殷人得立太子母弟之法文有詳略非書序與孟子史記異也至太史公以二年作三年是積書之訛

伊尹放之於桐　閻百詩據後漢志梁國虞縣有空桐地有桐地有桐亭太甲放處應在此今歸德虞城縣距湯都南亳僅

七十里方可伊尹攝國政復時時往訓太甲三年不然如人
言湯亳爲偃師去虞城八百餘里豈能分身以應乎湯都仍
屬穀熟鎮爲是案閻氏不信湯都在偃師遂強斷放太甲之
桐在虞城而以桐地桐亭傳會之史記殷本紀帝太甲既立
三年不明暴虐不遵湯法亂德于是伊尹放之於桐宮集解
鄭元曰桐地名有王離宮焉正義晉太康地道記曰尸鄉南
有亳坂東有城太甲所放處也此尸鄉正在偃師知桐宮去
亳甚近

伊尹耕於有莘之野　殷本紀有莘氏媵臣正義括地志云古
莘國在汴州陳留縣東五里故莘城是也陳留風俗傳云陳
留外黃有莘昌亭本宋地莘氏邑也案呂覽言伊尹母居伊

水之上伊水行今河南盧氏嵩伊陽三縣竟伊陽爲下流去陳留五百餘里則伊尹所耕未必遠涉至彼若盧氏在伊水上流與呂覽伊水之上旣合其去陝西之郃陽二百餘里湯妃有莘與太姒之莘安知其非一國且其地去湯都偃師亦不遠無難往聘也

一介不以與人一介不以取諸人注一介草不以與人亦不以取於人也　翟曰意林錄孟子不以一芥與人亦不取一芥於人案論衡知實篇伯夷之廉不取一芥於人作芥字

於衛主癰疽注癰疽癰疽之醫也　錢大昕曰孔子世家衛靈公與夫人同車宦者雍渠參乘出使孔子爲次乘又報任安書云衛靈公與雍渠同載孔子適陳雍渠卽孟子所稱癰疽

也趙氏以爲癰疽之醫恐是肊說

於齊主侍人瘠環注瘠姓環名侍人也衛君齊君之所近狎人

武億曰案侍人即寺人詩釋文寺人之令寺音侍本又作侍周禮寺人注寺之言侍也疏云欲取親近侍御之義穀梁傳閽弑吳子祭傳閽門者寺人也釋文寺人本又作侍人據是則侍人爲奄官之屬

於衛主顏讎由　翟曰孔子世家孔子適衛主於子路妻兄顏濁鄒家顏師古漢書注曰顏濁鄒即顏涿聚也　武億曰案讎由濁鄒音近假借呂氏春秋顏涿聚梁父大盜也學於孔子左傳顏庚杜注顏庚齊大夫顏涿聚濁又作涿鄒又作聚並聲之轉

孔子不悅於魯衛遭宋桓司馬將要而殺之微服而過宋是時孔子當阨主司城貞子爲陳侯周臣注孔子以道不合不見悅魯衛之君而去適諸侯遭宋桓魋之故乃變更微服而過宋司城貞子宋卿也雖非大賢亦無諂惡之罪故謚爲貞子陳侯周陳懷公子也爲楚所滅故無謚但曰陳侯周是時孔子遭阨難不暇擇大賢臣而主貞子爲陳侯周臣爲齊衛無阨難何爲主癰疽瘠環也　僞孫疏曰案史記世家陳懷公子名越乃爲湣公又年表湣公六年孔子來孔子世家孔子在陳三歲復適衛歸魯是湣公八年去陳由是推之則孔子爲湣公之臣矣是陳侯即湣也　管曰郝京山曰忠信爲周言貞子爲陳侯忠信之臣同案孔子在陳所值者湣公名越

不名周趙注本誤此司城貞子即左傳公孫貞子以尸將事於吳者故當時謂之忠信史記索隱宋左傳潛公名周是史官記不同檢左傳無此文所言即孟子趙注曰孔曰趙氏云司城貞子宋卿也下又云孔子遭阨難不暇擇大賢臣而主貞子爲陳侯周臣則貞子仍似陳卿盖順經意明是陳人特膠於司城當爲宋官故依違兩說之愚謂陳之司寇可效楚官名司敗安見其司空不可效宋官亦名司城邪若以左傳子展入陳司空致地之文爲疑則服注以三司爲陳官者固不若劉炫謂爲鄭官之說善也且司城亦不定是貞子之官檀弓有司寇惠子司徒敬子鄭注曰司徒官氏也惠子雖官司寇至其子虎則亦以司寇爲氏見於世本宋華向之族奔陳者非一而司城師之後仲佗即宋

人之在陳者安知非有以先世宋官爲其族氏者乎宋大夫皆遵殷制以字爲謚通左傳世本未有稱子而配謚者今據稱貞子則決非宋卿愚故獨信史記世家曰孔子遂至陳主於司城貞子家爲不誤也有謂孔子在陳不得謂之爲臣此尊聖而過耳羈旅之臣亦臣也孟子言孔子三月無君則皇皇如也若所至之國皆不爲臣不且終歲無君乎但世家載至陳歲餘吳王夫差伐陳取三邑而去楚圍蔡遷於吳此魯哀公二年事而又云居陳三歲陳常被寇於是孔子去陳過蒲會公叔氏以蒲畔蒲人止孔子曰苟毋適衛吾出子與之盟出孔子東門孔子遂適衛衛靈公聞孔子來喜郊迎較其時靈公沒已久矣考先聖生平嘗再至陳十二諸侯年表陳湣公六年下云孔子來魯定十四是初至陳主司城貞子者再如陳也過蒲

要盟則初至陳而去陳時事太史公誤著於此耳
或曰百里奚自鬻於秦養牲者五羊之皮食牛以要秦繆公
史記秦本紀繆公五年晉獻公滅虞虢虜虞君與其大夫百
里奚以璧馬賂於虞故也既虜百里奚以爲秦繆公夫人媵
於秦百里奚亾秦走宛楚鄙人執之繆公聞百里奚賢欲重
贖之恐楚人不與乃使人謂楚曰吾媵臣百里奚在焉請以
五羖羊皮贖之楚人遂許與之當是時百里奚年已七十餘
繆公釋其囚與語國事謝曰臣亾國之臣何足問繆公曰虞
君不用子故亾非子罪也固問語三日繆公大悅授之國政
號曰五羖大夫百里奚讓曰臣不及臣友蹇叔蹇叔賢而世
莫知臣嘗遊困於齊而乞食銍人蹇叔收臣臣因而欲事齊

君無知蹇叔止臣得脫齊難遂之周周王子頽好牛臣以養牛干之及頽欲用臣蹇叔止臣臣知虞君不用臣臣誠私利爵祿且留再用其言得脫一不用及虞君難是以知其賢於是繆公使厚幣迎蹇叔以爲上大夫　案太史公撰史記凡孟子所辨數大端如舜臣堯舜放象伊尹割烹要湯孔子主癰疽周秦人書累累言之者皆削去而依孟子則百里奚之事亦必依孟子然孟子所辨其大旨在未嘗食牛以要繆公而秦本紀言爲媵於秦亡秦走宛則未嘗要秦之顯證若事虞而虞亡繆公以五羖羊皮贖之楚人釋其囚而語國事則管仲之於齊亦類此也孟子言管夷吾舉於士百里奚舉於市舉於士者脫堂阜之囚也舉於市者以五羊皮贖於楚也

日中爲市交易而退贖之必於楚市則孟子亦有是言也至百里奚自言知虞不用私利爵祿而留則孟子亦言有公養之仕又言周之亦可受聖賢處困時而爲之不足爲百里奚病也且遭亂失職戮辱困窮自外至者何所不有伊尹負鼎百里飯牛適丁其時事或有之而橫議之士謂欲以是干時而邀富貴固君子之所羞也自秦不復東征罕與諸侯會盟朝聘故齊魯間傳聞秦載不甚確信至漢入秦得其遺籍故太史公於百里奚有不與孟子合者則孟子言知虞將亡而先去尚是傳聞之異也史記言繆公聞百里奚賢則公孫枝薦之呂覽愼人篇曰百里奚之未遇時也亡虢而虜晉放牛於秦傳鬻以五羊之皮案呂氏槩括前事故略其媵秦走宛非違異也公孫枝得而

說之案說同脫脫於奴虜之中也獻諸繆公三日請屬事焉繆公曰買之五羊之皮而屬事焉無乃天下笑乎公孫枝對曰信賢而任之君之明也讓賢而下之臣之忠也君爲明君臣爲忠臣彼信賢境内將服敵國且畏夫誰暇笑哉繆公遂用之案此即孟子所言時舉於秦之事也當以補史記即可注孟子左傳執虞公及其大夫井伯以媵秦穆姬案井伯即百里奚古今人表以爲兩人者誤

晉人以垂棘之璧與屈產之乘凌廷堪禮經釋例曰案呂覽權勳篇晉獻公乃使荀息以屈產之乘爲庭實而加以垂棘之璧以假道於虞以伐虢是晉人聘虞享時束帛所加之璧爲垂棘之璧庭實所設之馬爲屈產之乘享禮庭實四馬言其良也三傳及孟子皆有此文而何休杜預范甯趙岐不知引享禮

以釋之誤矣左傳哀七年邾茅夷鴻以束帛乘韋自請救於吳乘韋者四皮亦庭實也聘禮記凡庭實隨入左先皮馬相間可也賓之幣唯馬出其餘皆東注間猶代也土物有宜君子不以所無爲禮畜獸同類可以相代故晉國產馬庭實用馬邾不產馬庭實用皮也若皮馬並產則享用皮覿用馬介覿又用皮如經所云亦相間之義也　閻曰通典慈州文城郡理吉昌縣春秋時晉之屈邑獻公子夷吾所居漢河東北屈縣左傳云晉有屈產之乘此有駿馬與劉昭注後漢志同今山西吉州是樂史傅會爲石樓縣明一統志本之但石樓乃漢西河土軍縣非北屈地至垂棘又見成五年傳杜但注云晉地

假道於虞以伐虢　閻曰杜注虞國在河東大陽縣今山西之平陸縣也虢西虢國宏農陝縣東南有虢城即今河南陝州其界相連裴駰引賈逵注曰虞在晉南虢在虞南一言而形勢瞭然時晉獻公正都於絳絳在太平縣之南絳州之北土人至今呼爲故晉城遺址尚存

萬章章句下　頑夫廉　翟曰韓詩外傳三故聞伯夷之風者貪夫廉懦夫有立志漢書王吉傳引孟子亦作貪後漢丁鴻傳論王暢傳又列女傳注孟子並作貪袁氏後漢紀引韓嶠論丁鴻語亦作貪夫廉論衡率性篇頑亦作貪晉書羊祜曰貪夫反廉文選脩楚元王墓敘三國名臣贊郭有道碑三注引孟子皆作貪夫廉案貪與廉緊相反對頑稍齟齬後盡心

篇頑夫廉趙氏章指云伯夷柳下變貪厲薄亦以頑爲貪

接淅而行　說文滰浚乾漬米也从水竟聲孟子曰夫子去齊滰淅而行其兩切　案改滰爲接趙氏本也邠卿不甚通古字古言如餓受之受迋息之迋滰淅之滰皆其所改姚寬西溪叢語引李吉甫銘曰孟子去齊而滰淅作滰者以唐時孟子不獨存趙本也

去魯曰遲遲吾行也去父母國之道也　莊侍郎存與曰孔子少居魯長居宋學殷禮焉故觀夏道之杞而不居適周以觀周道問於萇叔老聃老聃索隱萇叔行怪故曰吾弗爲之矣泗上諸國無不往而學焉有所見有所聞所傳聞上自包犧下逮周公之制其文其器備矣逮昭公孫國夫子於是適齊

必在委吏乘田之後而不曰去魯者士也未爲大夫可以去他國可以復本邦故不曰去長居宋不可謂去魯也當定公之初自齊返魯不更適齊故曰去齊矣陽虎專季氏孔子不仕自定八年至十四年之冬仕於魯列於大夫爲司寇季桓子不違夫子者三月及受齊之歸言而弗聽乃以不任職爲己微罪於是以大夫去國之禮行皇皇如也三月而復服古者大夫有罪待放三年而後可以之一邦誠有罪也若乃大夫以諫不聽爲己罪則謂之以道去其君去不待放道之出疆先於所往焉雖然檜之羔裘曰豈不爾思中心是悼言君禮於其臣有加而臣無補於其君自悼之莫可解也魯君不召之則不可以返故曰仲尼旅人矣儀封人曰二三子何患

於喪乎誠以喪禮處之矣且曰天將以夫子爲木鐸道路之事由此始也向也去齊還魯展其墳墓守其祭祀親其戚友何可以不速接淅而行人情之實也乃茲去魯適衛則必哭於墓而後行矣踰竟又向國而哭矣故曰去父母國之道也欲居九夷乘桴浮海皆在將去未去時故曰遲遲也及之楚而後不復他有所適夫子先知之矣楚狂曰何德之衰誠不謂聖人之至斯也子在陳曰盍歸來子貢送冉有則丁甯之矣自此至衛而疾病曰予死於道路乎言不終於衛之土地也嗟乎生民以來未有如夫子苟不沒於父母之邦則天之將喪斯文矣自衛反魯誰之力也冉有之力也有功於萬世雖有田賦之責功大罪小無可疑者雖斥而名之後終稱冉

子善乎冉子之親師中心悅而誠服無日不見焉退朝而至門諉而問之曰何晏則知他日之不相見有常數矣古論語解大曰政小曰事小可速大則不可以遽是用晏朝而後退子曰其小者也如有大政吾言雖不用其使我與聞之欲其謀而毖過丁甯使慎重之聖人憂民如此儻曰家事非國政則所以告季康子何說哉

金聲也者始條理也玉振之也者終條理也　儀禮大射儀曰樂人宿縣于阼階東笙磬西面其南笙鍾其南鑮皆南陳注笙猶生也東爲陽中萬物以生春秋傳曰大簇所以金奏贊陽出滯姑洗所以脩絜百物考神納賓是以東方鍾磬謂之笙皆編而縣之又曰西階之西頌磬東面其南鍾其南鑮皆

南陳注言成功曰頌西爲陰中萬物之所成春秋傳曰夷則所以詠歌九則平民無貳無射所以宣布哲人之令德示民軌義是以西方鍾磬謂之頌古文頌爲庸案此知樂縣以鍾磬爲主所謂金聲而玉振之也故周語伶州鳩言金石以動之大射則先金奏古者將祭必先射射於大學事之始祭於太廟事之終虞書夔曰戛擊鳴球搏拊琴瑟以詠祖考來格謂廟中之樂先鳴球球玉磬大雅云於論鼓鍾於樂辟雍辟雍大學也大學大射先以金聲其始條理之事乎商頌云既和且平依我磬聲祭祀用樂先以玉振趙注振揚也則亦謂在衆音之前其終條理之事乎夫金聲有輕重疾徐玉音則終始如一伯夷之清伊尹之任柳下惠之和孔子之時其體聖人之道皆終

始如一者也孔子之謂集大成以用其大智變化隨時不拘
一道是能合三德以成孔子之聖故言音則智始而聖終言
射則聖至而智中聖智者一人之所兼惟大智而後爲至聖
也

天子一位　異義天子有爵不易孟京說易有周人五號
帝天稱一也王美稱二也天子爵號三也大君者興盛行異
四也大人者聖人德備五也是天子有爵古周禮說天子無
爵同號於天何爵之有案孟子言班爵祿言天子一位則孟
京說同孟子

公侯皆方百里　案王制正義引援神契云王者之後稱公大
者稱侯皆千乘象雷震百里此趙所本又案書武成正義曰

孟子趙注補正卷六　三　廣雅書局栞

周禮大司徒所云蓋是周室既衰諸侯相并是以國土寬大有違禮文此言卽本何休以周禮爲戰國陰謀之書託諸周公故與禮記孟子絕異也

不能五十里不達於天子附於諸侯曰附庸　衛湜禮記集說曰王莽封諸侯置附城則漢人以城解庸也古文庸卽墉後人加土別之　孔曰不達於天子者春秋所謂未能以名通也繁露附庸字者方三十里名者方二十里人氏者方十五里書大傳曰古者諸侯受封則有采地百里諸侯以三十里七十里諸侯以二十里五十里諸侯以十五里其後子孫雖有罪黜其采地不黜使其子孫賢者守之世世以祠其始受封之人此之謂興滅國繼絕世昔齊人滅紀紀季以酅爲

齊附庸鄶者紀之采也然則附庸多亾國之後先世有功德者故追録之使世食其采以臣屬於大國三十里者其先公侯也二十里者其先伯也十五里者其先子男也仲舒說正與□傳合

百畝之糞 案糞說文作羹棄除也从廾推𠦒棄采也官溥說似米而非米者矢字案此解采同矢蓋古矢字凡治田當先治其蕪穢楊惲傳曰田彼南山蕪穢不治言不糞也說苑孟子曰人知糞其田而莫知糞其心糞亦治義中庸脩其祖廟鄭注脩謂埽糞也孟子百畝之糞與王制百畝之分同鄭王制注分或作糞音義分扶問反糞方運反論語五穀不分音義引鄭注分猶理扶問反是分與糞同有治義音讀相近故字亦通段

其三人則予忘之矣　陳壽祺曰劉向新序刺奢篇孟獻子聘於晉韓宣子觴之三徙鍾石之懸不移而具獻子曰富哉家宣子曰子之家與我孰富獻子曰吾甚貧惟有二士曰顏回茲無靈者使我邦家安平百姓協和惟此二者耳宣子曰彼君子也以養賢爲富我鄙人也以鍾石金玉爲富孔子曰孟獻子之富可箸於春秋矣案孟子言獻子有友五人樂正裘牧仲其三人則予忘之矣此顏回茲無靈疑在五人之數新序雜采諸子言若可信然獻子卒於魯襄十九年顏子時不相及將毋有兩人與

費惠公曰　閻曰齊乘云費城在費縣西北二十里魯季氏邑王伯厚謂費惠公孟子既稱爲小國之君加以楚世家有鄒

費邳鄉意戰國時魯季氏以邑爲國而僭稱公與同時金仁山注孟子不謀而合金引曾子書有費君費子余更考呂氏春秋言以滕費則勞以鄒魯則逸說苑言魯人攻鄪曾子辭於鄪君魯世家言悼公時三桓勝魯如小侯卑於三桓之家六國表同則季氏彊僭以私邑爲國號無疑　案藝文類聚引尸子曰費子陽謂子思曰吾念周室將滅泣涕不可禁也子思曰然今以一人之身憂世之不治而泣涕不禁是憂河水濁而以泣清之也此費子當即惠公又與子思問荅校引諸書尤確

晉平公之於亥唐也　惠棟左傳補注曰襄三十年亥有二首六身子惠子曰述其父半農先生言史趙以亥字推算其年者蓋亥爲

絳縣人之名卽孟子之亥唐韓非子言晉平公之於唐亥或
孟子傳寫倒其名氏耳
帝館甥於貳室　案御覽引孟子作貳宮
孔子先簿正祭器不以四方之食供簿正　錢曰經典無簿字
惟孟子有先簿正祭器一語孫奭音義云本或作薄則北宋
本猶不盡作簿唐美原神泉詩碑篆書主薄字从艸是唐人
尚識字　翔鳳案音義云簿本多作薄誤則今本孟子从竹者皆依孫所改
於衛孝公公養之仕也　翟曰史記諸家衛國無孝公孔子世
家孔子自楚反乎衛是歲也孔子年六十三而魯哀公六年
也案是爲出公之四年世家又云是時衛君輒父不得立在
外諸侯數以爲讓而孔子弟子多仕於衛衛君欲得孔子爲

政子路曰衛君待子而爲政云云皆在出公時矣衛世家石曼姑率師距蒯聵于戚公羊傳云固可以距之也輒以王父命辭父命是父之行乎子也以王事辭家事是上之行乎下也故檀弓正義謂衛輒拒父而公羊以爲孝子則當時臣下以孝謚之自有之矣若出公又謚孝公更無足怪蒯聵謚莊公漢書人表作簡公已有兩謚

立乎人之本朝　王曰朝廷者一國之本故曰本朝漢書李尋傳宜固志健威閉絶私路拔進英雋退不任職以彊本朝夫本彊則精神折衝本弱則招殃致凶是其義泰策本國殘社稷壞在國謂之本國猶朝謂之本朝也大戴保傅篇賢者立於本朝而天下之豪相率而趨之管子重令篇謹於鄉里之

行而不逆於本朝之事晏子諫篇本朝之臣慙守其職孟子立乎人之本朝云云荀子仲尼篇本朝之臣莫之敢惡也儒效篇儒者在本朝則善政呂氏春秋音律篇本朝不靜草木早槁皆謂朝廷爲本朝

摽使者出諸大門之外　閻諸庭訓曰說文摽擊也从手票聲一曰挈鬭壯也孟子摽使者出諸大門之外蓋閉門拒之

北面稽首再拜而不受　閻曰稽首再拜而不受再拜稽首而受拜與稽首先後不同周禮吉拜是拜而后稽顙凶拜是稽顙而後拜則凡先稽首後再拜凶拜之類也先再拜後稽首吉拜之類也吉拜拜之常故主受凶拜拜之異故主不受

翟灝案周禮注吉拜謂齊衰不杖期以下凶拜謂三年服者

稽顙謂頭觸地惟喪禮用之則吉拜亦不得爲拜之常也稽首但頭至地此臣見君之常以吉拜凶拜之例推之則先拜者其禮文後拜者其禮質故以分受不受也

在國曰市井之臣　閻曰後漢劉寵傳拜會稽太守山民愿朴乃有白首不入市井者父老自稱山谷鄙生未嘗識郡朝郡朝太守之聽事也此可證市井在國都注引風俗通義以井爲井田則在野矣非市交易之處井共汲之所張守節曰古人未有市及井若朝聚井汲水便將貨物於井邊貨賣故云市井

以及冠庶人以旃士以旂大夫以旌　閻曰左傳昭二十年齊侯田于沛一則當依孟子傳言招虞人以弓不合孟子者一旃以招大夫弓以招士不合孟子者二不引志士不忘在溝

壑二語而別撰守道不如守官爲仲尼曰爲柳子厚所駮不合孟子者三三者旣不可信則言昔我先君田各招大夫士以其物又豈可信哉襄十四年衞獻公射鴻於囿不釋皮冠昭十二年楚子皮冠執鞭以出則皮冠乃諸侯田獵之冠故即以皮冠招掌田獵之人虞人即至先示以期日即告以田於某所庶幾虞人芟除草萊爲可陣之地招之須早若庶人上大夫皆從公于狩之人周禮大司馬至期立熊虎之旗於期所以集衆故曰以旂致民又曰質明獘旗誅後至者此豈待招而後至哉孟子緣答虞人以皮冠遂連類而及庶人士大夫平日之招以明各有等威不然世且不識虞人之何故不至而下段議論亦無由發　案文選西征賦辨亾論兩注

並引孟子曰夫招士以旂大夫以旌宣德皇后令注引孟子夫招士以旃又劉越石荅盧諶詩注引孟子夫招大夫以旌選注引孟子多用劉熙本據此則劉熙以皮冠句下有夫招二字可證是泛言平日之招也

周道如厎　翟曰詩厎作砥墨子兼愛篇引詩其直若矢其易若厎君子之所履小人之所視其上牽綴洪範王道蕩蕩四語幷謂之詩案說文厂部厎柔石也重文作砥職雉切广部底山居也下也都禮切厎實砥之本字故禹貢厎柱析城漢書厎礪其節厎礪名號皆以厎爲砥廣韻列其字於五旨紐下今坊刻經文多上加點與底下字無別讀者遂誤音如邸幷詩砥字亦或誤邸音

孟子趙注補正卷五

宿松羅忠濟初校

陽湖吳翊寅覆校

孟子趙注補正卷六

長洲宋翔鳳撰

告子章句上　猶湍水也　注湍者圜也謂湍湍瀠水也　閻曰湍說文云疾瀨也瀨水流沙上許氏淮南注亦云湍水行疾也質以墜形篇湍水人輕遲水人重之文則趙氏湍湍瀠水之訓未安後漢列女傳乘船墮湍水物故湍爲水行疾者亦一證

仁內也非外也義外也非內也　翟曰管子戒篇仁從中出義由外作墨子經下篇仁義之爲內外也愛利不相爲內外所愛利亦不相爲內外其爲仁內也義外也舉愛與所利也察告子此言遠本管子而近受自墨子墨子公孟篇二三子曰告子言義而行甚惡請棄之墨子曰不可告子言談甚辯言

仁義而不吾毀又告子受教於墨子之驗趙氏云告子兼治

儒墨非肌度之言

異於白馬之白也　翟曰異於二字絕句蓋歎告子之說可怪

異如論語異乎吾所聞也梁惠王篇王無異於百姓之以王

爲愛此異於二字之見於本書者於亦語之韻絕則喜例於

爾雅釋詁

季子問公都子曰何以爲義内也注季子亦以爲義外也　翟

曰疏云季子即下卷所謂季任案趙注未有孟字而疏直以

季任當之知當時所箸經文實亦未有孟字蓋此以任人僅

色之問同在一時觀兩章文勢畫一可見也嘗疑季子爲孟

子弟有疑問何不親詣孟子孟子亦何不詔之面命而必䞣

轉於公都子又疑宋政和五年詔以樂正子配享孟子廟孟仲子封新泰伯與公孫丑萬章等十七人皆從祀雖季孫子叔之在疑似間者未嘗闕失而何獨無孟季子今閱此疏乃知孟子書中本不云孟季子前疑爲之冰釋

或曰有性善有不性善　孔廣森曰論衡本性篇云周人世碩以爲人性有善有惡在所養焉作養書一篇宓子賤漆雕公孫尼子之徒亦論情性與世子相出入皆言性有善有漢藝文志世子二十一篇名碩陳人七十子之弟子蓋或人二說皆原於聖門而各得其一偏可以爲善可以爲不善所謂性相近習相遠也有性善有性不善所謂上智與下愚不移者也古論語傳曰辟於堯舜禹稷契與之爲善則行鯀驩

兒欲與爲惡則誅可與爲善不可與爲惡是謂上知桀紂龍逢比干欲與爲義則誅子莘崇矦與之爲惡則行可與爲惡不可與爲善是謂下愚見古今人表與或人舜象之喻略同

仁義禮智非由外鑠我也　注懷之於内非從外消鑠我也　孔曰爾雅鑠美也仁義禮智得之則美失之則醜然美在其中非由外飾成我美也所由不願人之文繡也

今夫麰麥　詩貽我來牟音義牟字或作麰孟子云麰大麥也

案此蓋引劉熙本

至於日至之時皆熟矣　孔曰日至之時謂仲夏日至管子輕重乙曰九月種麥日至而穫輕重己曰以春日至始數九十二日謂之夏至而麥熟

牛山之木嘗美矣　注牛山齊之東南山也　閻曰趙注小錯無論今日目驗牛山在臨淄縣南一十里亦在唐臨菑縣南二十一里括地志所謂管仲冢與桓公冢連在牛山上是水經注牛山一名南郊山天齊淵出焉齊以此得名劉昭後漢志注引孟子注云南小山曰牛山 翔鳳案此劉熙注 左思齊都云牛嶺鎮其南列子齊景公游於牛山北臨其國城而流涕夫臨曰北正以山在南

孔子曰操則存舍則亡出入無時莫知其鄉　莊存與曰我欲仁斯仁至操則存也自無所用心極於爲不善無所不至其亡一也其心亡必有所往是以謂之出亡者有復是以謂之入暫入而遽出故無時出則可以無不至故莫知其鄉操者

克念也仁存作聖舍者罔念也不仁作狂克自克也罔自不克也皆曰心之謂實惟操之者謂之得其心舍之者必謂之失其心彼詖辭邪說之作皆曰生於其心而實非其心也必盡其心存其心者乃可謂之其心矣其存亡之幾皆自爲之指之使自知之由己也不由人也況可援天以自解免哉

從其大體爲大人從其小體爲小人　大體謂心思小體謂耳目四支大人謂勞心者治人小人謂勞力者治於人大人小人以位言也

心之官則思　漢書五行志云思心之不容是謂不聖貌言視聽以心爲主四者皆失則區霿無識故其咎霿也鄭注洪範五行傳云心明曰聖孔子說休徵曰聖者通也兼四而明則

所謂聖聖者包貌言視聽而載之以思心者通以待之君思心不通則是不能心明其事也

比天之所與我者　王念孫讀書雜志曰秦策犯白刃冒煨炭頓死於前者比是也鮑於比下增一比字云比次也吳曰韓子作皆是比蓋皆之誤念孫案二說皆非比是猶皆是說文皆俱詞也从比从白徐鍇曰比皆也廣雅同儕等比輩也鄭注樂記比猶同也義與皆並相近孟子比天之所與我者比猶皆也言耳目與心皆天之所與我者而心爲大趙注以比爲比方謂比方天所與人情性非也或改比爲此改注比方爲此乃尤非齊策中山再戰比勝亦謂再戰皆勝

不如荑稗　翟曰齊民要術長短經引孟子荑並作稊

告子章句下　任人有問屋廬子　案廣韻十一模盧字下云複姓孟子有屋廬子箸書作盧者葢劉熙本

可使高於岑樓 注 岑樓山之銳嶺者　僞疏云釋山山小而高曰岑是知岑樓即知爲銳嶺之峯也曰樓者蓋重屋曰樓亦取重高之意案趙以岑樓爲銳嶺疏意未明樓似不可訓爲山嶺使依後儒訓岑樓爲樓之高銳似山者則岑樓亦不辭葢岑與樓爲二事皆是高者故並舉爲喻

豈謂一鉤金 注 一帶鉤之金　孔曰晏子春秋曰大帶重半鈞帶履倍重案鄭君說東萊稱以大半兩爲鈞然則帶鉤金半鈞才重三分兩之一

曹交問曰 注 曹交曹君之弟交名也　羣經補義曰春秋之末

曹已爲宋所滅曹交非曹君之弟或是曹國之後以國爲姓或是鄒君之族鄒本曹姓案江氏以曹交爲鄒曹姓之後當是然魯莊公時已有曹沬左傳作曹劌蓋亦是邾君之族而仕於魯者曹交或曹沬之後居魯而不居鄒故云留而受業又云歸而求之或難以古人不以姓繫名字然姓氏之嚴惟中夏諸國爲然鄒與楚同祖如鬻熊芈姓說文鬻米聲古音麋與芈音同則鬻卽姓也公羊春秋宣八年經葬我小君頃熊何注云熊氏楚女案春秋文姜成風皆姓而楚芈姓鬻熊後乃以熊爲氏則知楚國男子或繫姓婦人或稱氏可無疑於曹交矣又案潛夫論氏姓篇以晉祁奚爲黃帝子十二姓祁姓之後則男子稱姓已有祁奚在曹交之前　又案御覽三百

廣雅書局栞

七十七引孟子曰曹文公弟曹交問曰云云則孟子別本有曹文公弟四字然孟子無此例當是一家之注而誤入正文者也

力不能勝一匹雛　曲禮庶人之摯匹鄭注云說者以匹爲鶩案云以匹爲鶩者是解匹爲鶩故正義云匹鶩也野鴨曰鳧家鴨曰鶩是鶩又名匹廣雅作鴄古字省作匹則此言一匹雛謂鶩之小者耳曲禮音義云匹依注作鶩竟以鄭爲改字非也凡鄭改字則曰讀爲某當爲某不得云說者矣

然則舉烏獲之任　昭二十三年左傳云烏存以力聞烏存莒大夫獲疑是存之字又齊大夫有烏枝鳴齊莒相鄰烏存烏枝鳴當是一族或仕莒或仕齊也又史記秦本紀武王有力

好戲力士任鄙烏獲孟說皆至大官案秦武王元年在赧王三年孟子已七十餘歲烏獲之名未必竊鄰國則孟子之烏獲非秦烏獲明矣

小弁　注　小雅之篇伯奇之詩也　案此與毛詩所傳異或本齊魯詩然下文言親之過大仍當依毛爲是

則己談笑而道之　經義述聞曰詩不敢戲談箋云又畏女之威不敢相戲而言語引之謹案談亦戲也玉篇廣韻並云談戲調也廣雅啁調衆經音義十一古文謿今作嘲人作啁孟子則己談笑而道之談笑者調笑也調談一聲之轉戲而嘲之謂之調亦謂之談故以戲談連文戲談猶戲謔

季任爲任處守　注　季任任君季弟也　錢曰案國君之弟以國

氏字當在國下春秋桓十七年之蔡季蔡侯弟也莊二年紀季紀侯弟也依春秋當作任季傳寫倒耳

儲子得之平陸注儲子爲相得循行國中　閻曰平陸爲今汶上縣去齊都臨淄凡六百里而儲子既相必朝夕左右爲王辦政事非奉王命似未易出何孟子望其身親至六百里之外邑方爲禮稱其幣不可解既思范睢傳云秦相穰侯東行縣邑車騎至湖關湖今閿鄉縣去秦都咸陽亦幾六百里是當日國相皆周行其境內非令所禁故曰儲子得之平陸

昔者王豹處於淇而河西善謳注王豹衛之善謳者衛詩竹竿之篇曰泉源在左淇水在右碩人之篇曰河水洋洋北流活活衛地濱於淇水在北流河之西故曰處淇水而河西善謳

所謂鄭衛之聲也　管曰古之河自龍門以下折而南流故龍門以西濱洛爲河西（今同鄜等州）龍門以東據汾爲河東（今汾蒲吉解諸府州）太行之南殷虛爲河內（今彰德衛輝懷慶等府）太華之東虢略爲河外（今陝州）蓋自左氏及戰國人所言者不出此矣惟孟子王豹處於淇而河西善謳此河西名爲別異蓋禹河至黎陽釃爲二渠　北流爲大河　東流爲漯川自周定王五年河徙自宿胥口東行漯川爲漳水行河之故道水經注曰淇水右會宿胥故瀆瀆受河於頓邱遮害亭東黎山西北王豹處淇謂淇水也河者衛之河即水經所謂大河故瀆也然則此河西止謂淇水之左右耳趙注引詩說此最當

葵丘之會諸侯　閻曰春秋有二葵丘一齊地近在臨淄縣西

連稱管至父所戍者一　宋地司馬彪云陳留郡外黃縣東有葵丘聚齊桓公會此城中遠在齊之西南故宰孔稱齊侯西爲此會也是又曰東略之不知西則否矣後果七年會于淮謀鄫且東略也是宰孔之言驗然未幾獻公卒晉亂齊侯以諸侯之師伐之及高梁而還高梁晉地又在葵丘西北幾千里是宰孔之言亦不驗

束牲載書而不歃血　閻曰襄九年晉士莊子爲載書盟書也案周禮司盟掌盟載之法注曰載盟辭也盟者書其辭於策殺牲取血坎其牲加書於上而埋之謂之載書可見載書二字是實字非如今人解以載爲加趙注束縛但加載書不復歃血得之矣

無曲防　閻曰曲防公羊傳作障谷穀梁傳作壅泉皆不若孟子二字爲致確漢賈讓奏言蓋隄防之作近起戰國案漢書溝洫志哀帝初平當使領河隄奏言九河今皆寘滅案經義治水有決河深川而無隄防壅塞之文壅防百川各以自利齊與趙魏瀕山齊地卑下作隄去河二十五里河水東抵齊隄則西泛趙魏趙魏亦爲隄去河二十五里則是河水西抵趙魏隄亦東泛齊矣夫曰近起戰國豈非葵丘之會申天子之禁諸侯猶有所憚而不敢爲降至七雄地大勢專人人得自爲鯀而不難以鄰國爲壑也乎所以詩序於檜之卒篇曰思周道也傷天下之無王也於曹之卒篇曰思治也傷天下之無伯也諒哉　案管子霸形篇曰楚人攻宋鄭要宋田夾塞兩川使水不得東流東山之西水深滅垝尹知章

注楚人又遮取宋田夾兩川築隄而壅塞之又曰桓公與楚王遇於召陵之上而令於遏上曰毋貯粟毋曲隄又曰東發宋田夾兩川而楚不敢塞也案此乃壅塞水流使鄰無灌田之利當時楚人實有是事内外傳所不載而管子載之其事專以病鄰非隄防治水之比故公羊僖三年陽穀之會曰無障谷穀梁僖九年葵丘之會曰無壅泉蓄塞水不東害同遏糴曰障曰壅形容利害較曲防二字更切若治水禁曲防則桓公卽壅遏北流者何善爲他人計而不善自爲計也

無有封而不告　閻曰郝京山解無曲防三句以周禮大宗伯以凶禮哀邦國分配之曰以喪禮哀死亾卽有封必告也封必告死葬相助也又曰封與窆同窆之悲驗切葬下棺也禮記

縣棺而封凡諸侯告薨則同盟皆弔五月而葬同盟皆會此獨言葬者葬則有賵有賻有贈有襚春秋天王葬且不會如武氏子來求賻之類友邦可知無不告者告則會集注謂封建國邑必告天子非也封建大事豈贅之末簡無不者甚多之辭春秋二百四十二年閒未聞有封國者命與鄭災同其爲死葬甚明也余謂左傳諸侯城楚丘而封衛國語狄人攻邢桓公築夷儀以封之何嘗無封國第少耳無不者甚多之辭妙蓋三者皆屬交鄰國之事無尊王在內

遂有南陽　全祖望經史問答曰閒遂有南陽案晉之南陽易曉而齊之南陽則僅一見於公羊傳所云高子將南陽之甲以城魯一見於國策所云楚攻南陽閻百詩以爲泰山之陽

本是魯地特久爲齊奪者似得之而先生以爲南陽即汶陽其說果何所據若此以漢地志及水經合之左傳便自了然蓋山南曰陽是南陽所以得名也水北曰陽是汶陽所以得名也春秋之世齊魯所爭莫如南陽隱桓之世以許田易泰山之祊是南陽尚屬魯及莊公之末則已似失之故高子將南陽之甲以城魯然僖公猶以汶陽之田賜季友則尚未盡失而魯頌之祝之以居常與許常亦有南陽之境蓋大半入齊矣自成公之後而盡失之蓋汶水出泰山萊蕪縣西南過嬴縣桓三年公會齊侯于嬴者也又西南過牟縣牟故[illegible]之附庸也又東南流逕泰山又東南流逕龜陰之田即左氏定十年齊所歸也又東南流逕明堂又西南流逕徂徠山又南

流逕陽關卽左氏襄十七年逆臧孫之地又南逕博縣卽左氏哀十一年會吳伐博者也又南逕龍鄉卽左氏成二年齊侯圍龍者也又南逕梁父縣之菟裘城左氏隱十一年所營者也又西南逕剛縣漢之剛乃春秋之闡其西南則汶陽之田又西南則棘左氏成三年所圍者也又西南爲遂左氏莊十三年齊所滅也又西南爲下讙左氏桓三年齊侯送姜氏之地又西南爲郈則叔孫氏邑又西南爲平陸案左氏鄆讙龜陰陽關皆齊魯接境地通而言之皆汶陽之田而皆在泰山之西南汶水之北則汶陽非卽南陽邪故愼子欲爭南陽亦志在復故土孟子則責其不教民而用之耳

此則滑釐所不識也　注　滑釐愼子名　翟曰古今人表禽屈釐

師古注即滑釐也呂氏仲春紀許犯學於禽滑𨤲孟夏紀索盧參學於禽滑黎𨤲黎均與釐通辟應旂曰愼子所云滑釐乃述其師非自通其名案墨子公輸篇言臣之弟子禽滑釐莊子天下篇言愼子與彭蒙田駢爲友學墨子弟子禽滑釐之術然則滑釐誠非愼子名也愼子名到到明所受於師之異故辭云云列子載禽子與孟孫陽辨而不能荅乃曰以吾言問墨翟則吾言當矣滑釐辭詘而援其師翟愼到辭詘而援其師滑釐師弟一轍或即其所傳家法然邪

白圭曰　管曰戰國時蓋有三白圭鄒陽書白圭戰亾六城爲魏取中山魏取中山在文侯十七年下逮孟子至梁之歲七十三年矣此魏之白圭也貨殖傳呂圭樂觀時變人棄我取

人取我與此又一白圭也孟子之書自謂治水愈禹欲二十而取一此又一白圭也三者名同而人異太史公誤以貨殖之白圭列於魏文侯時圭之言曰圭治生產猶伊尹呂尚之謀孫吳用兵商鞅行法白圭拔中山去商鞅之死七十三年去鞅爲大良造亦六十三年彼何以稱及鞅哉夫拔中山者蓋樂羊吳起之流貨殖之白圭則富商大賈不必嘗仕宦其爲時不可知也太史公誤謂與李悝並世然言圭善治生而不言仕魏則雖誤而猶未甚也要不若圭自言者之足據若孟子之白圭蓋好爲高言而不通曉事體微特不能上及文侯其與逐利趨時若鷙鳥猛獸之發者亦豈一人哉自林氏以來說此多誤是以詳辨之韓非子曰千丈之隄潰於螻蟻

之穴白圭之行隄也塞其穴是以無水患此白圭其孟子之

白圭與　案貨殖傳之白圭與孟子之白圭當是一人

傳說舉於版築之間　案墨子尚賢篇昔者傳說北海之洲圜土之上衣褐帶索庸築於傅巖之城武丁得而舉之立爲三公書正義引尸子云傅巖在北海之洲淮南覽冥云傅說之所以騎辰尾也高誘注云言殷王武丁夢得賢人使工寫其象旁求之得傅說於傅巖遂以爲相爲高宗成八十一符致中興也死託精於辰尾星一名天策所云北海之洲代遠不可指名水經注之言疑傅會

孫叔敖舉於海　閻曰趙注孫叔敖隱處耕於海濱楚莊王舉之以爲令尹此隨文解之事實無所徵莊王時南境東境去

海倘遠而史記稱孫叔敖楚之處士荀子呂氏春秋並以爲期思之鄙人期思故城在今固始縣西北七十里固始本寢丘邑莊王感優孟之言以封其子者傳十世不絕其得爲令尹也或曰進自虞丘子（史記說苑列女傳）或曰沈尹莖力（呂氏春秋）或曰楚有善相人者招聘之（新序）皆無起家海濱之說蓋孟子所據書籍不可考矣又考孫叔敖卽宣十一年（楚莊十六）令尹蔿艾獵乃蔿賈之子賈字伯嬴宣四年官司馬爲子越椒所惡囚而殺之意者子遂式微竄處海濱不七八年莊知其賢擢爲令尹但蔿賈乃蔿呂臣之子呂臣繼子玉官令尹出自公族自應爲楚郢人何得遠在期思之鄙意者叔敖子實不才（襄十五年蔿子馮叔敖從子）徒世守封土莫顯於朝後人遂以子孫之占籍上

繫其先人與

盡心章句上　得天下英才而教育之　閻曰天下英才極言之非廣言之也猶施伯謂管子曰天下才司馬懿謂諸葛武侯天下奇才也云爾

易其田疇注疇一井也　齊語井田疇均韋昭注曰穀地曰田麻地曰疇

孔子登東山而小魯　閻曰曲阜縣故魯城東二十里惟有防山孔子父葬處在魯絕不高也或曰費縣西北蒙山正居魯之東一名東山孟子云孔子登東山指此疑近是　翟曰弘明集宗炳論引孟子登蒙山而小魯孟子四考曰考魯無東山之名論語爲東蒙主注孔曰使主祭蒙山疏云蒙山在

東故曰東蒙魯頌龜蒙毛傳以爲龜山蒙山正義亦引論語舊疏顓臾主蒙山則此當爲蒙山宗少文非無據也

子莫執中　翟曰莊子云儒墨楊秉四謂儒及墨氏楊氏秉氏凡四家秉別無所聞恐卽當時子莫執中一家之説

猶棄敝蹝也　文選北山移文屣萬乘其如脫注引劉熙孟子注曰屣草履可履廣韻引孟子同

孟子自范之齊注　范齊邑王庶子所封食也　閻曰今東昌府濮州范縣本春秋晉大夫士會邑國語是以受隨范是又半屬魯後漢志東郡范縣有秦亭卽莊三十一年築臺于秦地道記在縣西北是也孟子時則屬齊趙注范齊邑王庶子所封食也顔妙蕃齊王之子生長於深宮賜第於康衢貴仕於

朝內豈容遠在七八百里之下邑而爲孟子所見其在范者殆猶靖郭君孟嘗君之於薛乎既思孟子書法不曰之齊見王子於范而曰自范之齊望見齊王子下一望字意者當時最多交質此以王子出質敵國路經於范遂與孟子適相值亦未可定

呼於垤澤之門　閻曰垤澤卽襄十七年築者謳曰之澤門杜注宋東城南門是也或曰得毋以禹貢盟諸澤名其門乎案盟諸澤在故宋國微子所封之東北此自爲南門耳睢陽故城在今商邱縣南東南門曰垤澤門括地志所謂宋東城南門曰澤門是

王子有其母死者其傅爲之請數月之喪　錢曰趙注謂王之庶夫人死迫於適夫人不得行其喪親之數其實不然禮家

無二尊故有厭降之義父卒爲母齊衰三年而父在則期厭於父也禮尊君而卑臣亦有厭降之義天子諸侯絕旁期大夫降故士之庶子父在爲其母期大夫之庶子父在爲其母大功公子父在爲其母無服厭於尊也儀禮喪服記公子爲其母練冠麻麻衣縓緣既葬除之傳曰何以不在五服之中也君之所不服子亦不敢服也大功章公之庶昆弟爲其母傳謂先君餘尊之所厭不得過大功蓋公之庶子雖父已先卒猶厭於父之餘尊不得伸母之服不言厭於嫡母也公羊傳母以子貴故春秋於成風敬嬴定姒齊歸之薨葬曰夫人曰小君成其爲君母也惟適母在則不得伸其母然則天子諸侯爲其生母謂厭於嫡母可也公子爲其母謂厭於嫡不

可也邠卿俗儒又烏知禮意
有達財者　翟曰音義陸云周朙一本作才以有美才就開其性理也案財惟漢書鼂錯傳資財不下五帝通材其餘多與裁通今卽裁義爲說成德者就其德性以成達裁則需引達於中行之路以裁成之葢是狂狷之屬於所敎五似更等級分明
放飯流歠　錢曰曲禮毋放飯注謂去手餘飯於器中人所穢疏申之云放飯者手就器中取飯飯若黏著手不得拂放本器中當棄餘於篚無篚棄餘於會會謂簋蓋也趙注孟子以放飯爲大飯似不如鄭注之的如依鄭義飯當讀去聲非上聲

而何其血之流杵也　翟曰書武成正義引孟子如何其血流漂杵也論衡語增篇引孟子而作如流作浮又藝增篇恢國篇俱曰武成篇言周伐紂血流浮杵焦氏易林同人之鼎曰兩虎爭鬬血流浮杵

虎賁三千人　翟曰書牧誓序武王戎車三百兩虎賁三百人與受戰於牧野風俗通皇霸篇引書武王戎車三百兩虎賁八百人墨子明鬼篇武王以擇車百兩虎賁之卒四百人與殷人戰乎牧之野周書克殷篇周車三百五十乘陳于牧野旣以虎賁戎車馳商師商師大敗孔晁注戎車三百五十乘則有虎賁三千五百人也案每車一兩當有虎賁十人孟子言自無誤諸書未可信戰國策蘇秦說魏曰武王卒三千人

革車三百乘斬紂於牧又說趙曰湯武之卒不過三千人車不過三百乘而爲天子呂氏仲秋紀武王虎賁三千人簡車三百乘以要甲子之戰皆與孟子合

若崩厥角稽首 注 百姓歸周若崩厥角額角犀厥地稽首拜命亦以首至地也 案以百姓歸周若崩爲句猶言從惡如崩言歸之易也又案段氏玉裁以厥角爲頓首以首頓地故注言厥地稽首但以首至地而稽留之葢有厥角者有稽首者不同也

被袗衣 注 袗畫也 孔曰袗非畫也義如袗絺綌之袗史記堯賜舜絺衣與琴是 錢曰三國志魏文帝紀注有云舜承堯禪被珍裘妻二女若固有之此用孟子之文袗衣當作珍衣

二女果　說文婐㛇也一曰女侍曰婐讀若騧或若委从女果聲孟子曰舜爲天子二女婐案婐是正字隸叚果爲之

好名之人能讓千乘之國苟非其人簞食豆羹見於色注　好不朽之名者輕讓千乘伯夷季札之儔是也誠非好名者爭簞食豆羹變色訟之致禍鄭子公染指黿羹之類是也　錢曰孔子疾沒世而名不稱孟子亦惡人之不好名不好名卽專於好利雖簞食豆羹且不能讓況千乘乎

稽大不理於口　翟曰案理兼條分脩治之義離騷令蹇脩以爲理五臣注云令之以通辭理稽云不理蓋自病其言之無文故纂文有俗人之稱潛夫論交際篇有士貴有辭之說也潛夫論士貴有辭亦憎多口孟子云憎多口卽論語禦人以

口給屢憎於人之意謂徒理於口亦爲士君子所憎惡惟能以文王孔子之道理其身心即有憎其口之不理者特羣小輩自於己之聲問無隕越也引詩斷章取兩愠字申達憎義

山徑之蹊間介然用之而成路注山徑山之領有微蹊介然人遂用之不止則蹊成爲路　文選長笛賦間介無蹊人迹罕到注孟子曰山徑之蹊間介然用之而成路趙岐曰介然人用之不止則蹊成爲路杜預注左氏傳曰介猶間也襄九年介居二大國之間注間介一也蹊徑也言山間隔絕無有蹊徑也案間介然者間介雙聲形容山徑隔絕之象間當讀去聲莊子田子方篇經乎大山而無介介亦間介之意

以追蠡注追鍾鈕也蠡蠡欲絕之貌也　案此說非是追當訓

爲彫毛詩追琢其章傳云追彫也金曰彫梁惠王篇必使玉人彫琢之趙注引詩云彫琢其章知二字通用鍾之旋蟲亦金所造故以爲彫蠡讀如嬴蠡者鍾之旋蟲也考工記鳧氏鍾縣謂之旋旋蟲謂之幹案蠡爲旋蟲故字从䖵說文斡蠡柄也从斗𠦝聲讀若管楊雄杜林說皆以爲軺車輪斡考漢書斡字多作幹蓋幹斡字可通用然以作斡爲正字也鍾柄爲甬甬上鑿爲旋著於旋中者爲旋蟲爲斡轉旋於鑿中如嬴旋之形文選東征賦諒不登樔而椓蠡兮注蠡與嬴古字通案亦作螺鍾久縣則蠡柄先彫敝故云追蠡也

兩馬之力與注兩馬者春秋外傳曰國馬足以行關公馬足以稱賦 案古制一車兩服服驂者必以兩馬此謂行路者非

一車則轍迹非兩馬之力左傳陳成子以乘車兩馬賜顏涿聚之子史記魯君以一車兩馬與孔子皆是不得以國馬公馬釋之也

將復爲發棠　閻曰春秋三棠邑一宋魯之界上隱五年矢魚于棠公羊稱爲邑是也今魚臺縣一楚邑伍奢長子尚爲棠君是也今六合縣一齊邑棠公之妻杜注棠公齊棠邑大夫不言所在今謂棠棘邑也後漢志北海卽墨縣有棠鄉齊靈公十五年滅萊邑故爲齊有後孟子發棠卽此是今卽墨縣甘棠鄉

卒爲善士則之野有衆逐虎　蘆浦筆記曰味此段之言恐合以卒爲善爲一句士則之爲一句野有衆逐虎爲一句蓋有

搏虎之勇而卒能爲善故士以爲則及其不知止則士以爲笑也

有布縷之征粟米之征力役之征　注　征賦也國有軍旅之事則橫興此三賦也布軍卒以爲衣也縷紩鎧甲之縷也粟米軍糧也力役民負荷斯養之役也　李兆洛曰布縷之征宅征也粟米之征田征也力役之征丁征也皆定賦所當出粟米之征於秋力役之征於冬惟布縷之征經傳不箸其時朱子以爲夏者據月令收繭稅耳用其二用其三所謂急政暴虐賦斂不時也如趙所云則所謂如知其非義斯速已矣豈用一緩二遂足爲君子乎

琴張　注　琴張子張也子張之爲人踸踔譎詭論語曰師也辟故

一鎮惟學可汗衣

不能純善而稱狂也　案昭二十年左傳琴張聞宗魯死將往弔之正義曰賈逵鄭衆皆以琴張爲子張即顓孫師服虔云案七十子傳子張少孔子四十八歲時孔子四十知未有顓孫也案賈鄭之說與趙注同當自有確據弟子傳或有衍文至王肅僞撰家語始有衛人琴牢字張之說不足憑也

散宜生　錢曰大戴帝繫篇堯娶於散宜氏之子謂之女皇散宜蓋古諸侯之國散宜生殆其苗裔也孔氏君奭傳云散氏宜生名未足信

然而無有乎爾則亦無有乎爾　臧曰孫氏音義云陸本作然而無乎爾則亦有乎爾云孟子意自以當之無乎爾有乎爾疑之也此意以況絕筆於獲麟也案乎訓於爾訓此無乎爾

有乎爾謂無於此有於此正孟子明以自任語當從陸善經本

孟子趙注補正卷六

宿松羅忠濟初校
陽湖吳翊寅覆校

孟子劉注

長洲宋翔鳳輯

梁惠王

叟

叟長老之稱依皓首之言 史記魏世家注　案趙岐注云叟長老之稱猶老父也孟子去齊老而之魏故王尊禮之此言非是史記六國表魏世家記惠王招賢孟子至梁當在遊齊前孟子秊未過四十惠王尊賢故以叟稱之其秊不必盡老也故劉氏云依皓首之言謂尊禮孟子依白首之稱孟子實未皓首也甚合當時情事儀禮喪服傳注云嫂者尊嚴之稱嫂猶叟也叟老人稱也是叟亦廑是尊嚴之稱嫂不必皆老人也

王若隱其無罪

隱度也 文選郭有道碑注

爲長者折枝

折枝若今之案摩也後漢張皓傳注

齊宣王見孟子於雪宮

雪宮離宮之名也文選雪賦注

鄒與魯鬨

鬨構也構兵以鬭也音義

公孫丑

則具體而微

體者四肢股肱也具體者皆微者也皆具聖人之體微小耳

體以喻德也文選運命論注

宿於晝

邐齊河南近邑史記田單傳注裴駰云晝音獲

滕文公

夏后氏五十而貢殷人七十而助周人百畝而徹其實皆什一也

夏時民多家得五十畝而貢五畝殷時民稍稀家得七十畝而助七畝周時其民至稀家得百畝而徹十畝（孝經庶人章疏引此云家耕百畝徹取十畝爲之賦也）故云其實皆什一（禮記王制正義）

虆梩

虆盛土籠也（詩緜音義）

爲之詭遇

横而射之曰詭遇（文選東都賦注）

景春曰

景春孟子時人爲縱横之術者文選七發注

脅肩

脅肩竦體也文選解嘲注

病於夏畦

今俗以二十五畝爲小畦五十畝爲大畦史記貨殖傳索隱 文選顔延年和謝靈運詩注

汙池沛澤

沛水草相半後漢崔駰傳注

知我者其唯春秋乎罪我者其唯春秋乎

知者行堯舜之道者也罪者在王公之位見貶絶者史記孔子世家注

陳仲子

陳仲子齊一介士也文選張景陽雜詩注

井上有李實句異螬食者過半矣

螬蟲也李實有蟲食之過半言仲子目無見也同上

彼身織屨妻辟纑以易之也

仲子自織屨妻紡纑以易食也緝績其麻曰辟練絲曰纑也同上

己頻顣字異曰

頻顣而言頻顣憂貌文選江賦注

離婁

滄浪之水清兮

滄浪水色也文選陸士衡塘上行注　案選注云孟子曰滄浪之水清滄浪水色也趙注無盧召弓以爲劉熙語

其良人出

婦人稱夫曰良人文選寡婦賦注

萬章

父母使舜完廩捐階瞽瞍焚廩使浚井出從而揜之

舜以權謀自免亦大聖有神人之助也史記五帝紀注

舜避堯之子於南河之南

南河九河之最在南者同上　案禹貢正義云漢書溝洫志許商以爲古說九河之名有徒駭胡蘇鬲津見今在成平東光鬲界中自鬲津以北至徒駭其閒相去二百餘里因是知九河所在徒駭最北鬲津最南案漢鬲縣在平原郡爲沇州界漢書地理志河東郡平陽應劭曰堯都也在冀州境九河八流入沇域在冀州南鬲津又爲九

河之南故曰南河也又案史記正義引括地志云故堯城在濮州鄄城東北十五里又有偃朱故城在縣西北十五里與朱城所居即舜讓避丹朱於南河之南處也案漢志鄄城屬泲陰郡在鬲縣南故曰南河之南趙注遂云遠地南夷有似荒僻無可主名烏知所避越境而已此成國之注勝於臺卿也

夫然後之中國踐天子位焉

天子之位不可曠年於是遂反格于文祖而當帝位帝王所都爲中故曰中國同上

十有七年

若此則舜格於文祖三年之後攝禹使得祭祀與史記夏本紀注

陽城

今潁川陽城是也同上

箕山之陰

崇高之北 同上 後漢郡國志注二 案夏本紀益讓禹之子啟而避居箕山之陽集解曰陽字一作陰劉熙曰崇高之北正義曰孟子陽字作陰箕山之陽即陽城也箕字誤本是嵩字而字相似其陽城縣在嵩山南二十三里則爲嵩山之陽也案張守節改箕作嵩者水經注潁水云潁水逕其縣故城南昔舜禪禹禹避商均伯益避啟竝於此亦周公以土圭測日景處又曰縣南對箕山山是在箕山之陰史云箕山之陽故知史文箕字爲誤孟子則云箕山之陰字自不誤也史記正義引括地志陽城縣在箕山北十三里又引云嵩高山一名太室山亦名外方在洛州陽城北二十三里而劉注顧訓箕山之陰爲嵩高之北雖或周而不備豈於南朔若斯違失孰思其文定有脫誤當爲嵩高之南箕山之北也崇嵩古字通用

告子

白羽之白也猶白雪之白也與白雪之白猶白玉之白也與 文異

孟子以爲白羽之性輕白雪之性消白玉之性堅雖俱白其性不同問告子以爲三白之性同 文選雪賦注

則地有肥磽

磽确薄埆地也衆經音義廿四

牛山之木

南小山曰牛山後漢郡國志注四　案水經淄水注淄水自山東北流逕牛山西又東逕臨淄縣故城南東得天齊水水出南郊山下謂之天齊淵五泉並出南北三百步廣十步山即牛山也左思齊都賦云牛嶺鎮其南者也案南郊山即牛山牛山爲齊臨淄之阜非過險峻樹木宗生斧斤盡之故爲小山韓詩外傳稱齊景公遊於牛山而北望齊曰美哉國乎鬱鬱泰山文曰北望知山在齊南齊國都在泰山南以牛山望泰山故曰小山史記管晏傳正義引括地志云管仲冢在青州臨淄縣南三十一里牛山之阿焚謂在南趙云東南其說小異

而摟其處子

摟牽也文選琴賦注　案今本選注作劉向字誤據宋本改

魯欲使樂正子爲政

欒正姓也子通稱也名虵文選褚淵碑文注

盡心

所以異於深山之野人者幾希

當此之時舜與野人相去豈遠哉文選齊竟陵王行狀注

墨子兼愛摩頂致於字異踵利天下爲之

致至也文選江文通詣建平王上書注

不以三公易其介

介操也文選長笛賦注

猶棄敝屣字異也

屣草屨可履文選北山移文注

愛而不敬獸畜之也

愛而不敬若人畜禽獸但愛而不能敬也文選補亡詩注

附錄

劉熙孟子注曰獻猶軒軒在物上之稱也文選景福殿賦注費士璣曰獻猶軒軒在物上之稱也當爲書曰享多儀注文上疑脫享獻也三字

劉熙孟子注曰槽者齊俗名之如酒槽也文選酒德頌案爾雅蟦蠐言注蟦螬亦呼當齊此槽者齊俗名之宜作螬者俗名當如酒槽也宜作讀如酒槽疑爲螬食者過半注文淮南氾論篇槽矛無擊注槽讀如領如蝤蠐之蠐也二字互相爲讀翔鳳閒諸庭訓云

孟子劉注

四書箋疑疏證（孟子）二卷

清 徐天璋箋 徐浚仁疏

清光緒二十二年刻本

四書牋疑疏證

中一堂藏版

序

四書孔孟之正傳也[illegible]解說數百家歎觀止者惟文公集注然其間仍有疑義者非文公討論未精也蓋由古訓各長折衷難罄予自束髮讀書即求窮理凡有疑義莫不三思因仿鄭康成衍毛氏詩傳之未盡者曰箋以輔集注吾聞君子和而不同信以爲信疑以爲疑遂顏曰箋疑夫旣疑矣則必博求古訓確證他經而又涵泳本文揆厥情理揣時度事始敢筆之於箋一尊聖賢

一

也箋子否天厭書寢問喪之類一正紀綱也箋堯帥諸
侯尹放太甲之類一扶倫常也箋瞽叟焚廩二女治棲
之類一明典制也箋方里而井百畝而徹之類一原性
天也箋天命謂性身不得正之類一防流弊也箋有教
無類無爲而治之類至若物小必辨名稱必當非關大
體概從略焉且斯時智士爭奇雜學並著技藝材美日
盛仁義道德日湮設於聖經賢傳再不箋而明之簧鼓
之來乘瑕攻釁勢必大經大法蕩然無存予用是益加

懼焉時在光緒丙申季春穀雨日曦伯徐天璋自序於
半城寓廬

二

四書集注箋疑卷七

泰州 睿川徐天璋 箋 男 浚仁 疏

梁惠王上下 公孫丑上下 滕文公上下

五畝之宅

【箋】五畝之宅井邑之地也邑方二里田四千畝四井爲邑八家共井計耕之田三千六百畝其餘四百畝半爲餘夫之耕半晝居地一夫五畝以爲廬舍五畝之宅樹之桑麻以供布縷之征也【疏】井法詳下滕文章古時田邑相

連五畝之宅即在四井為邑之中八家共井計四井三十二家耕田三千六百畝其餘四百畝每夫分受五畝以為廬舍廬舍之餘仍有閒田以待餘夫之耕廬舍之旁樹之桑麻以供布縷之稅絕非二畝半在田二畝半在邑也

無以則王乎

【箋】無以者無以桓文為法也【疏】言無以桓文為法當以王道為法耳

王語暴以好樂

【箋】樂喜樂也【疏】梁惠王章偕樂獨樂同旨

獨樂樂與人樂樂

【箋】獨樂樂獨以喜樂爲樂也與人樂樂與人喜樂爲樂也【疏】樂樂皆音洛

惟我在

【箋】在察也【疏】訓見論語在予一人

夫明堂者王者之堂也

【箋】明堂肇於神農之帝宫也上圓下方重蓋以茅外環以水後世代興宫室大備而古初之制代爲損益猶不廢焉遂爲祀帝布時之所周之王也築明堂以

朝諸侯在泰山東北魯境之内其地後入於齊疏見明

堂考並阮氏元揅經室集

君是以不果來也

箋果決斷也疏見由也果注

爾何曾比予於是

箋曾乃也疏訓見古注

自反而不縮雖褐寬博吾不惴焉自反而縮雖千萬人

吾往矣

【箋】縮亂也往去之也自反而不亂吾雖衣褐寬博不爲懼焉自反而亂吾雖有千萬衆亦必避而去之焉

【疏】爾雅釋詁縮亂也玉篇往去也

不得讀於言勿求於心句不得讀於心勿求於氣句不得於心勿求於氣句可句不得於言勿求於心句不可句

【箋】勿怱遽也告子之意於言不得急求諸心於心不得急求諸氣孟子斷之以爲於心不急求氣猶可於

與下文何謂知言說不合

言不急求心不可也【疏】勿訓急遽見說文注

氣次焉

【箋】次舍也言氣爲志所舍處也【疏】左傳師陳焚次註次舍也

我知言我句善養吾浩然之氣

【箋】孟子答丑之問言我祇知就我言也【疏】我絶句

必有事焉而勿正心句勿忘句勿助長也

【箋】勿怱遽也忘妄也必於有事忽正其心是猶心忽妄動而怱助之使長强之既甚終必并其本性而傷

之也【疏】左傳哀二十七年注言公之多忘釋文忘本又作妄莊子盜跖故推正不忘耶釋文忘或作妄

汙不至阿其所好

【箋】汙深也汙不至猶言甚不至也【疏】廣雅釋詁汙深也深訓甚見面深墨注

市廛而不征法而不廛

【箋】市宅曰廛廛地有稅曰絘布征貨稅也既稅市宅之地故不復稅其貨貨憑官鬻曰法陳列於市斂其

總布故不復稅市地之廛【疏】詳見周官市中列肆有宅者稅以絘布不征其所居之貨行貨憑鬻於官陳於列市歛其總布不稅其市地之廛

耕者助而不稅

【箋】助耕公田故不復稅在邑夫家之宅【疏】耕者有公田之助有車徒之賦宅有桑麻之征故不復稅其所居之地與生殖之貨

廛無夫里之布

【箋】廛市宅也稅錢曰布周禮宅不毛者有里布毛桑麻也民無職事者出夫家之征氓萌也謂民初適其

地如物萌然異於無常業者既稅廛布故不復出夫家之布【疏】初適其地授宅而居稅以廛布未種桑麻無里布之稅未有職業無夫家之稅夫布者民於農工商賈無其職業公旬三日之役又不能任於是罰出一夫之布猶後世僱役之錢也

夫既或治之

【箋】夫指王驩或疑也言驩既疑我治予又何必與彼言哉【疏】以我稱人曰夫故曾子指子游示人曰夫夫也爲習於禮者易或之者疑之也

且比化者無使土親膚

【箋】比庇也言棺椁以庇死者之身不使土近其膚也

疏注見周禮

士誠小人也

箋小人小視其人也疏訓見小人哉樊須也

至於子之身而反之

箋反之謂復古也疏中庸反古之道註反復也

可謂曰知

箋可通許也疏見禮記玉藻疏

晝爾于茅宵爾索綯

箋爾謂農夫也。疏玉篇爾汝也集韻爾衆也爾正指衆農而言

夏后氏五十而貢殷人七十而助周人百畝而徹

箋周官小司徒九夫爲井匠人亦曰九夫爲井遂人獨言十夫有溝者一溝實一井也四井爲邑邑田四千畝夏后授夫各五十畝八十家合爲一邑十分取一制爲貢法實賦四百畝殷人授夫各七十畝十夫共耕公田百畝邑四千畝夫五十家實賦公田五百畝周人授田每夫百畝九夫之中一夫在官八夫代

耕百畝爲公田八家之役卽在公之夫執焉私田之賦十分取一每邑實賦三百二十畝民又代耕公夫之田四百畝實計公賦七百二十畝商視夏周視殷其賦蓋日重焉周邑授田之外餘四百畝盡爲五畝之宅因制爲夫廛之布【疏】得此足證三代井田之制改邑不改井

治地莫善於助莫不善於貢

【箋】井地之賦夏輕殷重殷善而夏不善者夏定常經殷隨豐歉也【疏】制法詳前

經界不正井地不均

【箋】井田之制一縱一横分畫經界徑一圍四中開方焉一畝四方十畝長方百畝四方千畝長方百畝有遂千畝有溝邑四千畝畫爲四方萬畝一洫十萬畝一澮百萬畝一川川皆深流夏后殷周授田雖殊經界不變戰國慢其經界者徑畛之侵遂溝之湮耳非謂能改易也【疏】周制凡治野夫閒有遂遂上有徑十夫有溝溝上有畛百夫有洫洫上有涂千夫有澮澮上有道萬夫有川川上有路以達於畿

請野九一而助國中什一使自賦

【箋】九一者私田百畝稅其十畝之入八家復助耕公田百畝也什一自賦市廛之宅授各五畝以種桑麻蔬果宅不毛者科其五畝之賦各收廛里夫家之布也【疏】詳見廛無夫里之布

圭田五十畝餘夫二十五畝

【箋】田五十畝授卿卿以授兩餘夫實賦五畝之入以供粢盛餘夫不復代耕公田所以厚君子野人也【疏】

本百畝四方自中截成長方五十畝授卿以下卿再截長方爲四方分授兩餘夫一夫受田二十五畝輸二畝半之穫於卿兩夫共輸五畝之穫以供卿大夫等粢盛

方里而井井九百畝其中爲公田八家皆私百畝同養公田

【箋】方併也截長補短爲一里也井各千畝公私之授爲九百畝其餘百畝以爲廬居君賦公田之入轉頒於卿大夫士及庶人之在官者【疏】方併也注見說文一井之田長方千畝積四井爲一邑易曰改邑不改井詩曰畇畇原隰惟禹甸之三代之田五十七十百畝之分何嘗重改

經界溝洫哉

願受一廛而爲氓

【箋】民初至曰氓一廛之受五畝之宅也【疏】氓謂民之初來如物萌生五畝之宅卽邑中四百畝餘地以爲廛居者也

賢者與民並耕而食

【箋】神農始教稼穡不得不先勞焉粢盛之供籍田是其遺意非謂必終畝也【疏】許行之說泥古甚焉

禹疏九河瀹濟漯而注諸海決汝漢排淮泗而注之江

箋九河河至大陸之北而疏分也徒駭之南曰太史曰馬頰曰覆釜曰胡蘇曰簡曰潔曰鉤盤極南曰鬲津皆當禹貢兖州之境九河之南曰漯漯亦分釃河流而入於海也漯南曰濟濟本爲沇發源於河之北潛流而入於河截河而南溢滎至菏會汶而入於海瀹開滌也淮西北曰汝東北曰泗汝泗皆入於淮漢至大別南入於江東爲北江決溢也排壅也淮西受汝而東會泗幹流而入於海下流障壅其上則溢而

流於淝南趨巢湖適當漢水下流今廬州境也其餘波入於江者如今天長六合間並有水道儀徵江濱又有泗源溝焉不僅邗溝築通江淮也【疏】九河之名釋見爾雅禹釃二渠以引河一為貝邱一為漯川見史記濟水詳見禹貢汝至穎川而入於淮漢至廬江巢湖而與淮通王象之輿記紀勝云古巢湖水北合於淝河故魏窺江南則循濟入淮自淮入淝由淝而趨巢湖吳人撓魏亦必由此又引貨殖傳合淝受南北湖今史記湖誤作潮也方輿勝覽引合淝舊志淝水北支入淮南支入巢湖且古說大别在安豐為今霍邱地禹迹至此排淮故導江有至大别之文此又淮流與江通之証也泗至下邳淮陰縣西入淮古名泗口亦名清口今清河縣東南五里有淮陰故城是也決溢也

見淮南天文訓註排擠也見說文注又趙氏解排爲壅以爲隄防止水也天長六合儀徵皆縣名邪溝見春秋傳

江漢以濯之秋陽以暴之皜皜乎不可尚已

箋 濯漑也暴顯也皜皜廣大也疏 言聖德如江漢之灌漑秋陽之顯明皓天之廣大也集韻皜通顥皓暤

追斯句可以見矣

箋 追逼也追斯言來者既逼其居可以出而見之也

疏 玉篇追訓逼斯即君子之至於斯也之義

四書集注箋疑卷八

泰州 睿川徐天璋 箋 男 浚仁 疏

夫子教我以正夫子未出於正也

【箋】教者所以養其中和之德惟父冀子速成其善或反急遽而無序故不能如中也養不中才也養不才迫切失正子反得而怨焉【疏】得此解可知夫子未出於正之故矣

有不虞之譽

箋虞安也疏譽過其實不能自安易中孚虞吉注安也

人之易其言也無責耳矣

箋易輕易責專責也疏人無專守之職局外之言故恒輕易以議論焉

望道而未之見

箋道治也疏文王之化百年而後崩猶未洽於天下正望治而未之見

予私淑諸人也

箋諸衆也疏曾子居武城孟子生騶私淑諸人蓋曾子之徒沿承者多不專所事而能集其成焉

則故而已矣

箋則法也故古也疏故訓見爾雅釋詁

其横逆由是也

箋由是言由仁禮而攖怒焉疏如我欲行禮子敖以我爲簡之類

我由未免爲鄉人也

箋由從也行也我由未免爲鄉人必我之德有未至也疏見註疏

知好色則慕少艾

箋艾止也疏訓見左傳哀二年憂未艾也注釋

父母使舜完廩捐階瞽叟焚廩使浚井出句從而揜之

箋使命也捐階其廩既治捐去其階而不用也焚樊也焚廩瞽叟於廩四周復自衞以籬也浚濬也出泉出也揜幕也父母使舜如今父母命子葺屋其子承命招集工匠不必躬爲之也治之既成父母遂得安享之也疏說文焚本作樊樊藩也即今藩籬爾雅濫泉正出沃泉懸出氿泉穴出出正井泉湧出揜幕也易曰井收勿幕觀此則治廩既成瞽叟復四周樹之藩籬浚井既出瞽叟因自揜冪自用宜象居功曰倉廩父母也如其焚訓燒毀則倉廩何得仍爲父母有哉

謨蓋都君咸我績

箋蓋合也咸感也疏蓋訓合見史記司馬相如傳咸訓感見易

二嫂使治朕棲

箋使命也使治朕棲二嫂命入治象居處見其厚叔之甚至也疏使治朕棲與使舜完廩同爲命令

象曰鬱陶思君爾忸怩

箋鬱陶繇喜也爾忸怩象謂喜感君德近慚愧也疏象言爾忸怩猶人感謝人情曰自近慚愧爾雅鬱陶繇喜也

不識舜不知象之將殺己與

箋將助也賛欲殺舜象助之者蓋側陋未揚之日瞽瞍未化象傲未諧也疏書曰明明揚側陋又曰象傲克諧以孝舜爲都君象化於善久焉萬章之問蓋恐追溯前德也史記所載或因孟子之文傅會其說

封之有庳

箋有庳今湖南道州零陵也舜封象於有庳正以三苗來格封象於南隱使監其國也王公設險其意深焉疏武王克商封康叔於衞周公於魯召公於燕仲雍之後於吳遠或千里或數千里屏藩王室控

列九州未嘗不親愛也

堯帥諸侯北面而朝之瞽瞍亦北面而朝之

〔箋〕書禹謨正月朔旦受命於神宗率百官若帝之初舜典正月上日受終於文祖蓋堯禪舜率天下諸侯而告於廟瞽瞍爲堯之臣自必北面而朝廟焉後遂誤以爲朝舜也〔疏〕詳見虞書

舜避堯之子於南河之南

〔箋〕避去也堯喪既畢舜去自就國也南河虞汭之地

舜既格于文祖不遽踐天子之位者從容以營都邑非若後世苟且急急以正儀號也【疏】虞本舜祖封國舜既徵庸二女釐降國必續封堯都平陽舜都蒲版宮室之營自非一日可創造焉此謳歌朝覲民與諸侯所以接踵至也

而居堯之宮逼堯之子

【箋】而如也【疏】詩垂帶而厲而箋爲如

禹避舜之子於陽城

【箋】陽城在嵩山之南蓋夏后封邑之地禹避舜子猶

舜去堯之子以反國也【疏】陽城在嵩南二十三里

益避禹之子於箕山之陰

【箋】山北曰陰箕山在陽城之南益反國而朝覲訟獄謳歌不及者舜格於文祖禹命神宗天下知其嗣爲天子也益雖薦天而未告廟禹巡狩而道崩會稽宜天下知有吾君之子而不知有益也【疏】皇帝以來本家天下至堯而讓之者洪水未平堯以不得舜爲已憂舜以不得禹益爲已憂也堯讓舜舜讓禹皆以嗣子不及其德因爲天下以求共主其子不失爲諸侯焉且堯世土階茅次八君之樂不及今世蔀民設當日官家富貴

甲於後代堯舜雖欲讓之則丹朱商均必思蠢動也燕讓子之漢讓王莽亂不旋踵魏文篡漢晉篡魏史冊貽譏而堯舜行之無疑天下無爭者思過半矣

太甲顛覆湯之典型伊尹放之於桐

箋 太甲太丁子也仲壬既崩太甲嗣王顛覆典型謂變易湯之政令也放法也桐成湯廟宮之地仲壬之殯在焉殷朝而殯於祖太甲諒陰是以三年居憂於內伊尹營桐蓋豫陳烈祖之訓俾其效法仁義以聽於已既釋仲壬之喪伊尹遂以冕服奉嗣王歸於亳

焉【疏】放爲效法訓見類篇殷朝殯祖見禮記桐爲廟宮想見當年諒陰居憂非伊尹放置之也漢霍光將廢昌邑王田延年引太甲爲詞正由不識殷朝殯祖太甲居憂宜居於桐者也

郤之郤之爲不恭何哉

【箋】郤之郤之堅辭也爲不恭猶曰享多儀儀不及物惟不役志於享也【疏】郤之郤之猶今人於交際之禮曰不受不受推其不受之意必有不滿於人之處故疊辭以拒之萬章聞孟子說曰恭也因舉世有以爲不恭者爲問

曰尊者賜之

【箋】尊重也孟子言重其所賜故以爲恭也【疏】重彼有賜於我

義不容郤廣韻尊重也

曰其所取之者義乎句不義乎而後受之句以是爲不恭故弗郤也

箋後不急也弗拂也審其不義而不急受故直拂郤之也疏後不急也訓見梁惠王章集註弗拂古通詩生民以弗無子御覽五百廿四作以拂無子

曰請無以辭郤之以心郤之

箋孟子言也疏辭郤則嫌徑直心郤則意婉柔

曰其取諸民之不義也而以他辭無受不可乎

【箋】萬章問也【疏】萬章總欲辭而不受

曰其交也以道其接以禮斯孔子受之矣

【箋】孔子受之權也故孟子引之【疏】孟子言不妨從權受之

殷受夏周受殷所不辭也於今爲烈

【箋】受承也不辭猶不齒也【疏】受承也訓見字典

今而後知君之犬馬畜伋

【箋】犬馬賤者之稱犬馬畜伋言使已僕僕亟拜欲尊之實賤之也【疏】公羊何休注言大夫有疾稱犬馬士稱負薪犬馬負薪皆賤者之稱而大

夫士謙言之太史公稱牛馬走李密表臣不勝犬馬怖懼皆賤稱之謂

曰往役義也往見不義也且君之欲見之也何爲也哉

箋孟子先解往役往見之義後以欲見何爲詰之也

疏此處文義連爲一節

曰爲其多聞也爲其賢也

箋萬章答也疏此處宜分爲一節

曰異句於白馬之白也無以異於白人之白也不識長馬之長也無以異於長人之長與

【箋】孟子先訝其異然後從而辨詰之也【疏】異其彼長彼白之言也

以紂爲兄之子

【箋】兄況也之子不淑言以紂爲憂愴也【疏】詩倉兄塡兮職兄斯引兄皆爲况有愴歎之意得此可知微子比于以紂爲憂猶以爲君忠愛之心著焉

乃若其情

【箋】若順也【疏】訓見書傳

無有封而不告

箋封告君薨赴葬也疏凡有封國惟天子得以行之曲防遏糴皆在凶荒之禁封定為凶禮也春秋屢書赴葬未聞諸侯封某卿大夫焉易及王制不封不樹書封比干之墓皆訓聚土為墳無封不告正告來會葬也

如其自視欿然

箋欿坎也懼其陷害所以能過人焉疏訓見易坎注

有事君人者事是君則為容悅者也

箋容悅者舉人事君其心休休焉其如有容焉則法也疏詳見秦誓可知容悅為進賢方與下三節一氣貫注

形色天性也惟聖人然後可以踐形

【箋】形色者誠中形外見於色也踐形者中心達於面目聖人表裏如一絕無作僞於其間也【疏】人之良心本不容掩凡有動意未有不外形焉

謂夫莫之禁而弗爲者也

【箋】夫指齊王【疏】三年之喪世久不行宣王短喪恐更甚焉

趨而迎之

【箋】衆人見婦競趨而迎車也【疏】迎去聲

旣入其苙又從而招之

【箋】入苙者入於楊墨之道又從而招之言復招之使入儒也【疏】其字正指楊墨

或問之曰若是乎從者之廋也

【箋】問之問館人也【疏】或人定非館人問必問於館人

曰子以是爲竊屨來與

【箋】此館人詰或之辭【疏】是正指從者館人詰或爲失問也

殆非也夫子之設科也往者不追來者不拒苟以是心

句至句斯受之而已矣

箋此或人自辨其說也門人取其合於孟子之心故記之疏或人明其所問之由對館人以辨之焉至字絕句

人皆有所不爲達之於其所爲義也

箋爲僞也我不僞而彼僞焉我能達之於彼同有是非之心義也疏達其所僞即孔子以己達人之義

家大人箋疑既成其於博求古訓確證他經閒槪弗引錄蓋以箋明辭旨以約爲宗非若解經者必資攷

證也既而以簽本去疑文宜徵信遂命仁節錄經訓
次第分疏並益　先大父旌孝公麓訂大學章句統
爲八卷付諸剞劂以期就正當代之賢哲云爾光緒
戊戌仲春男浚仁謹識

批選四書新義（孟子）三卷

清　張謇選

清光緒三十一年上海同文升記書局排印本

張太史評選

四書義

光緒乙巳夏
上海同文升
記書局校印

張謇批選四書新義目錄

卷一

大學

有人此有土　有土此有財　有用

秦誓曰若有一个臣　一節　命也

好人之所惡　一節　生財有大道　一節

未有上好仁　二句　未有好義　二句

中庸

君子中庸　宗廟之禮　二句

人道敏政　一節　五者天下之達道也

善必先知之　三句　誠者非自成己而已也　一節

待其人　二節　是以聲名　一節

唯天下至誠爲有所倚

卷二論語

子曰射不主皮　一節　里仁爲美

夫子之道忠恕而已矣　伯夷叔齊餓於首陽之下

不念舊惡　二句　賢哉回也　一節

齊一變至於魯魯一變至於道　述而不作　二句

德之不修　二句　子之燕居　三句

不憤不啟　二句　子在齊　一節

無爲而治者
言忠信　三句
子張書諸紳
邦有道如矢　二句
君子哉蘧伯玉
可與言而不與之言失人
志士仁人
無求生以害仁
工欲善其事必先利其器
友其士之仁者
顔淵問爲邦
吾未見好德　二句
知柳下惠之賢　二句
躬自厚而薄責於人
不曰如之何如之何者
群居終日言不及義
好行小慧

卷三

君子病無能焉
不病人之不己知也
君子疾沒世而名不稱焉
君子求諸己　二句
君子矜而不爭　二句
君子不以言舉人
不以人廢言
有一言
其恕乎
己所不欲勿施於人
誰毀誰譽
斯民也　二句
吾猶及史之闕文也
有馬者借人乘之

陳子禽至子乎

卷四孟子

亦將有以利吾國乎

王立於沼上

豈能獨樂哉

不違農時　二句

以撻秦楚之堅甲利兵矣

是心足以王矣

挾泰山以超北海

故推恩足以保四海

王之諸臣皆足以供之

爲阱於國中

鄒與魯鬨

邠人曰仁人也　三句

以齊王由反手也

夫子加齊之卿相

是畏三軍者也

不知命無以爲君子也

未有義而後其君者也

而民歡樂之

直不百步耳　二句

省刑罰

王請勿疑

見牛未見羊也

老吾老以及人之老　二句

權然後知輕重

使天下仕者至於王之塗

惟仁者爲能以大事小

夫民今而後得反之也

管仲晏子之功

民之憔悴於虐政

孟施舍之所養勇也至三軍者也

能無懼而已矣

卷五

驅飛廉於海隅而戮之
周公兼夷狄驅猛獸而百姓寧
於齊國之士至蚓而後充其操者也
離婁之明至不能成方員
規矩方員之至也　二句
道二仁與不仁而已矣
仁不可爲衆也
爲叢敺爵者鸇也
吾身不能居仁由義謂之自棄也
人人親其親長其長而天下平
思誠者人之道也
天下溺援之以道
若曾子則可謂養志也
有不虞之譽有求全之毁
君子以爲猶告也
言人之不善　二句
大人者言不必信　一章

孔子懼作春秋至春秋乎
我亦欲正人心至不得已也
仲子齊之世家也　一節
責難於君謂之恭
欲爲君盡君道　三句
天下有道　三句
淸斯濯纓濁斯濯足矣
爲叢敺爵者鸇也
仁人之安宅也
是故誠者天之道也
儉者不奪人
守身守之本也
事親若曾子可也
曰克有罪
舜盡事親之道至父子者定
仲尼不爲已甚者
大人者不失其赤子之心也

其日夜之所息至相近也者有幾希

一簞食　三節

拱把之桐梓　一章

天有爵者至而人爵之從

往應之曰　一節

夫道若大路然

乃孔子則欲　三句

無由防

舜發於畎畝之中

盡其心者知其性也

與木石居與鹿豕游

樹牆下以桑

求水火無弗與者

居移氣養移體

國君好仁天下無敵焉

善人也信人也

土地人民

操則存舍則亡　四句

學問之道無求其放心而已

心之官則思思則得之

金重於羽者至羽之謂哉

徐行後長者至孝弟而已矣

孔子曰舜其至孝矣五十而慕

昔者王豹處於淇至而齊有善歌

爲欲使慎子爲將軍

教亦多術矣

反身而誠

父母俱存兄弟無故

薄其稅斂

飢者甘食渴者甘飲

盡其書則不如無書

能與人規矩不能人巧使

如追放豚既入其苙又

人皆有所不忍　二句

書局校印

疾徐節奏盡如金玉　一重山路一面淡　淵淡三味

張謇批選四書義

孟子

亦將有以利吾國乎義

昔乾以美利利天下不言所利而利大可知欲利天下其利皆出於自然要非出於勉然也若不求自然之利而汲汲專爲利是視未有能溥其利者梁惠見孟子之來而以利吾國之說進吾知梁王之心必不知有自然之利而但求勉然之利也夫利之自然者民因之所利而利此外無所謂利耳若梁王之所謂利利在富國利在強兵而已顧言富國可而以利爲名則不可言強兵可而以利爲名亦不可今梁王橫覽列國或開阡陌之利或開魚鹽之利或開善戰衝陣之利利之所在人爭趨之而梁則河內河東釁造凶歉富國之利不興矣東敗西喪坐困干戈強兵之利不興矣設非有以振興之梁幾不足爲國矣不將爲諸侯所竊笑哉故因孟子之至此而孳孳爲利之心爲之一動知長民輔世者必有以開其利之源必有以導其利之藪富強之術可坐而致也雖然利在一時者其利小利在萬世者其利大利在一國者其利小利在一心者其利大王不知利之大者徒爲小利之謀竊恐懷利而舍仁義欲利國且不可況以美利利天下哉

未有義而後其君者也義

今夫爲民上者使民修城郭而民則憂其勞使民築宮室而民則厭其苦使民從征而行役而民則怨其煩豈民之不忠於君哉蓋君欲民之能忠必先有以激其忠然後足以全其忠忠何

選四書新義卷三孟子　一　同文升記

末有結句警絕

立字反撲親切有味

玉樹瓊瑤上苑[illegible]

在義是也。民即不知有忠。民非不知有義。義所以辨上下。以上使下。不應所使。則背義。義所以判尊卑。以尊使卑。不供所使。則蔑義。義所以辨貴賤。以貴使賤。不任所使。則害義。民不知義何知有君。民既知義。斯知有君。間嘗觀古昔盛世。靈臺作而庶民子來。卷阿游而維天子使。用民之力而民即竭其力。問何故。曰義在則然。勞民之身而民即獻其身。問何故。曰義在則然。義在則奔馳恐後。義在則踴躍爭先。問有退縮不前者乎。未之有。問有怨忽從事者乎。未之有。大學傳曰。未有上好仁而下不好義者也。未有好義其事不忠者也。誠哉斯言。梁王何舍義以言利哉。

王立於沼上義

王者法宮高拱。朝廷之體統關焉。所謂一舉足而不敢輕立者也。當夫居高臨下。或立堂上以致政。或立朝上以獻猷。赫赫天威。嚴於咫尺。又何敢馳情遊玩。不立其所當立。而立其所不當立邪。乃日者孟子見梁惠王。王立於沼上。吁。沼何地也。而王竟欣然戾止乎。澤人之所司者沼也。虞人之所守者沼也。以梁王身居九重。目覩民艱。當有不遑暇日者。故時而省耕焉。則立於阡陌之上可。時而觀稼焉。則立於原隰之上可。至若草木叢生之地。川澤環繞之區。俯察仰觀。供其遊覽。是非王者之所居矣。况乎高賢至止。王尤當座上筵客。席上留賓。拱手來前。王立焉以肅然致敬耳。更何必別有所立者。孰意王於斯時。不置孟子於朝右。竟置孟子於水濱。揣王之心。蓋以爲古之慕賢者。袞衣致詠。常懷遵渚之風。沼上即渚上也。於焉立之。庶不失見賢之理乎。豈知臨淵而羨。非人君所當爲。昔魯隱公欲如棠觀魚。臧僖伯猶亟諫之。則沼之不當立

偏從民一邊寫

疏影池塘淡月中

以同字眼與獨字融會淋漓

也可知記者特誌其立所以爲惠王慨而兼爲孟子惜云

而民歡樂之義

王者撫有天下將欲與民同憂也不如與民同樂然民於暇逸中見樂易民於勤勞中見樂難

蓋民於宴安中見樂易民於艱苦中見樂難嘗見世之使民者興作征役迄無已時以至城郭之修則民心戚戚然宮室之築則民心蹙蹙然臺榭陂池之作則民心復悻悻然噫嘻憂甚矣樂何有儻甚矣歡樂又何有若文王之民則有大不然者文王知民非不知有勞知有苦也第使而出自文王民雖勞也在民視之則甚安民雖苦也在民視之則甚逸其故何哉蓋天下惟以佚道使民者雖勤不怨文王之於民非不欲民之皆佚第有不得不使民者在然後使之實不樂有此一使耳然文王不樂有此使而民正樂有此使推民之心以爲吾儕小人受君之恩當必報君之德君之使我禮也禮所在而莫之敢違君之使我義也義所在而莫之或越夫天下豈有爲禮爲義者而不欣然願往者乎譬之父之詔子兄之詔弟莫不服事以輸誠譬之手之使臂臂之使指無難屈伸之自然於以知與民同樂者民亦樂其所樂也此可爲賢者樂此之一證

豈能獨樂哉義

王者憂民之憂王者即樂民之樂樂民之樂者何與民同樂而已夫樂既能見爲同樂自不能見爲獨樂見爲獨將私其樂於一己必難公其樂於一人而何以知有己不知有人者以登臺爲樂而民不得同其登以臨池爲樂而民不得同其臨以玩好禽獸爲樂而民更不得同其玩

句法調法均醒入目

好吾更揣其一心蓋疑王者之貴未可下等於庶人庶人之樂何可上擬夫王者故樂其所樂初不暇計民之約以爲此吾所獨享之樂也不與民同庸何傷然而天下者天下之天下也天下之天下則天下之樂當必與天下共之不與天下共其樂竟以一人私其樂是天下皆憂而一人獨喜也是天下皆危而一人獨安也夫世豈有一人獨享太平者哉吾恐暫有此樂未必常有此樂偶有此樂未必久有此樂何也一人樂而天下不樂彼天下不樂樂者詎能安於不樂而聽一人之獨樂耶觀於湯誓所言而知民欲君偕亡雖樂而未爲樂也是可爲不賢有此不樂者證

直不百步耳是亦走也義

戰陣之間必循步伐古來之行軍者或百步以穿楊或六步七步以止舉知有進不知有退知有前不知有卻故有退而不進卻而不前者人皆笑之笑者何笑其走也夫走者誠可笑然笑人之走必在不走之人而不在既走之人何以不足笑人以其同出於走彼方爲不走者所笑又何能笑人之走耶今乃以五十步笑百步推笑者之心蓋以爲旗靡轍亂時不走者少而既走者多既走者多則不以走不走論勇卻當以走之遠近見英雄我雖走也而僅有五十步是直與不走等人亦走也而至於百步是難與五十步等人遠而我近斯人怯而我勇雖笑焉庸何傷不知不百步者特未至百步耳設或敵人因我之既走追師繼至彼五十步者不移時即百步矣不移時即百步則笑百步之人不特爲百步者所笑且將轉而自笑是不眞可笑耶吾願笑百步者當思百步走也五十步不得謂之非走步與步雖異走與走則同同此一走即同

因題布置左右咸宜

引經言事趨時立言

爲人笑何暇笑人如曰笑人是必不走而後可是必不百步並不五十步而後可

不違農時穀不可勝食也義

春秋傳曰三時不害而民和年豐三時者何春夏秋也夫天有四時惟春夏秋皆務農之時不可以使民民必至冬乃役之所謂以時者是無如世之殃民者征徭屢迫鼙鼓時聞以至春有所使則誤農春耕之時夏有所使則誤農夏耘之時秋有所使則又誤農秋收之時時之既誤穀於何生穀之不生食於何有讀詩至鴇羽䍧羊諸篇未嘗不歎稻粱之莫蓺而曉者華之鮮飽也然則欲民之能飽非足食焉不可欲食之能足非播穀焉不可欲穀之能播非重農時焉不可古昔盛世知民以食爲天其兢兢於農時者爲尤切故豳風詳稽事既因時以制物官月令紀田功復按時以勤種植無曠土也無遊民也無以遣戍而誤及瓜期也無以行役以憂深菜色也行見耕三餘一倉箱皆足而杼柚無空彼蚩蚩之小民當無不食德飲和願庇聖人之宇下矣何至於梁國之河內河東凶荒告警徙戢年穀之不登也哉

省刑罰義

聖人在上不用刑而民皆知法不用罰而民皆畏威此先王之世然也而不可於晚近中求之晚近之世民風不古民俗日偷若無刑罰以制之民必有陷於非義而不能改過遷善者然刑罰不可不用刑罰究不可濫用嘗見殘苛之主往往不教而誅以至冤爰雉羅民受無辜之慘踊貴屨賤民遭不白之冤君子觀春秋以降淫刑以逞重罰以加竊嘆在上者之不仁甚也然則仁政奈何曰省罰而已省刑罰奈何蓋國家之用刑也有其重亦有其輕省之則不從重而

二梳一快三起三眼

從輕。朝廷之用罰也。有其大。亦有其小。省之則不從大而從小。刑之重者非仁也。而刑之輕即爲仁。罰之大者非仁也。而罰之小即爲仁。夫天下豈有仁政所施。而民不被其澤者乎。誠如是也。是刀鋸之刑不設。夫里之罰不聞。相乃小人。莫不熙熙然皞皞然願遊聖人之宇下矣。彼書所謂刑期無刑。罰弗及嗣者。非仁者其孰能之。

以撻秦楚之堅甲利兵義

七雄並出。秦楚最強。彼梁以千里之地。介居兩大間。屢戰屢挫。故於東敗齊。外而南辱西喪。即隨之。甚矣。秦楚足以制梁。梁不足以制秦楚也。孟子與梁惠王論仁政。而秦楚之以堅甲利兵可制挺以撻之。彼世之重視秦楚者。聞孟子之言。必以爲不足信。但言之。蓋天下惟大者可以制小。惟強者可以制弱。秦楚大而強。梁小而弱。是梁必不敢撻秦楚者也。師旅之動。實賴甲兵。秦楚雖天下雄國。苟或師寡力弱。蓋以我之堅攻彼之不堅。以我之利攻彼之不利。云胡不可。而秦楚之甲兵。其堅利甚於梁者萬萬。是梁大有不足撻秦楚者也。撻人之人。必有撻人之物。而後足以勝人。是故犀甲七屬。蒼頭百萬。天下皆望而畏。至若手無所藉。以挺制刃。必不得勝。是梁更有不能撻秦楚者也。豈知人見爲不可撻。孟子則見以爲可撻。孟子之見爲可撻者。非以力威秦楚。以德威秦楚也。以力威秦楚。則秦楚不可撻。以德威秦楚。則秦楚大可撻。夫天下惟以威威人之人。而後攻無不克也。此所謂戰勝於朝廷。

王請勿疑義

君子之教人也。將欲堅人之信。必先破人之疑。疑心一生。則事之是者或疑爲非。事之可者或

雅甚昤甚

清曲映若心首雙鶴

疑爲否事之近而易者又或疑爲遠而難是我之言雖甚明彼之惑終莫解果何由因疑生信哉昔孟子遨遊列國本仁義之道直陳於諸侯王之前亦聖人之深信無疑耳而世之聞其言者如聾者聵如盲者明非不降志相從願安承教第疑所言者皆王道王道迂闊有遠效而無近功故曩者滕文公來見語以性善文公心竊疑之迨孟子以道一之說進疑者方無所疑今梁王苟疑於仁政至拘滯難行是與滕文之疑性善等則雖津津樂道亦何足取信於王耶夫信者疑之是天下未有懷疑之事而能信之深者然王不之信吾驟期其能信焉必不可得惟不期其能信但先祛其所疑疑解斯說明斯理會斯心通不必患其不信而自可以堅其信矣故孟子爲梁王勗之曰王請勿疑

是心足以王矣義

人君欲王天下亦視其人之何如耳心貴有慈祥之心心不可有殘苛之心心貴有仁厚之心心不可有刻薄之心有殘苛刻薄之心則雖王有慈祥仁厚之心則足王甚矣人心之未可昧也孟子聞齊王愛牛一事而因其不忍之心遂謂其足以王蓋以此不忍之心即慈祥之心而非殘苛之心也即仁厚之心而非刻薄之心也特患王不能有是心耳王既有是心是乃保民之心是乃保民之心是乃保民以德之心伊古以來有是心者惟堯舜王今有之是直以堯舜之心爲心有是心者惟禹湯王今有之是直以禹湯之心爲心有是心者惟文武王今有之是與以文武之心爲心夫堯舜禹湯文武皆王天下者也前人有是心王天下既見有諸後人有是心王天下自無不足足以擴帡幪之量即足以宏胞與之懷天下一家中國一人也其道實

如題反正森爽逼入

提刀直入

不外是試問齊文晉文霸果□有是心耳斷斷乎其未之有王果由是心而推之也必能易霸而王高出於桓文上也何不本實心以形實政耳

見牛未見羊也義

天下之易得之耳聞者尙虛得之目見者最確然於人所常見之端見之不足見未見亦不足輕推此駭入聞之者見與未見遂有彼此之殊如齊王見觳觫之牛不忍言殺遂至以羊易牛夫牛羊同一物也牛不忍殺羊亦何可言殺蓋王當易牛之時其心祇知有牛而已其祇知有牛或不知有羊何以其祇知有牛而不知有羊心之有所動也夫人心之動孰動之目動之也動於心未動於目則心之已動者或不動動於心復動於目則心之已動者乃益動目之動其見焉者也目之不動其未見者也未見則心莫之知既見則心有難忍人情皆然何獨齊王然則齊王之舍牛非重牛而輕羊也見牛故也齊王之以羊亦非舍羊而取牛也未見羊故也見未見兩相歧斯愛不愛兩相反設令齊王當日見牛並未見羊則必以愛牛之心轉而愛羊矣夫豈有偏愛於其間哉

挾泰山以超北海義

境不極於至危不足以顯不危者之安也境不極於至險不足以顯不險者之平也至危者莫如山而泰山則尤危至險者莫如海而北海則尤險此而欲視危爲安視險如平誠戛戛乎其難之者孟子與齊王論王而舉一危險之事以爲喻曰挾泰山以超北海噫斯言也誠千古未有之奇文不特智者而已知其妄矣夫山之巖巖也攀躋焉且不可遑云挾海之洋洋也踰越

海上潮來　津滿口中　豪添頰上

焉且不可逞云由挾而越況山以泰山爲至高海以北海爲至遠彼遊歷山川者莫不皇然而驚浩然而歎挾之超之天下無是人也而今試有人於此視泰山如鴻毛若然以腋持之視北海如平地竟然以身躍之嗚呼若而人者是天下至危至險之境不見危而反見安不見險而反見平世果有其人乎抑未有其人乎未有其人則泰山無可挾矣北海無可超矣然則孟子之爲是言者非眞有是事也亦於不能者之中別其異於不爲云

老吾老以及人之老幼吾幼以及人之幼義

王者之道不外敬老慈幼而已老何爲乎敬以老者之衰頹故幼何爲乎慈以幼者之孱弱故能敬老斯能老其老能慈幼斯能幼其幼老老幼幼而凡爲老者皆嘗老凡爲幼者皆嘗幼似無彼此之分親疏之別矣然老老之心雖同而所以老老者不同幼幼之心雖同而所以幼幼者不同非老之幼之之不同也蓋同一老也老者或爲我之父兄則不得視爲人之老而視爲吾之老同一幼也幼者或爲我之子弟則不得視爲人之幼而視爲吾之幼苟不能老吾之老而先老人之老不能幼吾之幼而先幼人之幼是謂舍近求遠舍易求難其事必有倒行逆施者君子由親親而後人民親吾之老致其敬於父兄由是養國老於上庠養庶老於下庠而老者咸沾其澤矣親吾之幼推其恩於子弟由是教國子於國學教庶子於鄉學而幼者均詔其惠矣由此以及彼由親以及疏由己以及人由一家以及天下大學所謂上老老而民興孝上恤孤而民不倍者實不外此故聖王在上而老幼遂各得其所云

故推恩足以保四海義

意無不詘

四海之地至廣也四海之人尤至多也而欲以一人之量周乎四海之遙往往難之嘗觀雄才大略之君煦煦爲仁孑孑爲義時在一要結天下之心以爲天下之大刑驅勢迫自有盡歸胞與者乃未幾而人民判矣未幾而土地失矣小人難保四海離心初不知何故以至此繼而思之而知民之難保非民之不易保也實無恩以保之耳然則保之道奈何以恩而已恩何在在推己以及人而已恩加於吾之老卽推及於人之老是老者皆被吾恩矣恩施於吾之幼卽推及於人之顧是幼者皆被吾恩矣恩逮於寡妻兄弟是卽推及於人家之邦是家與邦亦沐吾恩矣夫至老者幼者在家在邦恩之施無不盡恩之用無不周彼四海聞之有不頌其恩感其恩而愛戴其恩者乎如是則恩之所推天下猶一家也中國猶一人也薄海雖遙皆在吾覆幬中矣以此言王足乎不足

權然後知輕重義

天下之物非權不足持其平天下之事非權亦不足濟其變然物之權則驗諸迹象事之權則運於心思迹象其有定者也心思其無定者也昔孔子嘗示人曰可與立未可與權蓋以權也者通達萬變爲其化不爲其拘有不徒以固執見者故權之爲用往往難之爲學且然應事亦何獨不然夫事之因應本有一定之權權而得中輕重遂於是乎見而何以昧乎輕重者輕者重之重者輕之一輕一重每混淆顛倒於其間此豈眞茫然不知者未權故也未權故失中失中故事之無定者往往因心之無定不能易無定而有定惟以無定之事持以有定之物復宰以有定之心然後心與物應而物之輕重在於心物與事融而事之輕重徵諸物權物者此權

清氣往來

層層剔透

事者亦此彼易所謂巽以行權者王者苟舉而行之於王何有

人臣之事君也苟能道義稱仁引君當道凡聲色狗馬之娛皆屏焉而不進此千古之純臣也至不能禁君之邪心而徒供君之玩好其臣既有不足齒數者乃孟子侈言齊王之欲而舉肥甘諸大端謂諸臣皆足以供之噫此必非忠義之臣而爲嬖倖之臣也可知既爲嬖倖之臣則是君可亦可君否亦否奉意旨供色笑無日不以歡爲幸故時而君所欲者在悦口則供以悦口之味時而君所欲者在適體則供其適體之資時而君所欲者在好音則供其好音之聽推之以采色爲欲則舉采色供之以使令爲欲則舉使令供之舉凡日用之所需無不朝夕趨承潤合上意既無求而不遂自有欲之能償在齊王視之當必謂若而臣者皆足爲指臂之聯而今而後庶幾哉予取予求不吾瑕疵矣然亦思其若而臣之所供給者舉皆玩好之端非仁義之道也王何貪欲無厭若此

使天下之仕者皆欲立於王之朝耕者皆欲耕於王之野商賈皆欲藏於王之市行旅皆欲出於王之塗義

士農商旅各執一業士則仕於朝農則耕於野商賈則藏於市行旅則出於塗此人情之常然也古王者欲治天下必推恩於此四者使各遂其欲而後安乃自暴君代作無禮以待士者厚斂以代耕者重税征以窘商賈行旅者致令入其朝而朝無人行其野而野無人適其市而市無人過其塗而塗無人噫嘻此豈士農商旅故舍此以就彼哉以在上者未嘗使之耳未嘗使

帆勢挂風輕若翅

之立朝。使之耕野。使之藏市。使之出塗耳。夫使之道奈何。以政使之。以仁政使之而已。使仕者皆被吾仁。仕者遂頌其仁於朝。使耕者皆沐吾仁。耕者遂頌其仁於野。使商賈行旅皆被吾仁。商旅遂頌其仁於市於塗。豈有交頌其仁者。而肯決然舍去。不欲立於此耕於此藏於此出於此耶。一人有是欲。即國家有是欲。一國有是欲。即天下有是欲。從欲以治。風動四方。誠哉斯言也。設齊王聞孟子之言。即能推仁布德。化洽寰區。彼齊雖褊小。吾知天下之臣民皆將欣然戾止。以齊爲樂邦之適矣。誰能禦之。

爲阱於國中義

天下。陷溺之境。所以制物。而非所以制人。古來仁愛之君。或出民於網羅之內。或拔民於泥塗之間。所謂起死者而骨肉之也。豈有置民於死地。即制物者轉以制人耶。孟子論齊王之囿而曰爲阱於國中。夫阱所以陷獸者。齊王爲囿以制獸。即獸之阱也。未得獸則爲阱以取之。既得獸則爲囿以陷之。蓋因獸之性狡。不先立阱以誘其入。未必擇投。故欲獸入我彀中。爰設一坎地之法。此誠善於制獸者矣。然即此制獸則可。即此制人則不可。今齊以獸之在囿。入囿者苟傷一獸。與傷一人同罪。苟傷百獸。與傷百人同罪。嗚呼。是視人猶獸也。是不獨視人猶獸。且率獸而食人也。吾思有國家者。必以仁民爲先。而愛物次之。若以愛物之故。不仁民而反殃民。竊恐雉羅之慘。見於國中。兎爰之歌。傳於國中。將見國中之地。無往非爲阱之地。即無往非爲阱所陷之民。彼民雖無知。而一入於罟獲陷阱之中。必難出罟獲陷阱之外也。有不痛心疾首如獸者之遇獵。欲避而莫可避哉。

俗格場中得出足堪醒目

穆燕酬驚記對花雜絮飄

惟仁者爲能以大事小義

昔孟子有言曰。天下有道。小德役大德。小賢役大賢。天下無道。小役大。執是說也。是大者足以制大。大者必不得事小。況自春秋以降。列國競尙兵事。大者自恃其大。以大事小。且不屑爲。則大者之不事小也可知。小者自畏其小。以小事大。且難安焉。則大者之不事也更可知。乃齊宣問交鄰之道。孟子告以仁者以大事小。事也者。乃屈志相從之謂也。大之於小。亦何必然。吾疑事字必有誤。何以言之。蓋天下惟以下奉上者。乃可言事。如臣之事君。子之事父。因臣與子之其分卑。而君父至尊。不得不用吾事。若以大小論。大者尊而小者卑。以大事小。是降尊以就卑。豈有是理哉。然則孟子所謂以大事小者。非事小。乃字小也。事與字音本相近。故誤字以爲事。且字者乃撫卹之意。彼居上位之人。恩及下民。其道不外於撫字。今以赫赫之大國。而恩推於小。未有不以撫字爲心者。既以撫字爲心。勢必慈祥廣布。愷澤旁流。故曰惟仁者爲然。如謂大者必事小。乃足爲仁。恐仁者之量。雖能包含偏覆。亦不應如是之愚也。是不可以不辨。

鄒與魯閧義

王者之制。凡小國不能五十里者。不達於天子。附於諸侯。曰附庸。鄒者陸終之裔。乃魯之附庸國也。既爲魯之附庸。則鄒以蕞爾國。託於宇下。亦永爲不侵不叛之臣而已。夫何敢與魯爭。乃孟子特說鄒與魯閧者。其故何哉。夫鄒魯之釁。非一世矣。鄒本邾國。曩者升陘一役。邾人獲公胄。懸諸魚門。鄒之氣亦壯矣哉。乃未幾復之以矢。一轉瞬間。遂轉勝而爲敗。嗚呼。蜂蠆有毒。詩經用師徒。喪師之慘。可爲殷鑒。而又何必閧也。且獨不見鄒先君之事乎。范門之鐘聲可聽。宗邦之貝胄已來。公宮處師。盡爲齊囚於社。亳鄒亦色爲之沮矣。賴有其臣茅夷鴻者。奮不顧身。乘韋請救。乞師封豕弱主。重歸爲閒。今日之鄒。猶有茅大夫其人耶。而又復與齊爲仇。不待齊加兵於鄒。鄒已稱兵於齊。雖鄒先稱兵於齊。故不書之曰齊與鄒。而曰鄒與齊也。夫書鄒與齊者。所以責齊也。何以見其責鄒。鄒小國也。齊大國也。以小敵大。是謂之不量力。鄒爲齊之附庸。乃敢再三叛齊。時有貳心。是謂不徵辭。不量力。犯此二者。而安自伐人。則其喪師也亦宜。是以息侯伐鄭。左氏於是乎畏息。鄒君伐齊。君子於是乎罪鄒。

夫民今而後得反之也義

怨毒之於人甚矣哉。昔鄒穆公信任有司以虐民。民雖怨毒而不敢報。及與齊鬭。民莫之死。且疾視有司之死而莫救。乃得以三十三人償當日幾千人之命。穆公深疾其民。不知出爾反爾。有昔者必有今日。故孟子引曾子之言以爲戒。則知老幼無辜。其死皆出於有司。民讎也。欲反之而不得。乃今而後得反之也。蓋嘗論之。政令之出於有司者。其積怨於民已非一日。民固敢怒而不敢言。卽民之欲反於有司者。其蓄怨又非一端。向特無隙可乘。故隱忍而至於今耳。今何幸齊師壓境。今何幸鄒人敗績。今何幸有司無生之氣。今何幸百姓無死之機。昔民死於有司之莫以告。則曰非我也歲也。今有司死於民之莫救。亦曰非我也兵也。是死於兵與死於歲。其死適足相償。死於戰與死於饑。其死適足相報。夫而後一洩其未洩之憤。夫而後一平其未平之心。惜老弱先填於溝壑。不得與有司而償七妾。壯者猶在於四方。倘得聞有司之就僇。夫民非樂禍也。亦非好亂也。痛心疾首。雖棄其田園室家而不悔。明知兵敗之後。火炎昆岡。玉石

用筆如此驍氣成龍

俱焚。其阡陌蹂躪於輪蹄。其倉廩悉歸於灰燼。但願流離瑣尾。不顧憔悴終身。叢彼此之完聚有時而當前之苛刻難忍也。穆公不能誅有司於老弱未死之前。乃欲誅有司於斯民既死之後。倘一旦潛師掠境。鄰國興兵。欲使含冤蓄怨之民。勉爲捐軀赴敵之士。則出爾之謂何而反爾者曷克至此。吾故曰怨毒之於人甚矣哉

何鏤刻乃爾。故是痛心切齒而出之

邠人曰仁人也。不可失也。從之者如歸市義

民者國之寶。社稷無足重也。而失民得國。猶失國也。失國得民。猶弗失也。昔者獯鬻南侵。置父去國。大邠故國也。遷勞事也。民安能輕去其鄉。而太王安能竊懷其家哉。不知其厚澤之遺。已漸漬於在國之日。故其去國也。父老之感念不忘者。咸頌其仁。懷其去相率而言曰施德之厚卜使我安居而樂業者。君也。尊生以避狄。使我免於鋒鏑者。君也。吾君誠仁人矣。仁人行矣。君既不忍以土地之故失吾民。吾豈忍以室家之故而失吾君。故民之負羈紲杆牧圉從大王於險阻者。無復有故土之戀。由是而岐山如市。由是而從岐之民如歸市矣。甚矣民心之至公也感之以仁。亦如皇皇求利者之惟恐或失。岐山之役。人咸以爲君存與存。君去與去。邠民之歸仁。邠民之民也。而不知太王之寬仁慈愛。漸積感彼於不覺。實有致所居民樂所去民思之效而非同苟且之治。以驩虞小補爲功。而不足得民之眞感也。若是則太王誠不可及矣。

失民得國四語精確不磨

管仲晏子之功義

早鍊空靈

涼聲度竹風如雨碎影篩窗月在松

自來爲人臣者。必有非常之業。乃能有不朽之功。舜之時有功者惟禹臯。湯之時有功者惟伊尹。武之時有功者惟周公太公耳。然此乃王者之功。非霸者之功也。乃佐天子之功。非佐諸侯之功也。春秋時王迹既熄。欲求一匡王之功。其人已邈不可得。而霸功之建樹。其赫赫昭人耳目中者。惟管子晏子而已。管仲晏子皆齊人也。管仲相桓公。奏府海官山之治。晏子相景公。陳踊貴屨賤之讜。一則以君霸。一則以君顯。雖或生不同時。而彪炳之功名。先與後實相輝映。後之人讀史書。論臣品。未嘗不豔稱之。彼公孫丑者。生於齊。長於齊。竊見夫齊之爲臣者。非尚功利。即尚權謀。未能與管晏相媲。其今幸孟子得行道於齊。本幼學壯行之願。展長民輔世之才。才大則政舉。政舉則功彰。管晏復生。當亦有無肩多讓者。此丑所以誇其功而望孟子之許其功也。豈知孟子不行道則已。孟子而行道。必思匡王之功。不徒尚佐霸之功。彼管晏者。誠不足掛諸齒頰也。丑何憒憒若是。

以齊王由反手也　義

戰國時之論治者。競尚霸功。不求王業。故齊桓晉文之事。人爭道之。三王五帝之讜。人輕忽之。非不欲進霸於王也。蓋因王者之道。窮年莫殫。累世莫究。有遠功而無近效。故疑其迂闊而難行焉。現當七雄並峙。以力假仁者居多。如欲易以力爲以德。易假仁爲行仁。竊恐夸詐成風。比比皆是。有難望保民而王者。乃孟子以王論齊。而譬之以反手。是舉事之至難者。而設一至易觀。在人必不信。而孟子與齊宣言治。一則曰是心足以王。再則曰於王何有。今復爲王之易也如此。此豈虛語哉。夫剝極必復。此乃天理之當然也。亂極思治。亦人情之常然也。處今之時。度

二氣赶出

晴雲壓翻騰

今之學諸侯王曰以干戈爲事欲求一行王政者幾不可得齊以泱泱大國果能力圖振作追先君太公佐命之勳不用威而用恩由懷遠而柔遠吾知民之歸仁直如水之就下獸之走壙其效至速其化甚神以此王天下一轉運間事耳誰能禦之擬諸反手有信然者

民之憔悴於虐政未有甚於此時者也義

昔孟子告梁襄王曰王知夫苗乎七八月之閒旱則苗槁矣此亦槪喻民情耳乃自周流以還幾耳聞目見者哀今之人不先不後適當流火之及時列邦之政如焚如焚亦有旱魃之爲虐芸芸萬姓有不原野蕭索長此枯槁者幾何耶故孟子從而斷之曰民之憔悴於虐政未有甚於此時者也嘗論之天之視聽在民民之所欲天必從之是天心與民心有隱相維係之勢今雖無王者作而好生之德必不忍一日絕斯民則民猶將有待奈何王者既疏於此時而虐政獨密於此時凡暴吏之恣睢計臣之苛刻民皆身受之苗莠不分薰蕕無別而杼柚困於輸將田畝疲於車乘則無有希冀漏網而安享倉箱者此不得以集菀集枯委之適然之氣數又不得以餘三餘一驗諸百室之豐盈脂膏既竭骨肉何堪而閭閻元氣之損草野根株之斷皆虐政有以致之在位豐腴而斯民憔悴蒿目時艱者忍望其奄然待斃之形也耶獨是天生斯民各畀以自然之性耳之於聲目之於色口之於味鼻之於臭四肢之於安佚性也今困於虐政而拂其性憔悴於貌必先憔悴於心必致耳不聞其聲目不別其色口不知其味鼻不聞其馨香四肢不圖其安佚凡茲樂事總不關情其氣象之愁慘痛心疾首無所控告者非王者之仁解倒懸而除虐政而民必憔悴至死又安見欣然向榮哉甚矣虐政之酷烈也

感數暢
總怡快

是流民圖書役

夫子加齊之卿相義

齊大國也卿相尊位也仕大國難尊位尤難仕大國而居尊位則愈難士當草莽伏處奮志功名往往設仕大居尊之想乃欲仕大而不果仕欲居尊而不得居命實爲之無如何耳孟子者抱幼學壯行之志日遨遊於列國間而處齊者爲最久果能見用於齊齊之君加諸上位名卿與相任所欲爲誠幸事也顧乃好爵虛縻欲用而不果用以至萬鍾不受致臣而歸三宿莫追浩然而去孟子之心豈眞舍齊王哉亦以齊王無用賢之心耳萬一齊王因孟子之去自悟前日之非厚幣以招孟子卑禮以待孟子置孟子於朝廷之上列孟子於輔弼之班誠意有加致敬盡禮吾知孟子於此必□席豐履厚鼎食鐘鳴極一時之奇遇而大國難仕者孟子亦儼然仕之尊位難居者孟子亦儼然居之其事雖不可必其事或有可期此公孫丑所以穆然思舉然望而冀其大道之行也

孟施舍之所養勇也曰視不勝猶勝也量敵而後進慮勝而後會是畏三軍者也義

且勇不勇之分非勝不勝之累也而既有求勝之心必先有自餒之志中無所主惟曰以敵人存乎目中則雖勇往直前彼固不能禁我之不往者亦安能禁彼之不來而於是多寡弱強之形遂擾擾於胸中且而不堪以自問今觀孟施舍亦三軍中一勇夫耳然其藐視夫人者又非絕無所養而區區以勝不勝論也且勝與不勝□軍家之常耳然敵有強弱已有長短臨事而懼好謀而成尚已自舍觀之則以爲軍行者之事非所謂勇士之事故三軍可奮帥匹夫不可

奪志豈觀人則明觀己則暗哉亦視其自視何如矣有如三軍在前而我以一人當之勝未可
知也不勝亦未可料也使於此而始量其所勝復慮其所不勝則我先有自怯之心而三軍之
環而攻者我不啻授之瑕而投之隙是使三軍早視我以不勝即使成算在胸轉不勝以爲勝
而我已先受不勝之名且無以滌慮勝之恥故曰貴自視也然則量而進慮而會豈皆畏敵而
不勝者然而後已志曰先人有奪人之心軍之善謀也我處於後而讓人以先不將讓人以勝
而處己於不勝乎是勝亦畏不勝亦畏固無時不畏三軍者也夫惟目中不存敵之形心中不
存勝之念則雖三軍有可畏之勢而我中有所主量亦勝進亦勝慮亦勝會亦勝非眞勝也視
不勝猶不勝觀孟施舍之勇則知孟施舍之所養不曰必勝而曰無懼雖不能如曾子之守約
而自吾觀之亦可謂守氣者哉

褒公鄂公毛髮動英姿颯爽來酣

是畏三軍者也義

昔孔子有言曰三軍可奪帥也蓋以三軍之勇在人而不在世人能合而助之斯三軍大可恃
人苟離而叛之斯三軍不可恃然則與三軍敵夫亦何畏之有哉無如世之論三軍也謂三軍
之士至衆也寡者不可以敵衆三軍之勢甚强也弱者不可以敵强三軍之力甚勇也怯者不
可以敵勇是欲進而不遽進欲會而不敢遽會畏首畏尾倉皇失措嗚呼若而人者抑何重視
三軍若此耶夫三軍爲果可重視也彼夫晉作三軍何以貽敗韓之辱楚作三軍何以深贊并
之憂可知三軍雖敗有時未足恃其勇三軍雖强有時未足恃其强三軍雖勇有時未足恃其

感數瞬
慰怡快

勇在張此三軍者。不過以聲威赫赫。壯如荼如火之觀。使敵人遙而望之。或裹足而未前者。今而且前且卻。未敢勇往以爭先。是隳三軍之計。是長三軍之威。是禦侮而折衝。任三軍獨爭其勝。是左攻而右擊。使三軍益逞其鋒。甚矣。天下之畏人者。不足與有爲也。彼養勇之孟施舍。則有竊笑其旁者矣。

能無懼而已矣義

行事不可無懼心。行軍又不可有懼心。懼也者。勇之反也。有懼斯有畏。有畏即退縮而不前。有畏斯無勇。無勇即紆徐而不進。古今來大敵當前。僨事而不能成事者。皆懼之一念誤之也。養勇之孟施舍。心慨乎量敵慮勝者。皆畏三軍。而能以無懼自信。揣舍之心。蓋以爲行軍之地。奮往者少。趨避者多。強毅者少。委靡者多。嘗有以可勝之軍。因懼而反不勝者。即有以不可勝之軍。因懼而安於不勝。遂至讓人以勝者。嗚呼。抑何無勇若此哉。舍固養勇者也。昔孔嘗曰。勇者不懼。舍蓋知之深焉。故不懼彼衆我寡。而以寡敵衆也。可不懼彼強我弱。而以弱敵強也。可有進而無退。有前而無怯。有剛而無柔。心不涉於張皇。斯氣亦加以涵養。斯心不爲所動搖。舍之勇如此。雖不如如黝之必勝。而其以無懼爲主者。與黝固同一不動心也。彼世之畏首畏尾。臨事而懼之人。不幾爲舍所竊笑耶。

至大至剛義

今夫人之氣量。不可以囿於小也。尤不可以失之勇。小則狹隘。不能恢乎而有餘。柔則委靡。不能毅然以自守。而欲其心無所餒。氣無不充也。難矣。若浩然之氣則不然。孟子言浩然之氣。至

三驅陳錢卒七華列材雄

得勢得機順流而下

大至剛大者何不可限量之謂剛者何不可屈撓之謂然但言大而不極乎大之至但言剛而不極乎剛之至竊恐大而無當剛而過中將徒侈其大究未必善養其大徒恃其剛亦何取乎大與剛者惟由道義中出之使大與剛各臻於至極由是大而難名凡天下之見爲大者皆小剛而無虐凡天下之見爲剛者皆柔以藐然之一身旣具磅礴之量復壯韋固之形養氣至此幾以加矣則即其大與剛者極擬之譬之與圖推而彌廣譬之玉石堅不可攻其氣至則優優然其形則硜硜然而無非其氣之浩浩然者流動充滿於其中乃能充塞無滯若是也彼不善養氣之告子亦何足與於斯

則塞於天地之間義

至上者莫如天至下者莫如地惟天處於上而凡在地之下者無不爲天所覆惟地處於下而凡在地之上者莫不爲地所載其故何哉蓋天地浩然之氣鼓盪於上下之間遂有充塞而無間者若人之一身至微至細直太倉之一稊米耳故託處於天之下而不能與天同其高置身於地之上而不能與地同其廣宜望德配天地彼天地所充塞之處卽爲吾身所充塞之處耶然不能充塞天地者人之身能充塞天地者人之氣氣也者周流無滯者也天之氣無滯而日月行焉寒暑更焉地之氣無滯而山川見焉草木生焉人之氣無滯而義與道亦於是配焉易之繫辭有言曰一陰一陽之謂道配道之人乃配天地間之陰陽又曰陰陽之義配日月配義之人乃配天地間之日月血氣卽人身之陰陽也耳目卽人身之日月也惟本剛方正大之概以流動充滿於其中斂之斯在於一心放之斯彌乎兩大而極其氣之所磅礴雖然天之上有

論意爽寫脫下風生

天地之下有地氣尚足以充塞之況察乎天地之間尚有不足溢乎天地者哉然則孟子所謂浩然之氣亦天地之氣而已

宋人有閔其苗之不長而揠之者義

人之生也必由童蒙而至於成人物之生也亦由培養而至於滋長其事不可預必其效自未可驟幾即如苗之爲物由華而秀由秀而實其見爲長者寔未嘗遽長耳雖不見爲遽長則當苗之未長時固不可迫之使長也明甚乃戰國時有宋人者因苗之不遽長欲待其長而不能欲任其不長而不可而汲汲乎以求長爰設一揠之之法推宋人之心以爲天下事出於迂緩不如急務之爲愈出於遲迴不如速成之爲得也嘗見農家者流鋤雨犁雲披星戴月望苗之長殷然矣乃望之久而不長如故望之又久而不長仍如故若而人者抑何不知早爲變計耶雖不必待苗之長而揠苗以使之長既不勞而能獲復反手以告成其事半功倍如此此誠極前代未有之奇觀創後世不傳之秘術即神農有知當自愧弗如宋人耳然而苗之長因乎天時資乎地利宋人揠之是直舍天時地利而徒以人力爭之夫天下豈有以人力爭之而可勝天時地利者也如曰人力爭之即可勝天時地利是苗可於未長之時迫其長人亦可於未長時迫其長矣有是理哉故揠苗之事吾笑宋人之愚吾尤笑宋人之妄

以不忍人之心行不忍人之政治天下可運之掌上義

且以億萬人之心待治於一二人之心則必有範圍天下之才而人心始帖必有偏覆天下之量而人心始安不知一人此心衆人亦此心既同此心即同此理誠能合衆人之心默體於一

烟雲霧結狀若斷而還連

人之心遂以一人之心而繫於衆人之心斯操持有本而鼓舞若神孟子所謂以不忍人之心行不忍人之政治天下可運之掌上者可進論之蓋天下非一人自古之今無非人也治天下不一政自古及今無非政也而不忍人之政惟先王有之不忍人之心則人皆有之人有是心不能共有抑且不克自有先王有是心非特暫有并思葆其常有故雖有而徒有者不足以治天下必一有而無不有者乃可以治天下推是心以行是政如身使臂如臂使指則謂其運之掌上固無不可然則治天下而不可者非無是心無是政也亦非無是政不能推是心以行是政也世雖殊而理無異法雖在而治無人旁觀爲之代籌志士爲之扼腕而乃縱橫之術盛酷是謀戰陣之端攻殺爲務今之抵掌而談者非復有人心矣井田之規廢而不用學校之法蕩然無存今之鞅掌徒勞者亦罔與政事矣誠能以先王之心爲心以先王之政爲政立達慰其情而漸被自遠胞與宏其量而畛域無分將見官禮雎麟從容敷布縣書讀法不事張皇督聲香邵治之隆屏小補驩虞之術含宏之澤大廷沛之而無疑純粹之修爾室證之而不愧而曰天下不洽治天下不易吾不信也昔孔子因或人問禘之說指其掌而示之謂知其說者之於天下其如示諸斯乎此足爲運諸掌上之證即孟子謂以齊王由反手亦此意也而有治天下之權者能勿求之於心與政哉

作者看題亦如掌上螺紋

所以謂人皆有不忍人之心者今人乍見孺子將入於井皆有怵惕惻隱之心義機不發則伏情不眞則閟試之以猝發之機逼之以最眞之情而不忍人之心見矣夫不忍人

疎林無雨自蕭蕭

之心果何以知其皆有哉今有人於此一人素行忍一人素行不忍一人忍與不忍半其不忍者且保民若赤視民如傷者也其忍者且爲罟擭爲陷阱而日以網羅民者也而忍與不忍者半亦時而仁動之心重且長時而殘民之心輕且短而不忍之人方若隱若現有不有未可知也然設有乍見孺子將入於井維時回顧不忍者方且慘然傷而手援恐後也其忍與不忍半者亦且色然駭而奔救不遑也而卽其所謂大忍人者亦不禁有觸於中而大發其不忍之心以爲吾今而後知忍人之不可爲也且與心相謀心與國相感先王非有餘今人非不足怵惕惻隱之心其皆有之乎是故機不發則伏而乍見孺子將入井之時不能伏也情不眞則閟而乍見孺子將入於井皆有怵惕惻隱之心之時不能閟也假令熟視若無睹焉則可謂其性與人殊矣顧天下必無是人也假令矯情以强制焉則可謂其人自有肺腸矣顧斯人必無是心也所以謂人皆有不忍人之心者此也

於皆有二字抒寫盡致

劍氣上騰精

丑見王之敬子也未見所以敬王也義

昔顔觸說齊王王曰觸前觸亦曰王前非觸之自高位置也誠以王前爲趨士士前爲慕勢故凡有道之士必待君先敬臣而後臣始敬君戰國時有孟子有道士也跡其列國周流託處於齊者爲最久則見信於王者爲最深乃王以三卿加孟子而孟子不受王以萬鍾養孟子而孟子亦不受卒至三宿出晝致臣而歸豈孟子之過矯哉蓋天下多儀之享必戢恭敬以出之乃不涉於虛拘若齊王者徒以爵祿羈孟子不能以誠寔待孟子孟子苟降心相就屈節相從是

慕王之勢矣。故不爲也。彼景丑不知孟子之用心。並不知齊王之慢士。而第見齊王雪宮之見。明堂之毀。棠倉之發。無一不聽命於孟子。則由其跡以觀。亦若眞能愛孟子。親孟子。禮遇孟子者。何孟子身受國恩。辭邀君寵。而竟視若未見耶。然孟子所視若未見者。景丑亦常常見之。一旦宿於其家。責之曰。丑見王之敬子。未見所以敬王。蓋欲孟子守君臣之分。敬人者人恒敬之耳。豈知丑見王敬孟子。孟子則見爲未敬。丑見孟子未敬王。孟子則見爲已敬。雖主敬之義。君臣皆然。必君能敬而臣乃敬也。如徒以敬責臣。不必待君之能敬。而臣先以敬施之。是有道之孟子。反出顏觸下矣。孟子亦何肯爲此。

焉有君子而可以貨取乎義

士君子志甘淡泊。一介不以與人。即一介不以取人。故不義之財。人皆欣然慕之。君子獨淡然忘之。此非過矯也。蓋當取之財。取其財則爲義。不當取之財。取其財則爲非。君子抱義而行。誠恐陷於不義。顧敢見利而忘義耶。孟子者。戰國時之君子也。以齊王以兼金百鎰餽。齊王之心蓋欲以利餌之耳。孟子果爲利所餌。則兼金必受。受者取也。受兼金者以貨取也。然抑思孟子之在齊。萬鍾則辭之。仕祿則却之。其平日節廉自矢。臨財毋苟得。當爲齊王所深信。今苟以百鎰之重。易其坦白之操。是不取於前者。轉有所取於後矣。是不好貨於昔者。轉好貨於今矣。君子焉肯爲此。夫君子者。以貧賤終其身。不以富貴奪其志。有可取斯有不可取。可取者非貨也。取之則可。不可取者是貨也。取之則不可。孟子一生無爲苟取。焉有爲厚賄所動者乎。焉有爲利欲所蒙者乎。於齊不受。正以不苟取者。嚴義利之大防也。陳臻疑之。豈知君子之用心哉。

今有受人之牛羊而爲之牧之者義

天下惟受人之託者其事不容貸旁耳。惟其事不容旁貸。故受任之大者。固未可漫爲受。即受任之小者。亦未可輕言受。夫物之小者。莫如牛羊。當牛羊之在人也。受之者人。牧之者亦人。人之物與己何涉。故即見此牛。直如未見牛者然。卽見此羊。儼若未見羊者然。何也。以牛羊尙在於人。牛羊未屬之於己。已於牛羊。本無司牧之責。越俎代庖。誠爲多事。尙何必計及此牛羊者。而今試有人於此。牛羊不自牧。而使人爲之牧。在甫受此牛羊時。見夫其角濈濈者。則曰吾牛無恙也。見夫其耳濕濕者。則曰吾羊無恙也。予不敏。不善牧此牛羊。子其爲予撫畜之。子其爲予生長之。而今而後。不必視爲人之牛羊也。其視爲己之牛羊也可。吾知爲牧者。於此其心必竊計曰。曩昔之牛羊。人爲政。今日之牛羊。我爲政。我而不受則已。今既受之。則當重視此牛羊。未可輕忽此牛羊。則當珍重此牛羊。未可舍置此牛羊。自謀者亦宜忠。乂何能恝若罔聞。受所託於先。轉負所託於後耶。由是以觀。是凡受人之託者。皆可作牛羊觀也。牛羊猶其小焉者也。

孟子道性善言必稱堯舜義

戰國之時。立談取卿相之風熾。而士皆曲學阿世。言論丰采。靡然無復可觀。以故言刑名者稱申韓。言戰爭者稱孫吳。言墾地利開阡陌者稱李悝商鞅。言遊說人主者稱蘇代陳軫張儀犀首。求其抗言高論。而不詭生平之學者。卒不可得。獨其間生一孟子。著書好辯。倡爲性善之說。以上承堯舜以來相傳之道派。不可謂非中流之砥柱也。然當滕世子過宋來見之時。寔亦兆行之一機。爲孟子者。卽乘色發言。不經有道之口。連橫合縱。又屑大儒之心。而稍自卑其說以

數帆如助馬當風

俯從時俗則策富强之事略述桓文之功業亦奚不足以稱道人主之口者而惟性善是述堯舜是稱何哉蓋古今之學術無窮性外无功善外無體宇宙之人品無極法堯舜則聖背堯舜則狂是微言大義之旣乖二帝之風徽遂邈然無復可見陷溺者視性爲嗜欲放誕者指性爲虛無偷安者略堯舜之高急功者疑堯舜之迂噫天命之體不明人倫之極不立此心術所以日漓而聖人所以不作也彼滕世子者生於富貴而能下賢其天資誠有大過人者於求見之始不告以固有之良立隆之聖後雖欲援仁義之事引帝王之治而不可得矣況君子立言固自有體又豈得以之梁之魏不合於時而遂易其夙昔之所持哉然則一稱道閒而孟子生平致主之學具於此矣世之居恒則古稱先及一入仕途迷於功利卑無高論者聞其言亦可以少愧矣

夏后氏五十而貢殷人七十而助周人百畝而徹義

古者天子諸侯各治其國自省方數大政外土地所宜風俗所襲各因其便夏繼唐虞禹貢一書備其法矣殷周之祖終始夏殷公劉之詩曰徹田爲糧周之徹當夏后世已然其與殷助所行大抵皆錫土姓時耳迨其後履帝位而光明因遂不忘祖宗之舊焉故老所傳五十七十百畝之異豈一朝夕事抑聞之制度之一成而不易者田間水道耳淺之爲遂深而闊之曰澮曰川要其介乎中而不可湮滅者溝洫是也溝洫之與井田其對舉者也然而鄉遂有之都鄙亦有之遂人所職一夫以至萬夫匠人所職一井以至一同皆是也蓋自水土平成以來功最鉅利最久疏瀹所遺千載下殷土周原咸稱禹甸大槪可覩矣然而三代之疊有所增者何也蓋

疾書振筆筆難罄

大珠小珠落玉盤

民食之日繁而荒蕪之日闢也是固然矣繁則必增闢則又必增今日任土開荒富强首務而秦法之隨手毁阡陌爲耕桑卽前此之漸闢可知且夫帝王因天用地疆土之利源不竭則民生之嗜欲不深漸而闢之而萬世之天下咸得其制而有餘不遷三代之遺留以有待者其勢則然其理則然因是以其闢者治其繁者或五十或七十或百畝不必井疆因而授之易之耳若夫畛域於溝洫之中者則且奚若哉以更張壞已成之法則勞苦而忘功以度量新耳目之觀則塗飾而害道二者均非也蓋嘗卽今日溝洫以上推前古之法制其在鄉遂千畝之田厥有溝周所謂十夫也十而倍之百夫有洫矣都鄙之地四邑之田縱横而溝者三四邱之田縱横而中裂之則洫也大抵皆姑紀其成數於以出車而賦徒姑取其規方於以因次而任地而其順高卑之勢以利導之者其爲闊狹遠近固不必盡可圖之以數而拘之以方及介乎溝洫延袤而錯出其中者五十七十百畝變而通之亦猶然易易事耳然則今日之溝洫猶是前代之溝洫上世民非多束於地也後世民亦非少散於地也而以其闢者隨其增者因以治其繁者規可按圖而定事可漸積而成卽三代之制僅存者非周之力耶

其實皆什一也義

古來田賦之制實始於禹水土既平咸則三壤後之王者不過因其成蹟而已故詩曰信彼南山維禹甸之畇畇原隰曾孫田之我疆我理南東其畝然則周之疆理猶禹之遺法也孟子乃曰夏后氏五十而貢殷人七十而助周人百畝而徹夫井田之制一井之地畫爲九區故蘇洵謂萬夫之地蓋三十二里有半而其間爲川爲路者一爲澮爲道者九爲洫爲涂者五爲溝爲

理明詞湛

不粘不脫恰在箇中

畛者千溝遂溝洫徑畛道使夏必五十殷必七十周必百則是一王之興必將改畛涂溝洫移消路之制此煩擾而無益於民之事也豈其然乎蓋三代取民之異在乎貢助徹而不在乎五十七十百畝其五十七十百畝特丈尺之不同而田未嘗異也故曰其實皆什一也古之王者必改正朔易服色殊變數故史記秦始皇本紀於改年十月朔上黑之下即曰數以六爲紀符法冠皆六寸而輿六尺六尺爲步乘六馬三代之王其更制改物亦大抵如此故王制曰古者以周尺八尺爲步今以周尺六尺四寸爲步而當時因時制宜之法亦有可言夏時土曠人稀故其畝特大殷周土易人多故其畝漸小以夏之一畝爲二畝其名殊而實一矣國佐之對晉人曰先王疆理天下物土之宜而布其利豈有三代之王而爲是紛紛無益於民之事哉

請野九一而助國中什一使自賦義

助之行於天下由來久矣第其爲法也溢狹而好寬宜遠而傷近方且爲之足公田立廬舍限以界域疆圉則比閭族黨之不齊城郭邑廛之相錯阻也誠往往而有者議者遂以爲不舍而譬之則亦同矣夫古之天下猶今之天下今之天下猶古之天下古之爲君者強弱以制工拙以合於緊要而選士古之爲吏者而國利用行罪失時不聞缺望一切國中野外齊規也以王畿論由六鄉六遂而推之其自城郭邑廛而外未嘗非有餘以侯服論由三郊三遂而推之弗爲比閭族黨者不可謂不足然則視其野而形可止體可立雖有采畝而九一而助未之或移也爲之借其力而終其畝雖有易産而九一而助未之或更也若夫國中之不然則既知之矣場圃漆林之園出於地者皆有可供總稅稭服之科通其意者往而無敝統之以什一使自

比選四書新選 卷四 孟子　十五　同文升記

泰刀宮
然

賦焉。是故公田無以立。廬舍無以立。區界之阻難。而溝陰之達易。而覩其國不以地迫而農少。迨其比閭族黨之所舍。不廢於鄙縣都鄙之間。而城郭邑廛之所不宜者。未嘗概之甸稍原隰之嚴也。是以君子不勞。小人不竊也

請野九一而助。國中什一使自賦。卿以下必有圭田。圭田五十畝。餘夫二十五畝義

古人君之爲國也。於君子野人。既有分田制祿之法以養之。而尤必加厚於其閒。子之告滕君。皆仁政所當行也。今試即其法而詳攷之。野爲郊門之外都鄙之地。田可井授也。則必行九一而助之法焉。九一而助。則都鄙用助法。而公田所入。有以爲君子之祿矣。國中郊門之內鄉遂之田不井授也。則使什分稅一而自賦於上焉。什一自賦。則鄉遂用貢法而賦之。所入有以充國家之用矣。此分田所以給野人。而制祿所以待君子也。然於常法之外。豈無所當加厚者哉。夫自卿以下。至於大夫。固有常祿矣。然有田斯有祭也。故必加以圭田五十畝。使得潔粢豐盛以盡祀先王之禮焉。一夫上父母下妻子。固有常產矣。然有弟是餘夫也。又必加以餘夫二十五畝。俟其壯而有室。然後別授百畝之田焉。此世祿常制之外。所以厚君子。而百畝常制之外。所以厚野人也。惜滕君於仁政之大者。既欲行之。而旋復阻之。此固滕之君子小人所不幸也。噫。

卿以下必有圭田。圭田五十畝義

自助法既定。而野人得以養君子。世祿固有自出焉。然而賢君之禮下也。豈止及於身而已。凡厥先人。亦與有力焉。若周禮載師之職。掌任士之法。以公邑之田。則君子所食也。家邑小都之田

相題獨切

則卿以下之所食所謂世祿者也他若近郊之地有雜於宅田賈田之間而爲士田者則卿大夫士之子得耕而食焉夫既收其入於家邑小都而又私其利於近郊義何取乎迄今思之所謂圭田者是圭以言卿大夫士德之潔白也卿大夫士德之潔白則可以薦馨香而無謁慝也是故既行世祿必有圭田諸侯官自卿始降而中士至於一官之長者皆得祭祀其先人矣厥惟五十畝云抑聞之卿祿或三四倍於大夫大夫或倍於士祿有厚薄則田有多寡圭田何一乎爾且卿大夫三廟而士或二廟一廟廟有隆殺則祭有豐歉圭田何均乎爾不知樂生返始之思人有同情而愨下宗先之典恩無偏至兩家合爲一區則十八家合爲一井先王酌多寡之宜定豐歉之中蓋惟其稱也

文公與之處義

且民爲邦本有國者必先以得民爲務況遠方來者尤不可無以安集之也若滕文公之與許行因其請而遂與之處其事有可疑者試進論之行楚人也滕密邇於楚楚久有吞滕之心故文公曾商所事於孟子今滕行仁政而許行適來且不止許行獨來安知非楚君臣懼仁政之果行又慮有孟子爲之輔相故特遣許行來陽受一廛而爲氓陰有以亂滕之民而阻孟子之說也然則文公與之處保無不智乎曰非也借卜居之名行入室之計是許行狡猾之智非文公不智也其待許行亦猶之尊孟子故深信不疑耳昔文公處孟子館於上宮館人求業屨弗得因疑其從者孟子詰之則曰夫子之設科也往者不追來者不拒苟以斯心至斯受之而已此許行明其所願文公所由與之處也且許行一氓耳爲農夫之言則亦一農夫耳以仁政論

濤來如陣起星上似烽然

天半朱霞雲中白鶴

之彼方在養君子之列而滕又有君子以治之況稼穡之教行所習熟滕將使畢戰問井地不妨借行以爲之倡貲一廛之貲得百畝之益將孟子所謂大略者概可驗諸施行此殆天作之合與昔秦謀疲魏而商君誘三晉之民耕無以異也由是移粟移民終失河東河南之地今客來不遠而處以中田之廬楚失一氓滕得一氓歌碩楚而惟以滕爲樂郊詠黃鳥而不思楚之邦族得其民者得其心在文公固有相見恨晚而多多益善者矣孰意與處之後創並耕之說與其徒數十人互相唱和而學聖人之道如陳相者且倍師而學之剏蚩蚩之氓當變法之始駭人聽聞有不受其鼓簧者幾人哉是則仁政之不果行是許行亂之也許行得遂其反間之術自文公與之處始也然當踵門而請雖曰人藏其心不可測度初不忍以不肖處人滕君則誠賢君也

願爲聖人氓義

夷攷戰國之時用策士富强之術爭城奪地驅其民而致之死故民無聊賴亦無常主於此不可則去而之他然政繁賦重列國皆然詠碩鼠者誰之永號歌黃鳥者誰可與處不意滕君行聖人之政而陳相踵門而請曰有願爲聖人氓者其言不可以不辨蓋陳相非若滕之民生於滕長於滕聚邦族於滕者以彼生於聖人之後學於聖人之徒慕聖人之政已久今儼儼然行之其聞風而至亦人情之常也況乎出疆載質負耒耜而生計能謀與弟偕行講和協而友于不癉是蚩蚩之氓熙來攘往遷地而弗知其良哉則願爲聖人氓亦固其所獨是滕所行之政誠聖人之政也然王有不忍人之心斯有不忍人之政聖人不可復起而其政至今猶存是仁

探委窮源言必徵實

政自聖人立之。不必盡如聖人而後行之也。今滕君未嘗以聖人自居。孟子亦未嘗以聖人相許。而相一則曰聖人。與則曰聖人。口吻間似多譏誚。得毋有輕薄之意乎。舍家室田園之樂。無舊君故土之思。被最關情之處。均棄如敝屣。斯人之心之忍。大概可知矣。而乃舍舊謀新。相見恨晚。寄思黃農虞夏之間。追想含哺鼓腹之盛。凡在所求。大都奢望。孰知上古之世為聖人氓者。皆不自知其為聖人之氓者也。故康衢之叟。擊壤而歌曰。日出而作。日入而息。鑿井而飲。耕田而食。帝力於我何有哉。嗟乎。此真所謂聖人氓矣。詩曰。不識不知。順帝之則。相之貢諛獻媚。烏足以語此。木朽而蛀生之。心惑而讒入之。彼謂滕君為聖人。非心悅誠服。確知其政為聖人之政也。所以一見許行。而大悅。盡棄其學而學焉。向之願為聖人氓者。今又願為神農氏之氓矣。

辨淮泗義

禹之治水。以大統小者多。以大統大者少。故漯支流也。河濟統之。河與濟巨川也。則各自為雄而不相統。獨至南條之水。且有以大統大。而益害於一州者。徐州之淮與泗是也。淮固微於豫。大於徐揚。而尤為患於徐。禹貢誌豫州之域。以荊山太河為界。淮出自豫。而不之及。勢甚微也。浸淫至徐揚。其勢滋大。故二州之水。並以淮為綱。然揚州敘水之積。無言及淮者。而徐州泗沂諸水。俱與淮聯屬貫通。亦可知徐受淮流之害。十居八九矣。泗并沂以通淮。其勢亦非弱於淮者也。嘗攷禹貢導水之文。以小合大曰入。以大合小曰過。兩大相合則曰會。桐柏之下。淮自西而通注泗。自西而南來。兩相合而以會為文。其勢若相匹敵者。故夫以一淮尚能洪徐。況復聯泗以左衝右擊。其不胥徐民而魚鼈之者幾何哉。禹則先治淮之上流。不使停淤以禍豫而蒂禍徐之源。更治泗及淮之下流。不使阻滯以病揚而熾病徐之勢。排之爲功顧不巨哉。今考徐之治績曰淮沂其乂。喜之之辭也。徐被全淮之害而先幸淮之乂。猶兗被河之害而先幸河之導也。考徐之貢道曰浮於淮泗。便之之辭也。環徐之南皆淮。而竟得淮。猶環兗之北皆河而竟得達於河也。排後之利亦大矣。不然淮發於豫。泗又合淮。淮泗不排。勢將以蕩徐者肆出於豫揚並及荆青。淮泗之汎濫且半天下矣。安得注之江而使南條之水一治哉。

分人以財謂之惠　三句義

天下之責大矣。而人君以一身任之。得其道則用天下而有餘。失其道則爲天下而不足。是故民生之不遂。衆人固嘗憂之矣。然徒以吾之所有者而分之。而欲使之各遂其生。則財之出於我者有限。而人之求於我者無窮。徒以一身教之。而欲使之皆復其性。則教人之思雖切。而人之與吾教者無幾。姑自其得我者而謂之惠可也。姑自其愛人之心而謂之忠可也。大於此者則不然。憂吾身之不能兼治天下也。而務得人以廣其施。以功業之不可止於吾身也。而務得人以繼其治。如是則心有所寄而責亦有所歸。不必分人以財也。而因人以爲惠。不必教人以善也。而因人以爲忠。然後天下舉遂其生。而終不知帝力之何有矣。天下舉復其性。而終不知爲之者矣。蓋必如是而後謂之仁。必如是而後謂之盡利。不此之務而屑屑於惠與忠焉。抑末矣。又況許行並耕之不足於惠者。欲病滕文之治耶。

爲天下得人者謂之仁義

心花怒發

且身任天下者必爭一手一足之烈以邀譽於斯民非帝王之量也即竭終日終夜之勤而獨蠱於一己猶非惻怛之懷也垂裳端拱不下堂階觀其外似無與於天下而運際明良卒享隆名於勿替者其故安在孟子嘗言爲天下得人者謂之仁以此論之分財教善何以僅謂之惠謂之忠者蓋分人非分天下教人非教天下其遐量不若得人者之維持於天下不散所以移民河內無以處河東移粟河東無以處河內則惠雖萬邦時雍而有子獨徵四方風動而有弟未諧則忠難夫同在一國之中共處畿邦之內尚且財無可分善無可教況天下之大焉得以小惠未徧小忠未孚爲天下收治平之效耶惟仁者以得人爲心則財不必分天下而天下已徧受其惠善不必教天下而天下已盡服其忠得一人而天下之財自理得一人而天下之善自勸不分之分不教之教所謂有人此有土也所謂人存則政舉也其仁量豈易及哉故虞廷之天下何以平成逸居之天下何以攸叙揆諏之天下何以五臣輔佐征誅之天下何以一德保衡其人有仁天下之才其人即必有仁天下之量得人者以仁契仁將取諸衆人以輔一仁則其仁愈大彼有仁聲仁聞而仁不足以覆天下者非不仁之故不能爲天下得人之仁故也先天下之憂而憂後天下之樂而樂噫微斯人吾誰與歸

以有若似聖人義

聖門之高弟曰有若知足以知聖人者也其論聖人以爲生民所未有夫生民所未有安在能遽得其似之者乎向當日同堂即以知其聖人者爲似聖人也蓋其時泰山頹而安仰梁木壞而安依痛心於老成之已亡降心於典型之可遇遂欲以稍慰其不倍師之苦心者此子游子

樹意必堅措詞必確

必求眞直看盧山

夏子張之急有所以也然而三子者固聖門之最稱雄俊者也其確然以有若爲似聖人亦豈無說蓋嘗於論學見之論語二十篇引有若之言者三曰信曰義曰禮曰恭何其純也論禮則曰和曰節何其篤也而尤切於學者以君子之本在於仁爲仁之本在孝弟非眞有見於堯舜之道者不能發也由是觀之有若之造詣誠有未可量者斯三子之所委心也若夫速貧速朽之對特其知聖人之一端而已豈足以盡有若三子正當緇帷之踽踽撫車服禮器而泣然之時其相與顚倒於有若固其宜也雖然欲以所事孔子之禮事之則已過矣是曰離於羣之時雖齊東之語不足信而曾子則已有微詞於當時云

墨子治喪也至則是以所賤事親也

昔先王緣人子之情以教天下之孝故喪從其厚而薄於其親者皆非禮也獨墨氏則不然愛均於人我不以吾之親而加豐於人之親術從乎至簡不以無生者而累有生者是或一道也夷子嘗病世人之競於奢而信其學之得於儉固嘗思以易天下矣夫一人習之而欲天下人同之則必不以不善者誣其身也明甚然而所貴在薄則所賤必在厚也柰之何教天下之從薄而先不忍於親葬之不厚其始也天下皆厚而已獨薄之旣不以薄爲賤矣其終也墨氏皆薄而已獨厚之將不以厚爲賤乎然則求以易天下而不免於易其身求以厚吾親而不免於賤吾親也況厚以葬親則爲倍師賤以事親則爲賊子誠不解夷子之所以爲道者何如也雖然由君子觀之以薄之爲美而貴之者異端之所以兼愛也一人之私也以厚之爲賤而從之者天下之公也良心之所以不泯也天下之公也一人之私不能信之於其徒而天下之公卒

以慷慨唱歎出之

之行之於其所異趨者是則當然之理恒升而邪說終不可以久也若夷子者其始之學得爲而不爲者也其終之葬又不得爲而爲者也均失之不孝矣

枉己者未有能直人者也義

君子之所取者遠則必有所待所就者大則必有所忍古之賢士皆有非常太過人之才而卒不肯稍自貶損以行其萬一者豈真不欲見用於世哉蓋枉己以進人皆羞之是故伊摯不遇湯不臣傅說不遇高宗不相膠鬲太公不遇文王不仕惟其操守有定阨窮不變故功名勳業至今爛然而亦卒無有訾議之者後世則不然士當草茅伏處談及天下事輒喟然太息恨不得一明主假以事權措天下人於平康正直之中於是貧病之嘆與功名之念交迫於其中不能自釋久之無人過問則亦不暇審擇不自尊重托一途以爲進身之地其意亦可悲矣然而其氣節不彰則其設施亦不廣故當其時未嘗無知人善任之君而察其心迹則大不滿於意中是以發一言倡一策動多掣肘迄無成效而後之讀其遺文思其往事者未嘗不憑弔欷歔嘆若人之遇而不遇也及細考其所以致此之故乃知其志躁其氣浮其求用太急其立身太卑以枉道於君則君亦心焉疑之以枉道治人則人亦從而詆之由是文章多諛經術亦僞幸則隨俗浮沉以終其身不幸則投於禍亂以殺其才故曰枉己者未有能直人者也嗚呼賈生之於漢文可謂不世之遇也而治安不見用甘自廢於長沙卒不肯貶抑以希合故後世君子至今稱其人而置揚子雲荀文若天下才也而一則仕於僞新一則屈於僞魏卒戕其身而僞天下口寔惜哉故士之懷抱奇才者當爲賈生勿爲揚荀

思義皆
節常人
鮮得

子如通之則梓匠輪輿皆得食於子義

且甚哉。不通之爲害也。極其害之所至。不特農與女受之。雖離婁之明。公輸之巧。亦將抱其絕世之藝。餒腹以終。不視下農夫之坐擁倉箱者。且將指其有餘以傲之也。故孟子告彭更曰。子如通之。則梓匠輪輿皆得食於子。試推其意論之。子今者藝不爲農。其食農之粟乎。業不爲女其衣女之布乎。則是子非不通工易事可知。子如通之。必先通其粟於農。向爲農之粟。今爲子之食。朝饔夕飧。取之無虞不給。是子之身。且因通之而始得食。況乎農分粟於子。子推食於人仰事俯畜。則舍子而論子之家。亦因通之而始得食也。子向者居從者之中。在後車之列。豈猶穴居野處。而不待築室耶。則見如革如飛。而風雨可蔽者。奚自來也。子將曰吾固得之於梓匠然。或一椽有託。而安步可以當車。通其一不必通其二耶。則爾車之來。何爲有輗有軏。而鑾衡可行也。子將曰吾又得之於輪輿。然則梓匠輪輿。以不稼不穡之身。終歲勤得。未聞嘉種誕降有三百廛三百囷之取。而斧者斧。鋸者鋸。如故也。揉者揉。斲者斲。如故也。在彼若明乎通之理因探其通之術。而自不慚其得食於子。則皆以通之之故。然而子於梓匠輪輿。無强近之親。無平生之識。又子非農家者流。三年餘一。九年餘三。可出其不蔽之藏。以相濟。則梓匠輪輿。亦豈必貸食於子。況未通功以後。又未聞梓匠輪輿乞子之餘食而去。而梓匠輪輿。不必舍子而遂啼飢者。子如通之。人亦通之矣。豈守一藝之長者。皆得食於子。而守先王之道者。獨不得食於子。則子所言。亦仍是不通之論也已。

入則孝出則弟守先王之道義

貫古惜今言必有則

天風滾滾海山蒼蒼

道開於上古之聖賢而延於中國之聖賢聖賢不作遂有不聖不賢之人出而與其道爭衡而聖賢幾不勝雖然於聖賢無損也彼其道固流行於宇宙間如飲食衣服而不可以一日廢患在語道者過爲高深而不切於日用尋常則莫能延先王已絕之道統也何謂日用尋常孝弟是也道不專於孝弟而無不該於孝弟夫道以陰陽爲始人心以孝弟爲始雖有剛暴無不知父兄之尊雖有顓愚無不知愛敬之道此可見道之在人無淺深一也迄於今則不然士大夫鄙先王之道爲迂闊師心自用徒黨相高始猶道與道交併於心中繼乃大棄先王之道而道其所道縱橫捭闔之說伸而孝弟之道一變其變而爲一二人之不孝不弟患猶淺其變而爲胥天下人之不孝不弟患更大也微言絕異端橫其宰滑左道熾其孰從而守之於此有人焉其得於天者至清而不濁其考於古者至要而不紛其修於己也至常而不異是以出入之間彬彬有禮孝弟之際耿耿無他其識足以守則滑之者不能入其志足以守則疑之者不能間其氣又足以守則勝之者不能奪一心所向百折不回前望往古後望將來蓋慨然以扶世翼教爲己任而中立不移也然則此其人何如人乎非子與氏其孰能之

有攸不爲臣義

武王之得天下也以至仁伐至不仁常牧野稱兵時大率其旅若林倒戈以北其不願爲商臣可知既不願爲商臣未有不願爲周臣者乃孟子述武王事而曰有攸不爲臣噫此臣也必非忠義之臣乃權奸之臣也何以言之吾思紂爲不道微子則去之比干則死之同姓之臣固如是若至異姓之臣師保被放黜矣誰與同德而同心忠良皆焚炙矣雖與相親而相愛惟此二

蔡門一
蝴賦孫
登

三。助紂爲虐者。非飛廉惡來輩。平日朋比爲奸。作威倚勢。一旦變生不測。知難逃斧鉞之誅。有欲爲周臣而不得者。於是守險負嵎。不復不畔吾揣其心。豈眞蹇蹇孤忠。願爲商紂臣哉。第屈於勢而不能爲周臣。迫於是而不可爲周臣。是殆如文王之時。歸附者六州。而青兗冀尙屬紂。成王之時。永清者四海。而武庚管叔尙畔周。周雖有此臣。亦何足爲周患。蓋天下甫定之秋。患不在臣而在民。民既定矣。臣自有不定而卽定者。此東征之後。所以合天下之臣民。咸附於大邑周也。

其君子實元黃於篚以迎其君子。義

昔者武王之東征也。旣明致朕必往之誓。而猶懷紂克予之懼。豈非以十亂之佐。雖有同心億萬之臣。不無同德。以君子敵君子。必有當也。況避紂者尙出數語以相存。剝臣紂者。豈無一矢以相加。乃西之君子。方赫然憑怒而東之君子。竟歡然好合。其躬爲元黃之迎也。亦誠異矣。豈一家耄遜。荒王子出。迪忠義之氣。耗析而無餘。遂奄奄不復振。卽孟津會至牧野。鷹揚興亡之勢。未戰而決。皆惴惴焉冀自存耶。蓋天之所制。臣不可二。觀於聖歷三宗。而亟六百而不獲尊賢敬之報。至此蓋反顏以事仇。然則君子生於此時。亦大可悲矣。雖然百姓稽首。猶是倖生之後也。前徒倒戈。猶存交綏之後也。不謂厚幣甘言。食君祿者。而亦爲之望風吐欵。爲民望者而已。先之也。噫吾聞紂崇信逋逃。以爲大夫卿士。至今日臨敵而結新主之歡。懷後服之懼者。殆其人與。不然何以號爲君子。不以臣僕爲恥。而猶以獻納爲智也。

疏落入奇

公孫丑曰不見諸侯何義　一章義

士君子處世君以國士待我而我不以國士見之甚也君以衆人遇我而我輒以衆人見之恥也故必有所就則見有所先則見如未爲臣而見焉是不使上求下而使下求上不使君先士而使士先君非古也古有段干木泄柳文侯先而以踰垣避穆公先而以閉門拒夫以兩君之賢降于乘之勢下訪布衣而一見且吝矣吾恐天下無以責夫文侯穆公之徒而彼亦將有以辭其責也非已甚而何聖人則不爲已甚者也陽貨以禮先子以禮往不踰垣不閉門豈爲學人之賤行哉求我者迫也施我者先也然貨可見而謂天下盡可見之諸侯則非矣孔子可見貨而謂天下盡可見諸侯之士則謬矣如非待其迫且先而見之曰我不爲干木我願學孔子也我不爲泄柳我善法孔子也媚顏軒冕之間而强居王公之庭乃曾子鄙爲脅肩諂笑者耳子路鄙爲未同而言者也烏得稱有養之士乎由是知世無文侯垣亦可踰也世無穆公門亦可閉也世無先施之陽貨權貴之家決不可入也豈可因一孔子而遽薄段干木泄柳之儔哉

以嬉笑爲怒罵的是譏才

未同而言觀其色赧赧然義

人見小人之得意也不勝驕矜之色而不知其求之也備極卑屈之態是何也小人之所求者必小人之先得意者也此其氣類同臭味同正可與言之人也而當其平生尙昧根柢莫知則亦未同之時也未同而可言乎此雖無所求而後可不能無求則豈容徐而待其合亦擇終不言而後可不能不言則豈容默而委於命如是而有言則其言雖同亦無恥之言也其色之赧

不落平蕪

健筆起伏行間

赧何故。意者良心之不泯。而恥心之形見乎。吾則以爲不然。彼明知其未同。則宜有所恥而不敢詔於。前且不敢有所言矣。既詔於。前是欲露其肝膽者也。不以此時恥而恥於將言乎。既有所言。是預籌於念慮者也。不以此時恥而恥於既言乎。無恥而若恥。將使爲所求者。聆其言見其色。以爲冒顏而進。而仰望之切可念也。蒙恥而談其歸依之誠可憐也。然則斯人也非徒不用其恥而乃用其若恥者。以爲曖昧妖媚之助。謂之無恥猶不足以盡之。故曰無恥之極也。爲此者豈非當世所號爲士大夫耶。然而子路獨何人也。亦士大夫也。

如禹鼎鏡、洞燭神奸好好效劉四罵人

公都子曰外人皆稱夫子好辯　一章義

自孔子卒百餘年而楊朱墨翟之言盈天下。孟子生是時。其勢不得不與辯。而外人不知。遂以爲好辯。孟子曰予辯則有之。抑非得已。天下之生久矣。天地不得已而以亂開聖人。聖人不得已而以治與天下。故堯有洪水。而禹使武有殷亂。而周公相宣周有亂臣賊子。而孔子春秋作。此三聖者撥亂反世之治。皆非得已。方今諸侯放恣。處士橫議。楊氏爲我疑於義。墨氏兼愛疑於仁。仁亂則無義。義亂則無禮。是邪說也。邪說行而害於政事。是詖行也。天下歸之。一倡百和是淫詞也。邪說詖行淫詞並作。而仁義塞。予懼天下之亂日相食也。不得已而欲承三聖以治之。然而古者之亂其亂有象。今且中於人心矣。古者之治其治有具。今且代以口舌矣。以口舌治矣。天下之人心而欲使塞者著。邪者正。詖者淫者息。予知其難也。顧予辭其塞而言。使天下後戎狄爲荆舒爲蠹子則何敢所處者。吾徒寡而力不勝耳。若使天未喪斯文而人猶不絕於

寥落一觴誰弔古

天下豈無能拒楊墨哉。孟子之言如此。其意深其情苦矣。雖然親炙如公都子。猶以人言為疑。則信道不惑者之難也。然自此問發之。而聖人之道著。是亦聖人之徒也。

當堯之時至不易吾言矣義

積樂必死。積憂必生。混沌久而意安。甚此死氣也。水息而居安。暴誅而民悅。筆削興而士橫。安焉悅焉橫焉。此死氣也。夫嚴苦之遂。君子所以立命。而縱任之福。上天所以奪民。天固毒之而一動不可以復靜。則天之技窮。而聖賢於是乎特起。然而聖賢者必非世所謂不利不害身榮名泰之人而已也。其人則亦必有洪水之陷。有暴君之才。有亂賊之深謀。有邪淫之怪吻者也。故其道多不用生而用殺。洪水殺之海。蛇龍殺之菹。紂奄飛廉殺以兵甲。虎豹犀象殺以山林。亂賊楊墨之黨。或殺以筆。或殺以舌。蓋德陽而用常陰。慈而事多忍。治天下之亂者。未有不殺者也。雖然殺之器凶。聖賢終謹焉。曰承先讀也。曰我罪也。曰吾為此懼也。其意常嚴悲而多畏。其法必艱苦而為其難。即此念也。夫已生天下有餘矣。何也。物之生意萌於春。人之生氣滋於夜。皆謹悲其機。以善其發。於使上天而終守一六之常。則洪水自可不溢。使夫人而各懷戒懼之心。則邪暴自可不作。然則生天生地生忠生孝生仁生義。固皆一念之憂懼生之也。

書曰洚水警予至洚水者洪水也義

古今之不相及也。微獨其治異。亂亦異焉。後世之亂由人。而其君自以為天。上世之亂由天。而其君自以為人。故古聖人畏天憫人之心。有非後世所能及者。則嘗觀書詞而得其故矣。昔者氣化未平。天道尚捻。陶唐氏之世。遂以水災特聞。使他人處此。必將仰責天而俯咎地。以冀百

自然所合

擬網開路[illegible]泥沙

姓不以己爲過也況堯本無過哉乃推當日哀痛之誠意若無可歸咎遂不得已而歸諸身者書曰洚水警予此非堯之言而舜之言也然而二帝一心也觀舜之警即可以知堯之警矣此兪非舜命官之言踐位之言也然而初終一心也觀事後之警即可以知事前之警矣抑又即警余之心而思當日洚水之勢意自狉獉以來未嘗有此象也鶉鷇以降未嘗有此世也發源於天下而莫爲之導其委遂奔溢而爲怨嬻氣於百六而莫爲之制其歸遂衝決而日甚然則謂之曰逆行則誠逆行也謂之曰泛濫則誠泛濫也何也洚水也洪水也吁古聖人處災亂之時其不敢怠荒以答天譴如此豈若後世偶窺歷古之術遂謂天道不足畏而於天人感應之由遂不復以爲警哉

鋒鋩所指無不披靡

使禹治之至然後人得平土而居之義

世之治雖由於氣化而實人事有以成之當帝堯在位之時有洚水警余之患時則鯀圖績矣乃舉舜而敷治舜納麓矣復命禹以嗣興以言乎上則君憂臣勞而罔恤以言乎下則父舍子用而不疑凡以爲天下而已由是禹也掘壅塞而注之海善海爲百川之滙也驅蛇龍而放之菹[illegible]菹乃水草之鍾也疏導之功[illegible]奏地中之水自行南條如江漢既順其性而於海乎朝宗北條如河淮亦循其道而於海乎會同以故昔多險阻今則壅塞去而滔天者平矣昔多鳥獸今則蛇龍遠而害人者消矣夫然後降邱宅土而人無巢窟之慮由己溺之者固由己拯之也地平天成而人有粒食之利由己飢之者亦由己而食也固非堯舜警懼於上大禹勤勤於下

百步舉刀一發百中

則洪水之害將不勝言而今天下皆其魚矣又何以轉亂而爲治

驅飛廉於海隅而戮之義

自古聖王之受命也以天心之仁愛以爲心兼容並包何所不至而獨不寬其失於亂賊之臣其有佚罰焉則無以服當世之人心而天下亦因之不治當周師之入商郊也紂首懸妲已誅惡來死飛廉獨以斧底之餘生匿迹海濱不過一匹夫耳武王周公即矜而宥之彼亦何能爲者而必驅而戮之不幾疑其已甚哉然試思紂爲痛四海之時飛廉左右其間憑權藉寵長君之惡其滔天之罪久非覆載之內所不容及至君亡國破猶冀倖逃苟免以自保其首領是逢其惡而厚其賦樂其死而利其災者也不戮之何以謝天下武王周公以爲討其君而赦其臣則失刑矣與奄同罪而不同罰則亂法矣逃之窮荒之地竄之烟波之鄉而斧鉞即不能加則損治矣故當日者實赦之詔屢下而與飛廉則迹其所之必得其人然後知聖王之討罪如此其嚴也抑又聞之當伐紂之時西山之義士叩馬犯顔斥爲不忠不孝而武王周公不過扶而去之不敢加誅者蓋以爲臣當如是也獨彼飛廉者九州至大不能自容身雖已死天下無有哀之而肝腦所塗曾不得污盛朝之尺土然則事君者亦何苦而不爲忠臣亦何樂而爲佞臣哉

孔子懼作春秋至罪我者其惟春秋乎義

聖人者無天子之位而有天子之權故亂臣賊子之接迹於世者皆可誅之以筆孔子之作春秋是也雖然春秋特一魯史耳而必以爲天子之事者蓋其書雖繫於魯而載列國之事恒詳

聲到風枝驚鶴睡　勢迴雲壑起潛龍

時而書人之功襃人之爵予人之地時而去人之氏貶人之官免人之國曲而隱微而婉直而嘗而亂臣賊子始各有所憚而不敢以自恣故謂春秋爲天子之事者此耳雖然孔子豈天子哉非天子而何以行天子之事曰二百四十餘年之亂至孔子極矣故孔子不得已而爲之蓋以存人道於幾希也而或者不無疑焉春秋之時臣敢於弒君子敢於弒父者以天下無有誅之者也即當日史官亦直書其弒足耳孔子亦人臣也亦人子也以人臣而誅人臣是謂擅君之柄以人子而誅人子是謂僭父之命孔子何獨知其罪而故蹈之不知以匹夫而行天下之事特處於世之極難故不得不行其心之獨苦千百世下必有揭其扶綱植常之隱衷而特諒之者究之道不可爲常事不可爲法者皆謂之有罪是故孔子亦嘗自言曰知我者其惟春秋乎罪我者其惟春秋乎知之者以孔子而論孔子爲萬世立臣子之防因孔子之所望也罪之者以一己而論爲萬世嚴臣子之分亦孔子之所服也噫此其所以爲孔子之春秋歟雖然孔子之後亂臣賊子愈多爲人臣子者學孔子之作春秋可乎曰有孔子之志則可無孔子之志則僭

周公兼夷狄驅猛獸而百姓甯義

昔周公以元聖之德而爲武王之相當此時也成周王業方興未艾而有殷之遺慝猶未至於蕩息其所以爲天下害者非獨奄飛廉而已而又有所謂夷狄者焉其所以爲中國患者非獨五十國而已而又有所謂猛獸者焉夷狄交横不止害民之生而彝倫亦爲之潰矣不力去之不可也猛獸縱横不止妨民之業而人軀亦爲之殘矣不急除之不可也周公生於其時以世

數曲舉大恰題使尊

高樓彩瞻銀蟾

遑爲己任又豈忍坐視天下中國之害而不爲之屏絕是以於夷狄也則排而併之而使之不得以猾夏於猛獸也則驅而逐之而使之不得以逼人夷狄既兼猛獸而驅則凡林林而生濟濟而處者皆得熙然於衣冠禮義之中晏然於飲食居處之下而無潰亂之禍風驚擾之憂矣孟子之所謂百姓甯其以此與嗟呼周公之時夷狄不過負固不服耳猛獸不過鷙之不馴耳而周公猶兼之誰恐不力驅之惟恐不速若此今天下之人非夷狄而皆夷狄矣今中國之人非猛獸而皆猛獸矣向使周公見之則又不知若何兼之驅之也

何必絲與竹山水有清音

我亦欲正人心息邪說距詖行放淫辭以承三聖者豈好辯哉予不得已也義

古之聖人不得已而有功功成而天下安焉不得已而有言言出而天下法焉吾觀禹之功周公承之周公之功孔子承之而生民之治胥賴矣雖然今則何如哉自人心不正邪說橫流而詖行淫辭交作於其間此惟無禹周公孔子故至此也子輿氏欲正天下之人心而維持乎世道則必息楊墨之邪說而不使蠱惑人心又況詖行之邪累人心者也必距焉淫辭之邪蕩人心者也必放焉雖然位非大禹而欲抑人心之洪水者蓋將以幾禹之濟烈也位非周公而欲去人心之夷狄猛獸者蓋以幾周公之遺烈焉德非孔子而欲遏人心之亂賊者蓋將以幾孔子之遺烈也彼三聖作之於前而其功之昭昭於天下者既非所以爲好勞孟子承之於後而其言之諄諄於今日者亦豈所以爲好辯哉然則孟子之一身世道之隆汚繫焉而救世之責任不得而辭之以往之任又不得而諉之使孟子而得已於言則人心之壞孰爲之正邪說誣

梨花瘦 蕭東風 [illegible]

行淫辭之作孰爲之息而天下之亂將安知其所終哉而後公都子者又爲以語此

起四語精當絕倫

於齊國之士主蚓而後充其操者也義

陳仲子處於陵齊人以爲廉孟子曰仲子所居之室伯夷之所築與抑亦盜跖之所築與所食之粟伯夷之所樹與抑以盜跖之所樹與人安能待伯夷而後居而後食若是則孟子之責人也已難曰吾居於於陵而食其食非孟子之所謂不可而孟子之所謂不可也仲子以兄之祿爲不義之祿而不食也以兄之室爲不義之室而不居也天下無伯夷仲子之義爲不居且不食抑天下不可待伯夷而後居而後食然則非其居於於陵食於辟纑之果汚也而不食於母辟兄之室之不可繼也故曰以母則不食以妻則食之以兄之室則不居以於陵則居之是猶爲能充其類也乎君子之行爲可充也爲可大也然後行有類若仲子將何以繼之君子充其類而極其義則仲子之兄猶盜也仲子之兄猶盜則天下之人皆猶盜也天下之人皆猶盜而無所容則難與立乎天下故君子不恥於盜而猶盜者有所不問而後可以立於世若仲子者蚓而後充其操也孔子曰鳥獸不可與同羣吾非斯人之徒與而誰與蓋謂是也

仲子齊之世家也 一節義

所貴乎廉士者雖絕物離群自成高蹈然卒未嘗於人倫之大棄之而不顧者使仲子生非陵出本寒微處人道之窮無天倫之樂屛處邻立岸然自放君子獨置而弗論以爲是簞食豆羹之義也乃仲子固齊之世家也蓋大夫戴文仲子之兄也使當日者食祿於齊致與萬鍾

翻空且能證實是何神技

辛未入澄毫釐千里

仲與兄奉其母以祿養終誰得謂其非義乃仲則以爲兄之祿非伯夷所樹也兄之室類盜跖所築也不食不居竟望望然避其兄離其母求於陵而託迹焉噫何絕人之太甚抑更有異者他日之歸省視之常也生鵝之饋交際之恒也母之烹鮮愛子之情也仲子嘗食於母之意也胡然而頻蹙以爲此不義於萬鐘也胡然而出哇以爲終不食此不義也其眞廉耶其矯廉耶當世之士必有能辨之者嗟乎人莫大於母兄而仲子獨舍此不顧亦不近人情之甚矣故是伯夷而非盜跖人皆以爲義咽午李而吐生鵝孟子獨傷其非義

以淡墨畫秋山饒有遠神

離婁之明公輸子之巧不以規矩不能成方員義

且上古之聖人制器用以利天下於是竭目力心思而制爲方制爲員因知方之不能自方員之不能自員也而就其本來之方本來之員以立爲規矩自規矩立而天下不患無方員矣然天下之爲方員者莫不竭其目力而獨推離婁之明天下之爲方員者莫不竭其心思而獨推公輸子之巧之兩人者豈非逞其才力作其聰明而能趨乎規矩之外得其方員之中也哉然不知離婁之明以規矩明也公輸子之巧以規矩巧也神明於規矩可舍規矩而求神明則不可倘使兩人不以規矩將猶是審曲面勢猶是渺慮澄思伐柯而不執柯則彼長短之法得諸心而不能應諸手終日孜孜於方員之間其能合乎規矩而毫釐不差耶即使熟於方員之勢依稀彷彿以爲之及其成功亦似適乎方員之用而果以規矩之則員者不能成員矣以規矩之則方者不能成方矣似方員而非方員又焉得謂之成方員而人欲以明求離婁以巧求公

壓僱輕
嗣走悉
咽短吹
點

輸子。吾知兩人之所授者。舍規矩無他與也。苟能依規蹈矩。專心致志。而從事於方員之間。即至於離婁之明。公輸子之巧。不難。夫離婁公輸。且不能不以規矩而成方員。人亦何求於規矩之外哉。然而規矩之妙。非特百工之事也。小而師曠之聽。大而堯舜之道。莫不有一方員。即莫不有一規矩。不以規矩而欲成方員。又焉見其能也。

責難於君謂之恭義

人臣委質明廷。上天下澤。高卑分焉。是其心未有不尊其君者也。然既曰尊君矣。則當以致君於堯舜爲望。而不當以庸俗之主視君矣。獨不解世之事君者。往往以堯舜之名。奉君而不知責君以堯舜之事。日以台池鳥獸娛其心。金玉錦繡悅其身。日事萬幾。則以節勞勸之。興懷遠略。則以頤養期之。唯阿成習。人懷晏安。勢不至以庸俗自甘也不止。豈尊君者而忍出此哉。書云。其難其慎。人之言曰。爲君難。蓋君爲天下專屬之人。即君任天下難圖之事。疆圻數千里。版圖億兆人。錢穀兵刑。以萬計。以此思難。難可知矣。以此言責。責可緩乎。故事君者不圖其易。當知其難。知其難而任之。則事事以聖明自期。必不屑以苟且之治效三代下之所爲。夫而後事略其小。功謀其大。仁心難充。責其君以必充。仁政難行。責其君以必行。無論聲色貨利。不敢陳於王前。即世主所謂富強之術。夸詐之謀。均不欲吾君聞也。謂之曰恭。誰曰不宜。若夫今之所謂恭者。旅進旅退。僅期隕越自勉。對事而牛屬模棱。置輔而無非伴食。如是則雖拜跪無愆儀。登降有常度。亦曷補於君德之高深耶。

規矩方員之至也聖人人倫之至也義

檢書燒燭短看劍引杯長自是豪士吐圖

竊以利人者器。制器者人。故器與器各相形。人與人皆相肖也。然器不能自成。有制器之器。而器成。人無由自立。有教人之人。而人立。故一器興而衆器備。一人出而衆人存。則信乎規矩方員之至也。聖人人倫之至也。試進論之。器不能無方員。人不能無人倫。而要不能自方員。自人倫。則規矩聖人已開人倫方員之先。然器似方員而失其眞。人似人倫而流於僞。又賴聖人規矩以持乎其後。而規矩超乎方員之上矣。而聖人援乎人倫之中矣。可謂至矣。說者曰天地之間。自有方員。自有人倫。殆無所謂規矩。無所謂聖人耳。人與物渾渾噩噩。不範不模。豈不甚善。乃自規矩聖人相次以出。而天下從此苦於多事。不知天地間既有聖人規矩則不患無人倫無方員。方員合於規矩而方員得。人倫合於聖人。而人倫亦得也。且也聖人由人倫成規矩由方員。生及其至也。方員有損益之殊。而規矩不再造。人倫有常變之遇。而聖人無更端。任天下後世。逞其才力。作其聰明。而舍規便無員。舍矩便無方。舍聖人便無人倫者。是則所謂至也。且夫獨至而不可共至者。不得謂之至。一至而猶可兩至者。亦不得謂之至。曷爲一至而可共至也。一人開於先。衆人繼於後。明明示以定則。覺所遺之規矩。即意中之方員。共仰之聖人。即意中之人倫。就其有方員有人倫者。而執規矩人倫以較之。則借規矩較方員。不啻方員較方員。借聖人較人倫。不啻人倫較人倫也。然而毫釐之差。千里之失。覺是器皆方員。合諸規矩而方員失矣。是人皆人倫。律諸聖人。而人倫又失矣。就其失方員人倫之勢。而援規矩聖人以與爲戲。成則非規矩不方員。非聖人不人倫。此固一至不能兩至。而仍歸規矩聖人以獨至者也。人奈何不求其至哉。

留聲吹教落梅花

筆如生龍活虎捉拏不住

欲爲君盡君道欲爲臣盡臣道二者皆法堯舜而已矣義

且言聖人人倫之至。夫豈泛爲高論。無所據而云然哉。蓋人倫莫大於君臣。聖人莫先於堯舜。堯舜當日亦不過盡其在己焉耳。迄乎爲法於天下。可傳於後世。祖述唐虞。遂於斯而仰千古君臣之極焉。獨是世有人倫。即有君臣。有君臣。即有君臣之道。誠以道者人倫之規矩也。則古後今。遙遙相望。何去何從。似有莫可專屬者。不知聖人爲人倫之至。欲盡倫者必法聖人。夫聖人亦豈別有難幾哉。亦在乎爲之而已矣。不然均是人也。於疇人之中而尊之曰君。位在德元群倫託性命矣。處一人之下而名之曰臣。靖共爾位。四海賴匡持矣。是君臣各有其道。而爲不爲也。然而取法乎上也。非堯舜不可。第堯舜亦曷嘗於君臣之外。獨有所爲乎。百姓時雍。道貫本於九族之睦。百揆時叙。道祗由於五典之從。即至光被四表。明闢四門。吁咈之朝廷。轉而爲都俞之堂陛。初非於爲之量稍有所加也。蓋特於君臣之倫。交盡其爲之之道。而不敢少有所損也。故人生三代下。不必高視夫堯舜。且不可易視夫君臣。於斯二者。各盡其道。則欲爲者尙其奉堯舜爲人倫之規矩也歟。

道二仁與不仁而已矣義

天有寒燠。地有平陂。人有邪正。出此入彼。相反者適以相待也。況乎君臣之倫。堯舜既立之極。後之爲君臣者。其取法與否。詎有他道哉。亦以其心之仁不仁已耳。今夫一念之覺。仁也。已昭然遊於坦途矣。而後念忽迷。即自蹈於昏昧之境。而爲不仁。蓋既非坦途。即屬邪逕。此方離而

疎而能勁宜雅宜風峭綫

雨牆蝸篆古

彼已蹈未有能出乎二者之外而别爲一道者也一事之公仁也已聣然由於正路矣而後事少失即自流於淫詖之歸而爲不仁蓋既舍正路即爲他歧方出彼而已入此未有中立於二者之間而兩無所主者也故雖堯舜既往無非一二高材遠畧之輩而思爲其所欲爲究之未有缺夫仁與不仁之外判之爲兩途亦未有介乎仁與不仁之中而特能開夫一徑者故孔子曰道二仁與不仁而已矣獨是當今之世而驟以不仁自勵則强者必怒於言弱者亦必怒於色矣抑思同此君臣一失其道即爲堯舜之罪人其不至慢君而賊民者幾何耶況夫仁道至大凡彼小惠未徧小信未孚而猶不可謂之道卅奈何明明有可法之道而顧歧而視之以致使斯道之判一息千里吁可危也

天下有道小德役大德小賢役大賢義

嘗觀古昔明王整其紀綱必先明其道器蓋明分無一定之勢事權爲代乘之資而以道予之則各正矣此其義必總於一人而其氣全乎天下其惟有道時乎天下者統諸天下之一人也神聖應時則名號自命矣愚賤安心則豪傑無名矣制器命爵胙地錫姓我想其時蓋小德役大德小賢役大賢也大德者不止就其人言之也又兼其先世言之其在天子則羲農以來以五行爲德相乘而王堯舜而降以五官爲德相代而興至於諸侯不能奮聖人之蹟則必使居地以治祀而於中擇其人之有德者又差其先世之所爲德焉又序其德之近於時代焉以爲小大於是天子統其上而二伯三恪由五等及於附庸莫不有朝聘賦貢之經受命專征之晉以是爲役焉已矣賢者亦不止就其德言之也蓋就其功言之其在王者則衣食未遑以養民

花明柳
暗松落
琴床

爲賢天子相讓水火既亟以救民爲賢諸侯相推至於將相既能應名世之數則必使非孝以報勛而於中先其佐命之賢者又次其明道之賢焉又錄其賢之棄於勝國焉於是天子作其極而三公九卿自六官以遐與隸莫不使之內以御外長以率屬以是爲殺焉已矣故其時舉主當陽諸侯用命聰明元后玉食萬方雍雍乎崇德象賢之遺義歟然而遐矣

仁不可爲衆也義

大小强弱之數詎可以常理測哉其不能並立者勢也其不能常據者形也而其不恃勢而竟不依形而存者小之所以能大而弱之所以能强也此其故於風雅傳之而商周之間遇之也嘗讀詩至文王之篇藹嘒然曰衆矣哉商之孫子也且紂當日尺地莫非其有一民莫非其臣人以不億稱不謂之衆不可矣夫孝子慈孫孰不念其祖豈謂白馬賓王而淹留於信宿者洵有情哉忠臣義士孰不變其君豈謂洪範衍疇而羈縻於海外者果無心哉以六七王尊賢養士之恩涕泣呼號天下誰曰不聞以五十國斷脛抉腹之情傳檄正告天下誰曰不見乃一旦衆與仁遇凡所謂世世子孫率祖攸行者當不沒於盟府之藏也而茲何往乎所謂子子孫孫勿替引之者當不衰於七廟之鑒也而今曷存乎吾恐是時即靡來欲肆其忍而忍不可爲矣微比欲效其忠而忠不可爲矣甚至崇侯欲以譏敗仁而仁亦不可爲矣祖伊欲以智絀仁智愈不可爲矣何則人類雖多人心已去父母孔邇天下歸還蓋仁之所及者厚而衆之所恃者微也於是原侯服之故推祼將之由宜孔子三復詩言而寄慨深之矣

清斯濯纓濁斯濯足矣自取之也義

隔江山色獨開生面

天下有言近而指遠者。勖之以天。不必深人而始無淺語也。聖人有聲入心通之妙。偶爲相觸。而會心不遠。即此物理。亦可驗人情矣。夫孺子之歌滄浪也。孺子何知滄浪。亦何知適然而淸。適然而濁。適然而濯。則亦適然而歌耳。而乃孔子獨召小子以聽者何哉。蓋人惟寂焉無感。雖朦朧史師日奏於其側。亦若罔聞。人惟心存警惕。即一時巷里芻蕘。亦必采擇而不能遺也。以彼孺子之歌。向使以意爲之也。則水之清者何不可强名以濁。水之濁者何不强名以淸。所謂境由意造。亦水之無可如何也。可濯纓者何不可偏以之濯足。可濯足者何不可偏以之濯纓。所謂事以情遷者。卽水亦不能自主也。然而水特患不自淸耳。特患其不免於濁耳。果其淸也。將不與纓期而纓至。果其濁也。將不與足期而足至。且也纓本宜清。舍清則無以濯纓矣。足本宜濁。舍濁而無以濯足矣。故濯無定也。而清與濁則有定。即濯有定也。而清與濁又無定。亦視其所自取也已矣。人知其自取。則清縱無纓。而其可濯纓之情自在。濁縱無足。而其可濯足之理自存。爾水猶如此。人不可鑒諸。

就題發揮語語眞詮

爲叢敺爵者鸇也義

且上古之世。巢居木處。得飛鳥之象焉。將一枝之可借。或擇地以安身。效流鶯之囀夏。召布穀之頒春。既飛鳴而上下。亦翔集而多馴。乃忽驚起四散。潛伏平林。詢衆鳥之高飛已盡。而惟見豐頷鉤喙。鼓翅張飛。獨往獨來於條梅條肆之墳。識者曰此固爲叢敺爵者也。爰考厥鳥。其名曰鸇。不比敺魚之獺。亦殊化蛤之形。鳶鷙實同其類。晨風特異其名。然而載飛載鳴。宜毛宜羽。何不啄桑扈之粟。何不食黃鳥之黍。何不懷好音而集泮林。何不念牖戶而徹桑土。其同群也。

雀非無衣其相恤也雀亦有主何不感上天之好生何不警下民之敢侮胡爲使叢收其功胡爲使雀生其長而比鸇也亦如臨淵羨魚徒勞皇於深山林密之間曾不足以供其饔飱獨是雀非有戀叢之心敺之者鸇也叢亦非有羅雀之具爲之敺者鸇也而鸇不知其然雀不知其然叢知其然而不明知其所以然亦惟有聽其敺而已則見叢之中別有天地朝陽梧桐鳳凰于止陋食椹之高飛頌關雎于洲沚或緝爾巢或卵而翼喜和鳴之在陰毋取子以毀室比阿閣之端勞擾瓏坍豈枳棘之棲搶榆決起非特避歲之雀得效其靈即彼占桑之鳩亦安其拙鸇乎雀不感汝之德叢則利汝之動而汝僅被惡名以終雖爾族類盡加烏鳥之慈孝亦必百世不能改向非鸇也鶩則在梁矣鶴則在林矣倉庚鳴對而熠耀飛鴻遵渚而流連鶺鴒在原既無急難鸞鶩比翼每有良朋雀獨何心必如伯勞飛燕各自東西而睹此幽叢惟恐入之不深投之不密也哉昔者有窮善射一雀過羿羿必得之或曰當以天下爲籠則雀無所逃此言雖小可以喻大

正喻夾寫荀卿子所謂佹詩得手尤在起處

風雅宜人有聲有色

爲叢敺爵者鸇也義

政之尙猛者嘗以鷹鸇喻之然鷹鸇不如鸞鳳自古論之矣粵自鳦鳥降而祥開長發赤烏流而兆起興王說者謂天下得失之機惟禽鳥得氣最先焉然此皆鳥之仁者也自非然者則擇木而棲早見其同類之相逐矣今夫爵之所欲者叢也無敺之者則天高可以任飛翺翔上下亦自暢其禽鳥之天耳乃鳥有爵也亦復有鸇鸇性最鷙在在爲弱肉強食之謀爵也遇之有

濟光大來

不入山惟恐弗深入林惟恐弗密乎嘗攷月令孟秋之月爵入大水爲蛤蛤之於水殆猶魚之有淵耶若猶是爵也則不於水而於叢矣獨是獺之屬毛魚之屬鱗相毆而肆虐者尙曰非我族類其心必異也至於鸇之於爵本無異類之嫌而至相逼若是歟且獺之居陸魚之居水其相毆而加害者尙曰處非同地凜恤其生也至於鸇之與爵本無異地之隔而爲相夷太甚若此歟不知小大之不敵由來已久則非爵不足果鸇之腹亦非鸇之不能逋爵之毆也陵谷陰遷大若預發鸇之不能相容而爲爵留此山林之樂以爲毆爵之地也鸇其奈此叢何哉

吾身不能居仁由義謂之自棄也義

天下名教之防壞之於剛愎者半壞之於懦柔者亦半上天既付人以身即付人以氣氣者所以植其身也自世人相習於委靡身外之事固置不理即此居吾心者之仁率吾由者之義而概以高遠難行視之吾不知將置此心於何等也夫仁人心也義人路也是皆有生所同且智不加多愚不加少者也使能自作其氣居安宅而不失其常由正路而不慾其棄於是使其身爲仁人於是使其身爲義士一心作則百體從令雖有聖賢無相讓也則是天予我以身即予我以仁義天不我棄我安得而自棄之我不自棄人更安得而棄之是在有爲者自作其氣可耳即或賦質有偏未免俗累而一經漸磨於先生長者之前亦嘗誘掖以進振拔自期矣而乃以明明我身本有之仁我身本有之義俱委爲身外之物而以不仁不義自甘是棄其仁義即棄其心也天以仁義之心付我人以仁義之事責我是天與仁皆不我棄而我實自棄也下愚不移謂誰儒柔之過不與剛愎同患哉

古古古節諜入心胸

仁人之安宅也義人之正路也義

今人莫不欲有以居吾心者。而特恐溺於所安也。亦莫不思所以策吾身者。而特恐乖於其正也。吾人戴仁而處。抱義而行。萬事萬物。背於吾心基之。命焉。於是乎有宅。夫人豈漫爲宅者哉。如天下之處非其宅也。久之懷安者敗。竊大者失。昏棄者曠。泪滅者亡。然則士之宅果安託乎。有物有則之懿。天之所賦於我者。而我不致舍而之他也。欲立欲達之懷。人之殷殷然望於我者。而我不忍恝然置也。造次於是。顛沛於是。以仁爲率性之頁。即以仁爲居心之泰。則所謂安宅者非他。仁是也。遵道達德。加於吾身。端其詣焉。於是乎有路。夫人則豈歧於路者哉。而天下之途。於其路者多矣。疾行者躓。貪馳者歧。邪曲者傷。險陂者蹶。然則士之路何所從乎。大經大本之原。天之昭然示我以周行者。而我不敢不順。爲履也。無偏無陂之理。人之深然待我以率循者。而我不得不先爲導也。是效是則。去彝是訓。以義爲範圍之準者。即以義爲循蹈之方。則所謂路者非他。義是也。人即不知仁之安。未有不以處室爲安。人即不知義之正。未有不以遵道爲正者。惟舉仁義之道。定其指歸。專其向往。則存養熟而寢興皆適。變通利而進退不踰。亦何在非藏修息游之樂地哉。而奈之何有弗居弗由者。

人人親其親長其長而天下平義

天下望治平久矣。天下人人望治平。亦非一日矣。求治者將欲以一人勝天下。則日求諸遠。且難者。而不思合天下爲一人。而返求之邇者易者。則有餘。天下雖大。不過人與人共處其間耳。思其何者爲彼之所愛。而此不相奪。何者爲彼之所樂。而此不相妨。而後平天下之道。不待外

雲洞有聲泉眼活

推湖本原攔筆如瀉淚翻花

紫燕雙翻蹤躚蹁

求矣何則莫遠於天下而有所遠者親長也莫難於平天下而有不難者親親長長也人不皆親人不皆長而人人有親人人有長親其親而後一家有仁人長其長而後鄉黨有小子各親其親各長其長而後天下有和順之心無暴慢之俗矣夫人惟日遠其父兄則凌厲之思必起人日邇其父兄則孝弟之心自生人日見爲平天下之難天下亦遂無平易之事人日見爲子弟之易天下亦遂無艱難之途彼遠視夫天下者方且疑親親長長爲易而平天下爲難也不知邇非遠無易非難平天下之事徵諸邇平天下之道應諸遠矣非平天下一時親之長之又一時也均平之效見於天下均平之故實由於親長惟於天下而極其平之□正於天下完其親長之道也無他親長道也親親長長事也人人天下也人人親其親長其長天下平也然則道也事也言治術者不可知所從哉

是故誠者天之道也義

且夫萬物未開之日天以誠而立心兩儀既判以來天即以誠而立命是其造化之樞紐品彙之根柢有不畀此理於含生負氣之初者耶以之者善也而皆善之良即具於降衷之始成之者性也而所性之蘊即足於彝秉之先則誠者非天道之本然乎蓋道之大原出於天天不變道亦不變資始者誠之源各正者誠之立驗誠於運仁體協乎元亨也徵誠於復義智應乎利貞也眞與精凝統聖凡而涵所受之正道與器麗合高下而備厥賦之均則有物有則之恒實根諸無聲無臭之載誠者天之道也誰曰不然是故萬事之立本於一誠之心而推誠之所由來則與有生而俱昇故屯蒙未開一渾然而已矣則知天下無誠以外之天即無天以外之誠

氣如虹
貫勢不
海奔

理原天定不得謂誕降之爾殊性與心孚悉見本體之无妄維皇降衷厥有恒性有所生必有賦之以俱生者有所化必有載之與俱化者勿二勿三之理無非至簡至易之精心明其爲天定而後知純粹至善得之最先天固不違乎仁也人亦盡其在人以合天也可耳而何有於上之獲友之不信親之不悅哉

思誠者人之道也義

且夫以誠與人而不能必人之皆誠也還於其人必之然非必之於其人誰於其人之心必之心與誠一者而後人與天一誠即所言明善誠身者而要之於思焉設也人既知有善矣知善之當爲而未必我能爲之我即爲之而未必我實有之抑何以知其當爲而何以自我而爲之我誠爲之而何以自我而實有之則明知不得遽謂誠明知必當進於誠豈待言耶誠身者必思誠之所從生心之偶著如是心之所由來未必如是思誠之所終極事有必至於是而止而或不至於是而遂止則凡毫末之未盡久暫之或殊者即不得謂之全體之皆誠究全體未成則於天道既未能合即於人道未之能盡也善誠本至虛也有思以貫之則虛者實誠本至微也有思以善之則微者顯天下庸有不誠之人而無不能思之人故人道不在誠而在思天未予人以誠而先予人以思故人道必由思以及誠曲折焉紆迴焉不全其在人而其思不已不愧其在天而其思仍不已也然能思者亦何不誠之足慮哉精神所造金石爲開心志所孚鬼神來告況誠本天之所賦與生俱來不假外求而各足於己者特不思則不得耳雖思而人無不善而思而善無不明思之思之人道豈待他求哉

雲遲水
石明流
壁

儉者不奪人義

今夫一介不與人者即一介不以取之取與嚴於一介亦至末矣而不知無末之非本也大凡廉潔之士以儉自守而以己之心度人之心己不欲浸有所與人亦何堪妄爲所取也遑云奪乎有因而盜曰攘拯努以取曰奪奪人之所有以益己之所無吾不知所益幾何而廉介之所傷貴已多矣則充其類之所至草澤姦宄猶其小焉者耳浸假而盜及寶玉大弓矣浸假而竊夫廟堂神器矣此固非一朝一夕之故而推原其心亦有未能以節儉自守者也蓋儉者稱物平施儉自有儉之德爲取民有制儉自有儉之事爲服飾起居在在無敢多取自奉而厚則減之自養以薄則安之行其心之所安而一臺榭恐費中人數家之產一飲食而恐竭小民終歲之需於是不用掊克不事并吞其供億也亦聽之食用有經何必府海官山與小民爭魚鹽之利匪頒有式何必徵朝索聘同列侯重金幣之求惟其爲儉故不奪耳以制心者制事即以節性者節財緣乎情則博施不妨好行其德酌以禮則多藏轉恐厚亡所以克儉著於夏王儉德愼於元聖蓋不奪人原不足以盡儉而儉者則固斷乎不奪人也獨奈何僞儉者竟欲奪人以爲儉哉

天下溺援之以道義

自來陸沈之災甚於洪水濁世之患波及清流滔滔皆是載胥及溺矣然一人之溺有水之故天下之溺無道之故無道則砥柱無所貫狂瀾莫之挽載沈載浮勢不至胥天下而占滅頂之凶矣不止於此不有以援之如天下何是以洪荒之天下則放蛇龍驅虎豹以援之平成之天

思古道
稱運會
源

下則設學校明禮義以援之暴虐之天下則弔民伐罪以援之孱弱之天下則尊王攘夷以援之援之不同而所以援之則一也一者何也曰道也自有天下以來世途幾變人事幾更而天下至今存者一道之所維繫耳故儒者此身未出環堵蕭然而四海之大民物之繁困瘵萬其痌瘝抑以天下不可一日一道也一旦得志加民遂本其生平之所學舉而措之而後天下之淪胥不資一手足之勞出水火登衽席抑道在則然耳是知有天下即有道有道則天下平無道則天下溺無道而溺天下則欲援天下之溺者舍道而何援乎獨是今之援天下者吾知之矣忠信未孚飾以欺詐刑威不足濟以兵戈此言約縱彼說連橫在其人未嘗不欲撥亂世而反之正也無如援非所援愈援愈溺直不啻治絲不理而棼之也天下何賴有是援哉孟子曰天下溺援之以道識哉萬世不易之定論哉若祇謂折髡之說則小矣

守身守之本也義

孝經云始於事親中於立身身何由立要視其所守何如耳蓋此身之受於父母也鞠育者幾何時顧復者幾何時懷抱提攜者又幾何時迨至子之身成立而父母之身亦幾何憊矣無令若何以此身報父母之身即推之國家天下亦無非為一身之所係何也天生此身非虛設也獨是日用行習之地其足以戕伐我身者所在多有色迷於目迷此身也聲眩於耳眩此身也奇技淫巧子女玉帛之感我心亦即以感此身也迷眩蠱惑一或不慎其不至斷體辱親重為吾身之害者幾何耶故孟子既曰守身為大而復申之曰守身守之本也其義可深繹矣然守非拘執之謂也明發有懷則守其事親之身不孝者非守鞠躬盡瘁則守其事君之身不忠者

溯其由來推其究極

撥雲見天眼

非守以往闢來則守其傳道之身上不蹈下不瀆則守其納交之身不足爲師不獲於友者非守一日此身即一日此守百年此身即百年此守身不變守亦不變舉凡宗族稱孝鄉黨稱弟而國家輯睦天下休和罔弗以此身肇厥基焉故曰本也自有此守而後天地不虛生父母不虛養朝廷不虛立蒼生不虛望則至於守家守國守天下皆此一身所爲之推暨豈特足以事親已哉

若曾子則可謂養志也義

守之孝者是謂能養亦養其口體而已耳所謂視於無形聽於無聲者安在哉不知口體之欲生之於心祇暨其欲不順其心吾恐雖日用三牲之養而親志弗逆已多矣蓋親有親之志焉年齒雖衰其心不堪多用必事事待於記憶是欲逸而反勞之豈所以養吾親者然苟非一時一事一念在於親側而亦不能時時事事念念順乎親心也不然酒肉之奉請與不請相去無幾而視請爲繁文雖勉而能請子之心亦索然而無餘矣有與復進之分相去又無幾也而視復進爲有餘則雖矯而日有亦神明之復善也有酒肉之時則誠有無酒肉之時則誠無養尚不可志云乎哉惟曾子則窺之於微矣當請所與之時猶懼中饋不潔親口不甘至問有餘而嘗可知矣故疾懸之曰有正不必其果有餘也親以爲有餘是即爲有餘耳不惟不欲匿與之意並不欲市與之名不惟不敢以濫與者娛親之思並不敢以混與者違親之旨是蓋從庭闈侍奉之頃息息相感夙夜匪懈斯能意未起而先迎之心甫動而曲體之察親志於未形之先於親志於既形之後所謂視無形聽無聲者非曾子而誰歟不然頤養無愆曾元亦不失爲順

如寫家書如道家常無一沈悶

親之孝子也。而孰知拂其志者爲不少矣。

事親若曾子可也義

且夫事親爲大。則凡人之克善其所事者。無不自見爲可矣。然以人人之所能盡者以爲事而事之道淺。以人人所不能盡者以爲事而事之道深。以古人之所易盡者以爲事而事之道顯。以古人之所難盡者以爲事而事之道微。生今之世。尚論古人而後歎事之不遺餘力者。正孝之不留遺憾者也。不然。誰非人子。誰無父母。謂曾子能事親。則曾元亦能事親也。謂曾子能養親。則曾元亦能養親也。曾亦思曾子所養固在志而不在口體哉。雖然。曾子當日初未敢以事親爲可也。耘瓜受扑之日久。乖大杖則走之義。其獲疚於親也多矣。況父風脫略。自喜庭闈之地。意旨難悉。則雖事事躬承。安必其無隱戚之未慊也。以云事親。亦事其所事焉耳。然而可矣。人孰無親。而獨能曲體其親之心。人孰無事。而獨能婉達其事之道。視於無形。聽於無聲。曾子有之矣。不然。舜稱大孝。武周稱達孝。久爲孔子所推許矣。即至孔門諸賢。子路以負米聞。閔損以執鞭著。非皆能事親而各致其道者乎。然能以菽水之歡。克盡天倫之樂。而盤匜酒醴品循。內則之所未及者。要必於曾子歎觀止也。嗚呼可矣。

有不虞之譽有求全之毀義

今夫實至者名歸。過譽者毀至。理之常也。故當譽之未來。人方加意檢束。而深恐毀之或招。毀之未集。人亦勉自修持。而將冀譽之或有。此譽之與毀。皆其意計所料。而可操券於先事者也。亦何有不虞之譽。求全之毀哉。然而世變有不可知。人言有不可據。物情有不可測。吾心有不

書局校印

濟流激湍因風成韻

絲絲入扣

可懲孟子早窺之於微矣我非沽名信我者忽成附會我非含垢疑我者動肆擠排初猶以爲事之偶然無足怪者至小人以游蕩爲要結君子以標榜爲黨援所謂偶有者直或爲必有耳然就恒情揆之人有聞譽而不喜者乎無有也有聞毀而不憂者乎無有也善在於譽何況譽非所譽憂在於毀何況毀非所毀而豈知喜無可喜亦憂不必憂非惟無可喜是正可憂非惟無可憂是正可喜自來君子儻才太易小人持論恒苛以彼之譽本違心毀滋多口其譽者之諛我正譽者之激我毀者之惕我正毀者之愛我心不持於物議足悚動夫我心也士君子生當晚近雖曰直道猶在斯民而是非誰來定論亦惟視爲習有而安之可也不然有是善而譽之是所虞也不虞則何譽哉有是失則毀之求全則何毀哉而孰知世變不可知人言不可據物情不可測吾心不可憑竟有如此者

曰克有罪義

君子之身至潔潔則不可汙君子之志極堅堅則不可屈君子之品獨異異則不可苟爲同至於晉謁之間儀文之末特其小節焉耳豈以此爲功罪哉然樂正子從子敖之齊非不知子敖嬖倖也亦權臣也其氣燄之濁勢利之逼人有志之士所去之而若浼者矣而乃忘其堅且潔者漫與之偕同孟子於其來而薄責之宜矣獨是改過者君子飾非者小人人往往不自知其罪耳一旦父師有責輒自隱遁其辭以辯其說甚至匿其所短暴其所長雖先生長者之前而亦有不能帖然服者況其從子敖之來本非樂正子之本心也適然過之則亦適然從之所謂相與於無相與者也而乃悚然而聽皇然而驚忸然而慙失身之咎既悔附驥之非人來見之

頭緒相形沈思獨往

紆迴曲折純以理勝

遲復柄摳發之太晚始而失義繼而失禮無義不自引爲罪也得乎曰克有罪亦其勇於受過也樂正子猶孟子之高弟哉

君子以爲猶告也義

君子守經而已矣而有時則用其權權者變也經者常也惟守常者能通變通變正所以守其常也舜娶妻舜以二女堯未嘗不知舜有父母在不可不告茲何以不待其告而欲妻則竟妻之天下豈有無父之國哉不知堯君也妻以君命君命猶父命耳使當日者舜獨泥於經法需當君命既不可爲臣又不可爲子而況舜之二老頑嚚性成告之而聽善矣告之而不聽則上之既違君以覲望之命下之又蹈親以不義之名其不孝孰甚焉以爲猶告誠君子原心之論也且夫君子行事惟視義所在耳告而不娶則重拂君心顯父之過舜既不能全親之慈且君子用心尤視情之所至耳告而不娶則絕先祖祀終身有鰥舜又安能成已之孝也大凡人情事前易迷事後易悔因告而不使娶舜之父母或出於一時矯激而事過情遷幡然追悟則今日之不娶適貽親後日之傷心也大舜至孝詎忍出此故與其告而害人倫之義孰若以不告而全君父之恩也不告之告猶之告也此爲聖人之用權自非聖人幸無以舜藉口而蹈不告之罪也可

舜盡事親之道而瞽瞍底豫瞽瞍底豫而天下化瞽瞍底豫而天下之爲父子者定義天下可百年無聖人而不能一日無父子是人之於父子亦人自爲之初於聖人無與也而吾謂寔聖人爲之蓋聖人當日猶是此父子又幾幾乎無以爲父子而卒能全其爲父子並以範

天下之父子自非聖人烏得使天下如是耶然則父子之性定之自天父子之恩定之自人何以天下之化猶有待於瞽瞍底豫哉其化也蓋化於舜之所爲也舜何爲哉亦求所以爲父子者而已矣其始也未盡事親之道瞍不得爲人舜安得爲子其視天下孰不爲人父孰不爲人子而獨難爾庭闈之憾其繼也既盡事親之道瞍終得爲父舜終得爲子則雖天下有難乎爲父難乎爲子而無不可徵天性之同無他其所爲者可推也獨是天下未化之先以舜之爲子而有瞽瞍之爲父以瞽瞍之爲父而有舜之爲子天下有汲汲矣設當日者舜或諉諸不可爲安於不能爲則虞廷之上父子之禍已亟千古之大倫不壞於天下之爲父子而壞於舜與瞽瞍之爲父子豈不殆哉乃至耕麓岡河有鰥愈切窮人之慕焚廩浚井高堂已有悔過之心幸也瞽瞍底豫而天下之爲父子者定矣此舜所以有大孝之稱也

言人之不善　二句義

凡人存忠厚之心是故無仇怨之事有寬容之量是故無禍患之憂所以夷齊忘舊惡而怨以希虞舜隱人惡而知以大推其心雖非因避害而然而人之受其優容者自不忍以害相反是則其怨有不堪言者孟子曰言人之不善當如後患何豈不以言爲厲階古今同患故君子以愼言爲本賢者以訐直爲惡而世人不察往往發人之私攻人之短逞雄辯於一己快笑談於片時方且謂不善之人世所同惡自吾言之而非私不善之事理所不容自吾言之而非刻是於內失忠厚外失和平均有所不顧而不知彼其人雖屈正論於一時必懷憤恨於異世雖隱忍於當境必報復於將來彼夫中傷之隱毒横逆之顯禍豈無因而致無故而來哉要皆一

氣脈流動

言之不謹。階之厲耳。是以君子恢宏平恕。無所不容。即使人以非義相加。非禮相犯。尚且涵容隱而不言。矧其不善在人。與己無與。而何必訐譏以辭色。伏禍於隱微耶。故語曰。惡人之惡者。書曰。惟口出好興戎。其所戒言人之不善者深矣。而皆莫如惕以後患之爲可畏。人之不善每忌人言。觸人所忌。而怒目隨之。故口舌之所攻擊。即怒怨之所讐叢。如響之應。如影之隨。而欲能免後患焉。烏可得乎。然則言人之不善者。可不慎與。可不慎與。

仲尼不爲已甚者義

已甚之事。天下之難能也。惟其難而好高務遠之徒。遂以爲非是不足以驚世而駭俗。故務以精神赴之。而莫知其誤。此不爲已甚。所以爲聖人能之也。夫聖人者教人忠孝仁義者也。而學者或至諫君之過。臨之以兵。斯忠之甚也。愛親以德。貿然責善。斯孝之甚也。惻隱救人。至於從井。則仁甚矣。慷慨恥祿。至於焚身。則義甚矣。人但知忠孝仁義。賢知之事。而不知至於已甚。則賢知之過矣。惡有懿德美行。而以過爲貴哉。是故聖人有鑒於此。而爲之樹其防。立其準。言皆庸言。行皆庸行。協乎至當之則。依乎中庸之至。減之錙銖則不及。加之毫末則有餘。初何嘗有奇特之爲。動人耳目。以開斯世立異之風哉。而學者苟不深察。一有少差。則流於鄉愿之亂德。是以爲忠而或死非其正。爲孝而或伎體自傷。爲仁義而或有粉虀之犧牲。或甘摩放其頂踵。皆於事理當然太自見好。以致失其權度之宜。所謂已甚者非耶。故孔子告子路之六言六蔽。防其甚也。又曰。恭而無禮則勞。慎而無禮則葸。勇而無禮則亂。直而無禮則絞。亦防其甚也。仲尼之垂教來學。其斤斤也如此。故其居身行事。以及與人接物之微。無一不準之天理之當然。

言明且清氣疎以達

而欲求其已甚者不可得也○

大人者言不必信行不必果惟義所在義

言行之患在乎無所主言行之弊在乎有所主無所主則出納浮僞動作游移其患固難勝道○有所主則硜硜於前斤斤於後其弊亦不可終極故大人者知放蕩之不可爲而順之以理知執滯之不可法而制之以宜順以理則言行自無失制以宜則信果不先期蓋其所存者大故所言者精所養者深故所行者熟故行果者下士言行之防而非大人言行之準也夫大人者惟知義之當然而已故不必期信於言而言無不信不必期果於行而行無不果何也義所當言則近義可復自無不信之言矣義所當行則見義必爲自無不果之行矣然則大人之不必信不必果豈眞不信不果哉特惟義所在而不必信不必果之同耳然有時有不信之信不果之果若不衡之以義則人且謂之眞不信眞不果矣何則孔子對陳司敗之問昭公直答以爲知禮斯不信之言也其去魯曰遲遲吾行斯不果之行也不知知禮之對義在爲君諱過不信之信也遲遲吾行義在不忍違父母之國不果之果也使其不行以義而祗曰必信必果能無弊耶故有同此信果而出自大人則爲義者有所主而爲則私無所主而爲則公耳抑有同此不信不果而出自大人方爲義者有心爲游移則悖無心爲因應則當耳是以不必信果者義之惟精而未嘗不信果者義之惟一也夫然而知大人言行惟義之在之故矣○

大人者不失其赤子之心者也義

心爲神明之宫智慧之所從出其爲體也純一無僞其爲用也萬化變通人之始生莫不咨具

其體造至漸長而有良知焉有良能焉於是其用漸充使由此遂之暢之擴充之無私欲之弊無邪曲之撓由靜而動由誠而明以必至於無所不知無所不能非難事也故孟子曰大人者不失其赤子之心者也豈不以赤子之心純一無僞大人之心亦純一無僞乎夫純一無僞者心之體變通萬化者心之用未有失其體而能致其用者也大人知其然也保全之涵養之以具衆理以應萬事不爲物誘不爲私奪以還其完完全全之本體故赤子之誠極至也大人則無僞以雜之赤子之心至善也大人則無惡以擾之所謂不失者此也若夫充良知以周萬物擴良能以濟群生其擴之充之之功固大人所已盡之事而非赤子之僅有其體者所可同日而語而要之擴充之事亦惟盡其赤子之所未盡而已而非於固有之外別有所謂擴充也是故心失諸有意大人則何思何慮依然赤子之無意也心失諸有爲大人則行所無事依然赤子之無爲也雖使窮神知化通晝夜徹鬼神成務定業參天地彌古今要皆充足此心而已若夫失之其何能哉

君子深造之以道義

一貫之旨自曾子得聞而後其晦近於百年迨孟子私淑孔子深造有得而後一貫之旨復明於天下其言曰君子深造之以道欲其自得之也云云非其親歷其境甘苦備嘗決無知是言之親切有味耐人玩索者也失道者造之方深者造之極造不以道則從事於虛無而妄求得于意言之表務靜所以亂有爲也造之不深則用力於淺近而即責效於旦暮之間涉獵所以誤漸進也君子不然惟博其學審其問慎其思明其辨篤其行故致其力而不急其功務其方

墨無旁瀉筆有餘妍

而不躐其等道，大知無不致力，無不行其一貫之道，雖不期必得而自然得之之勢，將有不可禦者矣。故曰自得之也。當是時，義精理熟，豁然貫通，非由強探，非由力致，內障不得蒙，外誘無從奪，非所謂居之安乎？夫居既安矣，則理積於心，以一禦萬，以萬合一，如富有之家，所積已厚，無俟營運之勞，非謂資之深乎？夫資既深矣，則蘊蓄裕而因應無窮。君也應之以忠，親也應之以孝，朋友應之以信，長幼也，夫婦也，應之以有序有別，他如邦國之大，交接之微，無不因物以付，隨事制宜，而所資之原，取不竆，用不竭也。所謂取之左右逢其源者，非乎？其自得之妙如此。故君子之學，人視爲勞而不知適逸，人視爲勉而不知適安。嗟呼！此一貫之旨，所以爲孟子得之也。

資之深則取之左右逢其源故君子欲其自得之也義

平正通達

且學問中層累曲折之境，與情相因而有進境，無止境也。境未至而情鍾焉，境既止而情融焉，融而化之，遂不得離而二之。凡積之愈厚，挹之彌永者，境至是而止，而其與境俱適之情仍未止。斯境因情真，情因境切，所謂資之深則取之左右逢其源，可知君子欲其自得之故矣。因而論之，功修之自臧，剝復無常，而程途無限。君子知資與取不容強制，亦不容紛馳。其資之有素者，將優游而浮泳；其取之有方者，必融會而貫通。故致力於此，責效於彼，綜萬殊而一貫，合衆解而同歸。夫亦積蓄以待其時，從容以待其化而已。是則資之深者，資其原以待取也。至於左右逢其原，則資之深效見，居安之道亦見。深造以道之君子，欲其自得之也固宜。夫外來之物，得之每以爲奇者，此人情也；罕有之寶，得之輒以自秘者，亦人情也。至原曰其原，則非外來之

浮烟漲墨一掃而空

物罕有之。資而取之甚。便又不傷。靡徵左宜右有之長。享左顧右盼之樂。人以爲得其新。彼以爲逢其故。人不過逢其遇。彼獨能得其操。然後知學問之中。於此心少一持循。即於此理多一阻滯。於此心甚多一培植。即於此理少一游移。資之斯取之。取之斯得之。假借於人不得。勉強於己亦不得。惟以自得者。默爲之持。復以得之者。聽其自至。則此心既無障礙。斯怡渙之境自隨勞頓以俱來。此彼儼若循環。故斂抑之餘自載洋溢之神以俱出。鳶魚之妙。觸處皆眞。窮神達化之詣。將於是乎在。然而君子資深之效。君子并不自知也。吾見其居之安。而爲推原深造以道之故。故曰君子欲其自得之也。

文亦深造自得

以善服人者　四句義

爲善有公私。服人有眞僞。知善之當爲而爲之。不敢私之於己。而欲人之同歸於善。則其所爲善者公也。知善之有用而爲之。不可公之於人。而幸人之不如其善。則其所爲善者私也。善之私者服人者也。善之公者人服者也。服人僞也。人服眞也。天下安有服人而人能服者哉。故孟子曰以善服人者。未有能服人者也。以善養人。然後能服天下。夫善者人之所固有。非一人之私也。故大舜之所以爲大。善與人同而已。茲欲以己之善而服人。且因服人而始有善。而惟恐人之進於不善。不足以顯己之有。則其所以爲善之心。已先自處於僞。而欲以是服人。是不啻教之僞也。烏有教之僞而人應之以眞哉。故曰未有能服人者也。若夫有善於己。而惟恐人之不善。以己之善善之。其善之未發也。以身導之。其善已之發也。引而長之。所謂養也。養人者無

筆意纏綿絲絲入扣

服人之心而天下之感其養者如子之於母弟之於師誠心悅服而無勉强故曰能服天下是以桓文之會葵邱踐土假仁義以行其私所謂以善服人者也而當時諸侯亦嘗服之而不知非服也畏之耳湯之於葛遣之牛羊使人往耕所謂以善養人者也故當時之名皆曰后來我蘇其湯無服人之心人自服之耳由是觀之則今之諸侯王當知所從事矣

人之所以異於禽獸者幾希　一節義

人物之所同者理也所不同者心也理之同如母子相親雌雄相别心之異如人則虛靈物則昏昧故其知覺運動之準乎天者非遙而宰乎知覺運動之存乎人者則判若天壤耳孟子謂人之所異於禽獸者幾希蓋人物之生同得天地大生之理以成其形體理賦於人則人理賦於物則物人物之形體不同故人物之性情亦異而其異亦不過偏正之分去存之别初非自理賦之初即具一定不移之勢故人其人則人矣人其物則物矣物不得類於人人則易類於物人物之分夫何遠哉是以庶民不知此理所判之微所關之大而但知己之爲人斷非禽獸之可同語而蔽於物欲放逸怠惰以失其所以與物相異之具已謂爲人而人己物之外視非物而內已非人噫失以毫釐差以千里非此謂乎君子不然知人心之危而持之以一知道心之微而存之以精故其兢勤惕勵終身罔懈之所爭者爭此人物所分之幾希耳及其力久功深存養既熟而所受之天地之理充塞無間他人視之固不敢比之於物並不敢比之於人或尊之爲君子或奉之爲聖賢而不知所異於物所異於庶民者能幾何哉是故人物之分不分於生理而分於靈蠢賢愚之别不别於性情而别於存去則愚而物可不慎哉

堂堂之鼓正正之旗

舜明於庶物察於人倫由仁義行非行仁義也　義

灼然者人心也當然者事理也自然者合心與理而由之無勉強者也昧其灼然蔽其當然者雖人而非人也明其灼然知其當然而未盡乎自然者人也而非物也本乎灼然盡乎當然而適乎自然者其舜乎舜智周萬物而爲人倫之至者也其周也其至也夫何爲而然也曰仁義根於心而不待勉強故幾希之理散諸萬事秩爲五常而以一心周萬事因物準已弗待推詳以一心貫五常並人合天無庸疑慮所以工虞水火諸務不假格至之功而自無不洞明浮與膚淺大端不假明倫之學而自極其詳察無論宇宙蕃變日出不窮而神智所周無幽弗燭民彝日用悖循匪易而精醇既至有觸皆通故倫物之地舜處極難明察之能舜爲極易彼夫煦嫗爲仁激烈爲義者何由竊其項背哉假使庶物而不能明人倫而不能察君子乎庶民乎禽獸乎均非予所知也且天生人而予之以仁義凡人皆仁也皆義也人得其全物得其偏全者擴而充之偏者拘而蔽之能仁義則人也不能仁義則禽獸也或仁而不仁或義而不義即此不仁不義之處亦禽獸也何也以其不能戰兢惕厲而有以全其所受之正也故唯至聖生知安行智周萬物爲人倫之至其下則人禽參半者也可不畏哉

湯執中立賢無方義

精一傳心明揚顯俊舜親承於堯禹親承於舜豈不以君臨天下者必本宥密之操存必顯賢才之任使始足以內全幾希之理外握郅治之原哉故孟子歷叙存之之統緒繼禹及湯夫湯雖未親承於禹而用人持己不謀而合良有以也然而揖讓變征誅後世且貽爲口實湯之中

空前軼後卓爾不羣

精當有餘

或不免有疑。不知征誅所以安天下。而無利天下之心。故纘禹舊服得中之經。而旻革夏正。得中之權。且局以創而見奇。德以大而彌正。此湯所以協於克一也。然而中之曰執。不貴拘虛而貴精詳。修之於身。則嚴繩之於心。則固舉凡寬仁禮義。皆以中統之。故聲色貨利不邇不殖。匪彝俗淫。無從無即。其懋建之極分於是乎全。而應事固攸往咸宜矣。然而用人不廣其途。則厥德雖新而績猶未懋。是以開創以培植爲先。援用以器使爲要。賓格有不循。人見有必破。世族草野有不拘。遐近親疏有不問。所以元聖簡在帝心。幣聘下於畎畝。而仲虺之出於奚仲之後。惟其賢而立之無疑。所謂合家人之謀猷。爲一人之輔弼。則凡爲上爲德爲下爲民。悉以無方取之。求於旁求俊彥。以得師敷。求哲人輔後嗣。其丕釐之意。計亦何遠哉。且夫惟執中則無固必之心。故立賢無迂拘之見。惟無方則動合時宜。故執中非無權之比。此又互推而知湯存幾希之理者也。

武王不泄邇不忘遠義

德不極乎纘密周詳。則人與事之微且近者。必習焉不察。仁不至乎包涵徧覆。則人與事之鉅且遐者。必膜焉無覩。是以大度之主每騖遠而忽邇。小心之君又圖邇而遺遐。其故豈有他哉。德未盛而仁未至耳。粵稽武王承文王之遺緒。其用人行事。大抵遵先王之法。繼先王之志。而鮮有變革。然而德修之政已施。諸人固非僅事遵循。遂不足以爲繼志者也。使當時恢宏過度。亦不足振丕基。而或日用之微。侍御之近。必多所玩泄。謹慎太甚。非不能承遺緒。而事機之未或側陋之未揚。又必難免遺亡。是以惟德之感則邇始不泄。惟仁之至則遠始無忘。豈偶然哉。

且夫邇遠之所分者其境。而不分者其心。以心之一。御境之分。故爾室之顧諟。盤盂几杖悉載精心。天道之陰陽寒燠。雨暘動闢皇極。蓋其所操者約。而其所應者無窮也。是故易泄者莫如邇。而武王於執御之微。亦切無忘無荒之戒。極之綴衣虎賁。亦昭嚴肅。易忘者莫如遠。而武王於遼陬之區。亦深無侮無拂之思。推之羌髳庸蜀。咸奉皇靈。所以異從左右皆知儆也。而人之邇者不泄。刀劍戶牖。皆箴銘也。而事之邇者不泄。建侯樹屏。所必慮。而人之遠者不忘。燕翼貽謀。所必預。而事之遠者不忘。非皆武王不泄不忘之明證也歟。書曰。無德不御。易曰。包荒不遐遺。其義蓋亦本於此歟。

周公思兼三王以施四事義

聖人不同揆而同心。法度不同施而同治。三王之揆。四事之施。各有不同。而其心與治則無異。惟其同而泥之。則失變化之妙用。惟其異而違之。亦失宗貫之全神。是以周公不敢泥亦不敢違。以一聖人之心。兼衆聖人之事。不合則不憚其思。合則不緩其行。其兼也仁也。思也智也。待旦也勇也。何以言之。夫仁者心德純全。衆善皆備。一德未全。一善未備。非仁也。故周公承禹湯文武之後。綜其四事而兼之於己。施之於事。兼者全也。施者備也。非仁而能若是乎。然而仁無智則不足以成其仁。時勢異殊。事或宜古而不宜今。不時湯禹之代。遠年湮。即文武至今亦不免懸用其損益。所以不合之事。在所時有。而非智則無以通其故而合其神。所以思之思之。夜以繼日。雖勞不忘。志在必得。設使志有未慊。則理自有未達。而仁即有未全。然則其得也。即其智之成仁者也。雖然理得之已。而事未見諸行。則是禹湯文武之道不下遂也。理得矣。事行矣。

書林吐馥文剛含鍔

而或有遷回之心無砲 之念。則是四事之施。或不免失機之處。而事之可徵諸實者。理或仍慮於虛。故其用非勇無以全其智而成其仁。是以淮席不安。弗遑暇寐。夙晨既告。展布不遑。此無逸之篇雖爲成王而作。蓋亦公之曉之之心也。吾故曰兼者仁也。思者智也。待旦者勇也

可以取可以無取取傷廉義

竊以義利之辨。相隔甚微。而相去甚遠。其明明害義者無論也。即使見爲義而兼營利。見爲利而非背義。其將併義利於一途而概置諸不辨耶。然則可以取可以無取。所謂取傷廉者。何以稱焉。試即傷廉之義論之。苟得何以戒於禮。敢類何以警於詩。義止貪也。然六計尚廉。誰敢顯冒貪之名哉。今試置兩物於此。而以區別之曰是可以取。是不可以取。則義與利必無混淆。而顯爲旁觀所矚。且不特廉者決然去之。即貪者亦不敢欣然就之。既有可取者以賞其廉而養其廉。而必取其所不可取。非至愚孰肯蹈此。若猶是一物也。或千駟或萬鍾。即小而至於一芥。紛紛然以待斯人之去取。而人素有廉士之稱。不至有不廉之事。就物論物。旁觀莫不以爲可取。第我即兩端而熟權之於一心。將取之乎。未爲不可也。將無取乎。亦未爲不可也。而必以廉之故。舍無取之可就可取之可。惕惕然以取之而揆之於心。終有不自安者。雖曰廉名素著。取之無傷。孰知不傷於外者。實傷於內也。不傷於顯者。實傷於微也。不傷於衆人之指摘者。實傷於一心之反側也。其傷不既多乎。況取而第曰可僅可。而有所未盡之辭也。取又曰可以無取無相遒禁止之辭也。所以夷齊恥食周粟。而不以首陽之蕨薇貪生。黔敖欲濟齊飢。而責以嗟來之食救死。彼甘心窮餓而不悔者。誠恐其傷廉也。若夫陳仲子素稱廉士。不義與之齊國而

不受人皆信之而食其妻之食居於陵之居皆在可以取可以無取之列者也彼井上之李豈眞伯夷之所樹乃因無聞無見之故取螬餘而三咽焉孟子不許其能廉爲其矯情干譽也故廉者不徇人亦不徇己凡有所取必先以可不可者辨之於心苟吾心有一毫之未安則能棄而勿取不忍取而自傷也然豈矯廉者所可同日而語哉

禹稷顏回同道義

且夫聖賢出處之際不可以用舍論尤不可以通塞計也故往往大有爲之人不遇大有爲之世斯其身或終於困阨以大有爲之人又值大有爲之世斯天下賴其經營則其遇不遇之間似非可一槪論者如孟子言禹稷而必兼及於顏子伊何故哉蓋禹稷顏子所處不同而其所守之道則同也禹稷當治平固以救民爲急顏子當亂世自宜修己爲先使治平之時而仍不改其樂則枕流漱石棲身於箕山潁水之間亦不過一巢父耳一許由耳其何以慰天下蒼生之望使衰亂之際而欲行禹稷之道則一官一邑肩行於晉偃卜商之班不過一武城宰耳一莒父宰耳亦何足見王佐之才是禹稷之濟時固非釣譽沽名可比顏子之不仕亦非膜視天下之心蓋惟能犯乎水火龍蛇之螁即能凛乎視聽言動之防能無伐無施於善勞斯能克儉克勤於邦國良以遇雖不同而其道則無不同也夫道之在禹稷者朱虎熊羆所不得而同而惟不改其樂者同之道之在顏子者沮溺丈人者皆不得同而惟三過不入者之同治水教稼之可行時乘輅者早辨之裕如矣吾故謂聖賢出處之際不可以用舍通塞計而可以一道貫之

驚才風逸壯志烟高

禹思天下有溺者　一節義

聞之理亂不知。是非不問。乃隱士之襟期。任天下之滔滔。甘聲名之寂寂。亦高人之懷抱。如堯之時巢父許由。周之時長沮桀溺。此其人雖皆爲非常之人。而終不得入聖賢之域者。以其膜視天下爲已甚也。然則視天下爲一家。視蒼生爲赤子。將如何而後可。亦曰莫若師禹稷。當堯之時洪水未平。生民塗炭。禹稷身當其際。使畏葸不進。如蒼生何。又何得垂名於萬世哉。乃其隨山刊木。免萬姓於其魚。教稼穡。奠烝民於乃粒。雖三過其門而不入。手胼足胝。而不辭。亟亟不遑。惟恐或後。以其心在救民也。獨是救民難矣。救民而如禹稷之心。救民則尤難。何則洪水橫流。中國之受其害深矣。今欲收功於一旦。而必使人人享安樂。免瘠苦。誠恐禹稷思澤雖隆。功德雖大。而與天地之中使無不周徧也。殆亦事之難能。即禹稷亦無如之何也。然而禹稷之心則大不然者。以爲一人不救。不免於溺。一夫不耕。不免於飢。斯民何罪而使罹此溺飢之慘乎。悠悠蒼天。生我何爲而不能免斯民於溺飢之苦。我滋罪矣。然則天下之溺者。皆爲禹之罪乎。天下之飢者。皆爲稷之罪乎。不然。何天下之溺飢者。禹稷以爲己溺之己飢之。抑又何哉。嗚乎。如此之說者。豈知禹稷之心哉。夫禹稷之心。仁人之心。亦斯民之心也。斯民之溺。雖非己溺之。而禹則以爲治水無功。是以不免於溺。斯民之飢。雖非己飢之。而稷則以爲教稼不善。是以不免於飢也。甚矣。此仁人之心也。天下焉有仁人之心而不忍救民也哉。

曾子居武城義

甚矣。師尊之位之高且尊也。可與圖安。而不可與圖危。可與共休逸。而不可與圖患難。此在有

坐久方
聞四處
踮

識者以知其然而以無識者處此則必謂受人之知者當分人之憂分人之祿當共人之難如曾子之居武城者寇至則去寇退則返人之憒憒私議者亦固其所獨是其人特未知師道耳夫師道者教育人才胥歸於正此師之責也外此如烽烟警寇勢張皆可潔身早去不與其難此其事凡爲師者皆可如是並非一曾子爲然也或者謂師爲道高德重之人寇未至而不能弭其亂寇既張而先思避其身如是而處師尊之位似不足爲多士之遵循萬民之瞻仰也然而有官守者盡其職有言責者盡其言師無官守師無言責也以無官守言責之人而獨濡滯不去甘以身與其難卽非曾子亦愚不至此也蓋以所成者無名而徒自戕其身耳若謂臨難而去人之事以忠敬者未免有負則敬師之道舍忠敬又何由哉假使曾子有武城之責則薪木有不計牆屋有不計舍身不避戕知必有不負所責者豈僅計及薪木牆屋哉計及於薪木牆屋正所以明師道也或人不察有以此疑曾子識曾子之意曾子不聞有官而沈猶行代爲之辨也夫沈氏負芻之難曾子亦曾不與其聞矣或人之疑亦可從釋矣

子思居於衛　一節義

曾子爲聖門之高弟子思爲聖門之賢孫固皆學聖人之學而子思又學於曾子者也當子思居衛之時適有寇亂之警或有勸之者曰聞子嘗學於曾子矣似子之所爲亦不外乎曾子之所爲而後可也曾子之居武城也寇至則去寇退則返子何不效其故轍而先去乎子思掫然曰否否子特知其一不知其二拘於成見而不能攬乎全勢也吾聞之舍身報國者士之常也臨難苟免者士之恥也使思處曾子之所遇亦固無不去使曾子處子思之所遭亦未有子然

清言貫古今

不堪類唱鷓鴣辭

遠逝者。皆所處不同也。曾子所處者師位。爲師者本無與人安危之理。思所處者臣職。爲臣豈敢存退避之心。且也國存與存。國亡與亡。此正臣者致身立節之時。分君以患難。而不可自圖身命也。使自圖身命。先爲退避。不獨有負臣節。亦大有負生平之所學也。曾子之所以聞寇則去。正曾子之用心。以啟天下爲師道者可如是。而非天下之臣道。得一概論也。誠如或人所言寇至爲曾子之去。寇退效曾子之返。微特無以爲子思。亦且無以見曾子也。

儲子曰王使人瞯夫子　一章義

昔有若云麒麟之於走獸。鳳凰之於飛鳥。太山之於丘垤。河海之於行潦。類也。自飛鳥不能歛其心。養其性。則毛蟲羽蟲之長。遂若出類拔萃矣。人亦猶是也。顧人者同得天地之理以爲性以爲情。我與堯舜同。即堯舜與我不異。推之天下人均無異於堯舜。日者孟子至齊。以道高德重之身。來爭強競伯之國。當其入境。間禁齊之民。顧相謂曰。若斯人者何氣象之嚴嚴。神采之奕奕。如是耶。及入其國。履其朝。齊君臣見而畏之敬之。以爲如孟子其人者。殆今天下所罕覯之一人。而特不知退公朝。居賓館。動容周旋。能中禮與。有盛德否。於是使覸之。命與焉。又恐孟子知之。或故矯柔而造作也。乃明窺之不可。暗窺之。粗窺之不可。細窺之。一窺之不可。再三窺之。如穿窬之盜物。令人莫識所從來。如神鬼之降臨。令人莫逃其洞鑒。初不料儲子之告之也。孟子答儲子曰。無異於人。正明己之無異。非以堯舜自況也。曰堯舜與人同。非輕視堯舜。蓋謂堯舜含生負性。與人無別。但能修身明道。得盛名。同之中見爲異。異之中寔本於同。何所事乎瞯哉。乃齊王爲瞯孟子。故寄腹心於細人。定妍媸於利口。以孟子處賓師之尊。且竊而視之。則君子方惴惴焉。惟求免禍。而小人外示公忠。內結左右。譽言日聞。讒說愈行。則賢者之難容其。國而去計決矣。睭之弊可勝道哉。

維世深心舉手揭出

選易天下皎出桀汁

新心懷評

張鸞批選四書義續編

孟子

孟子見梁惠王　三節義

孟子處後天下而持古天下之道。心留赤子。事備大人。亦有仁義而已矣。七國之王。大不悅於其道。處鄒之野數十年無過而問者。而道不可貶。君不可徇。未嘗一見諸侯。而孟子亦既老矣。日者梁惠王以卑禮厚幣來招。而孟子始出。使王於此。誠有高世之志。則一見而問者非天下之安危。必天下之治亂。堯舜湯文以仁義而興。桀紂幽厲以敗仁賊義而亡。皆王之所宜詳者。而王不然。其所請於高賢無奇策。曰利。嗟乎。利之移人之速。入人之深。一至於此乎。此人心危微之介。萬世盛衰之由。非獨一人之故而已。宜力爭之。爭之而無道而易之。非獨理有不足。亦何以服王心。而所以易之者。亦豈有他舉乎。曰幼而學者。壯而行之。所謂道不可貶。君不可徇。亦有仁義而已矣。蓋造物生人之心。與人主所以治反人道之正。皆在乎此。而利已中於王心。則仁義亡矣。是不可不清其源。利不去。心不正。仁義不行。是故力爭之也。言至此。而孟子之心戚矣。不遠千里來見王。何爲者也。言至此。而孟子之說長矣。不遠千里來見王。而不以古天下之道易後天下。何爲者也。

奇闢警透精義入神

亦有仁義而已矣義

古今之天下。一仁義維持之天下也。古今之人心。一仁義蘊結之人心也。古今之學術。一仁義

千絲碧藕玲瓏梲一卷芭蕉轉轆心

歸怨識夷途汲古得修綆

流傳之學術也。古今之政治。一仁義敎施之政治也。古今之君臣。一仁義啟沃之君臣也。故孟子告梁以已亦有仁義而已矣。利者仁義之賊也。以仁存心。賊仁則無仁。無仁則心失。以義制事。賊義則無義。無義則事紛然。則仁不可不有也。義不可不有也。仁義不可一有一不有也。仁義不可人有我不有也。堯舜有仁義。禹湯有仁義。文武有仁義。成康有仁義。凡爲君者莫不有仁義。皐夔有仁義。伊傅有仁義。周召有仁義。孔子有仁義。凡爲臣者亦莫不有仁義。有仁義亦何難哉。仁之有乃固有也。有仁義尙何求哉。仁義之有乃大有也。固有則欲其有而即有。大有則一有而無不有。仁不入愚。有仁即有智也。義不失守。有義即有信也。仁義不自尊。有仁義即有禮也。且又可覩當日天下之形勢。而不梁之於仁義。尤急其戰。輙敗。非仁義何以洒其恥。其地屢喪。非仁義何以復其疆。其國新遷。非仁義何自撫其衆。其民多糜爛。非仁義何自息其生。齊楚大於梁。非仁義無以戢其争。宋衛中山踈於梁。非仁義無以聯其氣。若夫不仁不義之事。假仁假義之爲。與夫小仁小義之術。要豈足以言有哉。

十證十決。再接再厲。文章如剝蕉心。如抽繭絲。如飄風急雨之驟至。如輕車快馬之奔馳。講義得此。歎觀止矣。

孟子見梁惠王。王立於沼上　一章義

梁有惠王。獨樂之主耳。一旦欲以所樂屬之於賢。嗟乎。王無志於賢則已。王而有志於賢。則古之能樂者。未有賢於文王者也。顧不問文王何以能樂。而但欲以所樂挽之於文王者也。則文有靈臺靈囿。王以沼上當之。文有麀鹿魚鱉。王以鴻鴈麋鹿當之。而王亦一文王也。然懼王慕

理境上乘

文王之名皆夏桀之實也何也欲樂者君之同心即夏桀未嘗無臺池鳥獸之樂也然詩不曰日成之書曰時日害喪矣詩曰庶民子來書曰及汝偕亡矣夫民莫不愛力而文之民願以其力爲君勞民莫不愛生而桀之民願以其生偕君死若是者何哉一賢一不賢皆樂之與獨樂異其情故能樂與不能樂殊其應也嗚呼文王當日岐山一小侯耳與民偕樂而人心集天命歸夏桀當日猶安邑盛天子也獨樂其身而湯師入夏社墟賢者若此不賢者若彼可不勉哉可不懼哉

鉤元摘要古樸絕倫

詩云經始靈臺　魚躍義

考靈臺與辟雍並建非猶皋門冢土承前此舊規而後人特葺而新之也當是時實經始云既已經始必先略其基址正其方位且於臺之旁斂其地思擴然以爲囿疏其泉思泓然以爲沼先定規模而從事焉所以經營者至矣無何踵相接者各執事而效力不終日而靈臺告成若有鬼神異物明來相之噫雖有君命何其亟也孰意下勿亟之令者惟恐疲民而盡予來之誼者惟思竭力以視畏威遠罪不得已而從君命者不大相遠哉且詩咏王之在靈囿也在靈沼也囿沼之中獸走其旁鳥飛其上魚躍于淵王時時在焉而麋鹿不驚也鳥翯靜深也魚樂實閑也王遇物而舒茂對之懷物遇王而呈咸若之象此向所經營伊始者今得憩息於斯矣當新時也地雖勝得賢者對之而臺若增而高囿若闢而曠沼若浚而深泮奐爾游優游爾休爲王者咏即爲賢者咏也王者謂誰謂文王也

大筆淋漓着意灑

一折一縱一縱三快

字無剩義疏解明確

謂其臺曰　二句義

靈臺靈沼何以曰靈哉由詩言之一若經營伊始先立主名或告以還譽錫自上不知皆上之獻媚特微之紀功非文之謂其臺曰靈臺謂其沼曰靈沼也民也夫靈不止於游觀之所時而揆日測景舉璇璣玉衡徧具其中因而考禮正樂與明堂辟雍一時並建王者有欽若昊天之道所謂觀乎天文以察時變也有節宣萬物之權所謂觀乎人文以成化天下也民之謂之詩曰唯我周王靈承於帝視此臺矣視此沼矣唯我周王靈承於始臺如之矣沼如之矣臺以靈名沼即因之示無可易也臺沼咸成於民力而民顧靈之明不敢居也靈之謂取諸善義通乎神德至于至善至于盡神即極可稱之美莫加乎是矣誰敢非常之原如行無事矣民於文王長言不足以咏嘆之其有歸之造物歸之太空之意乎

典贍詳明不同凡解

填然鼓之　笑百步義

方戰之始必徇師而誓之曰人無譁聽命䖍乃甲冑礪乃鋒刃勗哉夫子不愆於六步七步乃止齊焉師之耳目在吾旗鼓退進從之其毋失伍離次以貽敵人笑維時牙璋奏金鐲振於是填然鼓之擐甲前驅執兵臨陣方謂多鼓鈞聲可期制勝必使敵爲我走而後止乃兩軍相角兵刃既接甫見交綏旋形挫敗甲則爭脫兵則倒持敵人於是援桴鼓而進曰挺而走矣當是時鼓音猶未絕也而紛紛潰敗倉猝不相謀彼此不相救師失其律馬喪於林徒步而走爭先

恐後無可去敵漸遠行行且止則或百步或五十步非必期於百步也而走適止焉亦非必欲五十步也而走適止焉既已怯不能軍猶復相而竊笑伊誰笑百步者卽此五十步者也奚爲笑百步則以止爲五十步也噫兵刃既接之後百步五十步者甲皆棄也兵皆曳也走相率也何走已止而笑猶未已也則適貽走我者之笑而已

依題抒寫官止神行

不違農時穀不可勝食也義

聖王在上而下無飢民豈必待經制既詳之日哉其源豁於天地之生成其功全乎廟堂之調劑人主權可救民而不能使之含哺而樂尚謂心已盡乎君之於民也或軫其飢饉勞其轉移而常有不終日之勢或順天之時因地之利而已足民生之求亦取其不可勝食者急圖之耳首在農時仰觀日星之變俯察昆蟲之異時難得而易失彼民誰不念者毋亦司空鼛鼓之報其耕而懸耜乎則毋乃授之飢乎且耕耘收穫造物本有自然之歲功以待一人爕理耳君而違之雖償於後而無從君而不違則生於地而不乏先知稼穡之朝不過使東作西成一循故事於民豈有賜焉而登黍登麥按候而大有頻書乃知遂其勤苦卽爲施以實濟也穀之不可勝食固其所也

有本有文之作

穀不可勝食也義

農以生穀穀必因時時者爲農占有成之候卽爲食豁不竭之源也安可違哉今試游濁濟過

蒼波無極當使龍門氏入之贊中

水喧村碓急雲壓寺門低

縱覽大梁小梁之郊望禾黍川原之盛先王遺制其猶存乎自嬴秦法立阡陌頓開齊楚交兵荒蕪益甚將欲行歡虞小惠而兩河交濟則兩窮之道也將欲修黃帝遺制而曠日持久又不及之勢也則何若罷爭城爭地之謀省民於兵廢鑿臺鑿池之舉省民於役縱草創之際不溢闕授田之人災祲之餘未必獲降康之歲也而既經無澤沾濡我后勤恤固皆知易耨深耕爲閭閻本務固已學崇墉櫛比較夙昔改觀是則盡君心以恤民力即盡民力以乘天時且因天時以盡地利即盡地利已給民食將庚癸不呼轉運不實穀不可勝食矣移民移粟何爲者

意到筆隨游行自在

王道之始也義

行之百世而不弊者其王道乎叔世之法治事淩故君相之才救弊而日不遑王者之道治事先故君相之治行數事而已見太平若是者條規盡矣克殫乃心以爲始之者也王者爲事有一日不可不計者則圖之有數百年不可悉計者則遲之王者爲事有可治之數十年以前者有常留之數十年以後者其一日不可不計者朝廷食貨之法是也其數十年以前而可治者國家凶災之類是也夫此食貨之法凶災之類邠公一隅而勤之子孫數世而守之者作穡之乃終畎畝則始之之謂也文武數歲而創之周召數十年而成之譬之梓材尚可丹臒則又始之之謂也然井田既廢一旦復之周禮既失一國行之此當世所難天下大忌但不遽示以井田周禮而寓其法於勤儉用其法於富强勤儉富强百姓所樂趨天下所不忌亦霸者之爲耳而斷然王道豈非以其蘊蓄宏而規模大哉

光明白地錦成團

無不顧毋之意如聞落子之學

確實老到講義中有一無二之作

五畝之宅。一節義

梁惠王若民多夫多則莫多於王天下者之盡民而有之也。然不求之民也。蓋王者之道。其任統乎君師。其功參乎天地。謂材木僅足於山林。猶天地自然之用也。則又教民蠶桑之利。五畝之宅無隙地。王心盡焉。魚鱉僅足於洿池。猶天地自然之食也。則又教民畜牧之利。雞豚狗彘之畜無失時。王心盡焉。田不井授則勿奪其時。而無田者終不蒙天地之利也。則又每夫授以百畝。而八口之家無失養。王心更盡焉。作君之養道既成。作師之教道始起。則又爲之庠序以收之。孝弟以習之。蓋至愛敬盡於事親。禮讓行乎道路。將見鄰國之老。扶杖以觀曰。夫其老者可以衣帛食肉如此也。盡歸乎來。父從之矣。鄰國之民。襁負而王曰。夫其黎民可以無飢無寒如此也。奔走偕來。子焉往矣。如此而不王者。未之有也。不然。私恩小惠。原無當於大道之公。因天因地。亦不過爲王道之始。治不足與天地參。於君師之責。未有能盡有也。惠王乃曰盡心乎。

脈動筋搖主腦獨得

謹庠序之教　二句義

盡王道之本。使民喜於力田。而相愛於家人骨肉之間耳。古者上自天子之郊。下至侯國。黨庠術序。學校如林。維時司徒敷典。教以人倫。家無殊俗。國無莠民。嗚呼。何其謹也。迄於今列國廢文教數百年矣。菁莪滓澀。絃誦聲希。士佻於城。芹老於泮。非無庠序也。庠序之教不行也。以大梁之國。一旦葺黌舍。浚宮池。興教勸學。典亦易舉。特慮奉爲故事。使民好事而益偷。因循廢弛。

批選四書義續編　卷四　孟子　　四　　同文升記

對勘而出。河咽嗚流。

喻林新綺。

吳之謹耳。顧百姓澆薄非一朝一夕之故。康樂和親之化。必有以漸漬其心。況魏風褊嗇。葛屨縫裳。其纓鋤德色之風。往往而有也。爰進鄉長而告之曰。於子之鄉有不慈孝於父母。不長弟於鄉里者。悉以告月吉讀法其孝弟耆言之無隱。斯時之民亦克用勸矣乎。然猶懼其玩也。非化革之又作新之。非惟輔翼之又振德之。所謂重巽以申也。蓋行之以勸。而被物者洽浸之以漸。而入人者深。先王教人之周。而心之無不盡固如此。

憂憂獨造新諦獨標

殺人以梃與刃　三節義

凡人之情。不得其形而概詰之。則無以深中其心。故常略而不聽也。不由其漸而驟詰之。則不免深犯其忌。故常拒而不入也。孟子知之。其於惠王。猶有願安承教之心。而猶不廢乎因明通蔽之術。殆而曰殺人以梃與刃有以異乎。此其事無當於王。雖稍知事理者。未有不能別白而明言之也。而王果曰無以異也。既而曰以刃與政有以異乎。此其事漸及於王。使慣於自責者。未嘗不深忌而諱言之也。而王又曰無以異也。夫不難於梃與刃之對。而難於刃與政之對。然後語之有故。而入之有由矣。孟子以爲王之政之能殺人。亦知王之政所以殺人者乎。蓋其民已窮而斂愈急。今常棄之於必危之地。財已盡而賦不休。而每用之於無益之中。觀王之禽獸。則肉肥而盈庖。馬肥而盈廄。此何以養之。厚斂以養之也。觀王之民。則生者多飢色。死者爲餓莩。此何以致之。厚斂以致之也。獸得以食人之食。而人不得以自食其食。獸不能以自食人。而王固驅之使食人。同生而異類。人物之辨也。至是而始反其常。貴人而賤畜。王者之政也。率是

逐層折入筆力嶄然

而不由其道王之民不死於梃不死於刃而死於政者有限也王亦嘗反而思之乎

解必深透

王如施仁 一節義

伊古諸侯各治分土民修常職以供其上髦者陶於庠序之訓朴者安於作息之常終年不聞鐵鉞終身不見甲兵甚盛也乃者謀臣曰討軍實武臣曰詰兵戎而覊敗接踵毋亦彼之甲兵足畏而我之士不用命耶唉乎大梁之民死於兵者數世矣其存者半瘡痍之餘然且悉索賦斂無所休息一不應則嚴刑重罰從其後民氣殘傷惟日不暇無怪乎棄長上遠父兄走死如鶩外寇不息而內變相隨至也當此之勢莫如反其本而圖之反本而圖莫如施仁政仁政維何請與諸父老約無令文墨吏慘刻內之刑田租非正供者悉裁制之手足既實脂膏不竭因而下墾田之詔明親上之諭將見人餘於力則精神生故民多壯者事習於田則日月長故國多暇日兩河子弟及時而教之修其孝悌忠信誠使家習隴植之書人勸父兄之戲而不出死力以捍其耕桑之地必無是矣秦楚雖强亦安能擐甲礪刃而與我爭此土哉蓋弛法令實積儲使其民教養兼備天下以爲無遠略不足圖一旦發憤舉事威加海內在此時矣王盍審施之無忽

崇識閎議均得讀書得間而來

仁者無敵義

孟子以施仁政進惠王非臆說也古人有言之者曰仁者無敵敵非仁者所能却無敵非仁者

細抉源流精心結撰

所敢居率德勵行岌岌乎懷下人之憂即取亂侮亡且兢兢乎負隕越之懼乃卒無有敵者則以自處於仁而彼不仁者皆爲所屈耳今夫仁之不可敵者有故而强弱衆寡不與焉我寬其禁網而以深文周內者當之則必不敵我緩其輸將而以頭會箕斂者當之則亦不敵我豐其墉穡而以田卒污萊者望之則自不敵我修其禮義而以詬誶囂陵者較之更自不敵以我之至仁遇彼之至不仁此不必陳師鞠旅始决勝負當保境息民已握耆定之猷而操莫禦之勢況人雖至愚誰不愛父母念子弟仁者使之仰有事俯有育洗腆之際致足樂也仳離之歎可勿作也而苟謂仁難與勢力爭且人情於凍餒離散我者依之附之於田宅我輔翼我者反拒之抗之也古未之前聞也知仁者之無敵則言百里可王復奚疑

頭頭是道層出不窮

從實揮發不落平著

孟子見梁襄王　一章義

天生人而立之君使司牧之非以司殺也天實生人君則殺人何怪天下紛紛迄無寧日哉孟子既以此意告梁襄而併欲告天下之人牧今夫天下之人牧未有不嗜殺人者也雖以槃之不似人君就之不見所畏如梁襄王豈有雄才大略能與天下爭衡者哉然定天下則不足殺人則有餘彼非果嗜殺人也天下地醜德齊勢能相禦不能相一則不得不出於殺人之舉庶使民畏而生畏而莫敢不吾與耳非然則孰能與之而孰能一之是殺人者定天下良法也然而天下卒不可定何也天下之勢合必分分必合而由分以至合也上之必有神武不殺之君而後能立天下之命次必有寬厚長者之德而後能得天下之心是故莠盛苗穢而爲非種之

擬得字
擬得響

鋤則殺以止殺或所不免然要有安輯之志有哀痛之仁有不忍殛之兵威有不欲拓之疆土斯號召天下而民從之若大旱之望雲霓也否則殘民以逞適爲王者驅馳難耳然則王將爲油然雲沛然雨乎抑終使浡然興者索然槁乎上覩天心下察物理中驗民情則不嗜殺人者眞千古定天下良法也梁王不足與深言故出語人焉以徧告天下之人歟

非其聖賢經濟烏能道隻字

天油然作雲　興之矣義

天下懷生之物莫不望澤也而惟望澤久者需澤倍急需澤急者感澤倍靈不乘望之久需之急而降澤焉使之效其靈而深其感則亦不孳降深澤者耳苗之槁也斯時悄之者必曰吾見其槁而難見其興也然而未知苗之所以槁也苟知苗之所以槁則知苗所以興其槁也雲槁之雨槁之也以天未欲霈澤夫苗憔悴莫支望雲而雲不行思雨而雨不施苗豈能驟興於不雲不雨之天然天不雲而苗則猶望其雲以爲庶油然乎天不雨而苗則仍望其雨以爲庶沛然乎有如天油然作雲沛然下雨乎何以爲無不雲不雨之天於是興之機一動乃無何竟爲不雲不雨之天於是興之機復息既而爲將雲將雨之天於是興之機又一動乃無何終爲不雲不雨之天於是興之機又息今何幸儼然既雲既雨之天也抑鬱之情之困而不舒者幾何時陽發之機之蓄而有待者幾何時陰陽之和固未經之澤時雨之甘亦未沐之恩而令經之而令沐之有不浡然興焉豈苗之性也哉吁物性如是民情可知

將軍欲以巧勝人盤馬彎弓故不發

尋達宣
尼受授
情

羅力闘
發不同
游騎無
騶

仲尼之徒　二句義

齊宣以桓文之事問孟子於是知王之志在桓文然王亦知孟子之學固得自仲尼者乎試讀仲尼之書觀其言語文章循循然有規矩自刪定既東上而溯諸豐鎬更上溯諸唐虞夏殷惟有歷年其事類湮沒不彰仲尼獨網羅舊文與其徒講明而切究之若夫仲尼之去桓文未遠也牧民山高諸篇與夫狐趙之謀之載在晉乘者赫赫若前日事而其文不少概見何哉及從仲尼之徒游乃知仲尼之慮之深且遠也仲尼以爲爲一時不可無桓文之功爲千古計不可有桓文之事桓文之功義獎王室桓文之事則敗王章故於春秋多恕辭而於詩書寓微意風雅正變未嘗一載万策刪定未嘗表章明抑絕之使其事不得托乎關雎殷武不得繼夫虞夏商周也仲尼之微意若此七十子之徒口受其辭心通其意所由必無道桓文之事者也

嚴詞正義切實發揮

臣聞之胡　易之義

孟子何由知王可保民聞而知之也夫齊之國生殺唯王用舍唯王更制易令唯王然使王一舉動張大其說號令時必召太師而書之王爲民舉其事者以示不忘則反謂王之有意也乃不聞其他但聞之胡齕胡齕亦未必知其他但知王易牛一事當時堂下過者牽牛者也堂下過則與王不相接也曰堂上坐者王也夫主自坐過者自過齊之民有一過者焉而王見之竟過矣有二過三過者焉而王見之竟過矣而於牛獨屬目不置一似早知其將以釁鐘也者而問之及問之果是而牛斯時或亦未至觳觫即就死猶得少緩須臾而王偏曲曲體牛之情哀

幽香峭韻

牛之狀有必至於此者而曰嗟乎牛之無罪也尚舍旃則見牽牛者方疑方訝以爲苟舍之安所得有罪之牛而釁之而不謂適有一代罪之羊隱來於王之意中而不忍之心爲之一解也假使并無羊可易則雖廢釁鐘而不惜矣王能保牛如此胡於保民而獨諉曰不能何哉

是能得味外味者

是乃仁術也見牛未見羊也義

今夫心之所動而仁已著仁之所窮而術以生仁有一定之措施術乃無方之妙用也然術不本於仁則術多僞仁而不化以術則仁易窮如王易牛一事其始則曰舍是仁爲之非術爲之也繼則曰易是善用夫仁乃善用夫術也且王曰易牛非仁獨加於牛以牛固已見者也王曰以羊易牛非仁獨遺於羊以見牛未見羊也凡人於仁心靜存之際一物未交則惻隱之懷終伏偶有所觸則慈祥之念頓生幸也牛之有此一見也惜也羊之少此一見也准僅見者牛故牛不妨爲獨全之牛羊亦不妨爲已封之羊惟未見者羊故於羊或不見其仁於牛則已全其術羊見殺於王者非王之仁有不至是王之術無可加也羊且無怨於王也牛得保於王者是王之術萬變不窮乃王之仁有感斯應也王亦何憾於羊也然則易牛之爲仁無疑矣謂予不信請觀君子

針針見血無負斯題

王之不王是折枝之類也義

孟子言王之不王非挾山超海類也非者立則是者明矣顧挾山也超海也是類之一也亦類

原缺第七葉下 第八葉 第九葉上

匣劍欲鳴唾壺自缺

玉樹雲樓望裡深

之盡也一而旁推之安知不有兩端之持以與其類□盡而遞殺之安在不有萬分之一以與其類參乃附之卒無可附參之絕無容參則果居何等乎噫是折枝類耳今夫天下等而上之至王焉止矣等而下之至折枝至矣大而大之至不王焉止矣小而小之亦至折枝至矣其爲也不類其不爲也不類其能也不類其不能也更不類旁推之則道里莫計遞殺之則等級無窮雖然天下有事類有人類以人類之事則類從事是故大小稱重高下衡平以事繫之人則類從人是故大小可錯險高下可參處王也折枝也此事類也不王也折枝也亦事類也而王之不王也折枝也則人類也非王之不王而以折枝類之則類非豈獨折枝即引折枝而上之而大之猶不類也若王之不王而以折枝類之則類是何必折枝更於折枝下焉者小焉者猶類之也故曰王之不王是折枝之類也

曲折奧衍一字一意亦深刻亦顯露

權然後知輕重　四句義

天下之物其始輕重長短混淆焉而已自聖人制爲權與度由是物之不齊者犁然各以情見一聽之於無心之權而不可欺以輕重矣物之不一者粲然各以分殊一付之於無心之度而不可欺以長短矣故使五權之鈞一日而廢於天下而手之所揣而知之者有幾也五度之審一日而廢於天下而目之所測而知之者有幾也況於人之爲心所以應天下之變者推移俯仰不容以一定心之爲物所以通天下之故者進退屈伸莫知其紀極亦莫不有自然之權自然之度焉存主於一心者甚微而運量於宇宙者至廣九族之親由之以睦也四海之大由之

確義眞詮

半夜寒聲落盡鎗

以史事疏精蘊眼光四射

接切時勢精當不磨

爲我作君臣相悅之樂其詩曰畜君何尤畜君者好君也義

○君臣之際至難也君常患於不得其臣而臣常患於不遇其君景公之於晏子何其相遇之深也其命太師也則謂之相說之樂信非無因而强作者矣故今雖世遠人亡音存操變而相傚徵招角招者尚未泯也徵以爲事角以爲民當時之志不在逸豫矣而其音響則大韶之遺韵敬仲之傳而太師職之者也其節奏有九成之舊蓋瞽師所掌而肄業習之者也爾廟朝之遺音觀內史之紀載而景公君臣之際豈不可尚也哉且其詩曰畜君何尤此尤足以知晏子之心而極揄揚之妙者也蓋人主乘其崇高之勢凡可以恣其欲者可以無不至而不知夫娛耳目悅心志者爲禍階也人臣戀其豢養之恩凡可以順其欲者可以無不至而不知夫導淫慾固恩寵之爲亂萌也若夫好君之至者則不得不慮其患慮君之至者則不得不止其欲矣然則逆耳之言固忠讜者之爲心而陳義之詞非世主之藥石乎晏子畜君而君諒其心今之述晏子之事以畜王者不知其何如也

精微刻露

關市譏而不征義

○自周官有泉府之名後世始藉行立法以帝王而下同商賈之事夫以其貨之滯於用也而買之以其貨之適於用者而買之貿還有無以曲爲貧民地何嘗有征利富國之心哉即斂財之權始於管仲亦以抑其逐末之途禁商賈不得仕宦始於漢高王以遏其貪鄙之俗奈何王莽

時有落花至　遠隨流水香

立五均之官宏羊立均輸之法使商賈不得牟大利然猶未廣置官屬峻立刑法爲抑勸禁止之舉也迨王安石專務興利襲王莽之迹效宏羊之術張官置吏以下行黠商富豪貿易稱貸之事而假周官泉府及國服爲息以文其說殃民誤國千古不能爲之解矣明興市法雖實而關稅爲急雖與古者禦暴之意相矛盾而於奪彼與此居貨待價之策遠矣周禮司關掌國貨之節以聯門市管子治齊征於關者勿征於市征於市者勿征於關此聯門市之法也市有廛有關有征廛皆貨物邸舍之稅既賦其廛物無可征惟貨不出於關者因舉而罰之耳蓋古之爲關也譏出入謹迎送而已即有廛舍之征亦以抑末作儆游惰而已後乃因之以爲利尤其甚者剋剝朘削之術無所不至遂乃苛及細微累及行路豈先王立關之本意哉

撫時感事指陳切當醇德公固有心人也

雖有智慧　兩句義

天下有勢焉勢者名一而變無窮者也惟智慧之士獨能觀天下勢之所居即智慧之士未嘗不度天下勢之所詘有兩人於此一爲智慧之人一爲不智慧之人其勝負之機不待智者而決矣而事顧相反此非智而敗事而愚或得道也所乘之者異也即世有一人於此先此智慧之人後亦過此能智能慧之人其進取之技不獨一日而然矣而成敗有時此必非愚之於先而智之於後也亦所乘之者異也是知但恃智慧而於勢一無可乘苟眞智慧者觀於其勞有以知其無能爲也夫有此傑出之才豈猶自量之不審然正惟自量之審并其所爲屈伸之際而亦審之矣僅一智慧而遂能奮起耶蓋勢者非能使智者用不智者不用也智者用之而所

水泉漱壑瀑淙淙

賓花感歎

乘之材厚固易以成功愚者用之而所乘之材薄亦足以救敗故知不如勢其事易見也夫勢所係若此其重彼齊人猶能言之而顯欲違勢以自立者何哉

偉岸巉非天崇人不能置否

何謂知言　一節義

聖人以言傳天下後世而亂天下後世者即以言聖人之言所以爲教而彼亦自成其教聖人之言所以爲治而彼亦曰可以治不知之而其害豈小哉此孟子所以獨任爲知言也夫言之亂也非一而害之起也甚隱道德之意自彼稱之而其旨更深故令聽者皆可悅爲名義之重自彼舉之而其法更詳故令從者易爲傚焉有所爲詖辭者偏出而持之有故否知其心之蔽而有不見也有所爲淫辭者放言而若不可窮吾知其心之陷而不可救也至於離畔於道者則爲邪辭不知其非而安逞焉其離可知也至於自失所據者則爲遁辭巧以相避而更端焉其窮可知也則甚矣夫自壞其心以壞人心也而人猶不知其害之生也甚矣其大壞人必以壞及政事也而人猶不知其害之發也甚或明知其有害而附和之且駕言聖爲不足道焉吾恐天下後世有敢以邪說爲經者矣甚且明知其非而好尚之又借言聖人本與之同焉吾恐天下後世有摯以異端爲師者矣斯時亦安得聖人復起而與孟子言哉然則孟子之言又誰可易之乎

語長心鄭重

其爲氣也配義與道義

精心論理义手成詩

氣與理相爲賓者也人莫不有是氣而氣不足以勝理則氣恆越乎理之外人亦莫不有是理而理既有以藉氣則理非行乎氣之中是視乎善養與不善養而已孟子曰其爲氣也配義與道盍由氣之塞乎天地者而進言其所養之徵也思自有天地以來世何從而得理人何自而成功有義道以爲之憑也抑自有天地以來理何自而不毀功何倚而常存氣以爲之運也道居於虛而義居於實有氣而虛實皆得所歸義取其散而道處其合有氣而合散皆得其序其爲氣也蓋配義與道者也如吾氣以出之於義見其精嚴如吾氣以出之於道見其宏博故氣與義道以爲二而非二者也論相治之數則氣非義道無以爲養之躋至其其乎萬事而志無所阻心無所畏則氣因義道而壯者義道實因氣而生彼以氣可勿求而必需之用視爲可緩之圖則亦未之思耳蓋氣本乎志專任之或以動心而氣兼乎理合致之足以充體人亦無失其浩然之氣斯可矣

明白如話

治亦進亂亦進義

昔者孟子謂伊尹曰治亦進亂亦進愚嘗讀而疑之夫君子之於天下也有道則見無道則隱賢如伊尹有不問世之治亂而汲汲以進者哉或謂孟子此言所以形自任之意非尹之實有其事也昔伊尹耕於有莘之野而樂堯舜之道不有湯之舉明遣使往聘則終其身於畎畝耳治未見其進也然孟子之論伊尹也不曰五就湯五就桀耳此治亦進亂亦進之明證也夫世之亂莫如夏桀桀爲無道主又豈足以有爲者而必往復焉回翔焉數數然就之何耶曰尹有

任天下之志。又自度己之才。可以撥亂世而反之正。故以桀之無道。猶數數就之。若有所戀而不忍退也。向使桀能聽尹之說而用其才。則天下之民。匹夫匹婦。亦得被堯舜之澤。而尹正無樂去桀就湯矣。及桀不能用尹。乃幡然辭去。雖身不果進。而其心亦可見也。吾讀柳子厚所爲贊。以是爲伊尹之大。心乎生民。而欲速其功。蓋知尹之深者。則其治亦進。亂亦進也。人何疑焉。雖然。有伊尹之才則可。無伊尹之才。而志伊尹之志。則無救於亂亡之禍。而貽輕進之譏。甚無謂也。况於有寵利之私者乎。

實能道出任聖心事。末段引柳子厚語極確

可以仕則仕至孔子也義

孟子曰。可以仕則仕。可以止則止。可以久則久。可以速則速。孔子也。按夏商之季。治亂較然。春秋之時。一治一亂之端見矣。而未甚也。知微言者。不言進而言仕。不言退而言止。而又於仕止之中。言久言速。此所以不同也。孔子蓋嘗仕矣。而非必於進也。蓋嘗止矣。而非必於退也。非必於進。而此之爲進無嫌。於止非必於退。而此之爲退無嫌。於仕。孔子蓋嘗久矣。而非必於仕也。蓋嘗速矣。而非必於止也。非必於仕。而此之爲仕不妨。即止非必於止。而此之爲止。不妨更仕。而或者以爲孔子固欲其仕矣。固欲其久矣。欲仕而止。誰其止之。欲久而速。誰其速之。或又以爲孔子屢見其止矣。屢見其速矣。屢見其止。胡然而仕。屢見其速。胡然而久。且自非其君不仕。非其民不使。看視之正。多此一仕一久也。且自何事非君。何使非民。看視之。又多此一止一速也。噫。吾知之矣。時無癸辛。即列國之君臣。有壞法干紀者。而不足登於亂之數也。時無湯武。即

脫句錯落老筆紛披

列國之政刑有補偏救弊者而不足於治之數也治亂之數不得不聽之氣化則進退之間不得不聽之遇合故隱其爲治亂進退而言仕止久速也隨時之義大矣哉

識解獨超筆亦靈妙如環之無端

聖人之於民亦類也義

天下未有離類獨立而翹然自異者也故向以爲不獨民也物亦宜之則麒麟等之於物類中是也今以爲不獨物也人亦有之則聖人之於民類中是也故自其存諸身者言之則耳擅天下之聰也目擅天下之明也自其加諸世者言之則道足以爲物先也德足以立人極也於是乎世共駭之駭之則非以其本異也固以其本同也駭之則非以其全異也固以其全同也且夫聖人之於民固共是耳目也共是運動也唯其與民共是耳目共是運動而後聖人得以其聰明特聞以其道德特聞是不類從類而後其稱聖人於是乎爲天下所尊也蓋至是而天下始有爲之說者矣曰彼之異我則我之異彼彼異此異相與爲類則與彼無以異也夫使天下求端以論其同也其不同不反明也哉故凡民之有功於聖也爲其以地形之聖人之有功於凡民也爲其以類借之

絕不向蚕叢鳥道中覓路

以力服人者非心服也力不贍也義

天下强足以役弱大足以役小者權之所可恃也權何在曰力而已矣天下弱不得不事强小不得不事大者勢之所必屈也勢何在亦曰力而已矣故孟子曰以力服人者非心服也力不

疎影横斜永清淺

贍也吾觀戰國諸侯競思發憤爲榮莫不有囊括四海之意并吞八荒之心其山河表裏之勝既足以雄長一世而又益之以士馬甲兵之勝謂將以力征經營天下其有不服意謂是力相等者耳不然因有斷斷必出於服者且夫人情莫不好榮而惡辱即莫不好處物先而惡居人後無端牽冠帶祠春秋稽首屈膝於東帝西帝之庭競競乎甘拜下風夫人而恥之則試問其心將鼓舞以承之乎抑勉强以應之也將心向往之而唯恐後乎抑心震懾之而不能已也非心服也力不贍也力不贍者屈於世之不得已而實無可屈之心其以力服人者恃其權之大可圖而要無可恃之力至於力不足恃則服人者將轉服於人矣何也仁義不施而霸王之分異也

坐揮三畧

筆氣英偉似賈長沙

以德服人者中心悅而誠服也如七十子之服孔子也義

天下行仁之主能以一人之心畢注於千萬人之心即能合千萬人之心以交應於一人之心蓋君道通於師道焉孟子曰以德服人者中心悅而誠服也如七十子之服孔子也不其然乎吾觀王者之以德也慰雲霓之望則有如湯而歸湯者三十六國焉興父母之歌則有如文而歸文王者三分有二焉斯豈强人之服之哉而人之望風歸附已如此吾乃恍然於以德服人之故矣今夫服不盡由於人而誠必本於悅不悅者非誠而悅者乃誠也悅於外者非誠悅於心者乃誠也若夫七十子之服孔子是則可謂心悅誠服者矣孔子非有勢位之崇土地之富也而能使聞其風者先後疏附奉命承教之不違以云服也何其誠也惟其悅也吾爲之慨然

風葉清
桐落

話統符
賢又後
崇與委
蛇

歎○曰王者之服天下也○有如是夫○然則以德服人者○九有向風不啻同堂之傾慕也○六州率化○不啻函丈之追隨也○迄今觀仲尼廟堂○撫其車服禮器○想其當年濟濟於洙泗間者○其相服之○故與王者之服人○若出一轍焉○甚矣服之在心者為至微○而德之感人者為至神也○

言明且治氣疏以達

國家閒暇及是時明其政刑義

國家有任事之人○則內憂不生○外患不作○君與臣勵精圖治○以其政舉而刑措○無難○故孟子曰○國家閒暇及是時明其政刑○夫國家所以有此閒暇時者○由賢在位而能在職也○吾想其時君相慶○勤太平則已奏矣閒矣○喜氣賡歌○庶事則已康矣暇矣○處閒暇之時○假使秉鈞者以為倚此則以無慮分猷者以為贊襄○可以無事○雖有國家亦不能責以尸位曠職○要之貴德尊士之本意○則正不敢以閒暇為可幸也○何也○難得而易失者時也○難明而易淆者刑政也○惟賢者有明政刑之德○德不及時○而懋則舉奮庸熙載○好生治民之精意○不難因一念之苟且而隳之○惟能者有明政刑之才○才不及時而勵○則舉俊乂在官○褒矜庶獄之徽猷○不難因一時之玩去而弛之○是以后克艱厥后○臣克艱厥臣○為善而惟日不足○時之所以勿失也○制治於未亂○保邦於未危○撫辰而庶績其凝○政刑所以無不明也○設非有在位在職之賢者能者以與人主共自好榮恥辱之意於其國家○安得從容坐理如是哉○

按部就班不支不蔓

市廛而不征法而不廛義

英英讀
爽作作
有莊

天下之難治者。其諸利之所在歟。利在而人共趨。先王恐趨之者多也。不可無以抑之。而未嘗有與民爭利之心。利在而人共爭。先王恐爭之者無已也。亦惟有以防之。而未嘗有杜民趨利之禁。孟子所以市廛而不征。法而不廛者。此也。夫市有市之民。則市有市之政。今日之市無不征矣。何止於廛耶。而要非先王治市之道也。先王與民同利。豈惜此尺寸之地。不使之聚族以居。以利與民。又不妨因貴賤之數。一任其所求之便。然其賦廛立法也。蓋有故矣。夫招遠近之人而集一地。其地必隘。狹則人滿而求利益聚。千古之人以通一貨。其貨必滯。滯則物賤而且利薄。此廛之所由賦也。人人皆欲售其物。不患物之不精。患在競於權而淫巧之皆由此起。人人各知定其價。不患價之不平。患在貌爲平而眞僞之實不能判。此法之所由立也。若夫征則非先王所忍言也。廛則非先王所得已也。而或謂因地之間。物儲於中而不復征。爲是隙於肆而征之者尚多也。或謂因物之滯。遂斂其貨而不至於廛。焉是物縱不久於廛而賦其廛猶多也。豈知先王之制者哉。

論識精當

孟子曰人皆有不忍人之心義

孟子曰。人皆有不忍人之心。言此心爲人所自有。又非此有而彼不有也。人之有心。所以使人自爲宰也。所以使人互相維也。忍人則人與人淡然遺。不忍人則人與人肫然結。有不忍亦或有所忍。則心與心判然別。皆有不忍而無或一忍。則心與心坦然同。而吾謂不忍人之心人固皆有之也。惟天好生。而後人類生焉。惟天生人。而即所以生人者生焉。惟天生一人。亦生千百人而卽所以使人各相生者生焉是故惟人欲生而亦不忍於一人之不生也惟人與人各欲生而亦不忍於一念之不生也惟人與人轉相生而亦不忍於一事之不生也夫人類如此其衆也而人心又不可測度也假令偶有之亦或不必有之孰强之勢既又令一人有之不必人人有之孰强之勢合而吾觀自有人以來各有其心則各有不忍要未嘗或忍或不忍則甚矣賦畀之大均也不得謂聖人厚衆人薄也不得謂古人純今人駁也乃獨以由心敷政者讓美於先王抑獨何哉

清矯拔俗

天時不如地利地利不如人和義

孟子曰天時不如地利地利不如人和所以見用兵之道在得人心不必貪天之功盡地力也孟無險可守則恃天時者敗無民可守則恃地利者亦敗然則安民和衆固軍之善政也或謂楚犯天忌敗於鄢陵武侯天休勝於牧野庚申之莒之必濱丙子之處之必亡則天時可信也齊之霸以渤海楚之霸以方漢晉秦之霸以山河之險崤函之固則地利可憑也然吾觀武之興也三千人惟一心而晉軍士不和遂敗於邲由此觀之人和其尤重矣故知占候風雲不如謳谷爲塞因山爲障也憑恃險阻不如一其心力敷其腎腸也是以聖王於民也井田以固其氣學校以養其心好惡與同甘苦與共此所謂戰勝於朝廷也蓋人和得則天效其靈如昆陽之雷雨是也人和得則地大其險如冰合於河是也荀子曰燕趙之武卒不敵桓文之節制桓文之節制不敵湯武之仁義得道心得人心此仁義之事所以無敵於天下也後之用兵者卽

語語不絕人道此方見得道實數

孟子之言而思之可以知所從事矣

詞簡而賅氣疏而達

得道者多助義

事有必至理有固然惟天下之得民者乃能居中而馭外何則人主未有孤立於上進退無助而能超而爭天下之先者也是以古帝王之爲國也不言天時不言地利第兢兢焉修德以結民心布澤以固民志惟固結其心志則扶之者衆擁之者堅然後可以朝諸侯於元元囊括四海并吞八荒如孟子所云得道者多助義以此歟夫國家之所恃者民而已矣民者國之助也其助益多則其國益固矣今夫一鄉之中其出入守望猶賴同井者之相助而況於國家哉雖然國欲多助是非得道不可得道者其得民也即得其心與志也故管子謂俗之所欲因而予之俗之所否因而去之彼伯佐稱其道以相齊國猶能使民靡然從風矧帝王之得道也乎是知善謀國者欲外以却强鄰必內以聯衆庶由是下之於上若子弟之衛父兄也若手足之捍頭目而覆胸腹也尚何敵國外患之足慮耶故國要在於得道而已得道則纖微術數之學不足言也得道則表裏山河之險不必矜也世有憤發其所爲天下雄者聞孟子之言其亦可以知所從事矣

精警透徹

故湯之於伊尹　六句義

孟子舉湯桓之事以明大有爲之故曰湯之於伊尹學焉而後臣之故不勞而王桓公之於管

胸中雪亮筆力軒豁

作學焉而後臣之故不勞霸而自昔帝王恢宏大度類能屈己下人以資其所有餘而匡其所不逮學稽堯學於成務舜學於方回湯之學於伊尹也亦猶古之道焉耳伊尹相湯佑我烈祖格於皇天奠二十八世之丕基延六百餘祀之統緒雖曰其臣爲之乃其君學而後成之者之自爲之也雖然學而後臣豈惟王天下者然即霸者亦往往有之桓公之去湯幾何時矣吾不知湯之所以待伊尹彼亦嘗欣羨而企慕之否第見其於管仲也既出於檻車之徵旋釋夫射鉤之私爲之釁沐以隆其禮稱之仲父以示其尊不獨豎刁易牙之儔不足比肩而事主即隰朋賓須無之輩亦莫與量力而比權臣之歟質學之也乃知非常之烈必待非常之人以輔之異量之臣必有異量之君以任之湯與桓公誠有可王可霸之資向使當日不得伊□得伊仲又從而慢之其足於有爲者幾何而或王或霸皆不勞若此此其猶大彰明較著者也

波瀾老成

淡葉濃花各一枝

禹疏九河　之江義

大禹之治水也因其勢而利導之決不使下流之壅塞有以逆其勢而激成其變即如九河之水濟漯之水汝漢之水淮泗之水皆累水之匯下流之藪足以超夫洪水之患者也禹則以九河之未通者可以因而疏之濟漯之未達者可以因而瀹之汝漢之未泄者可以因而決之淮泗之未遂者可以因而排之其疏之者所以殺其流其瀹之者所以分其支其決之者所以達其壅其排之者所以遏其勢以致百川之障得以達於江海之會而狂瀾之橫成得以順其朝宗之勢焉使其全以疏之決之排之則夫九河濟漯汝漢淮泗之水已足以生患而況於四水

目無全牛奏刀霍然

之同歸於一者又不勝其多而可以免其決裂潰散之害也哉然則禹之治水也誠能因天下之勢以導天下之水不勞天下之力而成永賴之功其善識天下之大勢者哉昔大舜之御宇也無爲而天下大治今禹之治水不亦幾乎無爲之盛也哉

循流溯源背滙川瀆

樹藝五穀義

昔后稷教民稼穡樹藝五穀自是而後凡天下之土宜變遷無定凡可以樹藝者奚獨五穀而已乎周官太宰以九職任凡民一曰三農生九穀二曰園圃毓草木而絲枲疏材亦任之樹藝之法固已略備矣大司徒之職以土會之法辨五土之物生其皁物膏物覈物莢物叢物各有所宜蓋樹之得其宜斯生之遂其性也春秋以來言樹藝者不一而用以富國者莫如管子如民之牖賈思勰齊民要術之所本也他若秦學之農書秦湛之蠶書亦莫不詳種植之法苟得其法而行之有不家給人足者哉且夫利歸於民而所以導之者上也民有求利之意而無求利之才上有利民之心斯有利民之政昔張堪之守漁陽也不周歲而大利以興鄭渾之守魏郡也甫三歲而凋傷漸復而范希朝章孝寬行之亦得其效宋乾德五年詔沿河州縣民業舊而又詔種藝桑棗外委長吏別樹榆柳及地所宜樹之木按戶籍爲五等行之數年而民利之蓋薪木可以折果實可以飽密陰可以蔭堅勁可以材此樹藝之功之無已也後之有國者盍鑒諸

攷證古今言之鑿鑿

純從倫理處發揮心和手暢

父子有親　五句義

聖人不忍坐視斯民之顓蒙以愚天下。亦不出一己之私智以强天下。惟於其天之所在。而加之意焉耳。是故其實不出於人倫日用之間。而其大不越父子君臣夫婦長幼朋友之際。以言乎父子。其相屬以恩也。慈孝合而爲親。是固其不可解於心者也。聖人亦使之相親而已矣。以言乎君臣。其相臨以分也。忠敬合而爲義。是固不可逃於天地之間者。聖人亦使之相安以義而已矣。夫婦者。天作之合。其隅而不可亂也。聖人明之以室家之道。而别焉。燕私之好不形也。長幼者。天秩之分。其序也。不可紊也。聖人明之以齒讓之節。而序焉。徐行之間。亦其道也。至於朋友之交。其聚之也。本以其心。則與之也。固無樂乎僞矣。故信以成義。而交必以信。是又聖人之教也。若是者。莫非因天之道。以施正德之事。順帝之則。而非强世之爲。天下未有聖人之教。則固有不親者矣。有不義者。有無序無别而無信者矣。然而其天也。人心不死也。天下既有聖人之教。亦盡其父子者已矣。盡其爲君臣者已矣。盡其爲夫婦長幼朋友者已矣。是故其天也。帝力何有也。呼唐虞之所以教者。固如此也。

原評　本本大義燦陳

雌雄角勝境[illegible][illegible]域

吾聞出於幽谷遷于喬木者未聞下喬木而入於幽谷者義

夫憑之異境。趨避之異宜。不待智者善擇之。即愚者類能[illegible]之。易僻處而爲遠引。物情所自欲也。辭高寒而就卑栖。物理所必無也。吾嘗歷覽乎同然之情。熟審自然之理。而知天下事竟有[illegible]必然者。其不爲嚶鳴之鳥所竊笑也幾何矣。竊[illegible]順逆境也。去就勢也。由苦而得樂。其情之

八事莊莊不可論

是痛快語

常也。好下而惡高者，事之變也。幽谷喬木，恆相反而不出，則入適相因也。專欄觝此明暗殊途，知明者審擇決機，投暗者因循坐誤。出之情若處其常，入之情若爲其異。初不意自甘汙下，既出從而復入也。此也奮志高飛，見幾惟恐不早；彼也歧途不返，居卑若將終身。人而不如，可乎哉！而遷焉者初無浮動矣，而入焉者未有窮期矣。

紆徐爲妍，神機一片。

守先王之道義

道在一介，則一介重；道在天下，則天下重。方周之衰，先王之道不行於天下，而獨在夫孟子。而也雖一介之士，而道實在焉，則當時推重無過於孟子矣。天下豈敢不以禮而待之乎？嗚呼！道之行也久矣，道不行則天下無善治；道之不明也久矣，道不明則千載無眞儒。無善治，是先王之道不及於斯矣；無眞儒，是先王之道又不傳於學者矣。當孟子時，堯舜文武之道不幸而不行於天下，幸而有孟子者得先王之道而傳之。夫先王之道，上足以帝王其君，下足以帝王其民，雖三公之尊未足以爲貴也，九鼎之養未足以爲富也，王公大臣之分廷抗禮，區區傳食，何足以爲泰乎？彭更以諸侯待孟子爲泰，是以先王之道爲泰也。如彭更者，非獨不知尊孟子，且不知尊先王；非特不知尊先王，身爲儒者，忍發此言，是不知所以自尊也。曾子曰：「尊其所聞則高明矣。」其言如此，器局可知，卑淺狹隘，何足以稱於大人君子之門？嗚呼！更也亦知世有所稱舜者，自畎畝而爲帝乎？世有所謂傅說者，自版築而爲相乎？何其見淺爲鬧也！孟子之言，眞有以立志爲彭更者，將下大禹之拜乎？抑將學臯陶之師乎？回之服膺，師之書紳乎？宜知所以自

氣老格蒼下語如鑄

詮發處見力量提頓處見精神

處。

在於王所者至王誰與言善義

且賞善黜不善者。人君之分也。進善退不善者。人臣之志也。夫使人君賞黜之大端。適如人臣進退之隱願。則凡穆穆布烈者。均有以養成乎主德。而不至於熒惑乎君聽。援諸以人事君者之心。誠可釋然。其無憾而不然者。竊恐同列雖多。正非僅賢奸之雜處。爾論朝廷爾俊之大經。師保疑丞。必賚碩德。侍御僕從。罔非正人。顧訪備先。賚宵小斷不容濫廁。而爲善端。其本爲不善在自絕其幾。今安得王所無善在無不善。在而相與安於渾穆哉。吾觀皇古之時。長者無異黨。幼者自繼異趨。卑者盡同心。尊者愈徵同德。寅恭和衷。有相與於無相與耳。人臣慨慕明良。狠不能化分明黨角之風。進臣鄰於皇古。而猶幸朝班清肅。其宰輔論思而悟主。其小人直陳而犯顏。不至以噂沓背憎者。肆側媚以蒙耳目。則如居州者。誠足有爲。願王心未一。誰格其心。王聽本聰。誰熒其聽。子曷卽濟濟同朝之列。而悉心察之。

健筆雲垂英詞金鍊

孔子成春秋而亂臣賊子懼義

昔者孟子曰。孔子成春秋。而亂臣賊子懼。嘗爲之紬繹其義。而知聖人之作春秋。有防微杜漸之道。爲爲人君父者言之。則書所云制治於未亂。保邦於未危是也。爲爲人臣子者言之。則禮所云齒路馬有誅是也。聖人嘗自發其作春秋之旨。於坤卦之文言曰。臣弒其君。子弒其父。非一朝一夕之故。其所由來者漸矣。由辨之不早辨也。是故兵權不可竊。竊帥師公子慶父帥師。

精思名論局度從容

及鄭公子歸生帥師必□謹其漸也盟會不可專公子遂盟晉盟雒戎必書晉趙盾盟於衡雍楚公子圍尋盟於虢必書亦謹其漸也人君知其漸而豫爲之防則無太阿旁落之患臣子凛其漸而力爲之避則無功高震主之疑此則游夏不能贊一辭聖人獨斷之於心而書之於策以詔天下萬世者也且人而忍推刃之於君父是人而禽獸也禽獸焉知懼惟當夫威權已偪勢漸成覬覦初萌形迹未露是人禽之界聖人燭其隱微而大書特書以惕之俾天下萬世之讀是編者人人咸爲大惡而不敢一毫踰臣子之常分有以寢邪謀而戢異志此聖人之作春秋所爲撥亂世而反正之也

義新而論別有會心

我亦欲正人心義

古今治亂之運成於人之一心人心之邪正治亂之所由見也王者正人心以開治統儒者正人心以存道統正人心以存道統者孔子之後孟子一人而已孟子懼楊墨之害中於人心故超而正之韓氏所謂功不在禹下者此也人心之德曰仁人心之制曰義楊子爲我爲我賊仁賊仁即賊人心墨子兼愛兼愛賊義賊義即賊人心心之不存則人類幾於絕矣正之以仁而人知有君正之以義而人知有父人知有君則爲無君之說者其心必與之拒也人知有父則爲無父之說者其心必爲之拒也故曰經正則庶民興庶民興斯無邪慝矣天下之事有治其末塞其流而效不著者有治其本塞其源而患自息者正人心以闢楊墨是不治其末而治其本不塞其流而塞其源也今夫人心之患有可懼之實無可懼之形有必然之勢無已然之迹

非若夷狄徒獸亂賊。使人聞而變色也。然其戕賊而未有已。患固有大於彼者。此孟子不得已。而欲正之也。

沙明水淨

危詞悚心

排闢之藻浴目精切之理饜心

天之方蹶　泄泄義

有不可爲之日無不可爲之事夫保后胥戚鮮有不浮天時者世多昏惰自安自失機會故詩有天之方蹶無然泄泄之咏勸炯戒也時至周季此乾坤何等時耶諸侯裂土而王君非文武成康之君天下分民而治民非岐豐鎬洛之民山河風景盡非永清大定之舊田野不闢貨財不聚有之城郭不完兵革不多有之上無禮下無學而賊民興亦有之者天方顚覆時也人臣處此慨風會之日流當無將興戒念時事之非昨必果斷當機背者郟鄏定鼎而方興未艾臣將與國戚休自茲以旋日漸剝落天下久不被堯舜之澤矣雖篤裘以赴之尤恐不遑奈何可泄泄爲也昔澗瀍開基而允升大猷臣將稽首休享自茲以後日浸衰弱天下久不覩堯舜之政矣雖勇往以赴之尤恐不給奈何可泄泄爲也天既無心以眷周而代天工者又泄泄自安而無回天之力天下大勢將去矣天既無心於興周而熙天命者又泄泄是甘而無補天之才天下事可知矣不然天下滔滔不返而沈淪之禍安知其所終哉嗟嗟食人食者事人事抱重任者懷隱憂人臣分義雖崇卑無論苟秉鈞當國而苟聲色爲狗馬是好深謀密計不聞於己疚疚藥石復撓於人是豺狼當道又安狐狸之問乎故曰大厦將顚非一木之力大國將傾非一人之功又曰相臣得而後萬國理吾於泄泄之詩重有責於相臣焉

卌陳善閉邪謂之敬義

君子之事君盡心焉耳矣言而不心則近諛貌而不心則近佞諛且佞君子不爲也故盡吾心之所可欲者以事君則凡所謂善者無不陳也盡吾心之所欲去者以事君則凡所謂邪者無

大處落墨更有精思傑氣以輔之

刋落浮詞獨標眞蘊

不閉也。陳善閉邪。此人臣之所自盡者。得不謂敬乎。竊嘗謂人臣之立乎本朝者。豈皆出乎愛君之誠也哉。貪夫爵。驕夫寵。其未得之也。則諛言柔色以入之。其既得之也。則又諛言柔色以守之。不爲是者。或以財利說其富國。或以勇力說其强兵。不爲是者。則爲盤樂奢泰說其樂逸。是三者君以爲忠。臣以爲賊者也。彼其心豈不知好利足以虐民。好兵足以害國。而盤樂奢泰之不足以保其社稷也。然其心不出乎愛君之誠。是以若此。然而不敬莫大乎是。嗟乎。孟子之時。茲弊甚矣。天下之士。亦孰知有愛君之道哉。蓋其獻立於君。不過曰我能爲君闢土地充府庫而已。又曰我善爲 我善爲陣而已。當時之君。不知其非。且從而尊之曰此良臣也。而孟子者乃知其說之不可。獨區區以仁義爲說。彼好勇也。我以文武言之。彼好貨也。我以公劉言之。彼好色也。我以太王言之。是皆所以引其君以當道也。而格其心之非。則其敬君爲何如哉。彼景子者。方且以不朝王而言。是烏知孟子之所以敬其君者。不在於聲音笑貌之間。而在於中心之誠。故曰齊人莫如我敬王也。

愛人不親至皆反求諸己義

且施報者。人情之常也。而有時若有施而無報者。此其故不在人而在己。君子在下。則以課諸己者勵躬脩。故爲不仁爲無禮爲不忠橫逆之來。以自反忘之。儒者所以務存心之學也。君子在上。則以勘諸己者端治。治人不治反其仁。反其智。反其敬。不得之故。以自反勵之。王者所以重求己之功也。己也者。人之準也。仁以己推。智以己盡。敬亦以己全。此固無慮行之不得已也。物我之感通。不爭治功而爭性分。懍懍何以廣。衡鑒何以精。玉金何以式。不必有心求效。而寸衷之

筆筆健舉

論是陶菴律正希

也學無遺○不求諸人○先課諸己○則仁智敬之本原得也○將毋謂風俗之梗冗成於人無關於己○而背吾德蔽吾明褻吾範○即使刑威遂逞○亦可諒整齊約束之以○豈知性情之睽隔歛於己而問於人○而能有容能有別○能有臨○就令內義交脩安保無纖悉幾微之憾○反求諸己即反其仁智敬也○何勿極之於所行哉○名分之踰也○朝廷一節偶虧○草野即從而訾議○君子不以為名分之踰○而以為性天之疾○為其抱歉於己者多也○夫深宮頒笑之微○此際亦何關治道○而一時之隱微必糾者○不徒慈祥之徒澳文誥之空頒○威儀之難肅而行之多疚○此中之歉仄固深○即行之偶乖○方寸之操持難恕也○其斯為反觀內省也○夫人亦求諸己而已矣○

語語沈著筆筆超雋如食蜜者中邊皆甜

眸子不能揜其惡義

且大學言誠意而必顯之揜其不善而著其善○揜之云者○必其不欲著者也○乃有時其所掩者反為其所著○其所著者即為其所掩○則是有所著而揜之無可掩○雖欲揜而著之靡弗著者○凡以存乎人者之有眸子也○何則○睟面盎背皆本於心○而眸子則根於意○意未動而眸子隱為涵○意已動而眸子顯為露○是暗室之間此眸子○而大廷之地即此眸子也○凡物可假○而眸子不能假也○則最真者眸子也○以真若彼○以顯若此○人固可動於惡哉○今夫揜其短而著其長○揜其非而暴其是○夫亦工於作偽矣○不知眸子所流露○即因心思之憧擾而至繪其真○欲相需焉而不相容○欲相蒙焉而已相背○即欲得一術焉以善其掩者○而未由也○斯為窮於所揜矣○夫然而人之惡不能假矣○使謂惡在是而眸子猶未即在是○則猶有一間之未呈○乃惡甫萌而眸子若與

字裡行間聲光迸出

一曲長歌聽玉蹄

之俱萌惡已轉而睟子早與之俱轉是人之於惡猶或存或不存而睟子之於人則固無時而不存也與接爲搆曷勿即其睟子之所在而靜以參之觀於此人固可動於惡哉

摹繪處情景逼眞心精力果暢所欲言

若曾子則可謂養志也義

且不失身者能事其親此非徒服勞奉養之謂亦謂爲人子者將愼其身以求安乎親之身必殫其心以求愜乎親之心即親心之屬於子者未易知而子心之體其親者無弗至蓋雖一飲饌一酬答間有必然順乎親心而不敢將以徑直者固非矯情飾貌者所能幾也養口體者養親之身而已夫養親而祇及其身吾謂其不能事親之罪直與失其身者等何則親固有志在也非養親者亦必以養志盡也志藏於杳冥莫測之區而吾養親者必極無形無聲以深窺其願欲非爲勞也亦謂吾身失檢之乘每由於所不及察暱近如吾親而其志猶不及察焉將此生傳習之[illegible]必有[illegible]違其閑[illegible]而致敗吾親貽謀者顧欲假洗腆致酒備物以博堂上之歡恐跡則似而情則乖也而何以當事親立身之要也視膳問安當世輕爲末節而實即吾身敬肆之所由分無他不養其志即不敬其親亦想當年几杖周旋在曾子方惄然內疚謂區區顧膳之細何足怡吾親鼓瑟之餘而爲曾晳者已顧而樂焉以爲幸哉有子若此也耳目所不能周者以意念周之而因時加勉無在非履薄臨深之至念眞積而發爲孝思則其敬身以奉晨昏者謂之令子可謂之孝子亦可矣

認題獨眞筆力亦積健爲雄

詞堅理確，不差累黍

晴光一縷亘虹霓

得志行乎中國若合符節義

盈天下皆人也，盈天下人皆志也。然志有得有未得，有行有未行，其未得未行者，終老蓬門，與草木同朽，其湮没而不傳者，何可勝道。後之人亦無從綜其生平，核其同異，亦惟相忘於不論不議而已。其既得而行者，其先亦如蠖之屈，如龍之潛，無論地之邇遐，世之遠近，要皆無迹象之可尋，行徑之可證。迨夫志得道行，撫宇內，子元元，萬姓丕變，四海景從，後之人溯其流風，遹其遺蹟，雖使地去千里，世後千歲，而其行事之迹之效，有若不謀而合者，如舜文之得志行乎中國，若合符節是已。夫舜聖也，文亦聖也，聖與聖同，則聖與聖之行事，自無不同。所異者，舜文所處之地與所生之世，且千餘里千餘歲也。地遠則有語言風氣之殊，世後則有運會塞通之別。聖人出焉，必視其地與世之所宜，而後從而措施之，烏得以地之極遠、世之極後者比而同之耶？不知聖人因時因地，各制其宜，其措施之迹，或有不同，而其措施之理與措施之效，則固有殊途同歸，如符節一物，中分而復合者。且夫地之殊也，或民有强弱，或俗有奢儉，而其秉性之善與向化之忱，則固無遠弗然也。世之異也，或洪水鳥獸之災，或腥聞暴虐之禍，而其爲害生民，流毒海內，則固先後相同也。得舜文而敷治之，以德導，以禮齊，以身教，以道化，或以任使而平其災，或以至誠而格其禍，政令不同而感召無異，設施或別而功用無殊。若必事事摹擬，强為合一，則又迂矣。然則舜文之得行其道於天下，正於不同處見其同，而不必於事之形迹中求之也。

措詞圓暢

能書名世襟期

先聖後聖其揆一也義

命世之主數百年而一生或千百年而一生生之先者爲先聖生之後者爲後聖生之先後不同其聖則同若舜若文其相後且千餘歲而攷其行事之實如出一轍焉然謂之先聖後聖者非獨指舜文而言也推而上之若堯若禹若湯皆先聖也而其撫世之畧與救世之心不謀而合也推而下之若武若成若周公皆後聖也而其撫世之畧與救世之心亦不謀而合也故孟子因舜文得志行道之同而廣其意曰先聖後聖其揆一也夫一者何謂同也同者何謂道也夫道無見也必揆其體與用而道乃見而道之同乃見聖之生也先具此心以窮此理心理得而道之體備本此心此理以施之於事則爲用夫既曰用矣則必因事制宜未可强之使一不知不一者事之迹而一者行事之心不一者事之始而一者事之終也奚以明其然也當堯之時洪水橫流蛇龍鳥獸雜處中國民無所定而堯憂之舉舜而敷治焉舜使益焚山林逐鳥獸禹驅蛇龍平水土而後稷教稼穡契敷五教民於是出水火登衽席天下大定舜承堯禹承舜百餘年間數聖之行事不同而其憫世之心與應事之理則無有間舜禹既没聖道漸衰暴君代作及桀之身壞宮室爲汚池棄田爲園囿民生其間衣食迫其前刑法逼其後成湯憂之舉伊尹以伐桀誅君弔民若時雨降下民大蘇數傳而後邪說暴行又作園囿汚池沛澤多而禽獸至迨紂亡身天下又大亂當是時文王爲西伯承先世餘業本仁祖義以德化民民怨紂之虐而歸之三分天下有其二以服事殷而紂猶不悛武王周公繼之誅紂伐奄三年討其君驅飛廉於海隅滅國五十散財發粟天下大悅迨乎成王周公爲相承文武之德教化萬民固識

文章經濟同出一原

登高見岱

大力包舉

後世之數聖者或蒙蒙以安或弔民伐罪其行徑大相懸殊而拯民於水火之中置民於仁壽之域其心其理固先後同情也故曰心也理也道之體也本心理以施之於事者道之用也探其體與用而究其事之終極則道之同乃見故孟子曰先聖後聖其揆一也

文筆敷暢

惠而不知爲政義

先王以不忍人之心行不忍人之政是以其體正大而均平其法精密而詳盡而其利澤之及人如天生之於萬物莫不各足其分而莫知其力之所自此其理凡爲政者所宜知也孟子以子產以乘輿濟人一事而譏其惠而不知爲政其杜漸防微之意誠深遠哉夫以子產之才之學於先王之政雖有所未盡而聽鄭國之政垂數十年其民之感其惠而歌頌之至於沒世數十年不輟故孔子稱爲惠人豈於爲政之道竟一無所知而徒以小惠加民哉曰非然也孟子譏爲不知爲政特指其乘輿濟人一事而言耳非舉其平生而貶之也然惠之云者私恩也小惠也以爲政之大臣而市私恩務小惠其流弊可勝言耶以子產之賢或不至是然而十一月成徒杠十二月成輿梁載在方策子產未必無聞以鄭民之力歲修橋梁亦分內事諒非所難夫既問矣既有力矣而不爲以致病涉以乘輿濟之斯何故耶豈其是時鄭偶有故而不暇及而又不忍乎民涉之艱而爲是耶果爾則子產雖無暴小惠之心而實有暴小惠之事雖無取悅於人之意而實得人悅之之稱後之爲政者或又尤而效之則其弊必至廢公道以市人心違正理而干虛譽孟子又慮於此故爲拔本塞源之論極語而深譏之以警其微不然何爲一

疏闢堅卓

點次政爲推闡朽腐化作神奇

方之不足而又謂民未病涉又曰焉得人人而濟之又曰每人而悅之日亦不足矣之不憚煩哉故曰孟子杜漸防微之意誠深遠哉雖然春秋責備賢者使子產而非賢則乘輿濟人一事未始不可爲一時之美談孟子縱不取亦可相忘於無言已耳惟賢者之失人不之欺而反美之故極語深譏以明其故然則孟子之爲是論亦春秋責備之意且爲萬世樹公私之防也歟

賢者之失三語切中時弊

君子平其政行辟人可也義

無其政而盛其從衛使行道者遠趨避立侈也有其政而減其車從使行道者錯縱先後觸也故爲政者在識大體而不必拘拘於小節在操得其要而不必斤斤於末利孟子曰君子平其政行辟人可也此雖爲子產以乘輿濟人於溱洧而發而其實亦禮之當然也孔子曰能以禮讓爲國乎何有夫君子之於人國也以禮爲國即以禮平政禮本所以別尊卑定上下也平政之君子尊也上也行道之人卑也下也以卑下而辟尊上禮也彼循其禮而君子亦以禮也居之不疑故曰可也然政不曰爲而曰平何也蓋平者成之謂也凡事之應爲而未爲微之當慎而未慎分之當循而未循均不得謂之成謂之平也其事維何以工役而論若繕城郭若治溝洫若成橋梁有一未備不得謂爲爲也其微維何以爲政而論有及人之小利無經世之遠圖無遠圖猶可企望異日務小利則已而恩將來固雖橋梁未成亦不得以乘輿市惠則其微之當慎如此其分維何大夫不徒行分也若以乘輿濟人以常則出入必有所不便以暫則[illegible]從無下車待濟之理其分之當循又如此平政之君子知之爲所應爲慎所當慎循所當循焉

期淡壆
有泊

其平日自有公平正大之紀綱法度之施而其利澤之及人者普入人者深故行辟人而不爲過若夫政未能平而徒慕驕奢之習使人望塵而驚聞聲而避則又不足責矣

君之視臣如手足　一節義

傳云天下無不是底君父蓋以臣子之於君父知盡吾忠孝而已不必視君之恩義我豢養我蹂躪斬艾我而後分別輕重以報之也何也以君父視君父而不以常人例之也常人之情彼以順來此以順往彼以逆來此亦以逆往君子猶或非之況君父乎然而孟子告齊王曰君之視臣如手足則臣視君如腹心君之視臣如犬馬則臣視君如國人君之視臣如草芥則臣視君如寇讎斯何說乎曰孟子之言是直告其君之辭意在君之禮臣故不嫌其詞之危切也春秋之世亂臣賊子史不絕書其臣子固不足誅然亦其君父有以開之也苟其君能使臣以禮能勿混患於未然乎且所謂手足腹心者其君若臣恩義周至一體同心固無庸議至於犬馬國人土芥寇讎之說亦常人報復之情如是而非所論乎忠臣孝子也何則君臣以義合者也合則留不合則去明哲之士危邦不入亂邦不居安有道義之臣坐待其君之犬馬臣土芥臣而不早去者哉然則犬馬土芥之視其君固非賢明之君其臣亦皆庸碌鄙夫之輩則其國人寇讎之報又何疑耶若夫休戚之臣宗室之子如龍逢比干箕微之屬不幸遇其君之暴虐諫則不聽去則不可淍禁幽囚而不怨肝腦塗地而亦甘此固得忠臣孝子之正者也而疏遠之臣有可去之義者則亦不在此例故曰國人寇讎之說常人報復之情如是而非所論乎忠臣孝子也

作一世妝

人淺

去三年不反然後收其田里義

人臣身適他鄉心懷故土人情也善遇其臣之君始能善體其情出疆之日田祿如故里居如故正以俟其反也矣之三年而去者如故君始曰若臣之始去也予猶殷然若臣之終去也彼已恝然夫至彼恝然而祿秩攸關始不得盡歸閒曠此去三年不反然後收其田里之君之善體人情也夫士之仕人國合則留不合則去無容心焉是故有半生不遇或遇而甚暫其君之視其去留亦無容心焉田祿里居留則授之去則收之亦何肯待之三年爲也然此非所論於父母之邦久仕之國之君也使以父母之邦久仕之國有故而去其臣必有依戀之情其君必有延望之意何忍於其臣去之日遂恩迻義斷收其田里向使他日來歸瞻先人之敝廬已滋他族訪世守之采邑已屬他人言念及此何以爲情即使其臣飄然遠舉一去無歸而念其在國之日糾繩啟沃鞠瘁勤勞所益乎國者實非淺鮮又豈忍以微嫌小失沒其前功遽於棲身餬口之資不爲之稍留餘地乎所以厚德之君反覆推詳必待之三年之久而此三年中或以節省爲詞或以虛糜爲說甚或有媒孽其短謂楚相謝膏腴之產齊臣辭爽塏之居彼在國者且然況若臣之既去國君雖不收以明恩臣忍坐受以貪惠乎煩言嘖嘖而君則置若罔聞必待三年不反而後收其田里以是爲義之盡情之極也非然者刻薄端開後世甚有頃刻而誅竄臣家屬者嗚呼此異域所以多孤恩之臣也

無罪而殺士　一節義

君國之道仁與不仁而已矣國君好仁天下歸之國君不仁天下叛之此至理也然今諸侯王

打通後路

秋帆淚擬眉

覺他人詮不能

往往去仁而即不仁何哉。蓋其機之兆也無以警之。遂潛滋暗長內忍而疾至於危亡而不知。悞豈不哀哉。孟子曰無罪而殺士則大夫可以去。無罪而戮民則士可以徙。去也徙也雖大夫士保身之術。亦大夫士警君不仁之心也。何以言之。夫大夫士之於人。君有過則諫而止之。有失則改而圖之。斯其職也。茲不聞其諫止改圖而徙去之。徙之何歟。曰刑罰不中。猶且不可。況無罪而殺戮耶。自非其君無道之極。何至無罪而殺人。蓋其勢有諫之不可改之。不能而惟去之徙之。或吾君返己以思士徙則國無士。大夫去則國無臣。茲而不悔。而其所與圖治者誰乎。於是瞿然以驚翻然以悔奮然以圖存。未可知也。故曰大夫士之去也徙也。亦警君不仁之心也。雖然大夫不去於戮民必殺士而始去何哉。曰士與民一間也。大夫與士亦一間也。戮民之際。禍猶遠。及殺士則禍已近矣。兎死狐悲。惡傷其類。履尾不慎。必至噬臍。故士之徙戮民。大夫之去殺士。惡其近也。嗟乎。罪之不當。君子猶謂失刑。今曰無罪殺士。無罪戮民。則直逞其荒淫暴虐之私意耳。而其平時政刑之顛倒。紀綱之廢墜。非一日矣。爲之士爲之大夫至是始去之徙之。予猶惜其晚矣。

一往清利

君仁莫不仁君義莫不義

仁者人也。義者宜也。君人者以之修身則身正。以之正物則物從。理至順。效至速也。苟己無仁而責人以仁。己無義而責人以義。而人能從之者。未之有也。是故有諸己而後求諸人。無諸己而後非諸人。堯舜之事也。後之人君亦知仁義之爲美。而不知先諸己。即欲望諸人斯無怪其

學多見皮外語

淺斟低唱神味斯腴

叩之不應令之不從也孟子曰君仁莫不仁君義莫不義誠以君者萬民之首如木之本如水之源也仁義之於君則如本之生土而生源之因脈而達也夫本得乎土則勃勃欣欣之氣貫於條枚雖欲禁之不榮不可得也源因乎脈則滔滔混混之流充乎支幹雖欲遏之不溢亦不可得也故書曰一人元良萬邦以貞詩曰有覺德行四國順之要皆端其本而末自正澄其源而流自清之義耳況夫仁義者萬民所固有人君者萬化所從出以萬化所從出舉萬民所固有其勢順而情遂其事半而功倍是以人君存心處事一本慈祥則百官萬民莫不恥偷薄存心處事一歸正大則百官萬民莫不戒邪曲夫至於恥偷薄戒邪曲則何有於仁何有於義哉傳曰上老老而民興孝上長長而民興弟上恤孤而民不倍語曰其身正不令而行又曰上有好者下必有甚焉者也皆所以明感召之神也然則人君能不以正己作則爲急務哉

清醒齋日

非禮之禮非義之義大人弗爲義

理莫難於析微事莫難於辨似夫理之爲言禮也事之爲用義也禮也義也夫人而知之也非禮也非義也亦夫人而知之也禮而非禮義而非義則非有析微之卓識辨似之洞明其無由以知之矣故孟子曰非禮之禮非義之義大人弗爲夫曰大人弗爲則其爲者衆矣何也非禮之禮非義之義其理至微其事甚似非析之精而辨之審固罔有不爲者矣今而持斯禮義以語常人則固非其所知持斯禮義以語英明之君忠信之士似可知矣而抑知未也何以言之魯莊公及齊師圍郕之役公自認咎而務修德其言似合於禮矣而不知齊與魯讎也未可與

筆尖兒亂点得瀟洒翠

二覽輒盡

連師也然連矣而齊專其利是齊取代之道也而莊公之爲是言特懦耳而非禮也子路過孔悝之難正纓以殉其事似近乎　矣而不知以子拒父聖人所不爲則其死也特勇耳而非義也他如宋襄之不鼓不擒固也非禮也伍員之爲讎覆楚忍也非義也春秋戰國之時如斯類者殊難枚舉總之道以至是爲歸學以析非爲要故禮必合乎中正而視聽言動所察者精義必得乎時宜而常變經權所審者確所以禮本無非也察之不精而非者禮矣非本無義也審之不確而義者非矣惟大人者研理於平時審幾於臨事維深維密一切拘閡強執之見輕率急遽之心足以防其識蔽其明者深戒痛絕一毫無遺用能隨事順理因時處宜彼夫非禮之禮非義之義早析之精而辨之審矣夫豈爲哉

中也養不中才也養不才義

物不自生而天地生之物不自成而工冶成之夫其生之也雨露之滋息之天地循其理而物自遂其性若必强之助之則非天地之所以生矣其成之也繩墨之鎔鑄之工冶依乎法而物自成其形若迫之速之則非工冶之所以成矣孟子曰中也養不中才也養不才夫不曰教而曰養其效法天地工冶之生成物歟蓋父子兄弟之間恩義爲重若己中也而責子弟之不中己才也而責子弟之不才是責善也責而不從則反妨恩義矣安有父子兄弟之間而可以責善乎哉是以君子不親教其子然亦無任其縱恣聽其放逸之理故不用責而用養養之者以身先之以理範之涵育以寬容之薰陶而善導之無責之迹而有責之心無教之名而有教之實無害於義亦無傷於恩故性非純正則潛移其所跑跳梁之意質非敏達則默化其愚魯頑

春逐便風來何等自然

短七鷲入

分疏入古

鈍之偏於是施者不見有督責之勞而受者相忘於變化之內以視夫拘迫而苦難之猶不能變其質而端其趨者其相去爲何如哉且夫中者德之足式也才者能之堪嘉也中才之父兄其平日必有涵養之學鍛鍊之功氣必純力必厚故其出也可正萬民豈其入也難化子弟所慮者愛之甚則求之迫求之迫則督之嚴督之嚴則憤躁之氣與厭薄之心或流露於不覺而所謂涵養之學鍛鍊之功者其何在乎嗟乎孟子所以以養字示天下之爲父兄者也

居之安義

學不至於自得者未足與言不惑智不至於不惑者未足與言不變惑者不明變者不守若然者其於道也而不能一朝居之乎孟子曰居之安凡欲其自得之也蓋所貴乎得者非貴乎得於人也自得而已矣苟惟得人之得而不自得其得則其所得亦將因人而變矣昔者門人拱而尙右此信於孔子之行而行之者也與欲速貧死欲速朽此信於孔子之言而言之者也及本之聖人之意未有不轉彼而爲此矣若是者亦可謂居之安乎孟子曰聖人復起不易吾言矣其居之安莫大於此

孟子曰王者之迹熄而詩亡義

按說文辺古之道人以木鐸記詩言從辵從丌丌亦聲讀與記同孟子言王者之迹熄而詩亡迹當作辺謂王國無道人之官而詩遂亡矣後人多聞迹寡聞辺故改辺爲迹王制天子五年一巡狩命太師陳詩以觀民風鄭注陳詩謂采其詩而觀之故王者得周知四方疾苦漢書食貨志云行人振木鐸徇於路以采詩獻之太師比其音律以聞於天子又藝文志云古者有采

善談名理

親切有味指点得神

詩之官。王者所以觀風俗。知得失。自攷正也。歷按詔文。知王者有命官采詩之事。熄止也。言此官止而不行。則下情不上通。天下所苦。天子不知。政教流失。風俗陵夷。皆由於此。謂之詩亡可耳。儀封人曰。天將以夫子爲木鐸。謂王者不采詩。將使夫子周流四方。以行其教。春秋之志其見於此歟。若風雅頌。成周已具。體各不同。安得有黍離降風之事。至以雅亡爲詩亡。則雅之一義。亦不足以該詩也。薛收問文中子曰。今之民胡無詩。文中子曰。詩者。民之性情也。性情能忘乎。非民無詩。職詩者之罪也。按此亦謂詩亡爲無采詩之官云。

根據說文確有見地

王者之迹熄　二句義

百王之法。莫備於孔子。孔子之事。莫大於春秋。春秋亦何爲而作也。當周盛時。列辟統於天子。莫不稟一王之政教。以宣布於國中。畛域雖分。而規爲悉合。其間或有張弛不齊者。而公是公非之理。不没人心。謳歌吟美刺。分而刑賞之得失。氣運之盛衰。莫不昭然在目。是雅詩未亡而王迹猶未熄也。則春秋在乎可以不作。然而孔子之時何時哉。周轍東而王章莫攷。黍離降而雅樂無聞。共主則徒擁虛名。守府則莫稽實事。蓋王者之迹熄。而詩隨以亡。然後人得爲所欲爲。而不復有所顧忌。聖人於此。不忍坐視其三綱淪。五倫斁。乃思假空言以範後世。爲是寓褒貶於筆削。示勸懲於微言。而春秋以作。事誠出於不得已也。向使王迹雖微而未盡熄。雅詩雖變而未遽亡。是道統猶不至於虛懸。即春秋之作。在所不急。述而不作之孔子。亦胡爲不遑安其常哉。舊至迹熄詩亡。斯道絕續之交也。夫然後作春秋。以存幾希。此春秋所以重於天下

如肉貫串如錢架屋何等清新

萬世也夫。

敷陳大義朗若列眉

君子之澤五世而斬　四句義

人有曠世而相感者。心源之契合。亦何有世數之可限哉。然聞風百世之下。終不若近者爲較親而可幸矣。夫君子小人。無論其位之有無。苟爲道統所繫之賢。其平日之嘉言懿行。傳播於人口者何窮。至身後而風流益遠。餘韻常新。其澤非百年所能囿。即非五世莫能斬也。其在五世之外者可疑矣。而在五世之內。又可自信矣。夫親親之殺也。服至袒免而後窮。以至六世則情竭也。情竭則口澤手澤。俱離彷彿。遠雖欲追而有莫追之勢。抑尊賢之等也。位至下士而後止。以次五人。則分隔。分隔則與澤數澤。舉屬微落高即思攀而無可攀之望。而今猶幸未及五世也。則師弟致學之規。友朋傳述之事。猶是君子之遺澤也。則時雨之潤。不啻親承。斯非人生不易躬處其際者乎。不易値而偶値。較諸並世而居者爲尤幸矣。吾敢悠忽遇之耶。夫曰五世而斬者。約畧計之。蓋謂非五世澤必不斬。非謂五世而必斬也。即使五世必斬。我生尚屬非晚。猶得躬被君子之澤。豈得以未得爲孔子之徒而自諉哉。

說心研慮理解高超

予未得爲孔子徒也　二句義

夫無存亡。統有絕續。孟子之於孔子。誼亦隱相繫屬也已。當孟子之生。去孔子已遠。金聲玉振。欲親承之而無由。則孟子於顏曾冉閔之徒。其與聖人之親疏。已迥然各別。然其中心向慕之

山晴燦白水偏只見義稠

誤亦如親炙故其言曰予未得爲孔子徒也予私淑諸人也孟子之意豈不謂有身之生去孔子尚未至於百年孔子之澤其及予身者亦未及於五世是則文未喪之而流風之未泯者人尋而傳之孟子得而取之道未墜地而餘韻之獨存者人得而誦之孟子得而賢之用以善其身陶其德大成之矩雖不可即而望古遙集之餘時縈於中懷而不能恝置則竊其淵源討其緒論以幸託於聖人之門亦何在不可以學聖人亦何在不可以見聖人亦何在不可以升聖人之堂而入聖人之室也雖不能至心向往之孟子之學術蓋亦發源於孔子而已則謂鄒魯爲一堂豈不可乎

勁氣直達清光大來

可以取　一節義

味曲

人之以身涉世事故多端而莫不有至當之則特患介在可否間者爲最難擇耳如苟取非廉宜何如慎重者人或畧見以爲可取或深思以爲可以無取其苟與不苟不難辨矣乃竟取之而傷於廉此固失之不及不足深論也若夫豪俠之士此則輕財以結客彼即任俠以輕生謂非世之所重累人勇士乎然必務名而不問夫理之可否也初亦畧見爲可與繼復深思以爲可以無與乃謂吝不可爲而竟與之不知反傷於惠矣初亦畧見爲可死繼復深思以爲可以無死乃謂怯不可爲而竟死之不知反傷於勇矣此失之太過猶不及也不甚可惜哉夫苟取者雖傷廉而於已猶有所賓也至過與徒死之有傷於惠與勇且並身家而輕於一擲其爲害也不較傷廉而更大乎甚矣義之不可不審擇其精也以冉子子路之賢久受裁成於孔氏而

似尋語或他道出

猶不免尙意氣而畧道義。一則豪纖富之譏。一則罹絕纓之禍。亦可爲當世豪俠烱戒矣。何猶相尙成風。而卒莫之能悟哉。此孟子所以有慨於當世之弊。而示人以精義之學也。

心精力果摘要鉤元

雖有惡人　一節義

自來可以問已可以對天者。惟恃此自新之一念而已矣。自新未至。動輒得咎。舉天下之人。無不得而毀謗之侮辱之。自新既至正大光明。內而潔心。外而潔身。當此之時。所謂天地鬼神實或臨之者也。夫誠如是。雖有尋瑕索垢之人。謂某不過爾爾。則子羽一流。縱使黍稷馨香竭誠以往。恐昭昭在上。必仍唾棄之不遑。豈知妍媸者辨於外者也。善惡者辨於內者也。外雖妍不敵內之惡。則外雖媸亦不敵內之善。果使無慚於清夜。無慚於陋室。則即無慚於明神。無慚於大廷。善惡之間有定評矣。是誠所謂戒愼恐懼無時不然者。雖有惡人。上帝其肯舍之哉。夫乃知人特患不能齋戒耳。一齋戒其心。則齋莊中正。恪恭將事之心。即可以禮上帝之心也。人特患不知沐浴耳。一沐浴其身。則澡身浴德。洗滌舊染之身。即可以祀上帝之身也。轉移之道。其理甚明。其機甚速。惟不願自居於惡人。然後能自化於惡人。是故凡有血氣之人。皆可以齋戒沐浴之人。即皆可以祀上帝之人也。若夫朝夕酣嬉。虛靈日昧。或改之不力。或持之不堅。不適所蹈。必仍襲舊轍。又或錮習已深。自慚形陋。謂縱使修省。徒勞奚益。由此而誤歟終身者。不知凡幾。噫。如此之人。可勝道哉。可勝歎哉。

洗髓伐毛

天至大無外不可以道里計度數求不論新法舊法均憑日月星辰推測

天之高也　一節義

天下之理本皆易明。自穿鑿者起。遂窮高極遠之見。於是反求理而不得。豈知至高至遠者莫如天與星辰。而天與星辰並不必以穿鑿言之。而其理亦顯哉。何以言之。天分爲三百六十五度四分度之一。以南北極爲樞紐。赤道居兩極之中。二分之時。日行赤道。若東南所見。則赤道距天頂三十度。北極出地三十餘度。西北所見。則赤道距天頂三十度。北極出地四十餘度。以言乎高。誠無有出其右者矣。第一重爲宗動天。第二重卽爲恒星天。無星之處曰辰。星分爲三垣。二十八宿。總二百八十三宮。大小有名者一千五百六十餘星。其餘無名者。乃庶物蠢動。咸得係命。又或爲客星流星之類。星辰所居。既在第二重。其視熒惑天太白天已覺遠甚。其去地不又遠之又遠哉。在穿鑿者視之。必以爲未易窺測。苟非別出新奇。將何以馭之。豈知天之高星辰之遠。固誠高遠。然而天之運行有常度。星辰之躔舍有定位。特不知者未求其故耳。苟一思之。日在營室。昏參中。旦尾中。謂非孟春之月乎。日在畢。昏翼中。旦婺女中。謂非孟夏之月乎。日在翼。昏建星中。旦畢中。謂非孟秋之月乎。日在尾。昏危中。旦七星中。謂非孟冬之月乎。是踰千歲而上。其以冬至爲元日之始。亦可推步而得。里差歲差之說。不難漸次而求之。此其故不顯然明哉。彼穿鑿者殆所謂天下本無事。乃庸人自擾之耳。

非工推步之學不辨

良人者所仰望而終身也義

夫婦爲人倫所自始。閨房爲風化所由基。一與之齊。終身不改。古者所以重昏禮也。故三十而

語則平常氣則闊大

以蒙莊之詞闡紫陽之理此謂名士風流

娶二十而嫁必待父母之命媒妁之言誠以倡隨終身烏可不謹之於始哉然則爲良人者正宜善自矜持矣以尊卑言乾道也以貴賤言君道也當夫合二姓之好鮮不謂問名納采仰望有資詩云妻子好合如鼓瑟琴兄弟既翕和樂且耽當爲此良人詠矣不謂反目未聞而啼痕常在如齊婦之怨望良人亦誠可憫耳何則彼良人者趾高氣揚自謂往來於富貴之場饜飫於酒肉之地自齊婦施從窺破於是平生所仰望於良人者一旦成空遇人不淑莫此爲甚妻獨何心能不悲哉故與妾自歎自憐思夫良人者有仰望之實非徒有仰望之名者也有仰望之名而即有仰望之實者也彼誠然富貴者無論矣若夫貧居賤不有如冀缺之相待如賓者乎不有如仲子之自食其力者乎彼何人斯亦皆無失於仰望無誤於終身茲獨奈何所闕於良人者往來富貴而所見於良人者非往來富貴哉所聞於良人者饜飫酒肉而所見於良人者非饜飫酒肉哉斯不得不爲之搤腕而歎曰良人者所仰望而終身者也

文言道俗

萬章問曰人有言伊尹以割烹要湯有諸　一章義

聖人正己以正天下正己者道正天下者亦道道之藏也天下不足動其心道之行也天下皆能被其澤蓋聖人出處無所苟而已矣然而人亦有言伊尹以割烹要湯何其厚誣聖人也信斯言也則伊尹非樂堯舜之道也則是尹不待湯之聘而自往見之也則是尹無覺民之責而天下之重不克身任之也而伊尹不然也今觀伊尹道義之閑守而不越取與之錙銖之必嚴豈所樂非堯舜之道耶方湯之始聘也尹囂囂然以却之及其三聘也尹幡然以應之畎畝樂

味之則甘腴佩之則芬芳絕不模糊

道遐徵始起豈不待湯之聘而自往見之耶爲天民之先覺憫匹夫匹婦之失所說湯伐夏拯民塗炭撥亂反正自任仔肩豈無覺民之責而天下之重不克身任之耶蓋尹之處也謹人之所不能謹而其出也爲人之所不敢爲奈何以辱己之行誣之耶夫枉己不能正人則辱己安能正天下聖人於君可以近可以不去而身則不可以枉不可以辱不潔其身而就功名此中材所不爲而謂尹謂之乎尹之事湯惟以堯舜之道行之觀伊訓之文可知也夫尹以道正己而有不移之志以道正天下而有非常之功進禮退義自愼防閑憂世樂天默參時數惟其履志莘野而立天下之大節故能造攻牧宮而臨天下之大事綜觀出處本末昭然尹之潔身亦可見矣獨怪戰國之處士進不以道反援聖人爲口實而創爲割烹要湯之說是說也萬章疑之孟子闢之庶聖人皎然不欺之心可大白於天下後世也

以題之節奏爲文之波瀾意眞語樸一洗浮囂

思天下之民　一節義

匹夫而爲百世師一言而爲天下法之二語也惟孔子足以當之外此無人焉然苟有爲聖人之徒而願學孔子者無一不當懷此志論者謂伊古以來能懷此志者始於商之伊尹伊尹思天下之民匹夫匹婦有不與被堯舜之澤者若己推而納之溝中其自任以天下之重如此故卒能相湯伐桀成升陑之功孔子而後則有宋范文正公其爲秀才時卽以天下爲己任亦猶伊尹以天下自任之志焉其自言曰先天下之憂而憂後天下之樂而樂此非文正公不能道也蓋先天下之憂而憂卽悲天憫人之深衷後天下之樂而樂卽浴沂風雩之雅抱非僅託諸

禮義斷心即得不得攝魄亦有命處鍊神

空言而已也。孟子所謂幼而學之。壯而行之。學也者。學其所以行也。行也者。行其所爲學也。蓋爲秀才之時。而不留意於天下之事。則當出仕之時。始汲汲留意。已無及矣。諸葛孔明未出隆中。預定三分之業。此豈臨時卒辦之言。其平日草廬抱膝。早於天下之大時勢之變。無刻不往來於胸中。其以天下自任也。固已久矣。有此志而果有際遇。則舉而措之可也。有此志而終身侘傺。則卷而懷之可也。凡在吾黨。可不勉爲伊尹之志乎哉。

借題發抒抱負尚論古今慷當以慨不得以講義法繩之

孔子進以禮。退以義。得之不得曰有命 義

且人所秉持者理。而天所循環者數。則謂聖人言理不言數者。非也。理足於數之先。故數不離以理定。數乘於理之外。故理不得與數爭。數有參除。理無遷就。大聖人盡理之當然。以聽數之自然。如是焉已矣。有命一言。聖人蓋以安命者俟命耳。雖然。命操於天者也。而禮義乘於人者也。人必熟察夫剝復亨屯之故。知富貴福澤。非分者不得妄邀。進焉而廊廟。榮退焉而山林辱。乃能超然於用舍行藏之地。而不爽權衡。然則聖人非以禮義爲進退乎。雖然。禮義之乘於人者有定也。而命之操於天者無定也。今夫至人之處事也。不過以理斷之。理之所在。行止決焉。韞寶非以炫世。懷寶豈以迷邦。第本一定者以爲持循。而壇席與名山。祇行其隨遇而安之素。若夫彼蒼之待人也。偏若以數限之。數之所在。窮通判焉。富貴或逼人而來。貧困豈適然之事。第本無定者以爲推遷。而泥塗與軒冕。誰能出維皇默宰之中。所謂命也。即得不得所由定也。觀此而益信孔子有命之說矣。

刀刀見血絲絲入扣

言皆有物語不離宗

玉振之也者終條理也義

王氏穀膛謂孟子云。玉振之也者終條理也。乃終其條理。非條理之終。余嘗反覆思之。竊謂古大戚之樂。恒繼之以舞。樂之終。乃舞之始。擊磬以振動之。而樂中之衆聲悉隨磬而止。故曰終條理。左傳王子頹享五大夫。樂及徧。吳季札觀周樂。歌頌後即及舞。天子祭器已亡。然記有云冕而總干。率其羣臣以樂皇尸。是亦奏頌後繼之以舞。則舞在樂後。爲時少宴。故簡兮之詩曰日之方中。在前上處。舜典言八音克諧。無相奪倫。繼言擊石拊石。百獸率舞。益稷言合止柷敔。樂畢矣。笙鏞以間。間者樂與舞相接之頃。頌磬在東方曰笙。在西方曰鏞。鳥獸蹌蹌。鳳凰來儀。則舞矣。夔言擊石拊石。當即笙鏞。商頌依我磬聲。下即言庸鼓有斁。萬舞有奕。是亦樂與舞相接而磬在其間。磬必在懸。堂上無懸。不得有磬。分玉磬在堂上。石磬在堂下者。殆未然也。磬聲長清而尊。故樂之始。雖聲以金。而必以鳴球先之。舞之始。雖戒以鼓。而先擊磬以示振。在舞爲顯著。在樂而終其終。謂然此之謂乎。鳳凰百獸。皆韶舞中所有。以象德及庶類。以爲刻諸簨簴者。於義無取。以爲德化所致。則鳳凰或覽輝而下。百獸亦由至。蓋樂經散亡。前漢大儒不免隨文演說。欲求其可信。固亦難矣。

以經解經足正漢儒之誤

用下敬上　一節義

有名分則有君臣。有道德則有友誼。蓋上下之道。交相敬也。其以下敬上。非爲諂也。責在上也。

批選四書義續編　卷五　孟子　十二　同文升記

輕輕拍合含蓄選絲

其以上敬下非爲屈也賢在下也寅畏之度一自其寵履之分率之夫是之謂貴貴景仰之誠一自其道德之隆感之夫是之謂尊賢自今觀之孰不曰事君者人臣之常分天下莫能違也好賢者人君之盛節罕世未一見也若不可比而同矣殊不知人臣之顯盛名者莫不有聖智之君爲之主焉其仰賴於君者固重也人君之封嘉猷者莫不有賢明之臣爲之友焉其下求於臣者亦厚也是故奉君命而不二臣之恭也而君之好德亦必於有德之士求之君之師臣與臣之尊君也一而已矣故語其當然之理則爵雖尊不可以驕士德雖尊不可以驕君其輕重均也論其自然之勢則士非君無以顯其德后非賢罔與成厥功其緩急均也信乎貴貴尊賢同歸於義而已即天子之下交亦不可以貴自挾而況其下者乎

循題闡發無一蔓語

以物喻性眞是喻水有[illegible]

人性之善也　三句義

且論性者但即無定之說以喻性幾疑天下無可定之性即無可定之人矣抑知人可定即性可定擬之以形而本然者悉協同然之理性可定即人可定窺之於體而粹然者適完自然之大以信驗物而物見以物喻性而性見即以性論性而人愈無不見水無分東西豈無分上下乎信如告子湍水之說是猶不知水也是猶不知性也是猶不知水與性無不同而性與性亦無不同也水何如曰下性何如曰善蓋天下惟不變者爲性性而善性之不變也顧僅言乎性不變者處乎獨譬言乎水不變者見爲同不變之謂常靜而常者莫如性動而常者莫如水也則不得泥水言性也人性之善猶水之就下此而謂性有不善豈激搏之原無容相強喻之以

再綵結心才紳質碧枝抽葉作成條

流行之順。而無形者可驗有形。無有不善。此其所以爲人耳。此其所以爲性耳。且夫氣稟亦不齊矣。得天者優聖賢。恒智承天者紬庸衆。恒愚。似善不善。有未可必。否然言乎性所憑受。形成形豈參私欲。其稟乎厚薄不同者。猶清濁之流異。其本乎知能各具者。實洋溢之機。眞也。善念而充周也。疇不自全懿美哉。觀於水無不下。而告子猶疑性之善乎。

脩辭蘊精運筆靈警

操則存義

書曰。人心惟危。道心惟微。惟精惟一。允執厥中。惟精故能不惑。惟一故能不二。不惑不二。則心之至神。有主於中。可以允執而不失之矣。孟子曰。操則存。亦其意也。且心無形也。君子於此何以操之乎。一主於善。則瞬然而存。一忘於心。則茫然自失。所謂操者。亦主之使勿忘而已矣。是故昔之學問。以求其放心者。造次必於是。顚沛必於是。坐如尸。立如齊。其處也。居思其行也。若迷。盤盂有銘。几杖有戒。視不離於袷帶。言不越於表著。聽不惑於左右。斯須之間。未嘗敢忘其所操。顧瞬然則存也。立則見其參於前。在輿則見其倚於衡。是果何所見哉。其心存故也。揚之曰。能常操而存者之事也。四十而不惑。七十而從心。則操不足以言之也。然心之所存者神也。體而不違。何有於存亡。卽而不離。何有於出入。而孟子云爾者。特以操舍而言之也。書曰。惟聖罔念作狂。惟狂克念作聖。夫聖豈有罔念者哉。謂狂聖之分。特在念之間耳。噫。耳目手足。人之所謂小體者也。心之官則思。人之所謂大體者也。世之人知存小體者多矣。一指不若人則知惡之。至於心不若人。則未嘗知求之也。其弊可勝道哉。

證發處較他人極有把握

語必破的

魚我所欲也　三節義

天下就義者之少也。大抵以天下求生者之多也。夫就義而果盡生天下何貴乎就義之人求生而無不義天下又何莫非就義之人。乃比類以觀之平情以論之而知古來就義者未嘗不畢求生之方爲之熟權其理也。然而世之求生害義者方且用所用爲所爲而謂死之甚可畏也。方且得所得辟所辟而爲生之甚可樂也。方且舍所舍取所取而謂義之甚不可務也。嗟乎此特遁辭耳。豈彼之所欲固然哉。人生名節所昭關願力尤關時勢。必謂生不可幸。明哲何以重保身。然名節之防正有不能以明哲諉者。則揆時度勢之交所貴力求其是也。有如一物也而魚與熊掌異焉。猶之一事也而生與義區焉。夫人斷無欲死而惡生者。即宜無舍生而取義者。理勢不並立。守其理則勢必危。身名難兩全。愛其身則名易惜。然而古來就義之人往往所舍甚決所取甚專而不敢用得生之術爲避患之謀。彼豈不知有我而輕於一擲也哉。孟子故爲之綜所欲以權所可而猶謂所欲莫甚於生所惡莫甚於死也。則得生辟患何適不可而顧舍生取義之汲汲。爲知其欲義有甚焉者也。我在故也

經營慘淡仍復怡然渙然合作也

一簞食一豆羹　一節義

論事在細微之處最易窺流露之真。觀人當顛沛之時。更難於審處之當。即如一簞食也。一豆羹也。其細已甚而其生其死固不可知。即此蒙袂輯屨貿貿然來。亦無足怪。何也。其勢誠急而其情誠可悉也。而竟有忘其爲生忘其爲死。幾不知得與不得爲何如而動乎與生俱生與死

認眞禮義見先政

俱死之心弗受而弗屑也則以嘑爾而與蹴爾而與之故夫此弗受弗屑者使出於潔己守道稍稍自愛之人至於勢窮義不得不死則猶可勉焉乃以行道乞人名節不矜廉恥不惜而閱歷艱辛顚跌撼頓卒甘於餓死而終始不以得失利害爲秋毫顧慮乍有是心者不能如此此足以觀人心之正也君子審於嘑蹴不受而知不以僥倖苟免失其正以導廉鮮恥學其身者人人皆有是心而往往失之則以欲生之一念累之也嗚呼其亦有行人乞人之事告之者乎

理明詞達躁釋矜平

萬鍾則不辨禮義而受之　二句義

簞豆有關生死是與我有加損者也簞豆而出嘑蹴是無禮無義也於此而不受其辨之也早矣設値顛險之際而有萬鍾在前乎吾知必決擇理欲之大防愼持取舍之大節覺我重而萬鍾輕我大而萬鍾小其於禮辨義也更不知奚若矣奈之何不辨禮義而受之乎禮主辭遜義主斷制而吾人繫於萬鍾若曰禮義豈爲我獨設而即進以蕩檢踰閑之戒勉以大中至正之規猶卒惘然且貿然耳可受則受矣何不辨禮義而受之乎是見萬鍾不見有禮也見萬鍾不見有義也不見有禮義即不見有我也夫禮義在我者也我能辨禮我能辨義我自有不鐘鼎而富者不膏粱而腴者萬鍾雖厚特其外焉者耳是以古之人得萬鍾而視若固有於我曾無與焉況乎非分之獲何所裨於性命之眞意外之遭何所增於樂行之素則信矣毫末無加於我也奈何受萬鍾者竟見萬鍾不見有我哉夫受萬鍾之我非儼然不受簞豆之我哉前此審擇之確猶留氣節於人間今也貪昧之私反掏惡於幽獨而果何爲也耶

碧水間從前潤落

以幹筆爲圓通

翻陳出新語不離母妙在恰到好處

拱把之桐梓　一章義

嗚呼。吾聞養樹之説。得養生焉。何以今之養生者弗知也。五官百骸賅而存焉。其失之則悲矣。飲食男女大欲存焉。其順之則喜矣。養如是止矣。知亦如是止矣。知其養而不知其所以養。是獨不見養拱把之桐梓乎。不養桐梓者。爾斧之滅裂之。披其枝而傷其心。爪其膚以搖其本。其且芟夷蘊崇之以絶其根。不望桐梓之得全其天年以備器用也。然而必無是桐梓則亦必無是養桐梓者。而至於身則不然。嗚乎。彼且愛其身不桐梓若耶。今夫人之有身也。藐焉而中處。參列乎父乾母坤之位。蕭然而高。奇仔肩乎往聖來學之傳。今即無論此而視其五官百骸。則既驕而存矣。桐梓然乎哉。問以飲食男女。則既大有欲矣。桐梓然乎哉。此即以私桐梓者愛之。君子猶曰不對。而況並此亦不為。彼將有迷罔之疚。顛倒失措以至於此耶。嗚乎。是亦弗思而已矣。思之則知之。知之則愛之。愛之則養之。養之乃以生之矣。夫養之乃以生之。則是不知所以養之者之。必不能生之也。吾懼其身果不桐梓若也。

正喻夾寫。剔若列眉。筆亦矯拔蒼勁。卓乎大家

仁義忠信　三句義

孟子言爵而求其端於天。人於是急欲得所爲天爵而聞之。且急欲據所爲天爵而有之。夫天之所與者無他。仁也。義也。忠也。信也。天諄諄而命之。若曰莫賤於不仁。爲其陷溺而無以自容也。莫賤於不義。爲其頹靡而無以自立也。莫賤於不忠不信。爲其相欺相謾而內以自傾危也。

一書局校印

肆筆縱横意飽周

樹梟游絲上

則莫貴於仁爲其立萬物之上而不爲物役也莫貴於義爲其制萬物之情而不爲物移也莫貴於忠且信爲其無虞無詐實有諸己而共服於人也此數者皆天所以與我之善也然此猶未足饜服乎人慕爵之心何也人疑爲天之所與而尊之或外挾仁義忠信以傲於人而其心實有所不樂其情實有所易倦是天固強設爲羈縻之具使人畏之不敢或離而其中固立竭也而獨不見夫人有其善而不愧不怍者固順天以爲樂而樂之不倦耶獨不見夫人者其善而戒謹恐懼者且畏天以爲樂而樂之亦不倦耶凡此者皆莫之爲而爲者也其命天命也其職天職也謂非即此之爲天爵耶

切脉按神慨心貫當

孟子曰欲貴者　一章義

天下之可貴不可賤者莫如貴於己者矣是天之與我而人所同然者也是不可以棄不可以亡而所爲天下之良貴也人反若有所不願何哉蓋天理民彝之正既失於中而紛華靡麗之悅復動於外然則明明有在己者焉彼自弗之思也弗思乎己徒願乎人見夫膏粱之在人也則願之文繡之在人也則願之意是得爲良貴耶是人之所貴耳方其飽膏粱施文繡亦自以爲貴於己者也無何而人奪之矣人褫之矣雖其貴非在己故忽焉爲人所貴忽焉爲人所賤欲貴者至此茫茫然失矣則盍思良貴大美莫如仁義莫如聞譽是己之所飽也是己之所施也己所飽者人不得而奪之己所施者人不得而褫之彼膏粱文繡要亦人之所貴而已反而思之吾自有良貴在其亦可以饜吾心副吾欲矣於人又何願焉夫祿以養賢服以章德則循

再作指點

起棱紙上手平押

其在己而人亦從乃道腴可嚼內美可欣則舍其在人而已益重貴者人所同欲人所同有也誦既醉之詩以思之無或逐逐於紛華以求賤可矣

細着詮發切理饜心

詩云既醉以酒　三句義

天下求貴於人者特未知貴之所在耳彼視已實味爲無所得淡然無可嗜即切而指之曰爾有仁爾有義彼且以吾德爲困苦難親而淡泊相連不知其有也今欲爲貴者賦既醉之篇祝君子而介景福抑何與言貴者類耶倘如世所云貴則極湲樂之瑞侈享禮之盛如所云醉以酒足矣而何惟本乎其德且言德則似進深微未必洽乎人情而何以云飽也蓋言吾德之自足而仁義之不可或已也誠人固知之矣人情莫不便於所樂而畏其所難又莫不歉乎不足而快其有餘今即人之所欲而命之止於仁止於義鮮不以爲未足鮮不以爲甚難詩人則即其甚樂者予之並即其有餘者予之若曰吾固已周浹乎此矣則雖虛寂自守清高自尙而以爲如是則已甘也以爲如是則已腴也言飽乎仁義也言至此則既醉一言亦可略而不論矣何也君子以爲膏粱類也

見解諦當

五穀者種之美者也　一章義

今天下競言仁亦知仁之名尊於仁之功又甚難乎蓋嘗觀之五穀矣方苞方體之初見有鎛斯趙而嫗之者曰是害苗者也實發實秀之始見有非其種而去之者曰是亂苗者也蓋五穀

水滸沙明語不無

也荑稗也豈可同類而較美者哉然有時輕重倒置好惡易情則熟不熟分而美惡因以改觀也則甚矣五穀之不可不熟也而仁何如哉如農功焉日夜思之無越畔也竭蹶圖之無隕穫也優游飫之無助長也蓋脩禮以耕之陳義以種之講學以耨之播樂以安之而仁熟矣如苗之厭厭焉吾仁方新之氣也如麃之緜緜焉吾仁不已之功也人盡而天見理得而心安週視他端小道美耶不美耶直荑稗耳問何以致此則非熟焉不得也然則仁何如哉夫仁亦在乎熟之而已矣不然問其名之美則欣然慕畏其功之難則廢然止向道而行中道而息猶曰是種之不美者則何異於滋荑稗而棄五穀哉

清光大來語語確當

隨筆快合氣倍論前

不揣其本　一節義

禮者萬事之本其在禮曰天高地下萬物散殊禮制行焉言高卑之有定也如任人之說高卑何有定耶今夫至卑者莫如方寸之木至高者莫如岑樓以方寸木岑樓上下長短不倫也什伯千萬無算也然是固揣本之論如不揣其本而惟末是齊將寸木不高而忽高寸木忽高而岑樓之本高者忽失其高蓋不以寸木之本揣岑樓之本而但使寸木之末齊岑樓之末則其高也何不可使之有夫古今之理至不易也流俗之論至無定也以仰岑樓者仰寸木因以貌寸木者貌岑樓貽誤不淺大平而正其非者必先有以剖之則雖寸木之上有岑樓岑樓之上有寸木而岑樓依然岑樓寸木依然寸木且寸木之本已遠於岑樓之末寸木之末乃顯上於岑樓之本斯計末而遺本實暗於本而益暗於末耳則信乎其使之高者其本不高者也其

雙流歸二束

一轉一意

當作頂門針

可使之高者其斷不可者也任人雖屢聞是說當廢然返矣

正喻夾疏顯豁呈露

徐行後長者　一節義

我與聖人有二道乎哉我之道與人之道聖人之道我之道也以我爲聖人之道實則以聖人爲我之道取諸人倫而道無餘蘊之當前而道各足脫曰不能豈我身動履亦有不克自主者哉即如長者在前我肎隨之後先有序弟之道當如是也長者命爲我奉杖焉侯徐有節弟之道又如是也非然則競非然則躁不疾而徐不先而後一轉移間而弟道在是矣脫曰不能豈爲人憚於此不爲又豈所安此以見堯舜不難爲而人卒難之始終未曉然堯舜之道也儼然而臨之曰堯曰舜夫孰不驚猝然而命之曰爲堯爲舜孰不自疑而抑知堯孝子也舜孝子也堯悌弟也舜悌弟也堯舜一孝子悌弟也孝子悌弟一堯舜也動靜不再事樂可追於孝弟取之而已矣求之而已矣脫使堯舜之道眞有所不能爲則是徐行後長者可不謂之弟而別有所謂弟也豈有是哉此益足見堯舜之可爲而爲孝弟以爲堯舜者斷無不勝之任也在我而已

一噴一醒再接再厲

爲人臣者懷仁義以事其君　八句義

天下悖逆之事莫甚於人倫大化之洽亦莫著於人倫故君臣父子兄弟之間國家治亂攸繫而實生人仁義所從出也今也爲人臣爲人子爲人弟者其心若曰不仁不義無以對吾君吾

涉明楚錄分

投壺矢聲下棋子聲

父與吾兄矣則仁義之臣其臣必忠仁義之子其子必孝仁義之弟其弟必恭是搢笏而登明堂者慕仁人義士之風服勞而承門內者思戴仁履義之樂顧猶慮仁義之名始樂終斁仁義之心偶發中止人非甚不肖疇不自外仁義而人義之人卒少概見何歟無他其心雖懷仁義而尚有言利之心以間之也蓋以仁義爲召利之具有慕仁義而終遠者矣以仁義爲並利之美有陽仁義而坐廢者矣伏而思之孰如去利懷仁義以相接之爲愈乎內革富强之習外昭親愛之休盡人懷仁盡人懷義而不嗜殺者爲無形之固不妄得者爲不試之威所謂一人之說行而一國之人心正而國勢亦從之也何必曰利哉

樸實說理掃盡浮囂

孟子居鄒　以幣交義

季任者任君弟也託父兄之庇游富厚之場居高養尊驕處深宮度亦珠玉錦繡中人而已曷記乎爾記其以幣交孟子也幣交者恒情也曷記乎爾記其以幣交固爲任處守之日也處守而以幣交人主禮賢之典也又曷記乎爾記其處守而以幣交之日固孟子居鄒之日也且夫鄒任非接壤也山川相繆道阻且長也處守非小任也蒞臣民統政治義取坐鎮有餘也季任與孟子又非聯風雨共晦明訂莫逆交也季任之克守土宇高自位置淡泊寡情其孰從而講之然而爲季任者一若景仰孟子纏綿久之而盡孟子之心專而交孟子之計得援撰書辭具幣帛授命使者擇日以行嗟乎居鄒云者將謂孟子之終于鄒乎哉處守云者將謂人人之有是職乎哉幣交云者將謂舍幣卽無以言交乎哉而記者書季任於孟子顧若是倘所謂地處

揭出爲相處守之原恰當題恰緇不同澠墨爲纂

於不相近。職處於無可分。而遺一介以聊白其心之不容已者。與是未可與儲子同日而語也。

造境古雅落英繽紛

儲子爲相以幣交義

孟子之處平陸也。齊之卿大夫。苟想望丰采也者。其視居說時道里遠近。相去幾何哉。乃當日樂與孟子交者。固有一儲子矣。且夫儲子當日。倘或因齊之君盟會日繁。征伐四出。社稷之重。惟大臣是賴。亦如季任居攝時事。則海岱之國。煩劇當十倍於任。焦心勞思。日不暇給。翹首平陸之地。咫尺渺若山河。誠如是。則儲子一季任矣。乃當是時。第相傳其爲相云。然而儲子則固樂與孟子交也。若不知季任之嘗以幣交者。縞紵可投。恍出中心之好。又若有慕於季任之嘗以幣交者。亦纁是納。聊附下士之聲。若明知孟子之在平陸者。而因以此盡其歡。更若未悉孟子之在平陸者。而惟以此伸其雅。然記者從事後觀之。其記儲子。固爲相也。非若季任之處守而以幣交也。孟子固在平陸也。非居鄒也。故大書特書。而不可混同。有斷然者歟。

句中有眼味外有味

百幅錦帆風月滿

去就眞詮經生之筆

二路淡折用才用精神

五就湯五就桀者伊尹也 義

孟子爲曉淳於髡而擧伊尹。伊尹殆髡之稱所先名實者也。故自古未聞有周旋兩君之側之臣。有之自伊尹始。方尹之耕莘也已知湯之大有爲而桀之不足事也。夫已知湯大有爲則終身就之可矣。何至五就而後決。已知桀之不足事。則偶一就之。過矣。何至五就而不憚煩哉。蓋尹之身自任天下之重。尹之心亟求天下之安。天下而安於湯也。尹豈能外湯而他適。故湯聘之則尹就之。天下而猶未去桀也。或者相湯而收既散之人心。則雖不事桀。亦以延桀之命。其就桀也。非背湯而黨桀也。或者相桀以回將斬之國脈。則雖非事湯。亦即成湯之忠。故初就湯而湯不自用。舉以歸桀。是矣。乃尹之心則猶曰立人之朝。期於道行。苟不能引君當道。安能復豢養於桀乎。夫是以就湯者數數而未已也。初就桀而桀不能用。還以歸湯。是矣。乃尹之志則猶曰格心之功未可驟效。倘得從容悟主。安知桀之不可變乎。夫是以就桀者仍數數而未已也。迨乎五就桀。卒不見几。始信下愚之不可化。而歸亳以報湯。五就湯均不獲效。始信天討之難再稽。而相湯之伐桀。尹眞先名實者矣。然事桀終名實未加而去。髡其仁之乎。抑弗仁之乎。

讀書得間妙義環生

虞不用百里奚而覇 義

百里奚雖顯於秦。其先虞人也。奚而在虞。虞有賢者矣。縱不能取威以定霸。自可保國而全家。倘天誘虞公能用奚之才。用奚之智。將弗受璧。弗假道。苟息雖善謀。又何益焉。惜乎其不用也。不用奚不得不去矣。奚去而虞不得不亡矣。或謂虞將亡。奚未嘗出一語以相救。彼其才智似拙

昧之益世

撥時起議隨題生文

揭出樞紐

宮之奇下無論不足即用之奚補哉乎曾亦思秦穆公之霸所用者何人乎且夫違蹇叔勸遠師敗績二陵遺屬三帥其去貪賄之虞公幾何一自奚見用於秦而伐晉報虞以敵國樹新主之威即以新主雪故國之恥由是東伐鄭南救荊據殽函以瞰中原六國莫能及焉君子是以知穆公之得為霸主也用奚之力居多總之得士者昌失士者亡觀秦之所以霸而虞之亡在不用奚可知觀虞所以亡而穆之僅至於霸在能任用諸賢可知豈賢者果無益於國乎

無字不的有蘊畢宣

秦穆公用之而霸義

虞亡以不用百里奚而秦霸即以用奚孟子蓋借霸以證亡也則是秦穆之用奚抑鏡虞也乎而或謂此自判然兩事未必其事相因也夫士詘於不知己時方無所表見安知非中實亡有反有播棄以藏拙焉且幣重言甘嬰其寶而假之道虞亡則有在矣晉荀息謀臣也不聞遺一介以覘奚之不用奚亦未嘗曰子毋謂虞無人吾謀適不用也毋乃為此無徵之說以成其不白之冤哉而正不然何也秦穆公固用之而霸也夫今之奚猶昔之奚非其壯不如人而老將知也穆公僅中主即得由余丕豹公孫枝輩其用者奚也三置晉君一救荊禍巴人致貢八戎來服霸業何赫赫與彼奚晚至秦而穆公創業亦在暮年前此未嘗有也故人稱五羖大夫之賢不褒迹其一時遭際位右羣臣名顯諸侯功施百姓盡出生平之蘊以輔所賢之主大夫當此豈不勝任而愉快乎噫天生我才將必有用觀於霸而奚賢之實見也穆不相奚猶中知之王觀於秦而虞亡之案定也不用賢則亡矣削則愈於亡而謂可侮與

闡發聖衷足堪立臣道之防

緒交派注縷晰條分

獨闢奇鏡妙想天開

乃孔子則欲以微罪行不欲爲苟去義

淳於髡以賢者爲必可識亦知賢者用心深遠固不易識乎肯孔子去魯當以受女樂時也失此不去顧汲汲於膰肉不至者何哉良以爲聲色荒政君之過大者也必以是去則天下之人將從而罪吾君章君之過孰甚焉君子肯乎哉故隱忍於受女樂之日而待決於致膰之時其不脫冕行也非悻悻於其細也爲尊者諱而不欲深潔其名則有託而逃非無故而去使天下見吾去之迹不及察其心庶吾君受其過之小乃得以辭其大使諸侯不至聞魯國之陋而行者亦有辭於天下庶吾身不絕去國之義並得遠罪於亂朝出處之名正去就之義明君子之愛其君與愛其身如此其至也用心忠厚爲義精察然則賢者豈衆人所能測哉髡以爲有必識之妄矣吁由孟子之言觀之則其所以留齊去齊蓋自有道豈亦孔子去魯之義有難以語人者故託孔子而微見其意歟

句句破的精確不磨

則有慶慶以地義

比之象曰先王建萬國親諸侯親諸侯以親民之義也諸侯之政行而可爲民慶亦卽可爲天子慶天子慶其民固自有所以慶諸侯耳夫慶其功則爵以賞諸侯受國以來地非不廣而慶卽以地者何哉誠以車服之榮恩未隆也弓矢之錫典至重也命以上公侯伯而列爵自有等也賜以大禮大樂而名器不容假也禮有之諸侯有功德於民者加地進律地以養人故必從

逐處還他證見。有書供我指揮。

能治地能治民者。予之是爲一諸侯慶。即爲衆諸侯勸也。蓋可以慶而不慶。爲寡恩。寡恩者諸侯解體。不可以慶而慶。爲濫予。濫予者諸侯生心。惟身入其境而親觀其成。如是而慶。即行而諸侯各思勵職矣。亦必如是而後慶行。而諸侯無不戢志矣。後世私賞之端開。如溫原之賜。請隧之僭。即因之。豈知先王當日所以使之諸侯度而率王章者。固如此。使不脩其職。又奚逃天子譴之哉。

逐層發明題無遺蘊

天子討而不伐　三句義

今之五霸者。不知有天子久矣。古聖天子於不朝之諸侯。而貶而削而移。是盛世之討伐。權有所主。義固甚嚴。所云討者。明指其罪而播於衆人之謂也。所云伐者。共聲其罪而使知儆之謂也。果其棄三正。侮五。則不得不伐。果其阻聲教。肆憑陵。尤不得不伐。然伐非天子事也。討爲而已。是故義和之命。討者自天子。伐者則諸侯也。淮夷徂征。討者自天子。伐者則諸侯也。討伐之權。實操自天子矣。若諸侯安得伐諸侯哉。而五霸何知此義也。或狹楚爭盟。縣陳討貳。或濟河雪三敗之恥。殺狄逞一怒之威。其非掌在司馬。而無當於伐者。固可議矣。即如問昭王不復。與責包茅無供。救急而釋宋圍。服大而戰城濮。初未嘗奉天子明詔。而逕與宋魯齊秦假名義而振鼓鐘。恣陰謀而誇獻馘。則知五霸所以威加天下。名赫當時者。非以正征不正。乃以衆服不衆。非以仁伐不仁。乃以強制不強也。名爲招攜以禮。懷遠以德。實則其兼弱也。無上其攻昧也。無等名爲報德有信。復怨有義。實則其取亂也。自便其侮亡也。自私何也。摟諸侯以伐諸侯。五

寧潤有聲泉眼活

更無漏義

霸蓋不知有天子者也。律以三王討伐大典。罪可勝誅哉。

按切時事發揮警透

五霸者摟諸侯以伐諸侯者也義

孟子言天子討而不伐。諸侯伐而不討。則是諸侯有伐之名。無討之名。有奉天子以伐諸侯之名。無借諸侯以伐諸侯之名。而五霸者。乃參酌乎伐之之用。獨精其伐之之權。厲樹其伐之之實。猶收其伐之之效。伐者一諸侯。輔其伐者衆諸侯。伐者衆諸侯。專其伐者一諸侯。不伐者誘之伐。以一諸侯領衆諸侯。欲伐者激之伐。以衆諸侯削一諸侯。則摟諸侯之象成。摟諸侯之術定。蓋伐之之意近於殘。而摟之意轉近於厚。伐之意出於私。而摟之意故出於公。厚其所愛之諸侯。乃能殘其所忌之諸侯。公以奮諸侯之氣。實則私以裁諸侯之威。以諸侯長諸侯。而即以假仁者爲摟。以諸侯服諸侯。而即以假義者爲摟。倘不唯命是聽。則今日爲所摟者。異日即在伐之之列。倘盡望風景從。則今日爲所伐者。異日亦可入摟之之數。是直驅天下諸侯明爲所用。而不自知。且令當時諸侯顯爲所制。而不敢違也。五霸者摟諸侯以伐諸侯。此則三王之罪人歟。

思如湧泉滔滔汨汨筆意亦頭頭是道左右逢源

五霸桓公爲盛　四句義

桓公之時。王氣之微也。而桓公之輩。王事之近也。何也。春秋之統凡三變。至於桓也。而天下之權聚桓公之身。又凡三變。及其季也。而桓公之志荒。則桓公已不免於衰。而特因以推其盛。此

八蹄鴻雁少江共蒹葭遠何等筆力

東風作意轉春晴

又何也。則有感於葵邱之會之。宋襄神明之後也。然而弱矣。秦穆楚莊。霸事之將也。然而夸矣。且也心不矜者。乃能統大衆。知不黷者。乃能處大事。以律晉文猶難之。況其下焉者乎。於是齊桓獨盛。而齊桓葵邱之盛。蓋自此諸侯咸喻乎桓公之志。牲不必刑。書不必煩。血亦不必歃也。夫大道隱而家天下。然後有語誓。忠信薄而人心疑。然後有詛盟。詛煩而約章亂。然後有交質盟。故論者謂語誓不及五帝。詛盟不及三王。交質不及五霸。苟能是焉。則已矣。而不虞桓公不徒欲交質而不用。抑幷詛盟而不爲。是豈不有志於天下爲公之世。而王事幾合乎後世徒見桓之九合諸侯。取貲春秋。抑知其革薄從忠。見於不歃者。猶有三代之遺意也哉。雖然時至而優。物過而止。葵邱之會。桓公極盛之舉。亦桓公將衰之機也。吁。霸業之衰。要豈天下之幸哉。

天子之地方千里　一節義

天子不言有無。諸侯不言多寡。此其論甚高。而其說未盡。得有無可以不計。何不盡以天下之地。公之諸侯。多寡可以不論。何不盡以天下之地。私之天子。蓋勢有不能。故制有必定耳。然則天子之地方千里者何也。諸侯之地方百里者何也。夫千里之地。公孤采邑出其中。王子弟食邑出其中。大臣致仕之邑出其中。而天子之所以千里者。尚不在此。夫百里之地。城池溝塗去一。川澤林麓去一。馬牛羊芻牧去一。而諸侯之所以百里者。亦不在此。覲遇朝宗。何以供經費。燕饗錫予。何以給度支。計及諸侯之所以待。而天子之地。不得侈於千里而遙。不得減於千里而近。聘問會同。何以無廢事。祭祀喪紀。何以無廢倫。計及宗廟典籍之所以守。而諸侯之地。論

落到正意不負題情

抑揚中曲款

羨延則十里者十論開方則百里者百逡夷之天子雍岐畀秦溫原予晉千里之舊安在哉宴弱之諸侯虎牢城而鄭以偪渠邱濱而莒幾亡百里之封何有哉然自是朝京師脩禮物者亦罕矣疇知甸服規方原爲必膺之德意疇知提封十萬亦有不得已之深心非然者天子固未者侈畿疆自近於私啟輕錫予或流於濫者齊魯之始封蓋彰彰可考矣

今魯方百里者五　一節義

周公昔封之魯非春秋之魯也顧或謂周天子廣魯於天下久矣禽父俾侯東魯土田山川附庸孰益之王者益之也君陳食采王都邦茅胙祭孰益之王者益之也審若是則儉於百里之說幾不足信而自善戰者剏拓地之謀爲闢國之計逐逐焉以地不足爲慮無怪魯國日益而無損而今且方百里者五也嗚乎世不聞有王者作矣獨不思魯猶秉周禮乎周禮者王者所以損益天下之大權而使歸於定制者也何使恪守侯封謹遵王度兗州之境東濟西河無所損益無所益至今不改可也且魯非小弱也龜蒙之有鳧繹之保自若也乃滅項之役并有讙於齊侯之封濟西之田非有辭於曹地之分得鄟得鄆得鄆非有滅於汝陽之復以元公百里之國至子孫而數倍之無他王者不作而吞併之勢成也得王者而治之則將命司徒奠邦守則將命司馬正邦畿則將命職方圖邦域魯方百里者五果符於建邦之九畿乎抑合於列國之一同乎且舉宜茅胙土之命而出於封建屏藩之意乎在所損益不待計較而決矣

萬室之國一人陶則可乎義

二十取一爲一人計則得矣如萬室之國何哉夫國號萬室則必民居稠密生齒殷繁士農商

亦清亦逸話呢喃

人竪我辟人急我紓寬以運句密以廿淺

貲萃於斯百工衆技集於斯凡夫阜其財而利其資者必詳且備養其欲而給其求雖至纖至細而必周也其他姑不具論至於陶非亦百工之一而萬室所必資者哉今夫一人之身而百工之所爲備室而至萬其人誠不可臆計此而謂室有萬陶亦必以萬是固無庸按其室之所資與其陶之所出或人以千計以百計則猶庶有豸也奈何萬室之國而僅以一人陶哉或曰汙尊而坏飲古嘗有不須乎陶者然未有陶之前則萬室自若既有陶之後則一室必需室有萬而專其業者無將伯陶止一而賴其利者遍國中微論物希則貴陶者得挾所有以傲人即令獲則取之而挈瓶而予萬室紛爭舉國囂之衆將並趨而怨詈一人矣奚可哉奚可哉

眼前指點大義昭然

禹之治水　四海爲壑義

禹之治水與白圭之道反而與水之道合何也蓋率性之謂道水亦有之聖人所不能易也故禹不自用其智而以水爲師自用其智而强水從己則人與水爭地水亦與人爭權以水爲師而忘己因水則人順水之情水亦受人之命故水之勢自上而下禹之治自下而上行之有其方而不妄行注之有其地而不妄注得其道故也夫千古之是非必以相形而見萬世之功罪亦以兩較而明禹之治水所以遠勝後人者豈有他哉審其亂之源而得其治之法蘊之不得歸海是亂之源也決之使其入海是治之法也宮室閭閻之所宅人而不宅水稼穡塡園之地宅物而不宅水水與人物並宅則水失其道而必爲害雖遠至僻壤遐陬海隅日出而苟有十室同居之邑百畝可耕之田禹以爲非水之所都也非水之所宮也水之都水之宮有海焉而

變態再錫九雉軍飛令人不測

已蓋天一生水而天之四隅爲海入處天之小水處天之末相去而遙水乃與人無患其性然其道然也禹惟治循其道水復其故人安其居長有利而無害圭顧反之海隣國而魚隣人其害甚大而以爲愈於禹河伯有知必有粲然笑者矣

平成經濟不圖復見於斯

夫苟好善至告之以善義

且天下一善之所彌綸也斯人一善之所周浹也我以善導天下而天下不以善乎我以善偶斯人而斯人不以善應即或乎矣應矣而仍有一偶之未孚一人之未應猶得謂經世貿長才而好善之不足爲政也然而爲政之才豈有外於好善哉即優於天下之故豈有外於好善哉則且究其眞則且揭其覩今使爲政於四海之內者惟是立謗木陳䜌鼓具文徧舉謂人將来告以善也既且啟牢館以延遊士虛揚無實謂人將輕千里而來告以善也或又[illegible]書壓下蒲輪四馳傳爲名高中心淡然謂人皆輕千里而來告以善也其孰從而應之然而章布之士躬不出里巷學不外身心豪傑未聞徧交姓氏未嘗衆著一旦得志而此也彈冠彼也[illegible]袂近者躡戶達者叩關四海之內翕然傾慕果何術以致此哉則惟好善之心之入人深故也且夫知無不言言無不盡纏臣不自遠忠謀不自私惟是犯顏批鱗以求益於明明之上此又非僅好善者之所樂聞而不能強致者也夫苟好善則足以致之矣致之而善與善洽躡門者樂受其良謀善與善洞遜聽者願陳其忠謀心同理同之故有放諸四海而皆準者彼執友聞聲相思或猶蹶千里而命駕焉況其爲柄國之良也哉然則好善之優又奚疑焉

從確實處推勘工力悉敵

奇氣勃發是縱橫捭闔之才

孫叔敖舉於海義

昔者孟子曰。孫叔敖舉於海。後人往往疑之。以爲不可深攷。要之不難攷也。按韓峻注。孫叔敖隱處耕於海濱。楚莊王舉之爲令尹。儒者多以爲隨文解說。事實無所徵。然觀淮南子云。孫叔敖決期思之水。而灌雩婁之野。莊王知其可以爲令尹也。於時舉之。必無疑焉。荀子呂覽亦幷以爲期思之鄙人。考期思故城。在今固始縣西北七十里。固始本寢邱。即莊王感優孟之言而封其子者。蓋期思適當淮西之地。淮水經期思北而東注於海。禹貢稱淮海。地志又淮稱唐海。此與魯詩來淮夷而曰至於海邦。江漢伐淮夷而曰至於南海。同一類也。且左氏傳曰。召陵之役。楚子使與師言曰。君處北海。寡人處南海。杜注謂楚界猶未至南海。因齊處北海。遂稱所近。此可知凡稱海濱者。不必在波濤之閒。第以近海言之而已。而儒者多泥舊說。謂楚莊王時其國之南境東境。去海尚遠。遂謂孟子所據之書。已不可攷。并謂趙氏之注。亦無所依據。不知以前所據淮南諸書證之。則孟子之言。固自不謬。趙氏之注。亦自有據耳。至杜氏謂孫叔敖爲蔿賈之子。即蔿艾獵。後人皆沿其說而不察其誣。近時說經之識。辨之已詳。茲不復贅焉。

說經邃確有見地

入則無法家拂士出則敵國外患者國恒亡義

孟子曰。入則無法家拂士。出則無敵國外患者。國恒亡。斯言也。所以見盛强之不可恃。而憂患之益人者大也。蓋人君非甚英明之質。不有以匡之懼之。則侈然自足。不克謹其心之所發。以

法應錯落

風調尤勝

水色山光面面

兜至此萬花齊放

自免於危亡之禍。此法家拂士敵國外患之不可無也。夫法家拂士者。即孟子所謂世臣巨室。賢子所謂廉潔而切直匡過而諫邪者也。敵國外患者。即大而夷狄之禍。小而盜賊之變也。入有法家拂士則君之非心能格。而倒行逆施之事。可以免矣。出有敵國外患則君之惕心方生。而土木禱祠之役。可以罷矣。此國之所以久安長治也。不然無法家拂士。則自以爲無過。而過生焉。無敵國外患則自以爲無禍。而禍起焉。求國之無亡。不可以得也。試以暴秦之事證之。秦既混一區宇。所用者皆讒諂之臣。刑名之學。未聞有一人一士抗疏以摘其過者。是無法家拂士也。北伐匈奴。南伐百越。夷狄之君稽顙臣服。是無敵國外患也。乃甫及一傳。即亡其國。前車昭然。可爲殷鑒。故曰憂患之益人者大矣。

樸實說理。明白曉暢。可與宋儒講義并傳。

存其心養其性義

孟子曰。存其心。養其性。按心一而已。而有人心有道心。性一而已。而有義理之性有氣質之性。人心者生於形氣之私。故危殆而不安。道心者原於性命之正。故微妙而難見。人能操此心而存。則爲道心矣。人或舍此心而亡。則爲人心矣。義理之性有善無惡。氣質之性有善無惡清濁純駁。氣質之性也。智愚賢不肖之所以分者在此也。仁義禮智義理之性也。智愚賢不肖之所以同者在此也。盡心者格物窮理。豁然貫通。有以極夫吾心所具之理也。存心者直內方外。嚴其操守。有以存夫吾心所具之理也。盡心而可以知性。非其心體之不蔽。而有以容其天理之自然乎。存心而可以養性。非其心體之不失。而有以順夫天理之當然乎。尤可見吾心之與性

冰雪聰明障悉空

判非二物焉究而言之聖賢之論無不可也龜山曰氣質之性君子不謂之性是其論與孔孟若符契也豈若荀楊之言性者乎伊川曰心無所主則虛故以明鑑照物妍媸莫遁爲是與孔孟相蹈合也豈若佛老之言心者乎

剖析精微一空理障

强恕而行　兩句義

嘗謂萬物皆備於我者不求之而自備者也亦求之而無不備者也是故自然求之而物備勉强求之而物亦備是以謂之皆備也今夫物而非其中之所固有則雖百譬之而不肯夫其譬之而能肯者彼其中原有是物者也天下事而非行其中之所固有則雖曲推之而不可行夫其推之而能行者彼其中原有所以行於是物者也夫所謂仁則豈非其萬物一體之謂哉然而求之於萬物爲遠矣第求之我爲近矣即求之我而取必於誠身之樂焉又遠矣而第求之於强行之恕爲莫近矣今夫人莫不欲人之我愛而我亦有不愛人之時非恕也然此欲人我愛之心謂非我備愛人之理不可也則强而行愛於人焉即所謂保四海之仁亦可近而取之矣而且適適然而譬之而推之不亦不誠之甚乎然與其不誠而爲仁也不猶愈於誠於爲不仁乎而且規規然强而譬之强而推之不亦不樂之甚乎然而勉强爲仁而不樂也則使其勉强而爲不仁其不樂不更甚乎故曰强恕而行求仁莫近焉

處處引人入勝

以佚道使民　至　以生道殺民義

方破餘地

至史在胸高文揚手一時絕調

使民爲農民曰是食我之道也使民爲兵民曰是衛我之道也使民爲城郭溝池民曰是域我之道也雖勞而不怨也曰盤庚之民何以怨民可與樂成而不可與慮始蓋終於不怨也詩曰晝爾于茅宵爾索綯亟其乘屋其始播百穀可謂勞矣然民豈不思之曰上之人果誰爲也哉田獵之誤姿好之奉上之人所自爲爲之者君子蓋不以勞民也古者水衡少府大子之私藏大司農錢不以及供養賞供養勞賞一出少府爲是也孟子曰以佚道使民勞而不怨以生道殺民雖死不怨殺者以佚道使民可也以生道殺民君子蓋難言之易曰古之聰明睿智神武而不殺季康子曰如殺無道以就有道何如孔子曰子爲政焉用殺夫殺無道就有道先王之所不免也孔子諱之然則殺者君子之所難言也

解喻題義措置咸宜

善政得民財義

天下無一日而可無財用也故治國之道莫要於理財而理財之道莫先於善政子輿氏有言曰善政得民財此非虛言其效也夫善政者在經制有方勤謹節儉務農重穀無妄費財而國家自無逋賦蓋欲得民財者必先使民足故昔者有若對魯哀公曰百姓足君孰與不足百姓不足君孰與足自古聖君賢相不虐取於民而倉廩自實府庫自充者皆是道也昔晏子相齊國奢示之以儉國儉示之以禮是致富之本也蘇子由曰所謂豐財者非求財而益之也去其害財者而已害財者未去雖求財而益之財愈不足故惟其節儉則財之流節而財之源亦不患其竭是所謂得民財者善政而自得之非求天下之財而聚之也大學有言曰財聚則民散

文自有骨英氣多

財散則民聚。苟無善政。則民且不得。何有於財。苟有善政。則財且可得。何有於民。嘗以往事察之春秋時。衛文公大布之衣。大帛之冠。務財訓農。通商惠工。授方任能。元年革車三十乘。季年乃三百乘。惟其能行善政。斯得民財也。後之理財者。盍鑒諸。

攷徵詳明

人之所不學而能者　一章義

道之在天下也。本足於付畀之初。而人之求道也。實循其發動之始。今夫學而後能。慮而後知。則其能也知也。猶有待於人也。惟不學而能。不慮而知。則天機得於自動。明覺出於自然。而所以効其用適其故者。若有翼之啟之者矣。斯天德之良能良知也。觀於孩提之童。以及少長。固未始學且慮也。有親在。無不知愛。兄在。無不知敬。夫孰使之愛敬哉。一本之情。天顯之念。誠有結於心而不可解者矣。其知此能此者。固良知良能。而人皆可以與知與能也。因是推之。則親親可以觀仁。敬長可以觀義。蓋率其自然之愛敬。而仁義即存焉。是非小吾仁義也。親吾親而達之天下。無不親其親。敬吾長而達之天下。無不敬其長。則公愛公敬。而非一人之私愛私敬也。此其所以為仁義也。性原天下之一。而行率人心之同。人之無弗愛且敬者。有不自知其然者矣。使無是愛敬之心。必其無仁義也。無仁義之心。必其非人類也。焉有人而無是心哉。然則人之求仁義者。不必於外求也。求不失其赤子之心而已。

洞胸穿脇滌利無倫

人之所不學　一節義

與水爲曲看山不平

工於立言善於雕琢

夫以人之有能有不能有知有不知也而告之曰爾胡弗學弗慮爾學且慮則自能之自知之矣此亦使人由不能以至於能由不知以至於知之善術也然竟不迴之其所不學而能不慮而知者乃性之良者無假於學惜之至者必著於非其能之也豈以學也機之所啟必命自天識之所開必原於理其知之也豈以慮也然過此以往則必學且慮矣則必學而能慮而知矣并沮人以學且慮非謂人可任此不學而能不慮而知而甚惜其所不學而能不慮而知者有諸己而弗悟也或世亦既深并其所不學而能者而背之或嗜欲既多并其所不慮而知者而昧之人亦靜念其所不學而能不慮而知者可矣指之曰良能良知則自有生民以來未嘗學此慮此矣使由此知能而充之以學慮則可爲無所不能無所不知之人乃僅此知能而不充之以學慮亦斷不得曰之人也無良能無良知也人其可以或背此良能昧此良知也哉而良能良知豈有時泯息也哉孟子蓋欲人返觀而自得之也

層層抽剝筆勢如游龍夭矯半空

及其聞一善言　二句義

聖如大舜固不待聞見始有感發也乃其深山居遊亦無異於野人者何哉先河後海之說吾儒所以致知也挹彼注茲之勞中材所以應物也若舜備大美於生初涵萬理於沖漠至靜以待天下之動儲源以蓄天下之流其全焉者皆其蘊焉者也其發焉者皆其歛焉者也而天懷淡定意象渾朴幾若藏濬哲於何有泯知識於無言雖然此特見聞未及之時則然耳及其聞一善言見一善行其當幾之觸發固何若乎苟必預蓄其機以俟一朝之激發厚積其勢以待

爲臣道立極全題消息曾昭融

特出之充溢則其心亦拘滯焉而鮮通其理亦偶洩焉而遂竭舜蓋有順乎其天率乎其性者焉以人之天動己之天以己之性感人之性而言行之激發不啻川壅而潰焉言行之充溢不啻左右逢源焉此固居遊時所弗逆億者也是故聞見未接善若隱於無形聞見既交善遂顯於有象此中之蘊蓄率然之流行知非儲而爲滲滙而爲瀆者可同並非博而躍之激而行之者可託若決江河沛然莫之能禦舜豈猶是深山之野人乎

綺交脉注力卓思精

有安社稷臣者　三節義

天生人才爲社稷也爲世道也爲天下之民物也然人品不同而事業異乎其間矣何則孰不爲臣而有所謂安社稷臣者受君之託非徒容說以圖寵祿也公家之利知無不爲必以社稷靈長爲己悅未安而思安之既安而思保之蓋爲國重於爲身故敢不容悅其君而不致負乎社稷斯則謂之忠乎而要之志在立功或不必於道之可行也進而求之有所謂天民者盡天之理非徒隨世以就功名也夫道之行相時後動必以堯舜君民爲己功度其身可用又度世之能行蓋愛道甚於愛國故以身行道不以道殉身斯則謂之任乎而要之必於可行矣猶出有意也推而極之又有所謂大人者非徒謀在一國心在天下也德本諸身既操正己之務化彰於物自妙默運之神諷議不形聲色不動一人正於朝萬民正於下斯則忠在社稷而不尸其功道濟蒼生而又泯其迹此爲大人而已矣非人品最高者乎夫觀天民而後知安社稷者之爲隘則志於忠者當務所以進於大矣觀大人而後知天民之有意則志於大者當務所以

悅性怡情恨不令李長吉拾之囊中

進於化矣。君子見及此。庶足論人矣乎。

循題抒寫意義清新

五畝之宅　一節義

豐岐之時。去豳未遠。采繁求桑。聚家殺羔。築場納稼。其俗依然在也。況狐貉可代褐。耕稼可給鮮。瓜壺菽稷。可佐食。自然之利。亦不乏矣。然文王不敢如是遂止者。誠以猶未衣帛食肉。猶未足以無飢也。而必有政以爲之盡地利。焉盡物用。焉盡人力。焉宅維五畝。則出於對可與耕耘休於家。可蔽風雨。田有百畝。則受田者可以畀祖。世歸田者可以長子孫。而地利盡矣。由是桑樹牆下。則木不妨禾。而沃若與黃茂異宜。雞豚有時。即收可知。耕而用牝與妨農並戒。而物用盡矣。由是而澮道。由植者避微。行於耕壟。趾者適南畝。則夫婦功勞。農收交舉。而人力盡矣。嗟乎。陶復陶穴以來。不必皆聚廬而處也。鮮原岐渭之區。不必皆畫井而耕也。蠶桑雞豚物類何以自繁。匹婦匹夫。遊情何知。自力雖老者不免於飢。而何論八口哉。苟非有制之教之導之。老則老者幾殆矣。

拖重養老立論眼光如炬

易其田疇　三節義

聖人將宥天下而治之。所以嘉惠斯民者。至無盡也。而大端則莫貳於菽粟。蓋菽粟者可以厚民生濟民用。阜民財。致民富。從古帝王御宇。凡所爲開源節流者。惟是菽粟爲亟之焉。豈有他務哉。乃迄於茲。列國兵爭。庶民罷敝。驅南畝丁壯。而日尋干戈。則田疇荒而菽粟耗於兵端。下

山腰挂飛瀑

絕是方家心事令吾非故吾

土脂膏以時乃糗糧則稅歛繁而菽粟耗耗於賦況夫酒醴肉脯示之奉則民不知節而菽粟又耗於食珠玉錦繡導之侈則民不知節而菽粟又耗於用杜財之源絕財之流如是而求菽粟之足其勢不能且求菽粟之至足如水火之有以應人昏暮之求而無弗與也雖堯舜不能然則斯民何由仁乎而聖人所以治天下者斷可識矣愚賤之性命道不越乎愚賤之身以百族之性情事即寓諸百族之日用無以養其欲斷不能以安其心無以平其事斷不能以備其志夫惟聖人深明治體所以必使天下有菽粟如水火而後可以云治也必使天下之菽粟如水火而後可以化民之不仁也為治者盍求其本乎

切理饜心

聖人治天下使有菽粟如水火義

治天下之務孰急於有菽粟哉顧菽粟何嘗不有然究安得謂有也不有菽粟即無以為天下有菽粟乃可以治天下天下而各有田疇各有稅歛也因不可謂之無菽粟天下而僅能得食僅能得用也終不得謂之有菽粟何也為其不如水火也夫水火之至足者取之無禁用之不竭故僅言水火而不必言有水火惟其無人不有無地不用且不見其有而無不有也今日有菽粟如水火是必菽粟之有而不見為有自無人不有無地不有而後得謂之如水火也是豈易望之天下哉豈易望之治天下者哉然獨不得聖人而治之耳聖人治天下不徒為菽粟謀而必求端於菽粟則固有使之之道在水火不必生之而後足菽粟則不生而立匱水火不必積之而後足菽粟則不積而立荒是菽粟之不如水火者理勢然也惟聖人開其生之之端制

興會所至誠足推倒一時豪傑

其積之之漸。治天下之人。而使之共趨使之共守。則天下皆生菽粟。積菽粟之人而無一棄菽粟糜菽粟之人。自見菽粟之無不足也。夫生之積之而見為至足。與不生不積而見為至足。其足有以異乎。聖人之使之也。不能知水火之不待生積。而能如水火之不至匱耗而已矣。迨菽粟足而民無不仁。天下之賴聖人也。豈淺鮮哉。

一噴一醒。再接再厲。

孔子登東山　其瀾義

今夫觀聖人與觀山觀水無以異也。我觀孔子道德統貫乎彝倫。文章兼綜乎百代。其在一鄉。高出一鄉也。其在一國。高出一國也。其在天下也。譬諸登東山而魯小矣。登東山而魯小矣。登泰山而天下又小矣。觀於海而難為水矣。彼遊聖人之門者。不且難乎其為言也哉。夫天下聰明才智之士不乏也。衆論交攻。百家爭勝。其拘挾也甚。大其自命也又甚大。故其言縱橫奧衍。可以淩轢乎一時。揚厲鋪張。方欲跨越乎千古。及登其堂。親聆仁義道德之宗。諦聽天人性命之旨。恰覺向之所見而所聞者。眞不啻泰山之於邱垤。河海之於行潦。而凡天下之學者。皆渺乎小也。而言又安能乎。則甚矣。聖人之道之大也。雖然。豈無其本哉。盍仍借觀於水。今夫水支分派別。運天地而流。茫無畔岸。浩無涯涘。將欲觀之而其術窮。然水難觀也。而其瀾有可觀焉。觀其奔流激湍之勢。出之必有其基。觀其潆洄渟蓄之形。發之必有其始。彼聖人之道。淵深而蘊厚。源遠而流長。統之有其宗也。尋之有其源也。執此以觀。則聖道之大而難窮者。自不難得於言思擬議之表。若觀水者之觀瀾。即可以知其有本矣。又何至臨流而興望洋之歎也哉。游

聖人之門者得其意於登山觀海之中而復爲之深究其本焉則爲善觀聖人者歟

一往清利

流水之爲物也　一節義

聖道之大而有本也則凡爲君子者可不思陟遐自邇升高自下以期達於聖人之道哉而或謂君子特患不志於道耳志於道則必達於道以其有爲之志鼓其一往之氣可以一蹴而淡非必歷久而達也又何至有求達而不達之患哉誠如是也將水之行於天地間者不必問山下之出泉不必問晝夜之不舍而忽焉赴壑忽焉歸墟意必行焉而無不行焉然而流水之爲物必盈科而後行非不盈科而亦行也今夫潢潦水中之庸衆者也江河水中之賢者也海水中之聖者也由潢潦而行於江河不遽行也由江河而行於海不遽行也蓋盈於此而行於彼其勢然也而今且不盈科也因是而知善信君子之山下出泉也美大君子之江河行地也聖神君子之放乎四海也由善信以達美大非驟達也由美大以達聖神非驟達也蓋成於此而達於彼其理然也而今且不成章也不盈科而欲行之勢較盈科者似更捷不成章而欲達之心較成章者爲更迫然而有所阻格也適見不行而已矣不達而已矣奈何志道者不以水鑒乎

言明且清義辨以悟

欲知舜與蹠之分義

舜與蹠之徒各以類應亦思應之者其知舜蹠有分乎抑不知舜蹠有分乎夫舜蹠不自分因

反影入題不作尋常窠臼

對勘而出語必探源

人之分以爲分人亦不自分因舜與蹠之分以爲分然則分之於人也仍分於舜與蹠也分在是欲知其分亦豈外是哉與人爲善者舜也衆惡皆歸者蹠也慨觀古今惟與舜賡同調擬衡品量亦惟蹠爲獨行則舜之爲舜固不必因蹠而形蹠若有因舜而適形其蹠者蹠之爲蹠固無俟因舜而別舜乃有因蹠而愈別爲舜者迄今舜蹠往而舜蹠著矣舜蹠之分不與之俱往且與之並著焉倘欲挈起而證之抑或執迷而不悟不可互相區別發人深省歟人每樂道人之顯而微者則置焉舜與蹠之分至顯也亦復至微不詳審其由來幾以爲顯者可知而微者不可知然非不可知也欲知則竟知矣蓋天下同此心古今祇一理心本至靈而有以蔽之昏昏者若將終身理所共著而有以察之昭昭者即在兩途故相去不可以道里計而以其間不能以寸無他利與善之間也

理析毫芒不同恒泛

飢者甘食渴者甘飲義

今夫人孰不食人孰不飲其所以食者必有需乎食之故也其所以飲者必有需乎飲之故也然則飲食之故非以飢渴耶當其飢也惟知有食也惟知有食則不必食之精者而亦食當其渴也惟知有飲也惟知有飲則不必飲之美者而亦飲於是而食焉飲焉人不以爲甘而彼已甘矣彼何以甘曰惟飢渴之故假令飢渴者於既食既飲之後則所謂甘者恐亦不以爲甘何也彼已不飢也彼已不渴也而方其飢渴之時有不以爲甘者乎使飢渴而在一人則既已甘食且復甘飲使飢渴而在二人則於彼甘食於此甘飲在他人幾不知其何若是之甘即在彼

細意鋪排發貼平如題正喻理雙明

此皆不自知何若是之甘也。然飢者而強以飲。則未必甘。渴者而強以食。亦未必甘。飢者而既食。則以飲為甘。渴者而既飲。則以食為甘。二者固各有所甘。又互有所甘也。飢者視渴者方怪何以易於飲。渴者視飢者方怪何以易於食。甘食甘飲。皆飢渴之故耳。豈必得飲食之正哉。

窮形盡相無義不搜

有為者辟若掘井。一章義

人苟不忍自棄。而欲有所為。則功之淺深。皆所不計。而心之所期。惟是求盡乎其量。至於一無所歉。而後即安。夫是之謂真能有為者。使不論其所至。但以為焉而塞其責也。則豈必頹靡不振。始為自棄也哉。蓋為必有所為之分。有為者亦必有能為之程。辟如井然。井必及泉。而其井為有用。掘井必及泉。而其功為有終。何有淺深之可計也哉。其及泉不九軔可也。其不及泉即九軔不可也。蓋井以及泉為量。不以九軔為量也。如有為者果能盡其所為。如掘井之必及泉。而後止。則用力雖少。猶將進而取之。以為能不勞而至也。而不然者敗矣。從前之志氣非不甚銳。若欲以前之銳者謝天下。以力之不足。而君子正以前之銳者。惜斯人用力之徒勞。蓋既已功力將至。而忽有無端之廢。回念前之所親歷者。未嘗不幾經曲折。而俱已茫然無用也。則人之愈苦愈覺得力者。茲乃愈苦愈覺鮮濟矣。辟如掘井而不及泉。不九軔固為棄井。即九軔猶為棄井而已。此有為者但爭棄與不棄。而功之淺深不足論也。嗟乎。一簣之覆。尚可為山。九軔之掘。終為棄井。豈人力不齊之故哉。

屈曲赴題應有盡有

精銳聰明眞令我埋頭咀嚼昂頭讀

詩曰不素餐兮　一節義

異哉。丑援不素餐兮之詩。以不耕而食疑君子哉。夫謂餐而安於素。非君子心也。且即以餐而計其不素亦豈君子之心乎。平時稱道仁義。誦說先王。固將大有爲於世。而顧以不能自食。必出於計叨謀食者之爲。曰我如是以食於爾爾。亦可以許我焉。呼。陋矣。然即如丑言。而君子自有得食人國之理。何也。今夫國之中所少非耕者也。上莫先於其君。而下莫急於其子弟。是故安富大業也。尊榮大名也。孝弟忠信大誼也。當此世享大官厚祿者。所不能謀其萬一也。乃一旦環至而立效焉。則惟君子居之。而君用之。子弟從之之故。然後知儒者之議論風規。皆有關於理亂之數。而聖賢之經綸道術。不待見於乘權得位之時。其大造於人國也。蓋如此。即觀挾其一得以效於世。而代其耕之人。猶不以可差等計。而況沾沾稼穡哉。則夫君子之食報人國。當復何如。顧僅以一餐之奉。爲其君與其子弟養此一人。此其所以報我君子者。抑已小矣。然而君子固無心也。向使君子必計其可以得食者。以居人國。則等而下之。即行還十畝之間。所以謀食者亦淺矣。夫不耕非君子所恥。而不素亦非君子所矜。此固難與丑深言也。

語必中肯

仲子不義　一章義

齊有仲子者。上不臣於王。下不治其家。避兄離母。處於於陵。身織屨。妻辟纑。以爲生。是其亡親戚君臣上下之分者也。而人輒稱焉。曰廉士。廉士。嗟乎。事未易一二爲俗人言也。若仲子大德已虧。而猶自附於廉。無論蓋祿不食。螬餘可拾。饋鵝不食。溉園以終。特其小焉者耳。即一旦齊

南華秋水喻思深

是作底語見淺者不能上胆小者不敢下

王舉國而授之推仲子之心必且以爲不義而不受也仲子其果得爲賢乎哉以世所聞由光義至高雖與之天下猶不屑介意況區區齊國乎人之信之者必以爲齊國大器也與之而不受大節也而不知是舍簞食豆羹之義耳今夫人生倫類所屬內則有親戚之繫外則有君臣上下之分隨其遇而安之皆可明心循其分而盡之皆可見性所以聖賢無不近人情之事所以烝民有好是懿德之良若徒遠引爲潔孤立爲高必將棄爾親戚離爾君臣上下此敗常亂俗之人無足比數而信仲子者方且慕乎仲子之爲人始焉一二人之信其漸乃無不信之或尤而效之世道之變伊於胡底耶是即不爲仲子辨不得不爲信之者辨既爲信之者辨仍不得不爲仲子辨謹小而遺大仲子即素有廉名無所逃罪於天地間矣天下後世當有明斯義者豈孟子一人之私言也哉

筆情廉悍詞意凊剛

是舍簞食豆羹之義也義

義爲自然之用而好名者每以矯飾成之夫矯飾之情流俗或爲稱許至於定義類之歸則雖非義之所不在而實爲義之所不爭蓋其品量殊卑卑不足道也已仲子讓齊勿受而人皆信之信仲子之能守義也豈不以爲世風漸薄觴豆每啟爭端纏綿或見德色今舉千駟之富萬乘之尊而棄若敝屣也是其砥節礪行豈不高出尋常萬萬哉雖然亦未思其有合於義者幾何耳人情少見而多怪好異而恐常不爲之顯以揭焉明以示焉不知其義類至微而義例甚淺也今夫以單食豆羹與齊國較孰重孰輕孰大孰小豈可同日語哉然而君子之論人也外

權變
來會
絲入

震其制行之峻。不若內窺其用意之微。譏而勿受。與舍而必謹。其設心同也。設心同則其所以求慊於心者無不同。斷之以義而以爲是。即今簞食豆羹也。豈過論哉。使於此而遂信爲砥行之高礪節之至。彼呼爾而與行道有時弗受矣。何獨於仲子而異之耶。

義極精嚴詞有斷制

桃應問曰　一章義

桃應設爲瞽瞍殺人之獄。而在舜爲天子。皋陶爲士之時。以允若之父而忽爲犯法之人。此其語甚不經。豈待斤斤焉曲爲之說哉。使於此而思所以處皋陶。上全天子之孝。下雪匹夫之寃。宜必有道矣。於此而思所以處舜。憲典不可以不肅。而國體尤不可不尊。宜必有道矣。然而孟子曰。父所知者法。而子既爲天子。舜法則不可不執。雖禁之而執如故也。子所知者父而已。不以天下易親。則不可不逃。雖瀕濱而樂如故也。此義行而天下後世之爲人臣者知天討天罰。不稍絀於議親議貴之文。此義行而天下後世之爲人子者知養親順親不稍奪於富貴崇高之勢。而偶有狥情骫法者。皆皋陶之罪人也。而偶有貪位忘恩者。皆舜之罪人也。以此爲坊。世猶有希意旨以媚此罪人者。世猶有惑於利而不顧於生者。嗚乎。以古今不敢發之大難而聖賢處之適得其平。以天下萬不可行之事。而聖賢言之不嫌於創。孟子所以正人心而急反其本者。其道如此。若夫法莫大於君臣。恩莫深於父子。以人臣而犯天子之父。其罪甚於殺人。以天子而徇一夫之戀。其愚甚於廢法。此世之所知。而三代以下之言也。豈孟子所屑道也哉。

精思健筆絕不負題

欒在揮縱如無況閎

舜爲天子　三句義

今夫治天下者天子也佐天子糾天下者士也天子以權尊而士以法行也天子有權而不畏天子之權者殺無赦士有法而不畏士之法者殺無赦故天下咸懍懍焉懼自罹於殺而何敢殺人惟然而天下有殺人非天子與士所驚爲變者乎抑知五刑之制皆爲殺人設也人而敢於殺人自天子與士言之則爲變而自天子與士處之則仍非變夫天子與士所驚爲變者莫如殺人而出天子之父矣顧或謂殺人而出天子之父猶非天子與士所驚爲變者也何也師師非度天子之權有不行於卿士者矣何況於父庶威奪貨士之法有不行於權貴者矣何況於天子之父然此非所論於聖人而爲天子直臣而爲士者也況舜之爲天子也爲士持權凡聽其自流聽其自放未嘗或掣士師之肘臯陶之爲士也爲天子守法凡五刑有服五流有宅未嘗或違天子之命而不意予正是干者卽在重華之父而不謂有司是犯者竟出大孝之蒸親繇之方命用其子而殛其身盡猶未爲天子之日象之謀兄有其心而無其迹固難加以殺人之名夫聖人苟秉直臣而天子必隆父事處常則易處變則難古人不必有其事後人但當論其心故試設言之曰舜爲天子臯陶爲士瞽瞍殺人

用筆如分水犀抽劍題義層出未窮

孟子自范之齊　二節義

孟子在當時藐視諸侯王而黜其巍巍者居高養厚曾不足當其一盼此其中蓋有所恃焉自范之齊忽喟然而歎何也曰望見齊王之子也見王子何歎見其氣見其體也見其氣體何歎

一書局校印

筆舌互用毫端風雨逼人寒

學識與經互相包舉

○曰居移氣養移體也○夫王子之居誠高養誠厚當不過於諸侯王○諸侯王則藐之而王子則歎之○乎非也○所歎在彼○所觸在此也○所觸維何○居天下之廣居也○夫所謂廣居者非有宮室車馬衣服之可指○并非有居與養之可名於望見之王子何與○而事有相類者○王公之○笑貌聲音不求異人○而罔非崇高富貴之澤○聖賢之言詞○丰采不求異人而罔非仁義道德之華○王公生深宮而長阿保○日變月化自別於羣臣兆姓之倫○聖賢說禮樂而敦詩○書日變月化自超於天地萬物之表○於不類之中而類出焉○於類之中而不類定焉○王子且然○何況廣居○大哉居乎孟子所以喟然而歎也○

超乎象外得其環中

望見齊王之子義

孟子之齊非一日矣○往者王有雪宮之問○明堂之問○好色好貨好勇好樂之問○孟子皆洞燭利導告以王道之全○而與王之子酬對者絕少○惟士何事一問○似有薄吾孟子而不樂周旋者○然則道左之間○猝然相遇○王子之見孟子○與未見孟子○抑或見焉而不復置意○俱可略焉○不必計特是王子在齊○從曰撫軍○守曰監國○任莫重焉○前有師保○後有凝丞○位莫隆焉○食前方丈○侍者百人○貴更莫抗焉○王子而為賢者也○翩翩濁世之佳公子也○或為孟子所願見○王子而不賢者也○亦富貴驕人之常態○或為孟子所不願見○第當孟子由齊邑入齊○竟有見夾道疾馳○旗旄導前○騶從在後○道旁之人驚相告曰○此王子也○而孟子於是亦遂望見王子矣○雖然○望見王子亦恒耳○而孟子之喟然嘆者何哉○蓋情以觸而即動○意以感而彌篤○孟子之見王子○孟子之善用

遂漸拍淡兩腋風生

其情善寓其意也彼淡漠相遭者等諸萍蹤適合而已而孟子則覿我親人互形焉而慕心起其見王子也若更別有所見矣特因王子而有感觸耳嗟乎喟然一嘆請起於王子也可即謂起於孟子自歎亦可乃或謂滕文公之楚時亦以世子而見矣胡不聞孟子之有嘆也蓋世子猶可與言堯舜者也而王子則淩轢一世之概著矣孟子所以喟然而嘆也夫

理解眞詮 會心不遠

魯君之宋 一節義

昔者魯有君宋亦有君道德之域兩君未嘗一其心勢位之奉兩國未必殊其轍聞之魯君而之宋矣夫魯以守禮之國循入疆之容徒御不驚候人爲導門於垤澤傳呼甚嚴甚矣魯君之氣之盛而體之崇也壹若天下諸侯宜爲君者惟魯君能於時守者避君之駕未能望氣而知而習君之儀亦且聞聲而悚悚然起曰此其爲我君也耶抑非也我君之聲惡乎至則以爲似之云爾夫魯之去宋遠矣宮室之度車馬之數衣服之制同耶否耶姑弗深論至於聲抑又微矣聲發於氣聲達而氣若畢達聲出於體聲昭而體亦畢昭此無他居相似也甚矣居之大也然而國門之內聲施爛然者若彼廣居之中聞其無人者若此天下雖大即安得而有相似者哉

神理淵永節短韻長

形色天性也義

天命無私豈於人而或靳人性皆善豈於天而有遺故有耳目手足之具而形全有視聽持乎

深入顯出殼中矣

心細手和文辭詞高均從紙縫而出

之實而色著有聰明睿智之德而本天之性遂無不照險隘之弊止可謂性而不可謂形賦畀以還第知有形而不知有性蓋形未嘗於人性早具於天此從最初言之也見形不見性昧性遂亦形此從後起言之也由最初以觀其繼先有性而後有形由起後以溯其原旣有形而即有性是故形在即色在形色在即天性在也天下皆成形之類即天下皆成性之類千古皆有形之人即千古皆有性之人夫事以有所假則多睽物以有所隔則相閒惟形爲自然之形斯性爲自然之性惟形非性外之形故性非形外之性其不得視形爲外鑠者其不得視性爲外鑠者也其不得視形爲泛設者其不得視性爲泛設者也而豈容假借歟豈容隔閡歟人孰無形泥其形而色不肖人孰無性失其性而天不全蓋形在即色在形色在即天性在也然而踐之者寡矣

深入顯出刻露無匹

君子之所以教者五　一章義

夫君子者立人道之極而自昭大中至正之渡全師道之尊而獨任先覺先知之重者也其欲教者蓋欲胥天下沈潛高明之品共成其有體有用之功則必因斯人清濁高下之姿各施其範圍曲成之術故其願出於一而其教約有五且夫君子之教淺深別其宜遲速別其候而有化之最神者其唯上智乎蓋其清明純粹天資優矣剛健篤實人事至矣君子於此有化機焉時之旣至鼓之舞之以盡神化不可爲優游饜飫俾自得治如時雨之化乎獨是窮神知化之效固難概諸及門而束修自好之儒要各有其一得彼夫德之未成材之未達與夫考古證今

質疑問難者其屬望於君子也不可謂不厚自君子身教而德可成材可達矣君子以言教而有問必答矣此則君子之深心所不能自已於人者也若夫仰懿範而已逢恨我生之已晚追思當日之親炙休光回承提命者其爲慶幸何可勝言而今非其時矣猶幸心源可溯遺緒具存因後於與聞緒論之餘私作淑艾之想是又君子之啟思所爲綿綿延延而被諸無窮者耳推君子誨人不倦之志實有斟酌調劑之方原君子有教無類之心究無別戶分門之見自人觀之則以爲君子之所以教有此五者耳而君子之教人之本懷則固如一也

有條不紊若網在綱

公孫丑曰道則高矣　一章義

異哉公孫丑歎道之高美而以登天喻也夫曰高美則似追欲從者而曰登天則又似絕意於從者絕意於從則不獨高美者不可及即不高美者亦無由及也惟曰孳孳者而豈有是言哉其蔽在妄意君子之可使機及也夫即如丑言亦丑自不能及耳非所以概天下之能及者也謂君子以其可及者惠天下之能者而以其不可及者困天下之不能者君子固無是心而欲君子以其不可以可及者就天下之不能者則君子實無是術蓋君子之有道也如大匠之有繩墨羿之有彀率焉其能者惟日孳孳拙者不能從而終不爲之改廢也變也且夫繩墨彀率其不可言傳者亦不能禁能者之自喻其可以迹求者亦不能強拙者之自尋則君子之教益可悟矣或原其始而不受其終或舉乎此而不及乎彼如射者之引而不發已躍然於所引之中而不容秘也使盡發其技則能者轉無以自呈其巧而拙者且以爲高美不可幾及矣此非

薰香入口咳餘益齒舌甘

君子之重有所衍也。道寓其中而君子亦立於中。苟曰孳孳焉則皆可從。苟能從焉則皆可及。使惟以高美謝焉。且欲君子毀其道之高美而入於卑近偏雜以便其私。微獨君子不能徇。亦工師射者所羞稱也。

提要鉤元語妙盡出

君子引而不發　一節義

君子之教人。不猶射者之教射乎。謂君子高自位置。故秘神奇。輕量斯人。概爲棄絕。君子無是心。更無是事也。招之使來。相期彌切。儆志正體直者之手弓而待也。則無言之既等於有言。獨喻之長不妨共喻。引而不發。躍如也。蓋所以發之之機無不可見也。然則君子之道。其易從乎。而非也。其難從乎。亦非也。有未至焉。非止境也。苟深求焉。皆迷途也。彼不及者不足以從。太過者亦不足以從。何也。君子固中道而立也。中則未嘗予人以甚易。亦未嘗強人以所難。人皆可以幾及。特未許以遽及也。且夫能者之難。其人也。其始存高遠之見。謂庸近不足行。繼存苟且之心。謂旦暮可驟獲。於是殫精神於思議所不及。求功効於一蹴之可幾。而卒無一得。豈知可從者固在目前。順堪漸至。而何以不能也。彼聰明之誤。可矜急遽之情。足病也。藉非然者。反身是求。則相與共由焉矣。噫。君子之不敢貶道徇人。蓋曰以能者望天下耳。丑未知君子之道。亦觀於射者教人而自悟焉。則庶幾矣。

樸實說理覺醒動人

白圭曰吾欲二十而取一　二章義

大聲疾呼我亦鍾情

取民治水。天下大事也。堯舜禹。天下大聖也。以天下大聖。辦天下大事。豈尚有遺行。貽後人口實哉。而白圭顧欲起而勝之。噫。異矣。堯舜取民以什一。而圭曰二十而一。禹治水。壑以海。而圭治水。壑以鄰。設當世諸侯果行白圭之法。薄歛厚民。民將歸白圭之德不衰。然必去而城郭宮室。廢而宗廟祭祀禁。而幣帛饗飱百官有司。嗚乎。是舉中國而貉之也。且令當時人人師白圭之智。安瀾立奏。豈不詫爲奇策。然而東鄰有水。爾將爲西壑。南鄰有水。爾將爲北壑。一國有水。鄰國胥淪爲壑。嗚乎。是舉平土而浸水之也。夫中國之不可以貉。水鄰國不可以爲壑。明矣。從白圭之道。則用不足。勢不至加重而爲桀不止。從白圭之術。則水四溢。勢不至胥天下爲海不止。有言於圭者曰。萬室用一人。陶一方水。四鄰壑。其後將使中國之人但食黍。而圭亦食黍。將使天下之人皆爲魚。而圭亦爲魚。圭以爲可乎哉。圭不以爲過乎哉。故孟子言必稱堯舜。功不在禹下。